이민법제론

김 태 환

도서출판 대영문화사

머리말 PREFACE

우리나라의 이민법제는 정부 수립 이후 국적법과 출입국관리법을 기반으로 출국이민의 시대에서 입국이민의 시대로 전환된 변화들을 관련 법제의 규정들에 담아내며 오늘의 체제를 갖추었다. 1993년 제정한 난민법이 아시아에서 최초로 제정·시행되었을 정도로 대한민국은 국제사회에서도 문화다양성 사회를 선도하고 있다. 현행 이민 관련 법들도 시대적 변화에 발맞추어 이민사회를 관리하고, 이주민의 한국 사회 정착을 돕기 위한 버팀목의 역할을 묵묵히 수행하고 있다. 다만, 그럼에도 불구하고 대한민국의 이민법제가 국민과 이주민의 사회통합과 이주민의 인권보호, 국가의 지속 가능 성장을 위한 규범적 기준과 목표제시의 역할을 앞으로도 무리 없이 잘 수행할 수 있을 것인가에 대한 물음에 자신있게 그렇다고 대답할 수는 없다는 것이 솔직한 저자의 생각이다.

2021년 8월 정부가 아프간에서 받아들인 아프간인 391명이 국가 기여자로 명명되며 특별 체류가 허가되었지만 난민법이 시행되고 있는 현실에서 이 법을 온전하게 적용하지 않았던 사례만 보더라도 기존 법률의 권위가 손쉽게 손상되는 상황이 확인된다. 많은 학문 분과들이 우리 사회와 대학의 요구들에 발맞추어 성장하고 있지만 이민·다문화 분야의 학문, 특히 그 중에서도 이민법제 분야의 학문적 연구와 대학교 정규 교육과정에서의 지위는 초라한 수준에 머물러 있다. 정부의 이민 관련 법들도 아직 이민법이라고 지칭할 수 있을 만큼 가깝게 느껴지거나 개념화 및 제도화되고 있지 못한다.

지난 20여 년 동안 관련 학자들과 전문가들은 법제 운영 틀과 정책집행 구조에 대해 개선이 필요하다는 의견을 지속적으로 제기하였고, 그 결과 한국이민정책학회, 한국이민학회 등이 발족되어 학자들의 견해와 주장들이 본격적으로 개진되었다. 이 책 『이민법제론』은 이민법제를 담론으로 한 선·후배 학자들과의 치열한 토론, 이주민들의 간절한 목소리,

그리고 법을 집행하는 정부부처 공직자들과의 격의 없는 상호 의견교환과 자문 등의 시간들이 만든 결과이다.

국가의 존재 이유와 국격이 갖는 의미, 국민의 범주를 다시 생각하고 국가목표의 재설정 등에 대한 탐색이 이민법제에 어떻게 구현되면 좋을까?에 대해 답을 구하는 작업을 더 이상 미루어서는 안 된다는 절실한 마음도 이 책의 출간을 부추겼다.

이 책은 『이민법제론』이다. 『이민법제론』은 이민과 이민사회, 문화다양성 사회와 관련한 법과 제도의 내용들을 다룬다. 따라서 『이민법제론』은 이들 법제들이 대한민국에서 어떻게 만들어져 왔고 또 구성되어 있는지를 살펴보고, 2021년 현재 시행되고 있는 관련 법들을 여기에 담아 범주화하였다.

이민법을 범주화한 방법은 법제의 기능적 차원과 대상적 차원을 고려하였다. 기능적 차원에서는 국가의 지속 가능 성장을 위한 목표에 이주민과 이주민의 영주 및 국적 취득과 연관된 법들을 포함하였다. 대상적 차원에서는 외국인노동자, 결혼이민자, 재외동포, 외국인유학생, 난민, 북한이탈주민을 포함하였다. 북한이탈주민을 이민법제의 범주에 포함하는 것이 적절한지에 대해서는 고심이 많았다. 그러나 국제 이주의 관점에서 북한이탈주민은 난민의 성격을 갖고 있고, 국경 이상의 경계를 넘어 이주한다는 점, 그리고 이주 후에는 일정기간 사회통합을 위한 지원과 보호가 필수불가결하다는 점 등을 고려하여 포함하였다.

이 책이 의도하여 구조화하려는 『이민법제론』의 범주화는 중·장기적 차원에서 이민법제가 갖는 학문적 정체성과 지위를 강화하기 위함이다. 이민법제가 정부정책의 실제에서 어떻게 구체적으로 규정되어 역할하고 있는지를 확인하고, 이를 토대로 학문적 영역에 대한 일정한 기준을 제시하는 것은 이 분야가 앞으로 크게 성장하는 학문 분과로 발전할 수 있는 기반이 될 것이다.

2021년 12월

김태환

차 례 CONTENTS

04장 국적법

05장 출입국관리법

06장 외국인근로자의 고용 등에 관한 법률

07장 재한외국인 처우 기본법

08장 다문화가족지원법

09장 재외동포의 출입국과 법적 지위에 관한 법률

10장 난민법

11장 문화다양성의 보호와 증진에 관한 법률

12장 북한이탈주민의 보호 및 정착지원에 관한 법률

13장 국가인권위원회법과 UN의 세계인권선언

14장 이민법제의 신동향

01

이민법제의 성격과 개념

이민법제의 개념을 한마디로 정리해서 말하면, 이민법제는 대한민국의 이민·문화다양성 정책을 관장하는 법체계 내에서 국민과 재외동포를 포함하는 외국인 이주민의 출입국 및 체류, 거주, 공존을 위한 제반 규정들을 사회통합 차원에서 다루는 법률과 법규범의 총체이다.

01

이민법제의 성격과 개념

1 이민법제의 성격

이민법제는 단순히 이민 및 다문화와 관련한 법률이나 조례들만 염두에 두고 다루어서는 달성하고자 목적하는 법제의 성격을 온전하게 그려낼 수 없다. 기존 대한민국의 법과 법체계, 규범 가치의 범주에서 이민, 그리고 다문화의 법제 개념은 익숙한 법 담론이 아니다. 실제로 우리나라에서 통합 이민법이라고 명확하게 규정하고 있거나 혹은 분명하고도 학제적으로 분류 가능한 이민법은 최근에 이르러서야 일정 부분 논의되고 체계화가 시도[1]되고 있다.

지금까지 관련 법제의 운영과 작동은 중앙 정부차원에서 지속적으로 마련되어 오면서 시대적 요구와 필요성에 의해서 개별법들이 추가 보강되는 형식으로 발전해왔다.

이민법제 체계의 근간은 국민의 외국으로의 출국과 입국, 외국인의 국내로의 입국과 출국에 대한 근거법률 및 규정으로 크게 양분할 수 있다.

국민의 출국이민 관련 법과 정책 시행 내용을 다루는 규정은 국적법, 출입국관리법, 재외동포의 출입국과 법적 지위에 관한 법률, 북한이탈주민의 보호 및 정착지원에 관한 법률 등에 있다. 외국인의 내한민국으로의 입국과 입국 후 체류 및 영주 등을 다루는 규정은 재한외국인 처우 기본법, 다문화가족지원법, 외국인근로자의 고용 등에 관한

1) 차용호(2015)는 '한국이민법'에서 이민법과 정책에 관한 이론 · 실무 · 판례 등을 정리 및 수합하고, 인접한 학문 분야 및 외국의 이민법제 사례 등을 풍부하게 소개하고 집대성하였다. 이로써 이전까지는 사실상 불모지였던 한국 이민법제의 학문적 기초를 다졌다.

법, 난민법, 문화다양성의 보호와 증진에 관한 법률 등에 있다.

법의 제정과 집행에 앞서 관련 정부정책의 기초가 되는 정책 가치와 정책 철학, 그리고 국가정책 목표 등은 이민자와의 공존이나 다문화사회로의 지향, 외국인 사회통합 등의 내용들에 촘촘하게 담겨져야 한다. 정부의 외국인정책 기본계획과 지방자치단체들의 시행계획 등은 매우 유용한 정책 운영 수단이 된다.

대한민국 이민법제 역사는 일천하여 엄밀하게 이야기하면 아직도 제도의 도입기에 있다고 할 수 있다. 따라서 법제 운영과 집행의 행정체계를 새롭게 다듬어 나가는 과정에서 더 세심하게 검토하고 살펴보아야 할 곳들이 적지 않다.

문제는 여기에서 그치지 않는다. 인구학, 사회학, 정책학, 문화인류학, 정치학, 경제학 등 광범한 영역의 전문가와 시민사회단체의 현장전문가들의 도움과 협력이 필수불가결한 분야이다.

이 책이 대한민국의 법제 틀과 체계 안에서 관련 법의 성격과 특징들을 포착하고 드러내어 그래도 이제는 우리가 범주 만들기가 가능한 수준의 새 이민법제 방향과 제도화를 제시하는 단계에는 이르렀다고 생각한다. 이에 이 책에서 근거를 제시하고 가능한 수준에서 우리 법제의 특징과 성격을 이야기하는 것이다.

먼저, 들여다 보아야 할 것은 헌법이다. 대한민국의 이민법제를 살펴보기 위해 먼저 헌법 전문과 본문의 주요 규정들을 살펴보아야 하는 이유는 다음과 같다. 헌법은 대한민국의 국가목표를 제시하며 국민 공동체의 성원이 지켜야 할 법질서를 작동시키는 최고 규범의 성격을 갖고 있다.

이민법제를 통해서 정부가 시행하는 법률의 합헌적 해석은 헌법 정신과 바탕에 근거해서 이루어진다. 이는 상위법령이 하위법령의 우선한다는 일반론, 그리고 기본법이 일반법에 우선한다는 기본정신과도 맥락을 같이한다. 헌법 다음으로 염두에 두고 들여다 보아야 할 것은 국제인권법이다. 이민법제는 국가 대 국가가 국민과 이주민, 이주민과 국민 간 입국과 출국, 체류와 영주 등과 관련한 규정들을 다룬다. 따라서 국가 간 경계를 넘는 사람의 기본권 보장 개념이 특별히 중요하다. 따라서 UN 인권위원회의 국제인권법, 이주노동자권리보호를 위한 법 등도 염두에 두고 살펴보아야 한다.

이민정책 관련 법률의 주무부처는 법무부(재한외국인 처우 기본법, 출입국관리법, 난민법, 국적법), 고용노동부(외국인근로자의 고용 등에 관한 법률), 여성가족부(다문화가족지원법) 등으로 구성되어 있다. 규정된 법률의 성격에 따라 주무부처가 다르기 때문에 이민법은 매우 복잡한 구조라고 할 수 있다.

법무부의 경우, 법무부 산하 1급의 본부장이 지휘하는 출입국·외국인정책본부는 출입국정책단 아래 출입국기획과, 출입국심사과, 체류관리과, 이민조사과, 이민정보과를 두고 있으며, 국적·통합정책단 아래 외국인정책과, 국적과, 이민통합과, 난민과를 두고 있다. 이 중에서 재한외국인 처우 기본법 및 출입국관리법은 외국인정책과에서 담당하고 있으며, 난민법은 난민과에서, 국적법은 국적과에서 관할하고 있다.

고용노동부 소관의 이민법은 국내 노동시장에 공급할 외국인 인력에 초점을 두고 있으며, 고용노동부의 조직 중 제도시행과 연관된 곳은 기획조정실 내에 있는 국제협력관에게 소속된 외국인인력담당관이다.

여성가족부의 소관 이민법 시행 담당은 청소년가족정책실 아래 가족정책관에 소속된 다문화가족과이며, 국제결혼으로 유입된 외국인여성의 국내 체류, 정착에 관한 법에 근거해 다문화가족을 지원한다는 목적 하에 실시하고 있다.

현재 이론적으로 이민법제란 용어가 제도화·정착화되지 않은 상태에서 법률적으로는 '외국인정책'이란 용어가 사용되고 있는데, 대한민국 정부의 외국인정책 수립은 국무총리를 위원장으로 하는 외국인정책위원회에서 기본계획과 연도별계획을 수립하고 있으며, 이를 유관 부처에서 집행하는 형태로 이루어진다. 실무적으로 외국인정책위원회가 선제적인 정책 수립을 하면서, 각 부처에서 정책에 관한 안을 먼저 수렴하고 법무부장관이 관계 중앙행정기관의 장과 협의하여 계획을 수립하되, 관계부처 간 업무조정 및 협조를 하는 국무총리가 위원장인 위원회에서 이에 관한 계획을 통과시키는 것이다. 이러한 법제운영 체계는 각 실무 부처에서 시급한 현안에 빠르게 대응할 수 있다는 장점이 있으나 '외국인정책'의 '수립'과 '집행'에 있어서 장기적·포괄적 계획을 일관되게 '수립'하는 것이 쉽지 않고, '집행' 단위에서 수립한 계획을 사후 조정하는 형태에 머물게 하고 있다는 한계가 존재한다.

2 이민법제의 개념

이민법제의 개념을 한마디로 정리해서 말하면, 이민법제는 대한민국의 이민 · 문화다양성 정책을 관장하는 법체계 내에서 국민과 재외동포를 포함하는 외국인 이주민[2)]의 출입국 및 체류, 거주, 공존을 위한 제반 규정들을 사회통합 차원에서 다루는 법률과 법규범의 총체이다.

3 이민법제의 주체와 적용대상

국민을 주체로 한 법제인 「국적법」에서는 국민이 되는 요건에 대해서, 「출입국관리법」에서는 국민 및 외국인의 출입국관리와 체류관리에 대해서, 재외동포의 출입국과 법적 지위에 관한 법률에서는 재외동포의 지위와 권리보호에 대해서, 「북한이탈주민의 보호 및 정착지원에 관한 법률」에서는 북한이탈주민에 대한 보호와 지원 등을 위한 근거 규정들을 두고 이에 따른 세부 정책들을 시행하고 있다.

한편, 외국인을 주체로 한 법제인 「재한외국인 처우 기본법」에서는 재한외국인에 대해서, 「다문화가족지원법」에서는 결혼이민자와 가정을 이룬 다문화가족에 대해서, 「문화다양성의 보호와 증진에 관한 법률」에서는 문화다양성에 기초한 사회통합정책에 대하여, 「난민법」에서는 난민의 지위와 처우에 대해서, 「외국인근로자의 고용 등에 관한 법률」에서는 외국인근로자의 보호 및 고용관리 등을 위한 근거규정들을 두고 각각 정책을 시행하고 있다. 이들 법제들은 개별 법률에서 적용 주체와 대상을 분명히 하고 작동된다.

---

2) 이민법제의 용어에서 이주민 혹은 이민자는 대한민국의 법률에서 공식적으로 사용하는 용어는 아니다. 대한민국의 관련 법률에서 이주민 혹은 이민자는 일반적으로 '외국인', '난민', '외국인근로자', 외국인유학생, '재외동포' 등으로 구분하여 지칭된다. 저자는 기본적으로 서로 다른 주체인 이민자를 구분 없이 호칭할 때는 이주민으로 하는 것이 적합하다고 생각하여 연구 논문 등의 글에서는 이주민의 용어를 사용하고 있다.

대한민국의 이민정책 근거법률은 매우 다양하고, 이에 따라 개별 근거법률에 관한 정책의 주무부처도 역시 다양하다. 현재 우리나라에서 외국인에 대한 모든 정책을 총괄하는 기구가 존재하지 않기에 이를 포괄하는 의미의 이민정책이란 용어 자체도 사실 학술적으로 정립되거나 법률상 사용되고 있는 용어도 아닌 상황이다.

다만, 전체적인 구조는 국무총리를 위원장으로 하는 외국인정책위원회에서 이민정책 전반에 대한 기본계획을 수립하여 부처 간 업무를 조정하는 형태로 이루어지며, 이에 따라 외국인의 입국과 체류를 관리하는 출입국관리법, 고용허가제에 따른 외국인노동자를 관리하는 외국인근로자의 고용 등에 관한 법률, 결혼이주민을 대상으로 하는 다문화가족지원법, 난민인정 절차를 관리하는 난민법, 외국인이 국적 부여 절차와 기준을 관리하는 국적법 등으로 각각 구성된다.

법이 우리 사회의 보편 타당한 규범을 객관적이고도 일관성 있게 유지할 수 있도록 마련한 준거 틀이라면, 법률은 입법취지와 목적을 갖고 실질적 의미에서 국회의 의결을 거쳐 대통령이 서명 공포함으로써 성립하는 규정이다. 법률은 법보다는 작은 개념이다. 2021년 현재 대한민국의 '법률'은 총 1,534개, 대통령령은 1,798건이 존재한다. 법에 속하는 것은 헌법, 조례, 규칙 등이 있다.

이민법제의 정책대상이 되는 주체는 크게 국민과 외국인으로 나눌 수 있다. 국민은 국민과 사람, 한국 국적을 보유하고 있는 재외동포, 북한이탈주민으로 구분할 수 있고, 외국인은 외국인근로자, 결혼이민자, 외국인유학생, 난민 등으로 구분할 수 있다.

4 주요 용어

1) 국 민

"국민"이란 대한민국 국적을 가진 사람을 말한다. 국적 취득의 요건은 이 국적법의 요건들을 따른다. 대한민국의 국적을 가지고 있지 않은 사람은 '외국인'이다. '국적법'에 따라 대한민국 국적과 외국의 국적을 함께 가지고 있는 국적자는 국민이다. 특기할 사실은 대한민국의 영역에 속한 '북한 국적'을 취득한 사람도 대한민국의 국민에 해당된다(1996.11.12., 96누1221 대법원 판례).

2) 사 람

대한민국의 현행 헌법의 대부분 조항들은 기본권을 보장받을 수 있는 사람을 '국민'으로만 명기하고 있으며, 따라서 외국으로부터 이주해 온 이민자는 '국민'이 아닌 자를 의미하기 때문에 사실상 국민이 향유하는 기본권을 부여받지 못하고 있다.

한국뿐만 아니라 미국, 일본, 프랑스 등 많은 국가들의 헌법에서도 국민과 사람은 법적으로 구분된다. 정부는 2018년 제10차 헌법 개정안을 국회에 제출하면서 기본권의 주체를 국민에서 사람으로 바꾸고 있지만 여기에서도 국민의 권리와 국민이 아닌 사람의 권리가 구분되고 있다.

3) 재외동포

"재외동포"란 재외국민, 외국 국적동포 중 어느 하나에 해당하는 자를 말한다(제2조). 여기에서 재외국민이란 대한민국의 국민으로서 외국의 영주권(永住權)을 취득한 자 또는 영주할 목적으로 외국에 거주하고 있는 사람을 말하며, 외국 국적동포란 대한민국의 국적을 보유하였던 자(대한민국정부 수립 이전에 국외로 이주한 동포 포함) 또는 그 직계비속(直系卑屬)으로서 외국 국적을 취득한 자 중 대통령령으로 정하는 사람이다.

4) 외국인

"재한외국인"이란 대한민국의 국적을 가지지 아니한 자로서 대한민국에 거주할 목적을 가지고 합법적으로 체류하고 있는 자를 말한다.

5) 다문화가족

"다문화가족"이란 재한외국인 처우 기본법 제2조제3호의 결혼이민자와 국적법 제2조부터 제4조까지의 규정에 따라 대한민국 국적을 취득한 자로 이루어진 가족, 국적법 제3조 및 제4조에 따라 대한민국 국적을 취득한 자와 같은 법 제2조부터 제4조까지의 규정에 따라 대한민국 국적을 취득한 자로 이루어진 가족 중 어느 하나에 해당하는 가족을 말한다.

6) 난 민

"난민"이란 인종, 종교, 국적, 특정 사회집단의 구성원인 신분 또는 정치적 견해를 이유로 박해를 받을 수 있다고 인정할 충분한 근거가 있는 공포로 인하여 국적국의 보호를 받을 수 없거나 보호받기를 원하지 아니하는 외국인을 말한다. 또한 이러한 공포로 인하여 대한민국에 입국하기 전에 거주한 국가로 돌아갈 수 없거나 돌아가기를 원하지 아니하는 무국적자인 외국인을 말한다.

7) 출입국관리

"출입국관리"란 대한민국에 입국하거나 대한민국에서 출국하는 모든 국민 및 외국인의 출입국관리를 통한 안전한 국경관리, 대한민국에 체류하는 외국인의 체류관리를 말하는데, 난민도 출입국관리의 적용대상이다.

8) 이 민

이민의 개념 정의에서 변경과 이동이 중심적인 역할을 하는데, 사람이 장소를 이동하면 외면적으로는 단지 장소만을 바꾼 것으로 보이지만 실제로는 접촉하는 사회그룹을 바꾼 것이다. 즉, 이민은 경계의 이동과 함께 문화, 종교, 가치체계, 역사가 다른 공동체로 개인이 그 소속을 달리하는 것이다.

국경을 넘는 이민의 개념은 학자에 따라서 서로 조금씩 다르고, 다양하게 정의할 수도 있지만 이민을 간단히 정의한다면 "한 지역 또는 국가에서 다른 지역 또는 국가나 사회 공동체로 이주하여 사는 것"이라고 말할 수 있다.[3] 여기에서 '이주하여 산다'고 하

3) 김태환(2015).

는 의미는 단기적 여행이나 일시거주의 의미가 아니라 중·장기간의 거주 또는 영구거주의 의사를 갖고 새로 이주한 지역에서 삶을 지속하고 영위하는 것을 말한다. 다시 말해, 이민은 여행이나 단기이동과는 다른 개념이며 기간적 기준으로는 "1년 이상" 또는 "적어도 1년"을 체류하며 살아가는 것을 의미한다(UN, 1998).

9) 영주권

"영주권"이란 기간에 제한받지 않고 대한민국에 영주(永住)할 수 있는 체류자격을 가지는 것을 말한다. 영주권을 가진 외국인은 활동범위 및 체류기간의 제한을 받지 않는다. 영주자격[4)]을 취득하려는 사람은 대통령령으로 정하는 영주의 자격에 부합한 사람으로서, 대한민국의 법령을 준수하는 등 품행이 단정할 것, 본인 또는 생계를 같이하는 가족의 소득, 재산 등으로 생계를 유지할 능력이 있을 것, 한국어능력과 한국 사회·문화에 대한 이해와 대한민국에서 계속 살아가는 데 필요한 기본소양 등의 요건을 모두 갖추고 있어야 한다.

한편, 법무부 장관은 대한민국에 특별한 공로가 있는 사람, 과학·경영·교육·문화예술·체육 등 특정 분야에서 탁월한 능력이 있는 사람, 대한민국에 일정금액 이상을 투자한 사람 등 대통령령으로 정하는 사람에 대해서는 이러한 요건의 전부 또는 일부를 완화하거나 면제할 수 있다.

영주자격을 가진 외국인에게 발급하는 외국인등록증은 "영주증"이라고 하며 이 영주증의 유효기간은 10년이다. 영주증을 발급받은 사람은 유효기간이 끝나기 전까지 영주증을 재발급받아야 한다. 국가 및 지방자치단체는 대한민국에 영구적으로 거주할 수 있는 법적 지위를 가진 외국인에 대하여 대한민국의 안전보장·질서유지·공공복리, 그 밖에 대한민국의 이익을 해치지 아니하는 범위 안에서 대한민국으로의 입국·체류 또는 대한민국 안에서의 경제활동 등을 보장한다.

---

4) 영주외국인의 사회보장 지원은 국민연금법, 고용보험법, 국민건강보험법, 산업재해보상법, 노인장기요양보험법에서 적용된다.

10) 사회통합

사회통합 개념은 1970년대 이후, 특히 유럽에서 이민자와 외국인노동자들에 대한 정책과 쟁점들에 대해 논의하면서 부각된 개념이다. 이민자와 소수 민족 등이 지니고 있는 다양한 문화와 종교 등의 다양성을 선주민 구성원들과 조화를 이루려는 이 개념은 기본적으로 문화적 다양성의 인정을 토대로 시민적 의무를 강조한다.[5)]

2016년 한국행정연구원이 조사한 사회통합의 구성요소는 사회적 권리, 사회 및 정치 참여, 소통, 신뢰, 공정성, 관용성, 사회보장 등이었는데, 이는 이주민을 주대상으로 상정한 사회통합 개념은 아니었다.

일반적 의미의 사회통합이란 공동체에서 형성된 가치를 공유하고 차별과 차이를 최소화하기 위해 노력하며, 사회의 공통된 도전에 직면하면 이의 해결을 위해 시민구성원이 모두 참여하여 문제해결을 위해 힘을 집결하는 것을 의미한다. 이주민과 선주민이 함께 공존하는 의미의 사회통합이란 이민자가 새로 거주하는 사회의 구성원으로 적응하고 자립하는 데 필요한 기본소양들을 체계적으로 함양할 수 있도록 정부와 시민사회, 이주민이 함께 노력하여 조화롭게 공존하는 사회를 만드는 것을 말한다.

재한외국인 처우 기본법에서 우리는 사회통합을 위해 다문화 이해의 증진을 추구하며, 국가 및 지방자치단체는 국민과 재한외국인이 서로의 역사·문화 및 제도를 이해하고 존중할 수 있도록 교육, 홍보, 불합리한 제도의 시정이나 그 밖에 필요한 조치를 하기 위하여 노력하여야 한다고 하였다. 또 국민과 재한외국인이 서로의 문화와 전통을 존중하면서 더불어 살아갈 수 있는 사회 환경을 조성하기 위하여 매년 5월 20일을 '세계인의 날'로 지정·기념하고 이 날부터 1주일을 세계인주간으로 정하여 사회통합을 위한 주요 행사를 개최하고 있다.

11) 차별금지

"평등권 침해의 차별행위[6)]"란 합리적인 이유 없이 성별, 종교, 장애, 나이, 사회적 신

5) 임동진(2017).

6) 인권보장과 개인권의 확보를 위해 차별 없는 사회를 지향하면서 어떻게 평등한 사회로 구조화할 수 있을까 하는 문제가 매우 중심적인 과제로 부상하였다. 이 법에서 평등권 침해를 방지하기 위해 차별행위들의 실제 현실 사례들이 사안별, 영역별로 비교적 자세하게 기술되고 있는 이유는 문제

분, 출신 지역(출생지, 등록기준지, 성년이 되기 전의 주된 거주지 등), 출신 국가, 출신 민족, 용모 등 신체조건, 기혼 · 미혼 · 별거 · 이혼 · 사별 · 재혼 · 사실혼 등 혼인 여부, 임신 또는 출산, 가족 형태 또는 가족 상황, 인종, 피부색, 사상 또는 정치적 의견, 형의 효력이 실효된 전과(前科), 성적(性的) 지향, 학력, 병력(病歷) 등을 이유로 한 다음 조항의 어느 하나에 해당하는 행위를 말한다.

이는 고용(모집, 채용, 교육, 배치, 승진, 임금 및 임금 외의 금품 지급, 자금의 융자, 정년, 퇴직, 해고 등을 포함)과 관련하여 특정한 사람을 우대 · 배제 · 구별하거나 불리하게 대우하는 행위, 재화 · 용역 · 교통수단 · 상업시설 · 토지 · 주거시설의 공급이나 이용과 관련하여 특정한 사람을 우대 · 배제 · 구별하거나 불리하게 대우하는 행위, 교육시설이나 직업훈련기관에서의 교육 · 훈련이나 그 이용과 관련하여 특정한 사람을 우대 · 배제 · 구별하거나 불리하게 대우하는 행위, 성희롱[업무, 고용, 그 밖의 관계에서 공공기관(국가기관, 지방자치단체, 「초 · 중등교육법」 제2조, 「고등교육법」 제2조와 그 밖의 다른 법률에 따라 설치된 각급 학교, 「공직자윤리법」 제3조의2제1항에 따른 공직유관단체)의 종사자, 사용자 또는 근로자가 그 직위를 이용하여 또는 업무 등과 관련하여 성적 언동 등으로 성적 굴욕감 또는 혐오감을 느끼게 하거나 성적 언동 또는 그 밖의 요구 등에 따르지 아니한다는 이유로 고용상의 불이익을 주는 것] 행위 등이다.

다만, 현존하는 차별을 없애기 위하여 특정한 사람 또는 특정한 사람들의 집단을 잠정적으로 우대하는 행위와 이를 내용으로 하는 법령의 제정 · 개정 및 정책의 수립 · 집행은 평등권 침해의 차별행위로 보지 아니한다.

12) 이의신청

이의신청은 실정법상 행정심판, 심사청구, 심판청구 등의 여러 용어와 함께 사용되고 있다(김동희, 2010; 최계영 외, 2014). 행정심판은 헌법에서 보장된 재판의 전심 절차로서 의미가 있으며, 그 절차는 법률로 정할 수 있고 사법 절차를 준용하여야 한다. 다만, 이의신청과 행정심판을 엄격하게 구분하기도 하는데, 이에 대한 구분은 심판기관을 기준으로 행정불복신청을 처분청에 제기하는 경우 이의신청으로 보고, 상급관청에 제기

해결을 위해 보다 실천적 평등 대안을 찾으려는 전략과 수단을 강구하기 위한 노력으로 보인다.

하는 경우 행정심판으로 보는 견해가 있고, 준사법 절차가 보장되었는지를 기준으로 하여 이의신청은 준사법 절차가 적용되지 않는 특성이 있는 것으로 보는 견해가 있다.

이민행정에서의 이의신청은 특별행정심판과 관련된 논의로 이어진다. 특별행정심판과 이의신청 간 구분의 필요성에 대해서는 이의신청이 행정심판을 갈음하는 절차인지, 또는 간소한 불복 절차인지에 대한 논의가 존재한다. 다만, 일반적으로 출입국관리법 및 난민법상 보장되고 있는 이의신청 절차를 특별행정심판의 일부로 보고 있는 경우도 있으며(신봉기 외, 2009), 출입국관리법상 이의신청은 특별행정심판으로 보지 않는 경우도 있다(최계영 외, 2014). 즉, 이민행정의 이의신청제도는 개별법에 의하여 각각 규정되어 있으며, 그 절차와 효과에서도 차이를 보이고 있다.

13) 행정심판

행성심판은 헌법에서 보장된 재판의 전심 절차로서 의미가 있으며, 그 절차는 법률로 정할 수 있고 사법 절차를 준용하여야 한다. 다만, 이의신청과 행정심판을 엄격하게 구분하기도 하는데, 이에 대한 구분은 심판기관을 기준으로 행정불복신청을 처분청에 제기하는 경우 이의신청으로 보고, 상급관청에 제기하는 경우 행정심판으로 보는 견해가 있고, 준사법 절차가 보장되었는지를 기준으로 하여 이의신청은 준사법 절차가 적용되지 않는 특성이 있는 것으로 보는 견해가 있다.

행정심판제도는 행정기관의 위법하거나 부당한 행정작용으로부터 저렴하고 신속하게 국민의 권익을 구제하는 기능을 담당한다. 우리나라의 행정심판제도는 1984년 소원법 폐지와 함께 제정된 행정심판법으로부터 개시되어 독자적인 설계와 운영으로 비교적 모범적으로 운영되고 있다(성의방, 2007).

14) 보호(구금)

"보호"란 출입국관리공무원이 강제퇴거대상에 해당된다고 의심할 만한 상당한 이유가 있는 사람을 출국시키기 위하여 외국인보호실, 외국인보호소 또는 그 밖에 법무부 장관이 지정하는 장소에 인치(引致)하고 수용하는 집행활동을 말한다. 사람의 신체를 일정한 장소에 수용하고 가두는 것이기 때문에, "구금"의 의미에 더 가깝다는 지적이 있다.

15) 불법체류

"불법체류"란 체류자격을 가지기 못하고 체류하게 되는 경우, 체류자격 변경허가를 받아야 하는데, 등록허가를 받지 않고 체류하는 경우 등을 말한다.

일반체류자격이란 대한민국에 체류할 수 있는 기간이 일정기간 안으로 제한되는 체류자격을 말하며 단기체류자격과 장기체류자격으로 구분한다. 단기체류자격은 관광, 방문 등의 목적으로 대한민국에 90일 이하의 기간(사증면제협정이나 상호주의에 따라 90일을 초과하는 경우 그 기간) 동안 머물 수 있는 체류자격이다. 장기체류자격은 유학, 연수, 투자, 주재, 결혼 등의 목적으로 대한민국에 90일을 초과하여 법무부령으로 정하는 체류기간의 상한 범위에서 거주할 수 있는 체류자격이다.

16) 이주배경 아동

이주배경 아동이라는 개념은 해당 아동의 국적, 체류자격 등에 관계없이 이주를 한 경험으로 인해 범주화되는 아동집단을 포괄적으로 정의하기 위해 나온 개념[7]이다. 최근, 특히 미등록 이주배경 아동이 크게 증가되고 있다는 보고들이 많이 나오고 있다. 이는 이주노동자인 부모의 입국을 통해 출생한 미등록 아동이나 이주노동자의 본국 태생 아동이 다양한 방법으로 입국하고 있고, 유학 등으로 입국한 미등록체류자의 아동, 결혼이민자가족의 본국 태생 아동, 난민의 아동 등 그 양태도 다양해지고 있다(김성천, 2010).

17) 국제인권협약

유엔은 1965년 총회에서 '모든 형태의 인종차별 철폐에 관한 국제협약'을 채택하였다. 대한민국은 1978년 12월 5일 이 협약에 가입하여 1979년 조약이 발효되었다. 이 협약은 전문과 25개의 조항으로 되어 있다. 대한민국은 또 2015년 유엔의 '초국가적 조직범죄 방지협약'과 그 부속서인 '인신매매, 특히 여성과 아동의 인신매매 방지, 억제 및 처벌을 위한 의정서'에 비준하였다. 2012년 난민협약을 비준, 아시아에서 처음으로 '난

7) 문병기 외(2018: 11).

민법'을 독자적인 법으로 제정하고 이 법을 2013년부터 시행하였다.

유엔은 또 1990년 '모든 이주노동자와 그 가족의 권리보호에 관한 국제협약(이주노동자권리협약)'을 채택하고 국제사회에서 이주노동자를 보호하기 위한 국제법적 근거를 마련하였으나 현재까지 대한민국은 이 조약에 가입하지 않고 있다. 이주노동자권리협약 제44조는 "협약당사국은 이주노동자의 가족 결합을 보장하기 위하여 적절한 조치를 취해야 한다"고 규정하고 있다. 유엔 인종차별철폐위원회가 최근까지 계속해서 추가로 대한민국에 비준을 촉구하고 있는 협약은 '무국적자 감소에 관한 협약', ILO '가사노동자에 관한 괜찮은 일자리 협약', '강제실종으로부터 모든 사람을 보호하기 위한 국제협약' 등이 있다.

02

이민법제의 형성과 발달

이민법제의 형성과정과 관련 법률의 제정과 시행 등의 역사를 시계열적 측면에서 살펴보고 평가한다면 이를 이민법제의 도입기, 이민법제의 과도기, 이민법제의 제도화기, 이민법제의 안정기, 이민법제의 성장기로 구분할 수 있다. 이렇게 이민법제의 발전 단계를 시기별로 나누어서 구분했을 때 대한민국의 이민법제는 어느 시기에 해당하는 위치에 와 있을까?

02

이민법제의 형성과 발달

이민법제를 시기별로 구분하고 규정하려는 시도가 다소 무리한 측면이 없지 않지만 그럼에도 불구하고 이를 구분해보는 것은 우리 이민정책의 현 주소를 가늠해보는 단초가 될 것이라고 생각한다.

체류외국인의 수가 2000년대 이후 크게 증가하였고, 외국인의 유형도 다양해진 현 시점에서 이민법제의 형성과정과 관련 법률의 제정과 시행 등의 역사를 시계열적 측면에서 살펴보고 평가한다면 이를 이민법제의 도입기, 이민법제의 과도기, 이민법제의 제도화기, 이민법제의 안정기, 이민법제의 성장기로 구분할 수 있다. 이렇게 이민법제의 발전 단계를 시기별로 나누어서 구분했을 때 대한민국의 이민법제는 어느 시기에 해당하는 위치에 와 있을까? 저자는 대한민국 이민법제는 지금 '제도화의 초기'에 해당하는 시점에 있다고 생각한다. 이러한 판단 기준에 의하면, 대한민국은 앞으로도 이민법제의 제도화 시기, 안정화 시기, 성장화 시기 등의 험난한 과정들을 거쳐야 한다.

1 이민법제의 도입기: 1948~1960년대

1960년대까지의 이민법제는 다문화의 개념이 없이 국민의 국적, 출입국, 국경관리를 중심으로 다루어졌다. 이때까지 대한민국은 1948년 정부를 수립하고 대한민국이 민주공화국임을 천명하면서 국가의 기틀을 다지는 법제를 만들고 다듬어 나아갔다. 따라서 외국인을 염두에 둔 입국이민이나 다문화, 이민자의 사회통합 등의 내용을 다루는 법률은 찾아보기 힘들다. 1948년 제정된 헌법을 기반으로 국민이 되는 자격, 국경관리와 국민의 출입국관리 등과 관련한 법들이 1960년대까지의 법제이다.

입국 및 출국과 관련한 업무를 관리하기 위한 정부 최초의 법률은 1947년 제정한 '외국인의 입국·출국과 등록에 관한 법률'이다. 정부 수립 초기 외국인의 출입국관리 업무는 외무부에서 담당하였다. 출입국관리 정책 수행을 위한 최초의 법률은 1949년 11월 '외국인의 입국·출국과 등록에 관한 법률'로 공포되었다.

출입국관리 업무는 이후 1961년 10월에 법무부로 이관되었고, 1963년 3월 법률 제1289호로 '출입국관리법'이 제정·공포되어 이때에 비로소 오늘날 운영하고 있는 출입국관리 정책의 제도적 기반이 마련되었다.

북한이탈주민정책과 관련한 법은 1962년 국가유공자 및 월남귀순자 특별원호법이 제정·시행되었다.

2 이민법제의 과도기: 1970~1990년대

1970년 8월 '출입국관리국'으로 승격되어 보다 안정적인 출입국관리 행정과 정책이 가능하게 되었다. 2007년 5월에는 출입국관리국이 '출입국·외국인정책본부'로 확대 및 개편되었다. 이에 따라 본부는 외국인의 출입국 업무와 함께 재외동포, 난민 등 모든 외국인의 입국과 출국을 위한 사증발급, 체류, 국적 취득, 사회통합을 위한 정책들을 수립·집행하고 있다.

한편, 1962년 시행된 국가유공자 및 월남귀순자 특별원호법은 1979년 귀순자에 대해 더 체계적인 지원을 실시할 수 있도록 '월남귀순용사 특별보상법'으로 바뀌었다. 이 법은 다시 1993년 귀순북한동포보호법으로 바뀌었고, 현행 '북한이탈주민의 보호 및 정착지원에 관한 법률'은 북한이탈주민들이 한국 사회의 일원으로 자립하려는 의지를 갖고 안정적으로 정착할 수 있도록 지원하기 위한 법률로 기능하기 위해 1997년 1월 14일에 제정되었다.

1980년대 이후 대한민국의 경제성장과 중소 제조업체의 3업종의 구인난이 점차 현실화하면서 외국인근로자의 합법적 채용과 유입 요구가 대두되었다. 불법 외국인노동자의 유입이 증가하면서 이에 대한 적절한 대응이 필요하였고 정부는 1991년 11월, 해외투자기업 기술연수제도를 도입하였고, 1993년에 외국인산업연수생제도를 도입·실시하였다. 1990년대 이후에는 고용허가제가 실행되었고, 방문취업제가 시행되는 등 외국인력정책이 본격적으로 운영되었다.

우리나라는 1992년에 난민지위에 관한 협약 가입동의서가 국회에 제출되었고, 1992년 12월 '난민지위에 관한 협약'과 '난민지위에 관한 의정서'를 비준하였다. 이에 따라 구체적인 이행조치로 1993년 12월 난민의 지위를 보장하기 위해 필요한 난민 관련 규정들을 신설하며 '출입국관리법'을 개정하였다. 난민인정조항이 신설된 개정 출입국관리법은 1994년부터 효력을 발생하면서 난민신청을 받기 시작하였다.

한편, 1990년대 이후 탈냉전시대의 도래, 중국 및 구소련과의 수교, 개방정책 등으로 해외에서 거주하는 한국인들과 상호 연결하고 소통하려는 상호 요구가 크게 증대되면서 재외동포들에게 혜택을 부여하는 '재외동포의 출입국과 법적 지위에 관한 법률'이 1999년 12월에 발효되었다.

3 이민법제의 제도화 초기: 2000~2020년

2003년 고용허가제 법안이 국회에 상정되고 2003년 8월 16일 '외국인근로자의 고용 등에 관한 법률'이 제정·공포되었다. 이 법에 의해 2004년 3월에 첫 외국인력정책위원회가 개최되어 2004년 외국인력수급계획이 의결되었다. 2003년 9월부터 11월까지 국내체류 미등록 외국인에 대해 합법화 조치를 시행하여 18만여 명에게 사증발급인정서, 취업확인서 등을 부여하였다. 또 재외동포의 출입국과 법적 지위에 관한 법은 모든 중국동포가 다른 국적 재외동포와 같이 혜택을 누릴 수 있도록 역할하기 위해 2004년 개정되었다.

2005년부터 공직선거법을 개정하여 영주권자의 지방참정권제도를 시행하였다. 이는 영주 체류자격 취득일 후 3년이 경과한 사람에게 선거권을 부여하여 일정부분 공동체 일원으로서의 권리를 인정한 것이다.

2007년 1월 산업연수생제도를 폐지하고 외국인고용허가제로 통합하였다. 2007년 2월 제6차 외국인력정책위원회에서 외국 국적동포의 추가고용 허용 등 동포의 취업 관련 절차를 조정하며, 방문취업제 시행방안을 심의 · 의결하였다. 정부는 2007년 3월 중국 및 구소련의 독립국가연합 지역 동포들을 배려하는 고용허가제 특례조항을 확대하기 위해 출입국관리법령을 개정하여 '외국 국적동포 방문취업제'를 신설하였다.

또 2006년 외국인정책위원회 설치 및 운영, 2007년 재한외국인 처우 기본법 제정이 이루어졌으며, 본 법에 의거, 2008년도에는 제1차 외국인정책 기본계획이 수립되었고, 기본계획에 따른 시행계획이 매년 수립 · 집행되는 체계가 확립되었다. 2008년 3월 다문화가족지원법이 제정되었고, 다문화가족정책 기본계획도 수립되었다. 이 법은 9월에 시행되었다. 이때부터 다문화가족지원정책도 본격적으로 시행되었다.

2009년 12월에는 재외동포법상 외국 국적동포로서 국적법에 다른 국적 취득요건을 갖춘 경우에 영주권[1]을 받을 수 있도록 하였다. 이에 따라 동포들이 국적을 취득하지 못하더라도 대신 영주권을 어렵지 않게 취득할 수 있게 됨으로써 국적국의 재산권 등 법률상의 권리를 보전받을 수 있게 하였다.

한편, 출입국관리법의 규정에 의해서 시행하였던 난민 관련 법은 2011년 난민법이 국회 본회의를 통과하고, 2013년에 '난민법'이 제정 · 시행됨에 따라 독자적인 법 규정을 가지게 되었다.

외국인정책기본계획은 2008년 제1차 기본계획에 이어 2013년에는 제2차 기본계획, 그리고 2018년에는 제3차 기본계획이 수립 · 시행되었다. 2018년에는 지난 시행계획에 대한 평가를 통해 제2차 기본계획 사업에 대한 최종점검을 하고, 제3차 기본계획에 따라 추진될 2019년 시행계획 과제 발굴을 위한 방향제시가 있었다. 2009년 법무부는 사회통합 프로그램을 시작하였다. 2012년 7월에는 성실근로자 재입국 취업 특례제도를 도입 · 시행하였다. 2014년에는 '외국인근로자의 고용 등에 관한 법률' 시행령을 개정하여 고용허가서 재발급 사유 확대, 출국만기보험 출국 후 지급에 따른 규정 등을 정비하

1) 외국 국적동포 영주권자는 2010년 19,497명, 2012년 49,716명, 2014년 69,764명, 2019년 78,998명으로 전체 영주권자의 55% 수준을 차지하고 있다.

였다.

2010년 이후에는 영주권제도의 개선 등 새로운 관점으로 이행되고 있다.

영주권제도는 대한민국 정부 수립 이전에 국내로 이주했거나 또는 국내에서 출생한 화교[2)]의 안종적인 체류를 보장하기 위해 2002년 4월 도입하여, 2019년 2월 말 현재 107개국 143,998명이 영주권자로 체류하고 있다.

일반 체류외국인과 달리 강제추방이 제한되고 국민처럼 영구적으로 체류가 보장되는 영주권제도는 2018년 3월 영주권 취득 · 취소 요건을 강화하면서 10년마다 영주증을 갱신하도록 관리기준을 새로 정비하였다.

• 2011~2021년까지 체류외국인 증가추이*

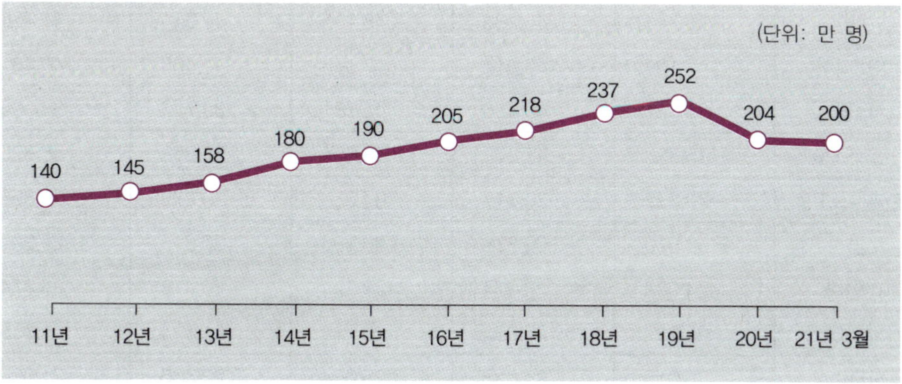

* 2020~2021년의 체류외국인 감소는 코로나19로 인해 외국인의 유입이 줄어든 결과이다.

---

2) 화교 영주권자는 대부분 2~3세대로 2019년 현재 12,770여 명이 거주하고 있다.

• 2017~2021년까지 체류외국인 국적별 현황

구 분	2017년	2018년	2019년	2020년	2021년 3월
총계	2,180,498	2,367,607	2,524,656	2,036,075	1,999,946
중국*	1,018,074	1,070,566	1,101,782	894,906	868,765
한국계	679,729	708,082	701,098	647,576	624,780
베트남	169,738	196,633	224,518	211,243	212,359
태국	153,259	197,764	209,909	181,386	177,343
미국	143,568	151,018	156,982	145,580	145,020
우즈베키스탄	62,870	68,433	75,320	65,205	64,263
러시아(연방)	44,851	54,064	61,427	50,410	49,406
필리핀	58,480	60,139	62,398	49,800	48,841
몽골	45,744	46,286	48,185	42,511	41,466
캄보디아	47,105	47,012	47,565	41,405	40,481
네팔	36,627	40,456	42,781	39,743	38,006
인도네시아	45,328	47,366	48,854	36,858	35,825
카자흐스탄	22,322	30,717	34,638	29,278	29,858
일본	53,670	60,878	86,196	26,515	27,295
미얀마	24,902	28,074	29,294	26,412	25,374
캐나다	25,692	25,934	26,789	21,794	21,755
스리랑카	26,916	25,828	25,064	22,466	21,029
(타이완)	36,168	41,306	42,767	19,444	19,234
방글라데시	16,066	16,641	18,340	16,823	16,480
파키스탄	12,697	13,275	13,990	12,842	12,765
인도	11,244	11,945	12,929	10,892	11,128
오스트레일리아	13,008	14,279	15,222	7,913	7,713
영국	6,727	6,972	7,550	5,871	5,701
키르기즈	5,790	6,385	6,618	5,710	5,549
기타	99,652	105,636	125,538	71,068	74,290

* 한국계 포함.

출처: 법무무 출입국·외국인정책 통계월보 2021년 3월.

• 2021년 현재 체류외국인 연령별 분포도

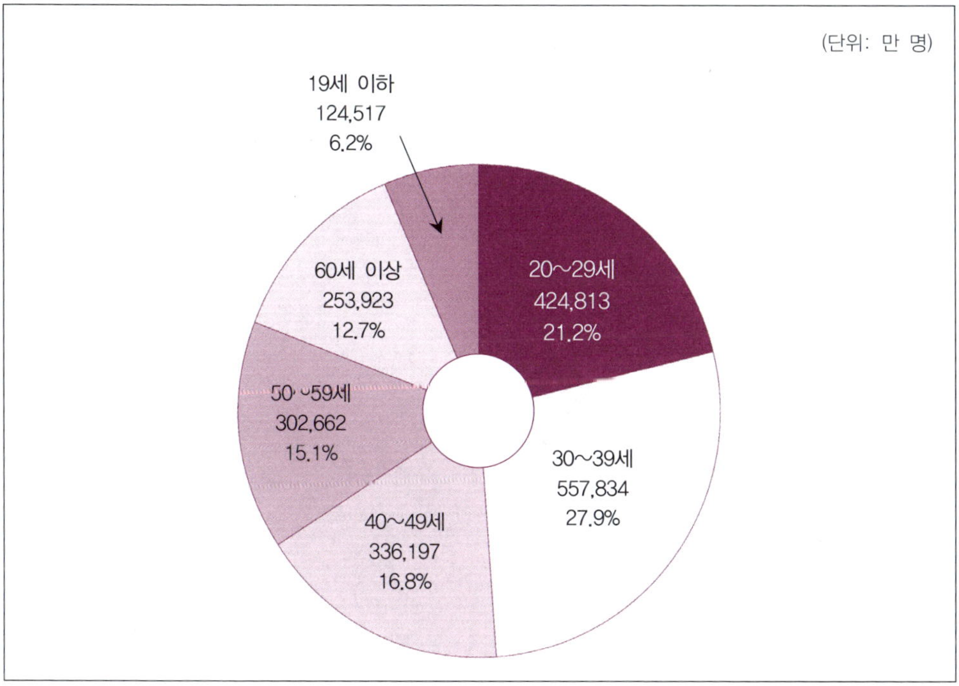

출처: 출입국·외국인정책 통계월보 2021년 3월.

03

헌법과 이민법제

대한국민은 정치 · 경제 · 사회 · 문화의 모든 영역에 있어서 각인의 기회를 균등히 한다(전문). 국가는 개인이 가지는 불가침의 기본적 인권을 확인하고 이를 보장할 의무를 진다. 헌법에 의하여 체결 · 공포된 조약과 일반적으로 승인된 국제법규는 국내법과 같은 효력을 가진다. 외국인은 국제법과 조약이 정하는 바에 의하여 그 지위가 보장된다.

03

헌법과 이민법제

헌법전문

유구한 역사와 전통에 빛나는 우리 대한국민은 3·1 운동으로 건립된 대한민국임시정부의 법통과 불의에 항거한 4·19 민주이념을 계승하고, 조국의 민주개혁과 평화적 통일의 사명에 입각하여 정의·인도와 동포애로써 민족의 단결을 공고히 하고, 모든 사회적 폐습과 불의를 타파하며, 자율과 조화를 바탕으로 자유민주적 기본질서를 더욱 확고히 하여 정치·경제·사회·문화의 모든 영역에 있어서 각인의 기회를 균등히 하고, 능력을 최고도로 발휘하게 하며, 자유와 권리에 따르는 책임과 의무를 완수하게 하여, 안으로는 국민생활의 균등한 향상을 기하고 밖으로는 항구적인 세계평화와 인류공영에 이바지함으로써 우리들과 우리들의 자손의 안전과 자유와 행복을 영원히 확보할 것을 다짐하면서 1948년 7월 12일에 제정되고 8차에 걸쳐 개정된 헌법을 이제 국회의 의결을 거쳐 국민투표에 의하여 개정한다.

1 헌법철학과 이주민

대한민국은 헌법에는 전문에서도 언명하고 있듯이 국민의 개념에 외국인 또는 이민자는 염두에 두고 있지 않고 있다. 전문의 글과 용어 그 어디를 들여다보아도 국민은 민족과 자손으로 대표되는 개념으로만 이해되고 해석된다. '민족'의 개념은 오랫동안 이어져온 역사 공동체 속의 '대한국민'을 의미하고, 이 '대한국민'은 역사와 전통 속에서 혈연으로 맺어진 한국인, 단군의 자손으로 이어져온 단일민족이다. 전문에서 '민족의 단결을 공고히 한다'는 것은 통일을 지향하는 대한민국이 북한의 동포 · 재외동포 등이 함께 힘을 결집해나가야 함을 강조한다. 전문에 명기된 '우리들의 자손'이라는 표현은 대한민국에 속한 국민이 혈연으로 이어진 민족 공동체의 유산임을 재인식시키고 또 이를 특별히 유념하게 한다.

그런데 이렇게 단일민족을 강조하는 의미로 해석되는 '대한국민'의 개념에는, 대한민국에 장기 거주하며 공존하고 있는 '외국인이주민', 자유로운 거주 이동 · 문화다양성 사회의 주체인 '세계시민', 지구촌의 만민과 맥락을 같이하는 '사람'의 의미가 함께 살아 숨쉬고 있다고 말하기가 어렵다. 『이민법제론』에서 가장 먼저 헌법 전문과 조항들을 자세하게 들여다보는 이유는 이민 · 다문화 관련 법률의 규정 이행과 집행을 위한 뿌리가 헌법에 있다고 생각하기 때문이다. 우리 공동체의 상위규범 가치와 국가운영 철학, 국가운영 목표 등이 여기에 있는데 아쉬운 것은, 대한민국 안에서 자유와 권리, 그리고 행복을 누릴 수 있는 주체는 민족과 혈연을 기반으로 한 국민만이 해당된다고 인식하게 하여 부지부식 간에 세계시민, 만민, 개인권리의 주체인 사람, 이민자 등은 정책기조의 대상과 논의의 주체에서 멀어져 있다.

2 국 민

1) 국민에 대한 국가의 의무

(1) 국민이 주권자

대한민국은 민주공화국이다(제1조). 대한민국 국가의 명칭은 대한민국이다. 국가 명칭의 연원은 전문의 '대한국민'이라는 용어를 통해서도 알 수 있다. 유구한 역사와 전통을 통해 계승되어 온 민족임을 나타내는 대한국민이 대한민국의 명칭에 앞서는 개념이다. 대한민국의 국가 정체성은 국민이 주인이라는 의미의 민주공화국인데, 민주공화국이라 함은 국민이 국가의 모든 영역에서 자유와 권리의 주체이며 또 조화로운 번영 공동체의 주권자가 되는 국가임을 말한다.

(2) 남북통일의 지향

대한민국의 영토는 한반도와 그 부속도서로 한다(제3조). 대한민국은 통일을 지향하며, 자유민주적 기본질서에 입각한 평화적 통일 정책을 수립하고 이를 추진한다(제4조). 대한민국은 국제평화의 유지에 노력하고 침략적 전쟁을 부인한다(제5조). 국가는 전통문화의 계승·발전과 민족문화의 창달에 노력하여야 한다(제9조).

(3) 재외국민의 보호

국가는 개인이 가지는 불가침의 기본적 인권을 확인하고 이를 보장할 의무를 진다(제2장제10조). 저작자·발명가·과학기술자와 예술가의 권리는 법률로써 보호한다(제22조). 공공필요에 의한 재산권의 수용·사용 또는 제한 및 그에 대한 보상은 법률로써 하되, 정당한 보상을 지급하여야 한다(제23조). 국가는 청원에 대하여 심사할 의무를 진다(제26조). 타인의 범죄행위로 인하여 생명·신체에 대한 피해를 받은 국민은 법률이 정하는 바에 의하여 국가로부터 구조를 받을 수 있다(제30조). 국가는 법률이 정하는 바에 의하여 재외국민을 보호할 의무를 진다(제2조의2).

의무교육은 무상으로 한다(제31조). 교육의 자주성·전문성·정치적 중립성 및 대학의 자율성은 법률이 정하는 바에 의하여 보장된다. 국가는 평생교육을 진흥하여야 한다.

(4) 근로조건의 기준은 인간 존엄성의 보장

국가는 사회적·경제적 방법으로 근로자의 고용의 증진과 적정임금의 보장에 노력하여야 하며, 법률이 정하는 바에 의하여 최저임금제를 시행하여야 한다(제32조). 국가는 근로의 의무의 내용과 조건을 민주주의원칙에 따라 법률로 정한다. 근로조건의 기준은 인간의 존엄성을 보장하도록 법률로 정한다.

여자의 근로는 특별한 보호를 받으며, 고용·임금 및 근로조건에 있어서 부당한 차별을 받지 아니한다. 연소자의 근로는 특별한 보호를 받는다. 국가유공자·상이군경 및 전몰군경의 유가족은 법률이 정하는 바에 의하여 우선적으로 근로의 기회를 부여받는다(제32조).

(5) 특별한 보호 의무가 있는 여자와 청소년

국가는 사회보장 · 사회복지의 증진에 노력할 의무를 진다(제34조). 국가는 여자의 복지와 권익의 향상을 위하여 노력하여야 한다. 국가는 노인과 청소년의 복지향상을 위한 정책을 실시할 의무를 진다. 신체장애자 및 질병 · 노령 기타의 사유로 생활능력이 없는 국민은 법률이 정하는 바에 의하여 국가의 보호를 받는다. 국가는 재해를 예방하고 그 위험으로부터 국민을 보호하기 위하여 노력하여야 한다.

모든 국민은 건강하고 쾌적한 환경에서 생활할 권리를 가지며, 국가와 국민은 환경보전을 위하여 노력하여야 한다(제35조). 국가는 주택개발정책 등을 통하여 모든 국민이 쾌적한 주거생활을 할 수 있도록 노력하여야 한다.

(6) 혼인과 모성의 보호

혼인과 가족생활은 개인의 존엄과 양성의 평등을 기초로 성립되고 유지되어야 하며, 국가는 이를 보장한다(제36조). 국가는 모성의 보호를 위하여 노력하여야 한다. 모든 국민은 보건에 관하여 국가의 보호를 받는다.

2) 국민의 권리

(1) 법 앞에 평등한 주권자

헌법은 대한민국의 주권은 국민에게 있고, 모든 권력은 국민으로부터 나온다(제1조)고 하였다. 또 모든 국민은 인간으로서의 존엄과 가치를 가지며, 행복을 추구할 권리를 가진다. 모든 국민은 법 앞에 평등하다. 누구든지 성별 · 종교 또는 사회적 신분에 의하여 정치적 · 경제적 · 사회적 · 문화적 생활의 모든 영역에 있어서 차별을 받지 않는다(제11조)고 하였다.

모든 국민은 신체의 자유를 가진다. 누구든지 법률에 의하지 아니하고는 체포 · 구속 · 압수 · 수색 또는 심문을 받지 아니하며, 법률과 적법한 절차에 의하지 아니하고는 처벌・보안처분 또는 강제노역을 받지 아니한다(제12조). 모든 국민은 고문을 받지 아니하며, 형사상 자기에게 불리한 진술을 강요당하지 아니한다.

모든 국민은 행위 시의 법률에 의하여 범죄를 구성하지 아니하는 행위로 소추되지 아니하며, 동일한 범죄에 대하여 거듭 처벌받지 아니한다(제13조). 또 모든 국민은 소급입법에 의하여 참정권의 제한을 받거나 재산권을 박탈당하지 아니하며, 자기의 행위가 아닌 친족의 행위로 인하여 불이익한 처우를 받지 아니한다.

(2) 침해받지 않는 자유권

모든 국민은 거주・이전의 자유를 가진다(제14조). 모든 국민은 직업선택의 자유를 가진다(제15조). 모든 국민은 주거의 자유를 침해받지 아니한다. 수거에 대한 압수나 수색을 할 때에는 검사의 신청에 의하여 법관이 발부한 영장을 제시하여야 한다(제16조).

모든 국민은 사생활의 비밀과 자유를 침해받지 아니한다(제17조). 모든 국민은 통신의 비밀을 침해받지 아니한다(제18조). 모든 국민은 양심의 자유를 가진다(제19조). 모든 국민은 종교의 자유를 가진다(제20조). 국교는 인정되지 아니하며, 종교와 정치는 분리된다. 모든 국민은 언론・출판의 자유와 집회・결사의 자유를 가진다(제21조). 모든 국민은 학문과 예술의 자유를 가진다(제22조). 모든 국민의 재산권은 보장된다(제23조). 재산권의 행사는 공공복리에 적합하도록 하여야 한다.

(3) 선거권과 공무담임권

모든 국민은 법률이 정하는 바에 의하여 선거권을 가진다(제24조). 모든 국민은 법률이 정하는 바에 의하여 공무담임권을 가진다(제25조). 모든 국민은 법률이 정하는 바에 의하여 국가기관에 문서로 청원할 권리를 가진다(제26조). 모든 국민은 헌법과 법률이 정한 법관에 의하여 법률에 의한 재판을 받을 권리를 가진다(제27조). 모든 국민은 신속한 재판을 받을 권리를 가진다. 형사피고인은 상당한 이유가 없는 한 지체 없이 공개재판을 받을 권리를 가진다. 공무원의 직무상 불법행위로 손해를 받은 국민은 법률이 정하는 바에 의하여 국가 또는 공공단체에 정당한 배상을 청구할 수 있다. 이 경우 공무원 자신의 책임은 면제되지 아니한다(제29조).

(4) 자유와 권리는 인간의 본질적 권리

모든 국민은 능력에 따라 균등하게 교육을 받을 권리를 가진다(제31조). 모든 국민은 근로의 권리를 가진다(제32조). 근로자는 근로조건의 향상을 위하여 자주적인 단결권 · 단체교섭권 및 단체행동권을 가진다(제33조). 공무원인 근로자는 법률이 정하는 자에 한하여 단결권 · 단체교섭권 및 단체행동권을 가진다. 법률이 정하는 주요 방위산업체에 종사하는 근로자의 단체행동권은 법률이 정하는 바에 의하여 이를 제한하거나 인정하지 아니할 수 있다.

모든 국민은 인간다운 생활을 할 권리를 가진다(제34조). 국민의 자유와 권리는 헌법에 열거되지 않은 이유로 경시되지 않는다(제37조). 국민의 모든 자유와 권리는 국가안전보장 · 질서유지 또는 공공복리를 위하여 필요한 경우에 한하여 법률로써 제한할 수 있으며, 제한하는 경우에도 자유와 권리의 본질적인 내용을 침해할 수 없다.

3) 국민의 4대 의무

모든 국민은 그 보호하는 자녀에게 적어도 초등교육과 법률이 정하는 교육을 받게 할 의무를 진다(제31조). 모든 국민은 근로의 의무를 진다(제32조). 모든 국민은 법률이 정하는 바에 의하여 납세의 의무를 진다(제38조). 모든 국민은 법률이 정하는 바에 의하여 국방의 의무를 진다(제39조).

3 외국인

1) 외국인에 대한 국가의 의무

(1) 국제협약에 근거한 의무

오늘날 세계시민의 개념은 국가론적 차원이 아닌 개인을 강조하는 관점으로 변화하고 있다. 세계시민은 각자의 기본권을 실현하는 주체이며 개개인을 총합하여 국가라는 개념을 형성한다. 그러나 여기에서 모든 세계시민은 동시에 어느 한 국가에 속한 시민으로 간주된다. 한 국가의 국민에 속하지 않은 사람은 외국인으로 지칭되며 그 국민으로서의 지위는 위태로워진다. 대부분의 국가들에게서 국민은 기본권을 포함한 권리의 주체자로 인정되고 보호받는다. 그러나 외국인 또는 이민자는 기본권의 주체성을 보장받지 못하며, 기본권과 인간 존엄성의 보장 자체보다는 국제법이나 국제협약 등의 관점에서 상호주의에 의한 보호나 조화로운 해결에 의존하는 존재가 된다. 미국의 경우만 보더라도 미국 헌법에서 외국인은 미국 시민에 편입되기 전에는 미국시민에게 주어지는 특권 및 시민으로서의 혜택을 받을 수 없다. 비록 헌법에서 규정한 '사람'이라는 개념에 적용되는 인간의 천부적인 권한이 보장되고 있다고 언명하고 있으나 현실에서의 개인 권리들은 대부분은 시민권자에게만 적용된다.

국가에서 개인들의 권리는 그 초점을 국가에 속하는 국민과 민족적 및 인종·문화적 차이로부터 발생하는 비국민에 맞춘다. 여기에서 권리의 유무 여부는 '민족'이나 '한 집단적 이민'과 같은 의미와 맥락을 같이한다. 이는 다소간 제도적이며 공동체 완결적이고, 특정한 주어진 영토나 모주거지를 차지하고, 독립적 언어와 역사를 지니고 있는 통합적 공동체와 결부된 개념이다. 이것은 오늘날 가장 일반적 형태의 국가·시민개념과 많은 부분 일치한다.

킴리카(Will Kymlicka)는 다문화의 시민 담론과 논쟁이 1990년대 이전까지는 공동체주의자와 자유주의자 간의 논쟁과 동일하다고 생각하였다. 이때 공동체의 시민은 문화공동체의 구성원으로 동원되고, 그들의 공동체가 인식되고 보호되기 위한 어떤 형태의 집단권리(group rights)를 추구하는 사람들과 관련이 있었다. 샌델(Michael J. Sandel)과 테일러(Charles Taylor)는 모두 특정한 소수자의 권리들을 공동체주의의 실행의 예들로 인용하며 이를 옹호한다. 이들은 기본적으로 자유주의에 대한 공동체주의의 비판을 지지하고 동시에 외국인 이주민 권리의 보장이 응집된 공동체의 심성을 가진 소수자 집단을 자유주의적 개인주의의 침투로부터 보호해 준다는 생각을 함유한다. 건강한 공동체는 개인의 선택과 공동체적 삶의 방식의 보호, 양자 간의 적절한 균형을 유지해야 하며, 개인의 자유는 공동체를 침식할 수 있는 정도를 제한해야 한다고 주장한다. 그러나 샌델(Sandel, 1984)이 말한 "민족은 이미 공동체에서 반드시 필요한 공유된 자기 이해를 함양하기에는 그 규모가 너무 관대한 것으로 판명되었다"며 한 민족의 구성원들은 사실상 언어와 역사를 공유하지만, 종종 삶의 궁극적 목적에 대해서는 근본적으로 의견을 같이하지는 않는다.

서구 민주주의 국가들의 대부분 인종문화집단들은 어느 면에서는 자유주의 사회에서의 법제도의 강제로부터 보호받기를 원하지 않고 있다. 이들은 반대로 오늘날 자유주의 사회의 완전하고 동등한 참여자가 되기를 원한다. 예를 들면, 이는 미국의 흑인 또는 대부분 이민자들에게도 해당되는데, 자유주의적 원칙에 대한 이들의 헌신은 일반적으로 백인들의 경우와 마찬가지이며 또한 이민자들도 다르지 않다. 이민자들도 교육, 기술, 정치, 대중매체 등에 자유 민주사회에서 주류로의 수용은 물론 완전한 참여를 요구한다. 이러한 개인적 자율성에 대한 지지는 인종, 언어, 종교적 차이를 넘어 현대사회에 광범위하게 미치고 있다.

(2) 기본권 옹호와 이의신청 권리

헌법에 의하여 체결·공포된 조약과 일반적으로 승인된 국제법규는 국내법과 같은 효력을 가진다(제6조의1). 외국인은 국제법과 조약이 정하는 바에 의하여 그 지위가 보장된다(제6조의2). 외국인 이주민의 헌법적 지위와 권리에 관하여 헌법재판소는 "인간의 존엄과 가치, 행복 추구권은 대체로 인간의 권리로서 외국인도 주체가 될 수 있다고 보아야 하고, 평등권도 인간의 권리로써 참정권 등에 대한 성질성의 제한 및 상호주의에 따른 제한이 있을 뿐이다"[1]라고 하였다.

외국인 이주민의 법적 보호는 이주민의 법적 지위, 특히 각 국가의 헌법상 기본권 보장 주체의 인정과 밀접한 관계가 있다. 현행 대한민국 헌법은 명기한 바와 같이 "외국인은 국제법과 조항이 정하는 바에 의하여 그 지위가 보장된다"고 함으로써, 기본적으로 국제법에 대응하는 상호주의적 입장에서 외국인을 대하고 있다. 달리 말하면, 우리 헌법에서 외국인의 권리는 국제법이나 국제조약에서 정하거나 보장하는 규정들에서 찾아지지 않으면 그 지위를 보장하기 어렵다고 해석할 수도 있는 것이다.

대한민국에서 국민과 외국인의 권리가 다름을 분명하게 확인시키는 규정은 국적법에서도 확인할 수 있다. 국적법 제18조는 대한민국 국적을 상실한 자는 국적을 상실한

1) 헌재 2001.11.29., 99헌마494.

때부터 대한민국의 국민만이 누릴 수 있는 권리를 누릴 수 없다고 지엄하게 언명한다. 또 국적을 상실한 사람은 제1항에 해당하는 권리 중 대한민국의 국민이었을 때 취득한 것으로서 양도(讓渡)할 수 있는 것은 그 권리와 관련된 법령에서 따로 정한 바가 없으면 3년 내에 대한민국의 국민에게 양도하여야 한다고 하였다.

대한민국의 현행 헌법의 대부분 조항들은 기본권을 보장받을 수 있는 사람을 '국민'으로만 규정하고 있다. 따라서 외국으로부터 이주해 온 이민자는 '국민'이 아닌 자를 의미하기 때문에 사실상 국민이 향유하는 기본권을 부여받지 못하고 있다.

한국뿐만 아니라 미국, 일본, 프랑스 등 많은 국가들의 헌법에서도 국민과 사람은 법적으로 구분된다. 실제 많은 국가들에게서 국가의 목표, 공존의 철학과 가치규범이 될 수 있는 세계시민 기본권 보장을 위한 이론이나 주장들은 아직도 이상적 공동체를 말하는 담론 수준에 그치고 있다. 우려할 만한 최근 상황은 오히려 많은 국가들이 헌법과 관련 법률 등에서 또 이민자 혹은 소수민족 · 소수인종 등을 대하는 정책대응에서, 국가 간 경계를 넘는 지구촌 공통의 합의와 국제협약의 조항들을 실천하려는 국제협약들의 비준을 회피하거나 미루고 있는 것이다.

현실에서 외국인 이주민의 기본권, 즉 세계시민기본권을 객관적으로 해석하고 이를 정책에서 구현하려는 국가들의 노력과 지향행태는 국가마다 다르다. 각 국가들의 헌법에서 국민을 지칭하는 용어의 의미도 물론 같지 않다. 국민과 사람의 의미를 정의하고 해석하는 방법이 다른 것이다. 국민과 사람을 구분하고 다르게 해석하는 이유는 너무도 많다. 이는 서로 다른 국가 · 민족 형성의 역사와 공동체의 서로 다른 가치, 종교의 차이 등 많은 요소들이 복잡하게 얽혀 있기 때문이기도 하지만, 각 국가가 안고 있는 사회적 · 경제적 우선순위의 편익 추구의 성향 등도 이유의 근거가 된다.

한편, 대한민국에는 헌법에 근거한 외국인의 인권옹호와 이의신청 관련 법제운영에 행정심판제도가 있다. 행정청의 위법 또는 부당한 처분(處分)이나 부작위(不作爲)에 대해서 특별한 예외규정이 없는 한 원칙적으로 행정심판법에 따른 행정심판(취소심판, 무효 등 확인심판, 의무이행심판)으로 다툴 수 있다. 그러므로 이민정책에 관한 행정청의 처분과 부작위도 마찬가지로 행정심판법으로 다툴 수 있으므로 행정심판법이 주요한 법률적 근거가 될 수 있다.

실무적으로도 출입국관리법상의 인권을 침해할 수 있는 주요한 처분들, '체류기간연장불허처분(출입국관리법 제25조)', '체류자격변경불허처분(출입국관리법 제24조)', '출국권고(출입국관리법 제67조)', '출국명령(출입국관리법 제68조)'에 대해서는 행정심판법에 따른 행정심판으로 다루어지고 있다.

이 밖에 개별 이민정책 유관 법령에 별도의 '이의신청' 절차를 마련한 경우, 즉 출입국관리법상 '강제퇴거명령에 대한 이의, 보호명령에 대한 이의, 출국금지결정에 대한 이의, 출국금지기간 연장결정에 대한 이의', 난민법상 '난민불인정결정에 대한 이의', '난민인정 취소 · 철회에 대한 이의'와 같이 개별법령에서 정한 이의신청은 이들 법 규정의 절차를 따른다. 문제는 우리 법제에 이러한 권리보호, 권리 구제에 관한 조항들이 분명하게 존재하고 있음에도 불구하고 실제의 법 적용에서 그 권리가 인정되는 경우는 매우 미미한 실정에 있다.

외국인 이주민의 헌법적 지위와 권리에 관하여 "인간의 존엄과 가치, 행복 추구권은 대체로 인간의 권리로서 외국인도 주체가 될 수 있다고 보아야 하고, 평등권도 인간의 권리로써 참정권 등에 대한 성질성의 제한 및 상호주의에 따른 제한이 있을 뿐이다"[2] 라고 한 헌법재판소의 언명에 귀를 기울여야 하는 이유가 여기에 있다.

2) 외국인의 의무

(1) 체류자격 취득의 의무

입국하려는 외국인은 일반체류자격, 영주자격 등 어느 하나에 해당하는 체류자격을 가져야 한다(출입국관리법 제10조). 외국인이 입국한 날부터 90일을 초과하여 대한민국에 체류하려면 대통령령으로 정하는 바에 따라 입국한 날부터 90일 이내에 그의 체류지를 관할하는 지방출입국 · 외국인관서의 장에게 외국인등록을 하여야 한다(출입국관리법 제31조).

(2) 체류지 변경 신고의 의무

외국인이 체류지를 변경하였을 때에는 대통령령으로 정하는 바에 따라 전입한 날부

---

2) 헌재 2001.11.29., 99헌마494.

터 15일 이내에 새로운 체류지의 시·군·구 또는 읍·면·동의 장이나 그 체류지를 관할하는 지방출입국·외국인관서의 장에게 전입신고를 하여야 한다(출입국관리법 제36조).

외국인은 그 체류자격과 체류기간의 범위에서 대한민국에 체류할 수 있다. 대한민국에 체류하는 외국인은 이 법 또는 다른 법률에서 정하는 경우를 제외하고는 정치활동을 하여서는 아니 된다. 법무부 장관은 대한민국에 체류하는 외국인이 정치활동을 하였을 때에는 그 외국인에게 서면으로 그 활동의 중지명령이나 그 밖에 필요한 명령을 할 수 있다(출입국관리법 제17조).

대한민국 헌법은 전문에서 "정치·경제·사회·문화의 모든 영역에 있어서 각인의 기회를 균등히 한다"고 하였고, 또 "안으로는 국민생활의 균등한 향상을 기하고 밖으로는 항구적인 세계평화와 인류공영에 이바지 한다"고 하였다. 그러나 "국내에 체류하고 있는 외국인은 대한민국에서 정치활동을 할 수 없다"는 규정을 통해 알 수 있듯이 이주민은 국민이 가지는 권리들을 온전하게 누리지 못하고 있고 균등한 기회와도 멀어져 있다.

안으로의 국민에게 권리와 의무가 분명하게 명시되고 있는 것처럼 밖으로의 외국인이 대한민국에 거주하기를 희망하여 장기체류를 희망하고 있다면 이주민에게도 권리의 조항과 의무의 조항이 장기체류 혹은 영주에 적합한 수준으로 부여되어 공동체 안에서 차별받지 않을 수 있는 조건을 충족시킬 수 있어야 한다.

4 국가목표와 이민법제

1) 국민과 외국인

한국뿐만 아니라 미국, 일본, 프랑스 등 많은 국가들의 헌법에서도 국민과 사람은 법적으로 구분된다. 국가목표, 철학과 가치규범이 될 수 있는 세계시민 기본권의 보장을 위한 이론이나 주장들은 아직도 이상적 공동체를 말하는 담론 수준에 그치고 있다. 이들 국가들은 헌법과 관련 법률에서, 이민자 혹은 소수민족·소수인종 등을 대하는 정책대응에 국가 간 경계를 넘는 지구촌 공통의 합의와 국제협약의 조항들을 아직도 구체적으로 지지하거나 발전시키지 못하고 있다.

외국인 이주민의 기본권, 즉 세계시민기본권을 객관적으로 해석하고 이를 정책에서 구현하려는 국가들의 노력과 지향행태는 국가마다 다르다. 헌법에서 국민을 지칭하는 용어의 의미도 물론 국가마다 같지 않다. 국민과 사람의 의미를 정의하고 해석하는 방법이 다른 것이다. 국민과 사람을 구분하고 다르게 해석하는 이유는 너무도 많다. 서로 다른 국가·민족 형성의 역사와 공동체의 서로 다른 가치, 종교의 차이 등 많은 요인들 때문이기도 하지만, 각 국가가 안고 있는 사회적·경제적 우선순위와 편익 추구의 성향 등도 이유의 근거가 된다.

2) 서로 다른 용어와 개념

외국인 이주민의 권리보장을 전제로 기능하는 외국인 기본권의 용어와 개념을 대하는 각 국가의 정책 인식이나 정책가치들이 서로 다르거나 때로는 현저하게 차이를 드러내는 이유는 또 있다. 무엇보다 지구촌 전체 사회에서 이를 대하는 정책의 기초가 되는 규범적 가치와 이념이 합의가 쉽지 않기 때문이다. 사실 여러 민족과 인종이 한 국가 안에서 오랜 시간 동안 공존해 왔거나 이민의 수용 역사가 다른 국가들에 비해 비교적 길었던 미국, 프랑스 같은 국가에서도 다르지 않다.

이들 국가들에서도 이민 혹은 세계시민 수용의 기초가 되는 규범적 이론의 체계화된 정립이나 국제적 공조의 합의된 이론체계를 뒷받침하는 규범가치들은 가지고 있지만 헌법이나 법제도에서 이를 제대로 발현하고 있지는 못하다. 엄밀하게 말해서 세계시민사회와 지구촌 다문화사회는 이주민의 기본권이 오늘날 큰 당면 해결 과제임에도 불구하고 그 국가적 목표와 철학, 그리고 실제 법제도 반영의 실현수준에서는 매우 미흡하다.

여러 학자들이 아쉬워하고 있듯이 현대사회에서 이주민이나 외국인, 이민법제에 관한 진중한 논의들은 1990년도 이전까지도 잘 보이지 않았다. 그런데 이후 지구촌 공동체의 공존문제를 다루는 법제논의와 국제협약의 쟁점을 거론하는 이론들이 전통적 민주주의 이론들과 국가 등이 다루어 왔던 법 이론들에 더해져 매우 다양해지고 깊어져 왔다. 노직(Robert Nozick)은 그의 저서 『아나키에서 유토피아로』에서 왈저(Michael Walzer)는 『정치와 열정』에서 드워킨(Ronald Dworkin)은 『자유주의적 평등의 토대들』에서, 그리고 롤스(John Rawls)는 『만민법』 등에서 민족이나 인종, 그리고 국가의 경계를 넘는 세계시민주의의 여러 가지 쟁점들에 대해 통찰적 견해를 보여준다.

3) 외국인의 자유권과 평등권

킴리카(Will Kymlicka)는 국경의 개방을 지지하거나 심각하게 고민해본 주류 자유주의 학자나 이론가가 거의 없음을 지적한다. 따라서 저자는 이러한 자유와 평등의 의미를 간과한 외국인 이주민에 대한 암묵적 무시 혹은 무관심을 외면해서는 안 된다고 생각한다. 그는 국가 공동체에서 사회가 개인들에게 요구하는 자유는 그들의 언어와 역사를 벗어나는 자유가 아니며, 그보다는 한 사회의 고유문화 안에서 이동할 수 있고, 특정한 문화적 역할로부터 스스로 거리를 둘 수 있으며, 그 문화의 어떤 특색은 발전시킬 가치가 있고 어떤 것은 가치가 없는지를 선택할 수 있는 자유라고 하였다(Kymlicka, 2010: 186). 한편, 드워킨(Ronald Dworkin)은 자유와 평등 사이는 일정한 긴장관계를 갖고 있지만 이 둘은 결국 모두 존중되고 긍정되어야 한다고 하였다. 그러면서 그는 자유가 갖는 사상들이 다음의 두 가지 공통의 특징이 있다고 하였는데 그 하나는, 자유주의는 공동체 전체보다는 개인에게 초점을 둔다는 것이고, 또 다른 하나는 자유주의는 자유뿐만 아니라 평등의 중요성도 함께 강조하는 것이라고 하였다. 그는 다인종·문화적 권리(polyethnic lights)가 갖는 평등주장이 국가를 인종문화성으로부터 분리시키기기 불가능하다는 것을 호소한다고 하였다. 이민자들에게 해당하는 평등한 권리주장의 맥락은 주류문화에 대한 동등한 접근과 관련되어 있다.

이민자들은 자신의 문화로부터 분리된 후 새로 이주한 사회에 이미 존재하는 국가나 민족의 구성원이 될 것으로 기대된다. 이때 국가가 이민자들에 대해서 문화적 소속감의 가치를 증진시키는 문제는 주로 언어 훈련을 제공하고, 차별과 편견의 유형들과 싸워나감으로써 통합을 가능하도록 하는 문제로 귀결된다. 이것은 집단 차별적 권리를 제공하는 것으로보다는 공통적 시민권을 엄격하게 집행하는 것이다. 따라서 그는 공통적 시민권이 사실상 주류문화에 대한 접근을 가능하게 한다면 문화적 소속감에 대한 평등은 달성된다고 보았다. 하지만 여기에서도 평등은 집단 특수적 권리를 정당화한다. 즉, 지구촌 시민이 갖는 평등은 한 국가에서 어떻게 특정 집단에게 특혜를 주지 않고, 또 다른 집단에게 불이익을 주지 않도록 제도적으로 보장할 것인가의 문제이다. 따라서 현재의 정책이 지배적 민족이나 인종・문화적 집단의 언어, 문화 및 정체성을 지원하고 있다면 국가는 중앙 및 자치정부의 다인종・문화적 권리를 통해서 외국인 이주민 집단들에게도 동등한 지원과 혜택들을 제공해야 그 사회가 평등한 사회가 될 수 있다.

4) 외국인의 참정권

기본권의 주체성에 따라 외국인에게 향유가 인정되는 인간의 권리에는 인간의 존엄과 가치, 행복추구권뿐만 아니라 신체의 자유, 양심의 자유, 종교의 자유 등의 전통적 자유권이 포함된다. 그러나 대부분 국가들에게서 거주이전의 자유, 자유롭게 일할 수 있는 권리, 참정권 등의 자유는 사실상 제한된다.

우리는 외국인의 기본권의 이론을 개발하는 데 있어서 공동체에 살고 있는 사람들의 특정한 가치관이 무엇이든지 간에 상대방 공동체 문화에 대한 접근을, 사람들이 원하는 것이 기대되는 어떤 권리로 간주하여야 한다. 이것은 인간의 가능성의 제한에 대한 주장이 아니라 합당한 기대(reasonable expectation)에 대한 주장이다.

외국인의 기본권에서 고려하는 생존권적 권리가 가지는 의미에 중요한 가정이 있는데, 그것은 다문화와 다원주의를 지향하는 공동체의 목표가 외국인 이주민들 주장의 정의(justice)를 합당하게 평가하는 것이다. 우리의 관심이 집중하는 정의는, 주류사회가 인종・문화적 차이를 무시하고 일반적으로 다수자 집단의 편의를 도모하기 위해서 채택된 방식들을 확인하는 것이다.

이와 관련하여 왈저(Michael Walzer)는 개인의 권리가 모든 종류의 관용의 근원에 있겠지만, 그 권리가 자발적 결사나 문화적 표현의 과정에서 공동으로 행사되거나 집단이 구성원을 대신하여 그것을 주장하는 경우에 관심을 갖는다(Walzer, 2008: 321). 어느 사회에서나 다원주의 정신이 아무리 잘 확립되어 있다고 하더라도 개인이나 집단문화의 어떤 특별한 차이를 관용하기를 어려워하는 사람들이 있다. 왈저는 이민사회에서 사회적 관용은, 집단들 사이에서 중립적이고 모든 집단을 관용하고 국가의 독립적 목적을 추구하는 것이라고 하였다. 국가들에서 포용의 논리를 생각할 때 일련의 정치적 후원이 있어야 하고, 그 범위는 선거를 통해 권리를 주장하는 참정권의 보장이 전제된다. 이주민의 권리는 참정권과 밀접하게 연관되어 있다. 사실상 선거권과 피선거권은 이를 통해서 세계시민 공동체가 차이를 조장하는 규칙들로부터 벗어나는 것을 본질적으로 더 가능하게 한다고 생각한다. 그러나 일반적으로 선거권, 피선거권, 공무담임권 등 참정권은 외국인 이주민에게는 대부분 인정하지 않고 있다.

5) 국가의 국민 만들기

사회적 문화는 '공유된 언어를 중심으로 형성된 지역적으로 집중된 문화'라고 할 수 있다. 현대 자유 민주주의에서 사회적 문화는 불가피하게 다원주의적이다. 그런데 다원주의가 갖는 다양성은 언어적이고 제도적인 결속을 통해서 균형과 제한을 받는다. 여기에서 결속은 스스로 나타나는 것이 아니라 오히려 숙고된 국가정책의 결과로서 나타난다.

국가가 국민 만들기를 의도하는 것은 정부가 단지 하나의 사회적 문화를 추진할 수 있다는 의미가 아니다. 단일한 국가에서 둘 혹은 그 이상의 사회적 문화를 지지하도록 정부는 유도할 수 있다. 오늘날 지구촌은 세계시민주의를 옹호하는 것처럼 보이지만 국가들은 사실상 국민 만들기를 확대하는 정책을 수행하고 있다. 즉, 공통의 언어를 장려하는 과정, 언어로 운용되는 사회적 제도들에 공통적 멤버십의 감정과 평등한 접근을 장려하는 과정, 공식적 언어, 교육의 커리큘럼, 시민권을 획득하기 위한 조건들에 대한 결정은 모두가 사회에 특정한 의도된 문화를 확산시키려는 시도에서 또 특정한 국민적 정체성을 퍼뜨리려는 시도에서 만들어졌다. 진정한 의미의 세계시민주의 혹은 세계시민권의 관념과는 거리가 있다.

국가는 다양한 인종과 집단들의 언어 · 역사 · 문화 등의 문제들에 대해서 중립적이다. 이에 대한 실례로 왈저는 미국의 인종 · 문화적 다양성에 대한 신의의 무관심은 헌법으로 승인된 어떠한 공식 언어도 없다는 사실에 반영되고 있다고 하였다. 따라서 이민자가 미국인이 되는 문제는 이들이 미국의 헌법에 규정된 민주주의와 개인 자유의 원칙에 대한 충성을 확인하는 문제라고 하였다. 그러나 킴리카는 자유민주주의 국가가 인종문화적인 정체성에 무관심하다는 생각은 분명히 잘못되었다고 지적한다.

외국인 이주민의 권리에 대한 요구는 국가의 국민 만들기의 맥락 속에서 그에 대한 반응으로 보아야 한다는 점이 분명해진다. 이를 다시 말하면, 국가의 국민 만들기 정책들의 존재가 외국인 이주민 권리의 정당화를 돕는다면, 외국인 이주민의 권리를 채택하는 것이 오히려 국가가 국민 만들기를 정당화하는 데 도움을 주고 있는 것이다. 세계시민기본권 정신이 주의 깊게 경계해야 할 것은 국가의 과도한 국민 만들기일 수 있다.

모든 인종·문화적 소수자들은 주류문화, 국가에 참여하기를 원하며 그렇게 함으로써 동화되거나 그들 자신의 의사결정 기구를 만들어내고 이를 유지하는 데 필요한 자치권을 추구하려고 한다.

국가에 종속된 민족은 지금은 국가에서 다수가 아닌 민족이지만 과거에는 국가를 형성하고 있었거나 그러한 국가를 만들기를 추구하는 민족을 말한다. 선주민은 그들의 전승된 토지가 이주자들에 의해서 침략당해서 강제적으로 또는 조약 등을 통해서 그들이 외국인이라고 간주하는 사람들에 의해 국가에 편입된 사람들일 수도 있다.

이민자들은 그들이 다수자들의 언어로 운영되는 제도에 포함될 때 자신들의 언어나 인종적 유산의 다양한 측면이 유지 또는 지지될 수 있도록, 통합에 있어서 보다 관용적이거나 다문화주의적인 접근을 요구한다. 불법이주자(irregular immigrants)는 시민이 될 수 있는 기회를 부여받지 못한 이주자들이다. 난민의 이름으로 이주하기도 하는 이들은 처음부터 영구 거주자나 혹은 미래의 시민으로 간주되지 않기 때문에 대부분 입국도 거절당한다. 그럼에도 불구하고 이들은 많은 국가들에게서 고용의 형태로 거주하거나 결혼을 해서 가정을 이루기도 하며, 그 국가에 장기적으로 거주하고 있는 사람들이다. 일반적으로 이들의 가장 기본적인 주장은 그들의 지위를 영구 거주자로 조정해주고 시민권을 얻을 수 있도록 해달라는 것이다. 그들은 비록 처음부터 합법적인 이민자로는 인정받지 못했지만 적어도 합법 이민자들과 같은 과정으로 주류사회에 통합될 수 있기를 원한다.

6) 외국인 권리의 한계

공동체 안에서 외국인 이주민의 인정을 요구하고 주장하는 운동이 이민자, 소수민족 난민 등이 대부분이기 때문에 세계시민기본권은 이러한 집단의 제 요구들을 모두 포괄하는 개념으로 사용한다. 또한 이들 집단이 대부분 현실세계에서 소수자이기 때문에 공동체에서 '소수자 권리(minority rights)'라는 용어로 사용하는 것도 가능하다. 모든 자유민주주의 국가들은 다민족적 또는 다인종문화적이거나 아니면 양자 모두의 성격을 가진다. 국가는 안정적이고 동시에 도덕적으로 정당화될 수 있는 방식으로 이러한 민족 및 인종문화적 차이들을 수용하려고 한다(Gutmann, 1993).

국가나 민족 공동체가 차이를 수용하기 위한 중요한 제도적 수단들 중의 하나는 개인들의 시민적 및 정치적 권리들을 보호하는 것이다. 즉, 차이를 보호하기 위해 집회, 종교, 언론, 이동 및 정치적 단체의 자유의 중요성을 강조하며 이를 보장하는 것이다. 차이를 수용하고 인정하기 위한 개인의 권리와 집단의 권리는 자유의 가치를 보장받기 위해 매우 중요한 항목이지만 논의는 구분된다. 언론자유의 권리도 적절한 외국인 이주민을 위한 정책이 무엇인지를 제시해주지는 않는다. 투표의 권리도 과연 어디까지 이민자 혹은 기타 소수자에게 부여하고 그 경계를 확정해야 하는지를 제시해주지 않는다. 이동의 자유(the right to mobility)도 또한 적절한 이주민 정책이 무엇인지를 우리에게 제시해주지 못하고 있다. 이러한 개인적 자유와 관련한 권리들은 사회의 공통적 시민권을 넘어서 특별한 법적 또는 헌법적 조치들을 통해서 수용될 수 있을 뿐이다. 개인의 자유권은 어떻게 보면 이러한 '차별적 시민권' 등의 형태를 갖추어야만 보장받을 수 있거나 수용될 수 있다(Iris Young, 1989: 258). 따라서 우리는 전통적인 개인 권리의 원칙들을 견지하면서도 동시에 이를 지구촌 국가들의 외국인 이주민 기본권리를 기본권 보장이라는 헌법 이념으로 보호·보완할 필요가 있다.

오늘날의 사회는 다양성과 문화적 다원주의로 특징 지워진다고 할 수 있다. 과거에는 이 다양성이 일반적 시민(normal citizen)의 모델에 의해 무시되거나 억제되었다. 일반적 모델에서 벗어나는 사람은 누구라도 배제, 주변화 또는 동화의 대상이 되었다. 그렇지만 오늘날 이전에 소외되고 배제되었던 집단들은 이들이 인종, 문화, 성, 능력 등이 일반적 시민과 차이가 난다고 해서 침묵해야 한다거나, 주변적 존재로 취급되거나 또는 비정상적 존재로 규정되는 것을 그대로 받아들이지 않는다. 이들은 다만 조금 더 포용적인 시민의 개념을 요구한다. 이 포용적 시민개념은 이들의 다른 정체성을 인정하고 이 차이를 수용하기를 요구한다. 이주민은 매우 이질적이며 각각의 집단은 상이한 유형의 요구를 한다. 그러나 이들의 주장에는 두 가지 중요한 공통점이 있다. 첫째, 먼저 모든 자유주의 국가에서 개인적 시민권은 보호받아야 하며, 이것은 우리가 익숙히 알고 있는 일련의 공통된 시민적·정치적 권리의 범위를 포함하고 있다. 둘째, 이들의 주장은 인종문화집단의 독특한 정체성과 필요성을 인정하고 그것의 수용을 실현하려는 의도로 채택되고 있다. 따라서 대한민국이 지향하고자 하는 세계시민기본권이라는 개념도 이러한 인종·문화집단의 제 요구를 우산처럼 모두 포괄하는 개념이 되어야 한다.

04

국적법

대한민국의 국민이 아닌 외국인으로서 대한민국의 국민인 부 또는 모에 의하여 인지된 자가 대한민국의 「민법」상 미성년일 것, 출생 당시에 부 또는 모가 대한민국의 국민이었을 것 등의 요건을 갖추면 대한민국 국적을 취득할 수 있다. 부모가 모두 분명하지 아니한 경우나 국적이 없는 경우 대한민국에서 출생한 자는 출생과 동시에 대한민국 국적을 취득한다. 또한 대한민국에서 발견된 기아는 대한민국에서 출생한 것으로 추정한다.

04

국적법

1 목 적

이 법은 대한민국의 국민이 되는 요건을 정함을 목적으로 한다(제1조).

'국민'이란 대한민국 국적을 가진 사람을 말한다. 국적 취득의 요건은 이 국적법의 요건들을 따른다. 대한민국의 국적을 가지고 있지 않은 사람은 '외국인'이다. '국적법'에 따라 대한민국 국적과 외국의 국적을 함께 가지고 있는 국적자는 국민이다. 대한민국의 영역에 속한 '북한 국적'을 취득한 사람도 대한민국의 국민에 해당된다(1996.11.12., 96누1221 대법원 판례).

'대한민국'이란 국민이 주인이 되는 국가임을 말하는 '민주공화국'이라는 인적 영역의 의미와 국가의 주권이 미치는 장소적 · 영역적 범위를 포함하는 의미를 가진 공동체이다. 장소적 · 지리적 의미에서 영역은 영토, 영해, 영공으로 구성된다. 대한민국 '헌법' 제3조는 "대한민국의 영토는 한반도와 그 부속 도서로 한다"라고 규정하고 있다. 따라서 북한 지역도 대한민국의 영역에 속한다.

2 국적 취득

1) 출생에 의한 국적 취득

출생 당시에 부(父) 또는 모(母)가 대한민국의 국민인 자, 출생하기 전에 부가 사망한 경우에는 그 사망 당시에 부가 대한민국의 국민이었던 자, 부모가 모두 분명하지 아니한 경우나 국적이 없는 경우에는 대한민국에서 출생한 자는 출생과 동시에 대한민국 국적(國籍)을 취득한다(제2조). 또한 대한민국에서 발견된 기아(棄兒)는 대한민국에서 출생한 것으로 추정한다.

2) 인지에 의한 국적 취득

대한민국의 국민이 아닌 자(외국인)로서 대한민국의 국민인 부 또는 모에 의하여 인지(認知)된 자가 대한민국의 「민법」상 미성년일 것, 출생 당시에 부 또는 모가 대한민국의 국민이었을 것 등의 요건을 갖추고 법무부 장관에게 신고함으로써 대한민국 국적을 취득할 수 있다(제3조 ①).

3) 귀화에 의한 국적 취득

대한민국 국적을 취득한 사실이 없는 외국인은 법무부 장관의 귀화허가(歸化許可)를 받아 대한민국 국적을 취득[1)]할 수 있다(제4조 ①).

법무부 장관은 귀화허가 신청을 받으면 귀화 요건을 갖추었는지를 심사한 후 그 요건을 갖춘 사람에게만 귀화를 허가한다. 귀화허가를 받은 사람은 법무부 장관 앞에서 국민선서를 하고 귀화증서를 수여받은 때에 대한민국 국적을 취득[2)]한다. 다만, 법무부

---

1) 귀화자는 2015년 10,924명, 2016년 10,108명, 2017년 10,086명, 2018년 11,556명, 2019년 9,914명, 2020년 13,885명으로 꾸준히 1만 명 수준을 유지하고 있다. 일반귀화는 성년자로서 영주권을 갖고 5년 이상 대한민국에 거주하는 사람에 대해 부여하는 제도이다. 귀화자 중 가장 큰 비중을 차지하는 사람은 국민과 혼인하여 국적을 취득한 혼인귀화자이다. 혼인귀화자는 2019년 현재 전체 귀화자 중 60%(약 6천여 명)를 차지하고 있다.

2) 2017년 국적법을 개정하면서 국적법 시행령 등 관련 규정도 정비하였다. 이에 귀화자 및 국적회복

장관은 연령, 신체적·정신적 장애 등으로 국민선서의 의미를 이해할 수 없거나 이해한 것을 표현할 수 없다고 인정되는 사람에게는 국민선서를 면제할 수 있다.

귀화에 의한 미성년 수반 국적 취득이 있다. 외국인의 자(子)로서 대한민국의 「민법」상 미성년인 사람은 부 또는 모가 귀화허가를 신청할 때 함께 국적 취득을 신청할 수 있다(제8조 ①). 이 규정에 따라 국적 취득을 신청한 사람은 부 또는 모가 대한민국 국적을 취득한 때에 함께 대한민국 국적을 취득한다(제8조 ②).

4) 국적회복에 의한 국적 취득

대한민국의 국민이었던 외국인은 법무부 장관의 국적회복허가(國籍回復許可)[3]를 받아 대한민국 국적을 취득할 수 있다(제9조 ①).

법무부 장관은 국적회복허가 신청을 받으면 심사한 후 다음 각 사항의 어느 하나에 해당하는 사람에게는 국적회복을 허가하지 아니한다(제9조 ②). 국가나 사회에 위해(危害)를 끼친 사실이 있는 사람, 품행이 단정하지 못한 사람, 병역을 기피할 목적으로 대한민국 국적을 상실하였거나 이탈하였던 사람, 국가안전보장·질서유지 또는 공공복리를 위하여 법무부 장관이 국적회복을 허가하는 것이 적당하지 아니하다고 인정하는 사람이 이에 해당한다.

국적회복허가를 받은 사람은 법무부 장관 앞에서 국민선서를 하고 국적회복증서를 수여받은 때에 대한민국 국적을 취득한다. 다만, 법무부 장관은 연령, 신체적·정신적 장애 등으로 국민선서의 의미를 이해할 수 없거나 이해한 것을 표현할 수 없다고 인정되는 사람에게는 국민선서를 면제할 수 있다(제9조 ③). 국적회복허가에 따른 수반(隨伴) 취득에 관하여는 제8조를 준용(準用)한다.

자의 대한민국 국민이 되는 소속감과 자긍심을 높이기 위해 허가를 받은 사람은 법무부 장관 앞에서 국민선서를 하고 귀화증서 또는 국적회복증서를 수여받는 제도가 본격 시행되었다. 1957년 최초의 귀화자가 탄생한 이후 2020년 말 현재 귀화자는 215,083명에 이르렀다.

3) 대한민국 국적을 상실하였다가 다시 국적을 취득하는 국적회복제도는 이전에는 국적을 회복하면 외국 국적을 1년 내에 포기해야 했다. 그러나 2011년 국적법의 개정으로 65세 이상 동포가 영주귀국을 목적으로 국적을 회복할 때에는 외국 국적 불행사를 서약하면 복수국적 보유가 가능하게 되었다. 국적회복자는 2010년 전까지 연평균 490명 수준이었으나 2011년부터 2019년까지 연평균이 2,560명 수준으로 크게 증가하였다. 한편, 국적상실자는 2015년 16,595명, 2016년 35,257명, 2017년 19,364명, 2018년 26,608명, 2019년 22,078명, 2020년 25,035명으로 집계되었다.

5) 국적 취득과 외국 국적의 포기

대한민국 국적을 취득한 외국인으로서 외국 국적을 가지고 있는 자는 대한민국 국적을 취득한 날부터 1년 내에 그 외국 국적을 포기하여야 한다(제10조 ①).

다음 각 호의 어느 하나에 해당하는 자는 대한민국 국적을 취득한 날부터 1년 내에 외국 국적을 포기하거나 법무부 장관이 정하는 바에 따라 대한민국에서 외국 국적을 행사하지 아니하겠다는 뜻을 법무부 장관에게 서약하여야 한다. 즉, 귀화허가를 받은 때에 제6조제2항제1호・제2호 또는 제7조제1항제2호・제3호의 어느 하나에 해당하는 사유가 있는 자, 국적회복허가를 받은 자로서 제7조제1항제2호 또는 제3호에 해당한다고 법무부 장관이 인정하는 자, 대한민국의 「민법」상 성년이 되기 전에 외국인에게 입양된 후 외국 국적을 취득하고 외국에서 계속 거주하다가 제9조에 따라 국적회복허가를 받은 자, 외국에서 거주하다가 영주할 목적으로 만 65세 이후에 입국하여 제9조에 따라 국적회복허가를 받은 자, 본인의 뜻에도 불구하고 외국의 법률 및 제도로 인하여 제1항을 이행하기 어려운 자로서 대통령령으로 정하는 자 등이다.

6) 국적 취득의 특례

부모양계혈통주의 채택에 따른 모계출생자에 대한 국적 취득의 특례로서, 1978년 6월 14일부터 1998년 6월 13일까지의 사이에 대한민국의 국민을 모로 하여 출생한 자로서, 모가 현재 대한민국의 국민인 자, 모가 사망한 때에는 그 사망 당시에 모가 대한민국의 국민이었던 자에 해당하는 자는 2004년 12월 31일까지 대통령령이 정하는 바에 의하여 법무부 장관에게 신고(국적을 취득하고자 하는 자가 15세 미만인 때에는 법정대리인이 대신 신고)함으로써 대한민국의 국적을 취득할 수 있다(제7조).

천재지변 기타 불가항력적 사유로 인하여 제1항에 규정된 기간 내에 신고를 하지 못한 자는 그 사유가 소멸된 때부터 3월 내에 법무부 장관에게 신고함으로써 대한민국의 국적을 취득할 수 있다.

제8조(다른 법률의 개정) 민법 중 다음과 같이 개정한다.

제781조제1항에 단서를 다음과 같이 신설한다.

다만, 부가 외국인인 때에는 모의 성과 본을 따를 수 있고 모가에 입적한다.

② (적용례) 제6조제2항제3호 및 제4호의 개정규정은 1998년 6월 14일부터 이 법 시행 전까지의 사이에 대한민국 국민과 혼인한 외국인에게도 적용된다.

② (이중국적자의 국적이탈신고에 관한 적용례) 제12조제1항 단서 · 제3항 및 제14조제1항 단서의 개정규정은 이 법 시행 후 최초로 국적이탈신고를 하는 사람부터 적용한다.

3 귀 화

1) 일반귀화 요건

외국인이 귀화허가를 받기 위해서는, 5년 이상 계속하여 대한민국에 주소가 있을 것, 그리고 대한민국에서 영주할 수 있는 체류자격을 가지고 있을 것, 대한민국의 「민법」상 성년일 것, 법령을 준수하는 등 법무부령으로 정하는 품행 단정의 요건을 갖출 것, 자신의 자산(資產)이나 기능(技能)에 의하거나 생계를 같이하는 가족에 의존하여 생계를 유지할 능력이 있을 것, 국어능력과 대한민국의 풍습에 대한 이해 등 대한민국 국민으로서의 기본 소양(素養)을 갖추고 있을 것, 귀화를 허가하는 것이 국가안전보장 · 질서유지 또는 공공복리를 해치지 아니한다고 법무부 장관이 인정할 것 등의 요건을 갖추어야 한다(제5조).

2) 간이귀화 요건

부 또는 모가 대한민국의 국민이었던 사람, 대한민국에서 출생한 사람으로서 부 또는 모가 대한민국에서 출생한 사람, 대한민국 국민의 양자(養子)로서 입양 당시 대한민국의 「민법」상 성년이었던 사람 중 어느 하나에 해당하는 외국인으로서 대한민국에 3년 이상 계속하여 주소가 있는 사람은 제5조제1호 및 제1호의2의 요건을 갖추지 아니하여도 귀화허가를 받을 수 있다(제6조 ①).

배우자가 대한민국의 국민인 외국인으로서 다음 각 호의 어느 하나에 해당하는 사람은 제5조제1호 및 제1호의2의 요건을 갖추지 아니하여도 귀화허가를 받을 수 있다(제6조 ②). 이는 그 배우자와 혼인한 상태로 대한민국에 2년 이상 계속하여 주소가 있는 사람, 그 배우자와 혼인한 후 3년이 지나고 혼인한 상태로 대한민국에 1년 이상 계속하여 주소가 있는 사람, 이 기간을 채우지 못하였으나 그 배우자와 혼인한 상태로 대한민국에 주소를 두고 있던 중 그 배우자의 사망이나 실종 또는 그 밖에 자신에게 책임이 없는 사유로 정상적인 혼인 생활을 할 수 없었던 사람으로서 제1호나 제2호의 잔여기간을 채웠고 법무부 장관이 상당(相當)하다고 인정하는 사람, 요건을 충족하지 못하였으나, 그 배우자와의 혼인에 따라 출생한 미성년의 자(子)를 양육하고 있거나 양육하여야 할 사람으로서 제1호나 제2호의 기간을 채웠고 법무부 장관이 상당하다고 인정하는 사람이다.

3) 특별귀화 요건

부 또는 모가 대한민국의 국민인 사람(다만, 양자로서 대한민국의 「민법」상 성년이 된 후에 입양된 사람은 제외), 대한민국에 특별한 공로가 있는 사람, 과학·경제·문화·체육 등 특정 분야에서 매우 우수한 능력을 보유한 사람으로서 대한민국의 국익에 기여할 것으로 인정되는 외국인으로서 대한민국에 주소가 있는 사람은 제5조제1호·제1호의2·제2호 또는 제4호의 요건을 갖추지 아니하여도 귀화허가를 받을 수 있다(제7조 ①).

4 복수국적과 국적선택

1) 복수국적자는 국민으로 처우

출생이나 그 밖에 이 법에 따라 대한민국 국적과 외국 국적을 함께 가지게 된 사람으로서 대통령령으로 정하는 "복수국적자(複數國籍者)"는 대한민국의 법령 적용에서 대한민국 국민으로만 처우한다(제11조의2). 이에 따라 복수국적자가 관계 법령에 따라 외국 국적을 보유한 상태에서 직무를 수행할 수 없는 분야에 종사하려는 경우에는 외국 국적을 포기하여야 한다.

한편, 중앙행정기관의 장이 복수국적자를 외국인과 동일하게 처우하는 내용으로 법령을 제정 또는 개정하려는 경우에는 미리 법무부 장관과 협의하여야 한다.

공무원이 그 직무상 복수국적자를 발견하면 지체 없이 법무부 장관에게 그 사실을 통보하여야 한다(제14조의4). 또 공무원이 그 직무상 복수국적자 여부를 확인할 필요가 있는 경우에는 당사자에게 질문을 하거나 필요한 자료의 제출을 요청할 수 있다.

2) 선천적 복수국적과 후천적 복수국적

복수국적(multiple nationality)이란 개인이 동시에 2개 또는 그 이상의 국적을 보유하는 상태를 의미한다. 취득시기에 따라 복수국적은 선천적 복수국적과 후천적 복수국적으로 나뉘어진다. 복수국적의 가장 흔한 유형은 개인이 동시에 2개의 국적을 보유하는 것으로 이러한 상태를 이중국적(dual nationality)라고도 부른다.

(1) 선천적 복수국적

선천적 복수국적은 개인이 출생과 동시에 2개 이상의 국적을 보유하는 상태로서 국가들마다 선천적으로 국적을 부여하는 기준 및 법규가 상이하기 때문에 불가피하게 발생하게 된다. 1930년 「국적법의 충돌에 관한 약간의 문제에 관한 헤이그협약」의 제1장 제1조 전문은 다음과 같이 규정하고 있다. “It is for each state to determine under its own law who are its nationals”(개별 국가는 해당 국가의 국내법에 따라 누가 자국의 국민이 될 것인지를 결정한다). 따라서 개별 국가마다 자국의 주권적 결정에 따라 자국의 영역에서 출생한 자에 대한 국적 부여의 기준을 결정하게 된다. 그 결과 해당 국가의 국민이 동시에 다른 국가의 국민이 되는 결과가 발생하게 된다.

한국의 「국적법」에서 규정하고 있는 선천적 복수국적의 유형은 다음과 같다.

가. 출생지주의 국가에서 대한민국 국민의 자녀로 출생한 경우

미국과 캐나다와 같은 출생지주의(속지주의) 국가에서 출생하는 경우가 흔히 볼 수 있는 구체적 사례이다. 한국은 속인주의(혈통주의)를 취하고 있기 때문에 이러한 사례가 발생한다.

나. 국제결혼가정의 자녀

대한민국의 국민이 외국인과 국제결혼을 한 후, 해당 외국인 배우자가 대한민국의 국적을 취득하기 전에 자녀를 출산한 경우 부모의 양쪽 국적을 취득하게 되므로, 복수국적자가 된다. 한국은 부모양계 혈통주의가 적용된다.

(2) 후천적 복수국적

후천적 복수국적은 개인이 출생과 동시에 국적을 보유한 후에, 귀화, 국적회복 및 혼인, 인지, 수반취득 등에 의한 국적보유신고를 통해 후천적 사유에 근거하여 다른 국가의 국적을 복수로 취득하게 되는 것을 말한다.

한국의 「국적법」에서 규정하고 있는 후천적 복수국적의 유형은 다음과 같다.

가. 외국인이 대한민국에 귀화한 경우

대한민국에 특별한 공로가 있는 자(특별귀화), 특별한 분야에서 우수한 외국인재(특별귀화), 대한민국의 국민의 외국인 배우자(혼인파탄자는 제외되며 간이귀화대상자가 됨)가 대한민국에 귀화하여, 대한민국의 국적을 취득한 날부터 1년 내에 외국 국적을 포기하거나 법무부 장관이 정하는 바에 따라 대한민국에서 외국 국적을 행사하지 아니하겠다는 뜻을 법무부 장관에게 서약을 하는 경우가 이에 해당된다(제10조제2항제2호).

나. 대한민국의 국적을 회복한 외국 국적동포

국적회복허가를 받은 외국 국적동포로서 대한민국에 특별한 공로가 있는 자, 과학·경제·문화·체육 등 특정 분야에서 매우 우수한 능력을 보유한 자로서 대한민국의 국익에 기여할 것으로 인정되는 자(제10조제2항제2호), 그리고 외국에서 거주하다가 영주할 목적으로 만 65세 이후에 입국하여 국적회복허가를 받은 외국 국적동포(제10조제2항제4호)가 대한민국의 국적을 취득한 날부터 1년 내에 외국 국적 불행사 서약을 한 경우가 이에 해당된다.

다. 비자발적인 외국 국적 취득자가 한국 국적 보유 의사를 신고한 경우

외국인과의 결혼, 외국인에게 입양, 외국인 부모의 인지, 외국 국적을 취득하여 대한민국 국적을 상실하게 된 자의 배우자나 미성년의 자(子)로서 그 외국의 법률에 따라 함께 그 외국 국적을 취득하게 되는 경우 등으로 인해 비자발적으로 외국 국적을 취득한 대한민국의 국민이 그 외국 국적을 취득한 때부터 6개월 내에 대한민국의 국적을 보유할 의사가 있다는 뜻을 신고한 경우가 이에 해당된다(제15조제2항).

3) 복수국적자의 법적 지위

과거에는 한국의 국적과 외국 국적을 함께 가진 사람을 '이중국적자'라고 불렀다. 그런데 '이중'이라는 용어가 부정적인 어감을 지니며, 3개 이상의 국적을 가진 경우까지 포괄하지 못하는 한계가 있었다. 이에 따라 2010년 5월 4일 시행된 제10차 개정 「국적법」부터 "복수국적자(複數國籍者)"라는 용어가 사용되고 있다.

복수국적자란 출생이나 그 밖에 「국적법」에 따라 대한민국의 국적과 외국 국적을 함께 가지게 된 자를 말한다(제11조의2제1항). 여기서 '그 밖에 국적법에 따라 대한민국의 국적과 외국 국적을 함께 가지게 된 자'란 「국적법」 제10조제2항에 따라 외국 국적 불행사의 서약을 한 자, 대한민국의 국민으로서 「국적법」 제15조제2항에 따라 외국 국적을 취득하게 된 후 6개월 내에 법무부 장관에게 대한민국 국적의 보유 의사를 신고한 자, 법률 제10275호 국적법 일부개정법률 부칙 제2조제1항에 따라 법무부 장관에게 외국 국적 불행사 서약을 하고 대한민국의 국적을 재취득하거나, 제2조제2항에 따라 외국 국적을 재취득한 후 외국 국적 불행사 서약을 한 자의 어느 하나에 해당하는 자를 말한다(국적법 시행령 제16조제1항).

2010년 5월 4일에 시행된 제10차 개정 「국적법」에서는 "대한민국의 국적과 외국 국적을 함께 가지게 된 복수국적자는 대한민국의 법령 적용에서 대한민국의 국민으로만 처우한다"라고 규정하고 있다(제11조의2제1항). 복수국적자는 대한민국 내에서 외국인의 법적 지위로 인정되지 않고 국민으로서만 처우된다. 따라서 복수국적자는 대한민국 내에서 생활근거를 두기 위하여 외국인등록을 할 수 없고, 다른 국민과 마찬가지로 주민등록을 하여야 한다.

4) 국가공무원법상의 외국인 또는 복수국적자의 임용제한

(1) 외국인의 임용제한

「국가공무원법」 및 「공무원임용령」에서는 일정한 취업 분야에서 외국인 또는 복수국적자의 공무원 임용을 제한하고 있다.

다만, 국가기관의 장은 국가안보 및 보안 · 기밀에 관계되는 분야를 제외하고 국회규칙, 대법원규칙, 헌법재판소규칙, 중앙선거관리위원회규칙 또는 대통령령으로 정하는 바에 따라 외국인을 공무원으로 임용할 수 있다(국가공무원법 제26조의3제1항). 여기에서 언급된 '대통령령'을 보면, 임용권자 또는 임용제청권자는 외국인을 「전문경력관 규정」 제2조(적용 범위)에 따른 전문경력관, 임기제공무원 또는 특수경력직공무원으로 채용할 수 있다(공무원임용령 제4조제1항).

(2) 복수국적자의 임용제한

국기기관의 장은 국가의 존립과 헌법 기본질서의 유지를 위한 국가안보 분야, 내용이 누설되는 경우 국가의 이익을 해하게 되는 보안 · 기밀 분야, 외교, 국가 간 이해관계와 관련된 정책결정 및 집행 등 복수국적자의 임용이 부적합한 분야의 어느 하나에 해당하는 경우로서 국회규칙, 대법원규칙, 헌법재판소규칙, 중앙선거관리위원회규칙 또는 대통령령으로 정하는 분야에는 복수국적자의 임용을 제한할 수 있다(국가공무원법 제26조의3제2항). 여기에서 언급된 '대통령령'을 보면, 임용권자 또는 임용제청권자는 법령으로 정한 각 기관의 소관 업무 중 다음의 업무 분야에는 복수국적자의 임용을 제한할 수 있다(공무원임용령 제4조제2항). ① 국가안보와 관련되는 정보 · 보안 · 기밀 및 범죄수사에 관한 분야, ② 대통령 및 국무총리 등 국가 중요인사의 국정수행 보좌 및 경호에 관한 분야, ③ 외교관계 · 통상교섭 및 국제협정에 관한 분야, ④ 남북 간 대화 · 교류 · 협력 및 통일에 관한 분야, ⑤ 검찰 · 교정 및 출입국관리에 관한 분야, ⑥ 군정 및 군령, 무기체계 획득, 방위력 개선 및 그 밖의 군사에 관한 분야, ⑦ 국민의 생명 · 신체 · 재산 보호, 기업의 영업비밀 및 신기술 보호, 주요 경제 · 재정 정책 및 예산 운영에 관한 분야, ⑧ 그 밖에 보안 시설·지역 출입, 비밀문서 · 자재 취급 등 업무의 성질상 국가의 안보 및 이익에 중대한 영향을 미칠 수 있는 분야로서 복수국적자가 수행하기에 부적합하다고 인정하여 소속 장관이 정하는 분야이다.

5) 국적선택제도와 의무

국적선택제도란 대한민국의 국적과 외국 국적을 함께 가지고 있는 복수국적자가 「국적법」에서 정하는 기본적 국적선택의무의 기간 이내에 대한민국의 국적을 선택하거나 대한민국의 국적을 이탈하는 등 하나의 국적을 선택하여야 하는 것을 말한다. 국적선택제도는 1997년 제4차 「국적법」 개정으로 도입되었다.

「국적법」은 원칙적으로 단일국적주의를 채택하고 있으며, 예외적으로만 복수국적을 인정하고 있다. 대한민국의 국적과 외국 국적을 함께 보유하고 있는 복수국적자는 「국적법」이 정하는 국적선택의무의 기간 이내에 하나의 국적을 선택하여야 하고, 이 기간 이내에 하나의 국적을 선택하지 않는 경우에는 법무부 장관으로부터 국적선택명령을 받게 된다. 종전에는 복수국적자가 국적선택의무의 기간 이내에 하나의 국적을 선택하지 않으면 그 기간이 지난 때에 아무런 통지가 없어도 대한민국의 국적이 자동적으로 상실되었다.

(1) 국적선택의무의 대상자

원칙적으로 출생 또는 국적보유신고로 복수국적자로 된 자는 국적선택의무를 부담하게 된다. 그러나 모든 복수국적자가 국적선택의무를 부담하는 것은 아니다. 외국인이 후천적 사유로 인하여 대한민국의 국적을 취득한 후, 「국적법」 제10조(국적 취득자의 외국 국적 포기 의무) 제2항에 따라 법무부 장관에게 대한민국에서 그 외국 국적을 행사하지 아니하겠다는 뜻을 서약(외국 국적 불행사 서약)하여 복수국적자가 된 자는 국적선택의무의 대상자에 해당하지 않는다.

(2) 국적선택의무의 기간

가. 기간의 구분

「국적법」에서는 복수국적자가 따라야 할 국적선택의무의 기간은 기본적 국적선택의무의 기간 및 병역의무의 이행과 관련한 선택기간으로 구분하고 있다.

첫째, 기본적 국적선택의무기간의 경우, 「국적법」에 따라 선천적 또는 후천적 사유로 인하여 만 20세가 되기 전에 복수국적자로 된 자는 만 22세가 되기 전까지, 후천적 사유로 인하여 만 20세가 된 후에 복수국적자로 된 자는 그때부터 2년 내에 하나의 국적을 선택하여야 한다(제12조제1항).

둘째, 병역의무의 이행과 관련한 선택기간은 복수국적자인 병역의무자의 경우에 해당한다. 여성의 경우에는 병역의무가 없으므로 남성과 여성을 구분해서 복수국적자를 살펴볼 필요가 있다.

나. 여성 복수국적자의 경우

출생 또는 국적보유신고로 인하여 대한민국의 국적과 외국 국적을 함께 가지고 있는 복수국적자인 여성은 만 20세가 되기 전까지 어느 하나의 국적을 선택하여야 한다. 국적보유신고로 인해 만 20세가 된 후에 대한민국의 국적과 외국 국적을 함께 가지고 있는 복수국적자인 여성은 그때부터 2년 내에 어느 하나의 국적을 선택해야 한다(제12조제1항). 따라서 여성 복수국적자의 경우에는 '만 20세가 되기 전'과 '만 20세가 된 후'를 기준으로 국적선택을 하여야 하는 기간이 구분된다.

• 만 20세가 되기 전 국적선택과 국적이탈

「국적법」에서는 "만 20세가 되기 전에 복수국적자가 된 자는 만 22세가 되기 전까지 하나의 국적을 선택하여야 한다"라고 규정하고 있다(제12조제1항). 만 20세가 되기 전에 복수국적자로 된 여성은 병역의무의 이행과 관계없이 만 22세가 되기 전까지 언제든지 자유로이 대한민국의 국적을 선택하거나 대한민국의 국적을 이탈할 수 있다.

• 만 20세가 된 후 국적선택과 국적이탈

대한민국의 국적을 가진 여성이 만 20세가 된 후에 복수국적자로 된 경우는 국적보유신고를 통한 경우이다. 즉, 대한민국의 국적을 가진 여성이 만 20세가 된 후에 후천적 비자발적으로 외국 국적을 취득한 때부터 6개월 이내에 법무부 장관에게 대한민국의 국적을 보유할 의사가 있다는 뜻을 신고하면, 대한민국의 국적과 외국 국적을 일정기간 함께 가질 수 있게 된다(제15조제2항). 만 20세가 된 후에 복수국적자로 된 대한민국의 국적을 가진 여성의 경우에는 그때부터 2년 이내에 병역의무의 이행과 관계없이 언제든지 자유로이 대한민국의 국적을 선택하거나 대한민국의 국적을 이탈할 수 있다.

다. 남성 복수국적자의 경우

• 선천적 복수국적자

대한민국의 국적을 가진 남성으로서 병역의무자가 선천적으로 복수국적자로 되면 대한민국의 국적을 선택하려는 경우에는 기본선택기간 내에서 자유로이 언제든지 할 수 있다. 대한민국의 국적을 가진 남성으로서 병역의무자는 대한민국의 국적을 이탈하려는 경우에는 병역의무의 이행과 관련하여 일정한 제한이 따른다. 즉, 직계존속(直系尊屬)이 외국에서 영주(永住)할 목적 없이 체류한 상태에서 출생한 자는 병역의무의 이행과 관련하여 ① 현역·상근예비역 또는 보충역으로 복무를 마치거나 마친 것으로 보게 되는 경우, ② 제2국민역에 편입된 경우, ③ 병역면제처분을 받은 경우의 어느 하나에 해당하는 경우에만 국적이탈신고를 할 수 있다(제12조제3항). 여기서 '직계존속이 외국에서 영주할 목적 없이 체류한 상태에서 출생한 남자'란 아버지 또는 어머니가 외국에 생활기반을 두고 있으면서 외국의 시민권이나 영주권을 취득한 상태 또는 법무부령으로 정하는 그에 준하는 체류 상태에서 출생한 자가 아닌 남자를 말한다(국적법 시행령 제16조의2).

• 후천적 복수국적자

대한민국의 국적을 가진 남성이 비자발적으로 외국 국적을 취득한 경우에는 그 외국 국적을 취득한 때로부터 6개월 내에 법무부 장관에게 대한민국의 국적을 보유할 의사가 있다는 뜻을 신고하면 대한민국의 국적과 외국 국적을 일정기간 함께 보유할 수 있게 된다(제15조제2항). 이처럼 비자발적으로 외국 국적을 취득하여 국적보유신고를 한 대한민국의 국적을 가진 남성 중에서 만 20세가 되기 전에 복수국적자로 된 자는 만 22세가 되기 전까지 어느 하나의 국적을 선택하여야 하고, 만 20세가 된 후에 복수국적자가 된 자는 그때부터 2년 내에 어느 하나의 국적을 선택하여야 한다.

라. 외국 국적 불행사 서약과 복수국적 유지

복수국적자가 「국적법」 제12조제1항 본문에서 정한 기본선택기간 내에 대한민국의 국적을 선택하려는 경우, 즉 만 20세가 되기 전에 복수국적자로 된 자는 만 22세가 되기 전까지, 만 20세가 된 후에 복수국적자로 된 자는 그때부터 2년 내에 대한민국의 국적을 선택하려는 경우에는 외국 국적을 포기하거나, 법무부 장관이 정하는 바에 따라 대한민국에서 외국 국적을 행사하지 아니하겠다는 뜻을 서약(외국 국적 불행사 서약)하고 법무부 장관에게 대한민국의 국적을 선택한다는 뜻을 신고할 수 있다(제12조제1항 본문, 제13조제1항). 여기서 '외국 국적 불행사 서약'을 통해서 대한민국의 국적을 선택하면 외국 국적이 유지되므로 결과적으로 복수국적을 계속 유지할 수 있게 된다.

(3) 복수국적에 대한 입장

가. 복수국적에 찬성하는 입장

복수국적은 국가경쟁력을 강화하고 국가발전에 필요한 우수인재를 안정적으로 유치하기 위해 필요하다는 입장이다. 즉, 세계화·개방화로 인한 국제결혼의 증가와 더불어 한국 사회의 문제점인 저출산·고령화를 대비하기 위해 적정 인구 수를 유지하고, 외국 국적 변경으로 인한 인구의 순유출을 방지하고, 국제사회에서 전문외국인력을 유치하기 위한 경쟁이 매우 치열해진 현 상황에서 복수국적 허용은 대한민국에 필요한 우수인재 확보에 큰 도움이 될 수 있다는 입장이다.

나. 복수국적에 반대하는 입장

복수국적은 일반적으로 바람직하지 않은 현상으로 간주하는 입장이다. 복수국적은 필연적으로 국가에 대한 성실(loyalty)의 의무의 충돌을 초래한다. 국적을 취득할 때에 일반적으로 요구되는 충성(allegiance)의 의무는 국가에 대한 배타적이고 신성한 의무이다. 그런데 복수국적은 국가의 3대 요소 중의 하나인 국민이 가지는 본질적 요소인 국적 개념을 위태롭게 함으로써 국가의 불안정성을 초래하게 된다.

6) 외국 국적 포기와 대한민국 국적선택의 절차

복수국적자로서 제12조제1항 본문에 규정된 기간 내에 대한민국 국적을 선택하려는 자는 외국 국적을 포기하거나 법무부 장관이 정하는 바에 따라 대한민국에서 외국 국적을 행사하지 아니하겠다는 뜻을 서약하고 법무부 장관에게 대한민국 국적을 선택한다는 뜻을 신고할 수 있다(제13조 ①).

복수국적자로서 제12조제1항 본문에 규정된 기간 후에 대한민국 국적을 선택하려는 자는 외국 국적을 포기한 경우에만 법무부 장관에게 대한민국 국적을 선택한다는 뜻을 신고할 수 있다.

위의 단서에도 불구하고 출생 당시에 모가 자녀에게 외국 국적을 취득하게 할 목적으로 외국에서 체류 중이었던 사실이 인정되는 자는 외국 국적을 포기한 경우에만 대한민국 국적을 선택한다는 뜻을 신고할 수 있다.

7) 국적의 이탈 및 상실과 권리변동

복수국적자로서 외국 국적을 선택하려는 자는 외국에 주소가 있는 경우에만 주소지 관할 재외공관의 장을 거쳐 법무부 장관에게 대한민국 국적을 이탈한다는 뜻을 신고할 수 있다.

다만, 제12조제2항 본문 또는 같은 조 제3항에 해당하는 자는 그 기간 이내에 또는 해당 사유가 발생한 때부터만 신고할 수 있다(제14조 ①).

국적 이탈의 신고를 한 자는 법무부 장관이 신고를 수리한 때에 대한민국 국적을 상실한다.

복수국적자에 대해 법부부 장관은 국적선택명령을 내릴 수 있다(제14조의2). 법무부 장관은 복수국적자로서 제12조제1항 또는 제2항에서 정한 기간 내에 국적을 선택하지 아니한 자에게 1년 내에 하나의 국적을 선택할 것을 명하여야 한다. 또 법무부 장관은 복수국적자로서 제10조제2항, 제13조제1항 또는 같은 조 제2항 단서에 따라 대한민국에서 외국 국적을 행사하지 아니하겠다는 뜻을 서약한 자가 그 뜻에 현저히 반하는 행위를 한 경우에는 6개월 내에 하나의 국적을 선택할 것을 명할 수 있다.

제1항 또는 제2항에 따라 국적선택의 명령을 받은 자가 대한민국 국적을 선택하려면 외국 국적을 포기하여야 한다. 국적선택의 명령을 받고도 이를 따르지 아니한 자는 그 기간이 지난 때에 대한민국 국적을 상실한다.

법무부 장관은 복수국적자가 국가안보, 외교관계 및 국민경제 등에 있어서 대한민국의 국익에 반하는 행위를 하는 경우, 대한민국의 사회질서유지에 상당한 지장을 초래하는 행위로서 대통령령으로 정하는 규정에 해당하여 대한민국의 국적을 보유함이 현저히 부적합하다고 인정하는 경우에는 청문을 거쳐 대한민국 국적의 상실을 결정할 수 있다(제14조의3). 다만, 출생에 의하여 대한민국 국적을 취득한 자는 제외한다.

또 대한민국의 국민으로서 자진하여 외국 국적을 취득한 자는 그 외국 국적을 취득한 때에 대한민국 국적을 상실한다(제15조 ①).

대한민국의 국민으로서 외국인과의 혼인으로 그 배우자의 국적을 취득하게 된 자, 외국인에게 입양되어 그 양부 또는 양모의 국적을 취득하게 된 자, 외국인인 부 또는 모에게 인지되어 그 부 또는 모의 국적을 취득하게 된 자, 외국 국적을 취득하여 대한민국 국적을 상실하게 된 자의 배우자나 미성년의 자(子)로서 그 외국의 법률에 따라 함께 그 외국 국적을 취득하게 된 자 등은 그 외국 국적을 취득한 때부터 6개월 내에 법무부 장관에게 대한민국 국적을 보유할 의사가 있다는 뜻을 신고하지 아니하면, 그 외국 국적을 취득한 때로 소급(遡及)하여 대한민국 국적을 상실한 것으로 본다.

대한민국 국적을 상실한 자(제14조에 따른 국적이탈의 신고를 한 자는 제외)는 법무부 장관에게 국적상실신고를 하여야 한다(제16조 ①).

대한민국 국적을 상실한 자는 국적을 상실한 때부터 대한민국의 국민만이 누릴 수 있는 권리를 누릴 수 없다(제18조 ①). 제1항에 해당하는 권리 중 대한민국의 국민이었을 때 취득한 것으로서 양도(讓渡)할 수 있는 것은 그 권리와 관련된 법령에서 따로 정한 바가 없으면 3년 내에 대한민국의 국민에게 양도하여야 한다.

5 인권보호와 이의신청

국적법 제20조는 내국인은 물론 외국인이 국적 취득 과정에서 때로는 매우 모호하거나 또는 불분명한 국적 취득 또는 권리상황 등에 노출되고 있는 사례들이 빈번하게 발생하고 있는 경우의 판정에 대해 규정하고 있다. 한편, 제21조에서는 귀화허가나 국적회복허가 또는 국적보유판정에 대한 허가나 판정 취소에 대해 규정하고 있다.

국적법
제20조(국적 판정) ① 법무부 장관은 대한민국 국적의 취득이나 보유 여부가 분명하지 아니한 자에 대하여 이를 심사한 후 판정할 수 있다. ② 제1항에 따른 심사 및 판정의 절차와 그 밖에 필요한 사항은 대통령령으로 정한다. 제21조(허가 등의 취소) ① 법무부 장관은 거짓이나 그 밖의 부정한 방법으로 귀화허가나 국적회복허가 또는 국적보유판정을 받은 자에 대하여 그 허가 또는 판정을 취소할 수 있다. ② 제1항에 따른 취소의 기준 · 절차와 그 밖에 필요한 사항은 대통령령으로 정한다.

국적법 규정의 복잡성과 다툼의 여지가 많은 복수국적 및 국적 상실 후 국적의 재취득 등과 관련한 여러 다양한 쟁점들 속에서 당사자들의 국적 취득 관련 이의신청 권리에 대한 명문화된 규정은 존재하지 않는다. 그러므로 추후 국적 취득 관련 이민행정 이의신청에 대한 규정이 관련 법제에서 검토될 필요성이 있다.

6 급여 및 재원

이 법에 따른 허가신청, 신고 및 증명서 등의 발급을 받으려는 사람은 법무부령으로 정하는 바에 따라 수수료를 납부하여야 한다(제21조의2). 수수료는 정당한 사유가 있는 경우 이를 감액하거나 면제할 수 있다.

05

출입국관리법

출입국관리법의 적용대상은 국민, 외국인, 난민이며 이 법은 대한민국에 입국하거나 대한민국에서 출국하는 모든 국민 및 외국인의 출입국관리를 통한 안전한 국경관리, 대한민국에 체류하는 외국인의 체류관리와 사회통합 등에 관한 사항을 규정함을 목적으로 한다. 외국인은 그 체류자격과 체류기간의 범위에서 대한민국에 체류할 수 있다. 대한민국에 체류하는 외국인은 이 법 또는 다른 법률에서 정하는 경우를 제외하고는 정치활동을 하여서는 아니 된다.

05

출입국관리법

1 목 적

출입국관리법은 대한민국에 입국하거나 대한민국에서 출국하는 모든 국민 및 외국인의 출입국관리를 통한 안전한 국경관리, 대한민국에 체류하는 외국인의 체류관리와 사회통합 등에 관한 사항을 규정함을 목적으로 한다(제1조).

이 법은 국민 및 외국인의 입국과 출국관리에서 특별히 안전을 강조하고 있다. 국가에서 출국과 입국의 관리는 국가가 다른 국가와의 경계를 국경으로 정하고, 국경의 영역 안에서 주권을 행사하면서 국민과 외국인의 출입국관리 권한을 주체적으로 행사하는 것을 말한다. 이때 국가의 국경 관리는 국민과 외국인의 안전을 우선 보장하여야 하기 때문이다. 또한 외국인 입국 이후의 체류 및 거주관리는 외국인과 국민의 조화로운 공존과 우리 공동체 안에서의 사회통합을 이루려는 데에 목적이 있다.

2 용어의 정의

출입국관리법의 적용대상은 국민, 외국인, 난민이며 이 법에서 사용하는 주요 용어의 뜻은 다음과 같다(제2조).

"국민"이란 대한민국의 국민을 말한다. 국민이 되는 요건은 국적법에서 정하는 국적 취득의 규정을 따른다. 국적 취득은 출생에 의한 국적 취득, 인지에 의한 국적 취득, 귀화에 의한 국적 취득 등이 있다.

"외국인"이란 대한민국의 국적을 가지지 아니한 사람을 말한다.

"난민"이란 「난민법」 제2조제1호에 따른 난민을 말한다. 여기에서 난민이란 "인종, 종교, 국적, 특정 사회집단의 구성원인 신분 또는 정치적 견해를 이유로 박해를 받을 수 있다고 인정할 충분한 근거가 있는 공포로 인하여 국적국의 보호를 받을 수 없거나 보호받기를 원하지 아니하는 외국인 또는 그러한 공포로 인하여 대한민국에 입국하기 전에 거주한 국가(이하 "상주국"이라 한다)로 돌아갈 수 없거나 돌아가기를 원하지 아니하는 무국적자인 외국인"을 말한다.

"여권"이란 대한민국정부 · 외국정부 또는 권한 있는 국제기구에서 발급한 여권 또는 난민여행증명서나 그 밖에 여권을 갈음하는 증명서로서 대한민국정부가 유효하다고 인정하는 것을 말한다.

"선박 등"이란 대한민국과 대한민국 밖의 지역 사이에서 사람이나 물건을 수송하는 선박, 항공기, 기차, 자동차, 그 밖의 교통기관을 말한다.

"지방출입국 · 외국인관서"란 출입국 및 외국인의 체류 관리업무를 수행하기 위하여 법령에 따라 각 지역별로 설치된 관서와 외국인보호소를 말한다.

"보호"란 출입국관리공무원이 제46조제1항 각 호에 따른 강제퇴거대상에 해당된다고 의심할 만한 상당한 이유가 있는 사람을 출국시키기 위하여 외국인보호실, 외국인보호소 또는 그 밖에 법무부 장관이 지정하는 장소에 인치(引致)하고 수용하는 집행활동을 말한다.

"생체정보"란 이 법에 따른 업무에서 본인 일치 여부 확인 등에 활용되는 사람의 지문 · 얼굴 · 홍채 및 손바닥 정맥 등의 개인정보를 말한다. 출입국하려는 국민 · 외국인 · 난민 등에 대한 출입국심사에서 여러 생체정보를 심사에 활용할 수 있게 하였다. 제4차 산업혁명 시대를 선도하려는 국경관리와 코로나19 이후의 선진화한 자동 출입국심사[1)] 등을 위해 생체정보를 사물 인터넷, AI, 정보화기기 등 첨단 정보기술에 적용하

1) 사전에 지문과 얼굴사진을 등록하고 출입국하는 본인이 직접 여권과 지문을 출입국심사대에 인식시켜서 보다 편리하고도 신속하게 심사를 마치는 제도이다. 2008년 인천공항에서 국민을 대상으로

여 활용하는 출입국관리 및 심사 방법이 확대되고 있다.

3 국민의 출국과 입국

1) 국민의 출국

대한민국에서 대한민국 밖의 지역으로 출국(이하 "출국"이라 한다)하려는 국민은 유효한 여권을 가지고 출국하는 출입국항에서 출입국관리공무원의 출국심사를 받아야 한다. 다만, 부득이한 사유로 출입국항으로 출국할 수 없을 때에는 관할 지방출입국・외국인관서의 장의 허가를 받아 출입국항이 아닌 장소에서 출입국관리공무원의 출국심사를 받은 후 출국할 수 있다(제3조).

출국심사는 대통령령으로 정하는 바에 따라 정보화기기에 의한 출국심사로 갈음할 수 있다. 법무부 장관은 출국심사에 필요한 경우에는 국민의 생체정보를 수집하거나 관계 행정기관이 보유하고 있는 국민의 생체정보의 제출을 요청할 수 있다.

출국의 금지가 필요한 사유가 있는 사람에 대하여 규정과 절차에 따라 6개월 이내의 기간을 정하여 출국금지할 수 있는데, 출국금지기간을 계산할 때에는 그 기간이 일 단위이면 첫날은 시간을 계산하지 않고 1일로 산정하고, 월 단위일 경우 기간의 마지막 날이 공휴일 또는 토요일이더라도 그 기간에 산입한다.

2) 국민의 입국

대한민국 밖의 지역에서 대한민국으로 입국하려는 국민은 유효한 여권을 가지고 입국하는 출입국항에서 출입국관리공무원의 입국심사를 받아야 한다. 다만, 부득이한 사유로 출입국항으로 입국할 수 없을 때에는 지방출입국・외국인관서의 장의 허가를 받

처음 이 제도를 시행하였다. 등록외국인의 경우 2018년 10월부터 자동 출입국심사대를 이용할 수 있도록 관련 규정이 개정되어 편의성이 높아졌다. 2019년 현재 전체 출입국 국민의 55.5%, 외국인의 15.7%가 자동심사대를 이용하여 심사의 큰 축을 담당하게 되었다.

아 출입국항이 아닌 장소에서 출입국관리공무원의 입국심사를 받은 후 입국할 수 있다(제6조).

입국심사는 대통령령으로 정하는 바에 따라 정보화기기에 의한 입국심사로 갈음할 수 있다. 법무부 장관은 입국심사에 필요한 경우에는 국민의 생체정보를 수집하거나 관계 행정기관이 보유하고 있는 국민의 생체정보의 제출을 요청할 수 있다. 출입국관리공무원은 규정에 따라 수집하거나 제출받은 생체정보를 입국심사에 활용할 수 있다.

3) 남북한의 왕래

군사분계선 이남지역(이하 "남한"이라 한다)이나 해외에 거주하는 국민이 군사분계선 이북지역(이하 "북한"이라 한다)을 거쳐 출입국하는 경우에는 남한에서 북한으로 가기 전 또는 북한에서 남한으로 온 후에 출입국심사를 한다(제93조). 북한을 거쳐 왕래하려는 국민의 출입국심사는 출입국관리법 시행령 제1조의 "국민이 출국 또는 입국심사를 받을 때에는 여권을 출입국관리공무원에게 제출하고 질문에 답해야 한다"는 규정을 준용한다.

또 외국인이 북한을 거쳐 출입국하는 경우 및 외국인의 남북한 왕래 절차에 관하여는 법무부 장관이 따로 정하는 경우를 제외하고는 이 법의 출입국 절차에 관한 규정을 준용한다.

4 외국인의 입국과 사증

1) 입국과 사증

외국인이 입국할 때에는 유효한 여권과 법무부 장관이 발급한 사증(査證)을 가지고 있어야 한다(제7조).

사증이란 입국허가를 받기 위해서 외국인이 서류 등을 첨부하여 신청하면, 법이 정하는 바에 따라 입국허가 여부를 심사하여 발급하는 증명서를 말한다. 사증은 일반적으로 비자(visa)라고도 말하는데, visa는 그 어원이 라틴어의 '확인한다'는 의미를 가진 vise에서 유래하였다. 사증면제협정을 체결하지 않은 국가의 국민들은 입국에 유효한 사증을 발급받아야 하는데, 일반적으로 사증은 여권에 입국심사인을 찍거나 입국심사증으로 발급한다.

사증발급 권한위임 규정에 의하면 단체 전자사증 발급 등에 관한 권한을 전자비자센터가 설치되어 있는 청장 또는 사무소장에게 위임하여 발급할 수도 있도록 하고 있다(시행규칙 제78조). 법무부령으로 정한 외국인인 교수(E-1), 연구자(E-3), 기술지도(E-4), 전문직업(E-5) 등의 체류자격에 해당하는 외국인에게는 전자사증을 발급할 수 있다.

이러한 규정에도 불구하고 사증 없이 입국할 수 있는 외국인은, 재입국허가를 받은 사람 또는 재입국허가가 면제된 사람으로서 그 허가 또는 면제받은 기간이 끝나기 전에 입국하는 사람, 대한민국과 사증면제협정을 체결한 국가의 국민으로서 그 협정에 따라 면제대상이 되는 사람, 국제친선, 관광 또는 대한민국의 이익 등을 위하여 입국하는 사람으로서 대통령령으로 정하는 바에 따라 따로 입국허가를 받은 사람, 난민여행증명서를 발급받고 출국한 후 그 유효기간이 끝나기 전에 입국하는 사람, 대한민국과 수교(修交)하지 아니한 국가나 법무부 장관이 외교부 장관과 협의하여 지정한 국가의 국민 등이다. 이들은 대통령령으로 정하는 바에 따라 재외공관의 장이나 지방출입국・외국인관서의 장이 발급한 외국인입국허가서를 가지고 입국할 수 있다.

2) 입국심사와 생체정보의 제공

외국인이 입국하려는 경우에는 입국하는 출입국항에서 대통령령으로 정하는 바에 따라 여권과 입국신고서를 출입국관리공무원에게 제출하여 입국심사를 받아야 한다(제12조).

출입국관리공무원은 입국심사를 할 때에 외국인이 여권과 사증이 유효할 것, 규정에 따른 사전 여행허가서가 유효할 것, 입국목적이 체류자격에 맞을 것, 체류기간이 법무부령으로 정하는 바에 따라 정하여졌을 것, 제11조에 따른 입국의 금시 또는 거부의 대상이 아닐 것 등의 요건을 갖추었는지를 심사하여 입국을 허가한다.

또 입국하려는 외국인은 입국심사를 받을 때 법무부령으로 정하는 방법으로 생체정보를 제공하고 본인임을 확인하는 절차에 응하여야 한다. 그리고 제31조에 따라 외국인등록을 하여야 하는 사람(같은 조 제2항에 따라 외국인등록을 하려는 사람은 제외), 「재외동포의 출입국과 법적 지위에 관한 법률」 제6조에 따라 국내 거소 신고를 하려는 사람, 이 법을 위반하여 조사를 받거나 그 밖에 다른 법률을 위반하여 수사를 받고 있는 사람, 신원이 확실하지 아니한 사람, 그 밖에 법무부 장관이 대한민국의 안전이나 이익 또는 해당 외국인의 안전이나 이익을 위하여, 특히 필요하다고 인정하는 사람으로서 17세 이상인 사람도 법무부령으로 정하는 바에 따라 생체정보를 제공하여야 한다(제38조).

다만, 17세 미만인 사람, 외국정부 또는 국제기구의 업무를 수행하기 위하여 입국하는 사람과 그 동반 가족, 외국과의 우호 및 문화교류 증진, 경제활동 촉진 또는 대한민국의 이익 등을 고려하여 생체정보의 제공을 면제하는 것이 필요하다고 대통령령으로 정하는 사람은 그러하지 아니하다.

법무부 장관은 관계기관이 선박 등의 탑승권 발급, 출입국항의 보호구역 진입 및 선박 등의 탑승 등의 업무를 위하여 요청하는 경우에는 이 법에 따라 수집 · 처리한 생체정보를 제공할 수 있다(제38조의2).

지방출입국 · 외국인관서의 장은 제1항에 따른 생체정보의 제공을 거부하는 외국인에게는 체류기간 연장허가 등을 하지 않을 수 있다.

3) 단수사증과 복수사증

사증은 1회만 입국할 수 있는 단수사증과 2회 이상 입국할 수 있는 복수사증으로 구분한다. 법무부 장관은 사증발급에 관한 권한을 대통령령으로 정하는 바에 따라 재외공관의 장에게 위임할 수 있다. 사증발급에 관한 기준과 절차는 법무부령으로 정한다(제8조). 사증면제협정 국가의 현황은 다음과 같다.

사증면제협정 현황

주별	국가명	적용대상 여권	협정상의 체류기간	발효일자	참고사항
아시아주	라오스	외교, 관용	90일	'09.06.26	• 주재공관원: 재임기간
	말레이시아	외교, 관용, 일반	3개월	'83.09.09	
	몽골	외교, 관용	90일	'12.12.26	• 주재공관원: 재임기간 • 단기사증 발급수수료 면제
	미얀마	외교, 관용	90일	'11.04.01	• 여권 잔여 유효기간 6개월 이상
	방글라데시	외교, 관용, 일반	90일	'83.03.17	• 2008.7.15 일반여권 및 선원수첩 소지자에 대한 사증면제 일시중지
		선원수첩	15일		
	베트남	외교, 관용	90일	'99.01.13	• 주재공관원: 재임기간
	싱가포르	외교, 관용, 일반	90일	'82.11.01	
	아르메니아	외교, 관용	90일	'12.05.22	
	아랍에미리트	외교, 관용, 특별, 일반	90일	'16.09.21	• 여권 잔여 유효기간 6개월 이상 • 주재공관원: 재임기간
	오만	외교, 관용, 특별 및 공무	90일	'15.04.11	
	우즈베키스탄	외교	60일	'09.06.10	• 주재공관원: 재임기간
	이란	외교, 관용	3개월	'76.12.21	• 주재공관원: 재임기간
	이스라엘	외교, 관용, 일반	90일	'95.05.24	• 주재공관원: 재임기간 ※ 91일 이상 사증발급수수료 면제
	인도	외교, 관용	90일	'05.10.03	
	일본	외교, 관용	90일	'98.12.07	• 주재공관원: 재임기간
	조지아	외교, 관용	90일	'13.04.01	
	중국	외교	30일	'13.08.18	
		관용	30일	'14.12.25	
	카자흐스탄	외교, 관용	90일	'07.12.05	• 30일을 초과할 수 없음 (180일 내 최장 60일 체류)
		일반	30일	'14.11.29	
	키르기즈	외교, 관용	30일	'11.05.19	
	캄보디아	외교, 관용	60일	'06.12.20	• 주재공관원: 재임기간
	쿠웨이트	외교, 관용, 특별	90일	'15.06.24	※ 총체류기간은 각 180일 기간 중 90일을 초과할 수 없음
	타지크스탄	외교, 관용	90일	'13.01.08	
	태국	외교, 관용	제한 없음	'67.10.10	• 사증발급수수료 면제
		일반	90일	'81.12.09	
		선원수첩	15일		

	터키	외교, 관용, 일반	90일	'72.05.03	• 1987.3.1 양해각서 개정
	투르크메니스탄	외교	30일	'08.12.06	• 주재공관원: 재임기간
	파키스탄	외교, 관용	3개월	'85.06.08	※ 2001.10.1 일반여권 소지자에 대한 사증면제 일시중지
	필리핀	외교, 관용	제한 없음	'70.09.01	• 체류기간 59일 이하의 일반사용(C-3-4) 단기방문(C-3): 사증발급 수수료 면제
	요르단	외교	90일	'17.05.22	• 여권 잔여 유효기간 3개월
미주	과테말라	외교, 관용, 일반	90일	'07.10.04	• 주재공관원: 재임기간 ※ 91일 이상 사증발급수수료 면제
	그레나다	외교, 관용, 일반	90일	'91.01.27	
		선원수첩			
	니카라과	외교, 관용, 일반	90일	'95.04.08	• 주재공관원: 재임기간
		선원수첩	15일		
	도미니카공화국	외교, 관용, 일반	90일	'82.03.04	• 사증발급수수료 면제
	도미니카연방	외교, 관용, 일반	90일	'90.03.30	
		선원수첩	15일		
	멕시코	일반	3개월	'79.04.06	
		외교, 관용	90일	'97.08.01	• 사증수수료, 연장허가수수료 면제
	바베이도스	외교, 관용, 일반	90일	'84.03.11	• 사증발급수수료 면제
		선원수첩	15일		
	바하마	외교, 관용, 일반	90일	'88.09.04	
		선원수첩	15일	'94.11.03	
	베네수엘라	외교, 관용	30일		• 주재공관원: 재임기간 • 사증발급수수료 면제 (외교·관용여권에 한함)
		일반	90일	'07.12.22	
	벨리즈	외교, 관용	90일	'07.02.08	※ 파견국 영사관의 외교공한에 따라 체류기간 연장 가능
	볼리비아	외교, 관용	90일	'11.04.18	
	브라질	외교, 관용	90일	'92.02.10	• 주재공관원: 재임기간 • 사증발급수수료 면제 (외교·관용 여권에 한함)
		일반	90일		

미주	세인트루시아	외교, 관용, 일반	90일	'90.03.30	
		선원수첩	15일		
	세인트빈센트 그레나딘	외교, 관용, 일반	90일	'90.07.06	
		선원수첩	15일		
	세인트키츠 네비스	외교, 관용, 일반	90일	'90.03.30	
		선원수첩	15일		
	수리남	외교, 관용, 일반	3개월	'76.08.03	• 재입국허가 면제
	아이티	외교, 관용, 일반	90일	'90.03.21	
		선원수첩	15일		
	아르헨티나	외교, 관용	90일	'04.07.31	
	앤티가 바부다	외교, 관용, 일반	90일	'94.12.29	
		선원수첩	15일		
	에콰도르	외교	제한 없음	'86.05.29	
		관용	3개월		
	엘살바도르	외교, 관용, 일반	90일	'97.02.14	• 주재공관원: 재임기간
		선원수첩	15일		
	우루과이	외교, 관용, 일반	90일	'94.01.19 '13.01.10	• 주재공관원: 재임기간 • 사증발급수수료 면제 (외교・관용 여권에 한함)
	자메이카	외교, 관용, 일반	90일	'93.11.27	
		선원수첩	15일		
	칠레	외교, 관용	90일	'00.07.18	• 재입국허가 면제 (단, C-2, D-7, D-8, D-9에 한함)
		일반	90일	'04.10.20	
	코스타리카	외교, 관용, 일반	90일	'81.10.22	
		선원수첩	15일		
	콜롬비아	외교, 관용, 일반	90일	'81.12.25	• 사증발급수수료 면제
	트리니다드 토바고	외교, 관용, 일반	90일	'94.10.15	
		선원수첩	15일		
	파나마	외교, 관용, 일반	90일	'01.08.09	
	파라과이	외교, 관용	90일	'83.01.01	• 사증발급수수료 면제 (외교・관용 여권에 한함)
	페루	외교, 관용, 일반	90일	'82.06.12	• 사증발급수수료 면제
		선원수첩	15일		

유럽주	그리스	외교, 관용	제한 없음	'74.05.15	
		일반	3개월	'79.02.25	
	네덜란드	외교, 관용, 일반	3개월	'70.06.01	• 재입국허가 면제
	노르웨이	외교, 관용, 일반	90일	'69.10.01	• 재입국허가 면제
	덴마크	외교, 관용, 일반	90일	'69.10.01	• 재입국허가 면제
	독일	외교, 관용	제한 없음	'62.01.01	• 주재공관원: 재임기간 • 재입국허가 면제: '97.4.14
		일반	90일	'74.01.24	
	라트비아	외교, 관용, 일반	90일	'03.06.27	• 주재공관원: 재임기간
	러시아	외교, 관용	90일	'04.11.20	※ 2006.12.31 관용 추가 협정
		일반	60일	'14.01.01	※ 총체류기간은 각 180일 기간 중 90일을 초과할 수 없음
	루마니아	외교, 관용	90일	'96.06.06	• 주재공관원: 재임기간
		일반	90일	'16.03.13	※ 총체류기간은 각 180일 기간 중 90일을 초과할 수 없음
	룩셈부르크	외교, 관용, 일반	3개월	'70.06.01	• 재입국허가 면제
	리투아니아	외교, 관용, 일반	90일	'02.05.09	• 주재공관원: 재임기간
	리히텐슈타인	외교, 관용, 일반	3개월	'79.06.28	• 재입국허가 면제
	몰도바	외교, 관용	90일	'12.07.03	
	몰타	외교, 관용, 일반	90일	'93.10.23	
	벨기에	외교, 관용, 일반	3개월	'70.06.01	• 재입국허가 면제
	벨라루스	외교, 관용	90일	'08.07.24	※ 조약 제1902호
	불라리아	외교, 관용, 일반	90일	'94.08.13	• 주재공관원: 재임기간
	사이프러스	외교, 관용	90일	'00.12.16	• 사증발급수수료 면제
	스웨덴	외교, 관용, 일반	90일	'69.10.01	• 재입국허가 면제
	스위스	외교, 관용, 일반	3개월	'79.06.28	• 재입국허가 면제
	스페인	외교, 관용, 일반	90일	'72.04.08	• 사급발급수수료 면제
		선원수첩	15일	'75.04.18	
	슬로바키아	외교, 관용, 일반	90일	'95.07.15	• 주재공관원: 재임기간
	아이슬란드	외교, 관용, 일반	90일	'70.04.01	
	아일랜드	외교, 관용, 일반	90일	'89.07.12	
	아제르바이잔	외교, 관용	30일	'08.11.21	
	에스토니아	외교, 관용, 일반	90일	'01.08.18	
	영국	외교, 관용, 일반	90일	'69.12.19	

지역	국가	여권	기간	발효일	비고
	오스트리아	외교, 관용	180일	'79.06.25	• 주재공관원: 재임기간
		일반	90일		
	우크라이나	외교, 공무	90일	'14.09.17	• 주재공관원: 재임기간
	이탈리아	외교, 관용, 일반	90일	'75.05.05	• 사증발급수수료 면제 ※ 상호주의로 90일 간 체류기간 부여(2003.6.15)
	체코	외교, 관용, 일반	90일	'94.11.05	• 주재공관원: 재임기간
	크로아티아	외교, 관용	90일	'01.06.16	
	포르투갈	외교, 관용, 일반	60일	'79.09.19	• 마카오 제외
		선원수첩	15일		
	폴란드	외교, 관용, 일반	90일	'93.12.24	• 주재공관원: 재임기간
	프랑스	외교, 관용, 일반	90일	'67.04.12 ('89.10.01)	• 재입국허가 면제
	핀란드	외교, 관용, 일반	90일	'74.03.01	• 재입국허가 면제
	헝가리	외교, 관용, 일반	90일	'91.04.25	
아프라카주	가봉	외교, 관용	90일	'13.08.14	
	라이베리아	외교, 관용	90일	'82.09.23	• 19.7.18 일반여권 및 선원수첩 소지자에 대한 사증면제 일시중지
	레소토	외교, 관용, 일반	60일	'71.09.05	
	모로코	외교, 관용, 일반	90일	'93.09.01	• 주재공관원: 재임기간 (2000.8.3 추가 협정)
		일반	15일		
	베냉	외교, 관용	90일	'92.07.01	• 주재공관원: 재임기간 • 사증발급수수료 면제 (외교·관용 여권에 한함)
	알제리	외교, 관용	90일	'06.08.30	• 주재공관원: 재임기간 • 사증발급수수료 면제
	앙골라	외교, 관용	30일	'12.05.25	
	이집트	외교, 관용	90일	'98.06.24	• 주재공관원: 재임기간
	튀니지	외교, 관용, 일반	30일	'69.08.17	• 주재공관원: 재임기간 • 재입국허가수수료 면제 • 30일 이상 체류 시 연장수수료 면제(단, 6개월 초가 불가)
	카보베르데	외교, 관용	90일	'15.10.14	
	모잠비크	외교, 관용	90일	'17.02.16	
	탄자니아	외교, 관용	90일	'18.10.05	
대양주	뉴질랜드	외교, 관용, 일반	3개월	'94.09.30	• 주재공관원: 재임기간 • 뉴질랜드의 ISLANDS, NIUE, TOKELAU 제외
	바누아트	외교, 관용	90일	'18.02.21	

5 외국인등록

1) 등 록

외국인이 입국한 날부터 90일을 초과하여 대한민국에 체류하려면 대통령령으로 정하는 바에 따라 입국한 날부터 90일 이내에 그의 체류지를 관할하는 지방출입국·외국인관서의 장에게 외국인등록을 하여야 한다(제31조). 다만, 주한외국공관(대사관과 영사관을 포함)과 국제기구의 직원 및 그의 가족, 대한민국정부와의 협정에 따라 외교관 또는 영사와 유사한 특권 및 면제를 누리는 사람과 그의 가족, 대한민국정부가 초청한 사람 등으로서 법무부령으로 정하는 사람 중 어느 하나에 해당하는 외국인의 경우에는 그러하지 아니하다.

한편, 체류자격을 받는 사람으로서 그 날부터 90일을 초과하여 체류하게 되는 사람은 체류자격을 받는 때에 외국인등록을 하여야 한다. 또 체류자격 변경허가를 받는 사람으로서 입국한 날부터 90일을 초과하여 체류하게 되는 사람은 체류자격 변경허가를 받는 때에 외국인등록을 하여야 한다.

지방출입국·외국인관서의 장은 규정에 따라 외국인등록을 한 사람에게는 대통령령으로 정하는 방법에 따라 개인별로 고유한 외국인등록번호를 부여하여야 한다. 외국인등록사항은 성명, 성별, 생년월일 및 국적, 여권의 번호·발급일자 및 유효기간, 근무처와 직위 또는 담당업무, 본국의 주소와 국내 체류지, 체류자격과 체류기간 등이다.

2) 등록증·영주증의 발급

제31조에 따라 외국인등록을 받은 지방출입국·외국인관서의 장은 대통령령으로 정하는 바에 따라 그 외국인에게 외국인등록증을 발급하여야 한다. 다만, 그 외국인이 17세 미만인 경우에는 발급하지 아니할 수 있다. 17세 미만의 나이에 따라 외국인등록증을 발급받지 아니한 외국인이 17세가 된 때에는 90일 이내에 체류지 관할 지방출입국·외국인관서의 장에게 외국인등록증 발급신청을 하여야 한다.

영주자격을 가진 외국인에게 발급하는 외국인등록증은 "영주증"이라고 하며, 이 영주 중의 유효기간은 10년으로 한다. 영주증을 발급받은 사람은 유효기간이 끝나기 전까지 영주증을 재발급받아야 한다.

3) 외국인등록증 등의 채무이행 확보수단 제공 등의 금지(제33조의3)

외국인의 여권이나 외국인등록증을 취업에 따른 계약 또는 채무이행의 확보수단으로 제공받거나 그 제공을 강요 또는 알선하는 행위, 제31조제5항에 따른 외국인등록번호를 거짓으로 생성하여 자기 또는 다른 사람의 재물이나 재산상의 이익을 위하여 사용하거나 이를 알선하는 행위, 외국인등록번호를 거짓으로 생성하는 프로그램을 다른 사람에게 전달하거나 유포 또는 이를 알선하는 행위, 다른 사람의 외국인등록증을 부정하게 사용하거나 자기의 외국인등록증을 부정하게 사용한다는 사정을 알면서 다른 사람에게 제공하는 행위 또는 이를 각각 알선하는 행위, 다른 사람의 외국인등록번호를 자기 또는 다른 사람의 재물이나 재산상의 이익을 위하여 부정하게 사용하거나 이를 알선하는 행위 중 어느 하나에 해당하는 행위를 하여서는 아니 된다.

4) 외국인등록표 작성 및 관리(제34조)

외국인등록을 받은 지방출입국・외국인관서의 장은 등록외국인기록표를 작성・비치하고, 외국인등록표를 작성하여 그 외국인이 체류하는 시(제주특별자치도 설치 및 국제자유도시 조성을 위한 특별법 제10조에 따른 행정시를 포함하며, 특별시와 광역시는 제외)・군・구 및 읍・면・동의 장에게 보내야 한다. 시・군・구 및 읍・면・동의 장은 외국인등록표를 받았을 때에는 그 등록사항을 외국인등록대장에 적어 관리하여야 한다. 등록외국인기록표, 외국인등록표 및 외국인등록대장의 작성과 관리에 필요한 사항은 대통령령으로 정한다.

5) 외국인등록사항 변경신고(제35조)

제31조에 따라 등록을 한 외국인은 성명, 성별, 생년월일 및 국적, 여권의 번호, 발급일자 및 유효기간 등의 사항이 변경되었을 때에는 대통령령으로 정하는 바에 따라 15

일 이내에 체류지 관할 지방출입국 · 외국인관서의 장에게 외국인등록사항 변경신고를 하여야 한다.

6) 외국인등록증의 반납(제37조)

외국인등록을 한 외국인이 출국할 때에는 출입국관리공무원에게 외국인등록증을 반납하여야 한다. 다만, 재입국허가를 받고 일시 출국하였다가 그 허가기간 내에 다시 입국하려는 경우, 복수사증 소지자나 재입국허가 면제대상 국가의 국민으로서 일시 출국하였다가 허가된 체류기간 내에 다시 입국하려는 경우, 난민여행증명서를 발급받고 일시 출국하였다가 그 유효기간 내에 다시 입국하려는 경우 중 어느 하나에 해당하는 경우에는 그러하지 아니하다.

외국인등록을 한 외국인이 국민이 되거나 사망한 경우 또는 제31조제1항 각 호의 어느 하나에 해당하게 된 경우(같은 조 제2항에 따라 외국인등록을 한 경우는 제외)에는 대통령령으로 정하는 바에 따라 외국인등록증을 반납하여야 한다.

지방출입국 · 외국인관서의 장은 제1항이나 제2항에 따라 외국인등록증을 반납받으면 대통령령으로 정하는 바에 따라 그 사실을 지체 없이 체류지의 시 · 군 · 구 및 읍 · 면 · 동의 장에게 통보하여야 한다. 지방출입국 · 외국인관서의 장은 대한민국의 이익을 위하여 필요하다고 인정하면 제1항 각 호의 어느 하나에 해당하는 외국인의 외국인등록증을 일시 보관할 수 있다. 이 경우 그 외국인이 허가된 기간 내에 다시 입국하였을 때에는 15일 이내에 지방출입국 · 외국인관서의 장으로부터 외국인등록증을 돌려받아야 하고, 그 허가받은 기간 내에 다시 입국하지 아니하였을 때에는 제1항에 따라 외국인등록증을 반납한 것으로 본다.

7) 외국인등록사항의 말소(제37조의2)

지방출입국 · 외국인관서의 장은 등록 외국인이 제37조제1항 또는 제2항에 따라 외국인등록증을 반납한 경우, 출국 후 재입국허가기간(재입국허가를 면제받은 경우에는 면제받은 기간 또는 체류허가기간) 내에 입국하지 아니한 경우, 그 밖에 출입국관리공무원이 직무수행 중 말소 사유를 발견한 경우 외국인등록사항을 말소할 수 있다.

6 외국인의 체류 및 상륙

1) 체류자격

입국하려는 외국인은 일반체류자격, 영주자격 등 어느 하나에 해당하는 체류자격을 가져야 한다(제10조).

2) 일반체류자격

일반체류자격이란 대한민국에 체류할 수 있는 기간이 일정기간 안으로 제한되는 체류자격을 말하며, 단기체류자격과 장기체류자격으로 구분한다. 단기체류자격은 관광, 방문 등의 목적으로 대한민국에 90일 이하의 기간(사증면제협정이나 상호주의에 따라 90일을 초과하는 경우 그 기간) 동안 머물 수 있는 체류자격이다. 장기체류자격은 유학, 연수, 투자, 주재, 결혼 등의 목적으로 대한민국에 90일을 초과하여 법무부령으로 정하는 체류기간의 상한 범위에서 거주할 수 있는 체류자격이다.

영주자격이란 기간에 제한받지 않고 대한민국에 영주(永住)할 수 있는 체류자격을 말한다. 체류자격과 기호, 그리고 단기·장기체류자격에 해당하는 사람 또는 활동범위를 규정하는 내용은 다음과 같다.

■ 출입국관리법 시행령 [별표 1] 〈개정 2019.6.11〉

단기체류자격(제12조 관련)

체류자격(기호)	체류자격에 해당하는 사람 또는 활동범위
1. 사증면제 (B-1)	대한민국과 사증면제협정을 체결한 국가의 국민으로서 그 협정에 따른 활동을 하려는 사람
2. 관광·통과 (B-2)	관광·통과 등의 목적으로 대한민국에 사증 없이 입국하려는 사람
3. 일시취재 (C-1)	일시적인 취재 또는 보도활동을 하려는 사람

4. 단기방문 (C-3)	시장조사, 업무 연락, 상담, 계약 등의 상용(商用)활동과 관광, 통과, 요양, 친지 방문, 친선경기, 각종 행사나 회의 참가 또는 참관, 문화예술, 일반연수, 강습, 종교의식 참석, 학술자료 수집, 그 밖에 이와 유사한 목적으로 90일을 넘지 않는 기간 동안 체류하려는 사람(영리를 목적으로 하는 사람은 제외한다)
5. 단기취업 (C-4)	가. 일시 흥행, 광고·패션 모델, 강의·강연, 연구, 기술지도 등 별표 1의2 중 14. 교수(E-1)부터 20. 특정활동(E-7)까지의 체류자격에 해당하는 분야에 수익을 목적으로 단기간 취업활동을 하려는 사람 나. 각종 용역계약 등에 의하여 기계류 등의 설치·유지·보수, 조선 및 산업설비 제작·감독 등을 목적으로 국내 공공기관·민간단체에 파견되어 단기간 영리활동을 하려는 사람 다. 법무부 장관이 관계 중앙행정기관의 장과 협의하여 정하는 농작물 재배·수확(재배·수확과 연계된 원시가공 분야를 포함한다) 및 수산물 원시가공 분야에서 단기간 취업 활동을 하려는 사람으로서 법무부 장관이 인정하는 사람

■ 출입국관리법 시행령 [별표 1의2] 〈개정 2020.8.5〉

장기체류자격(제12조 관련)

체류자격(기호)	체류자격에 해당하는 사람 또는 활동범위
1. 외교 (A-1)	대한민국정부가 접수한 외국정부의 외교사절단이나 영사기관의 구성원, 조약 또는 국제관행에 따라 외교사절과 동등한 특권과 면제를 받는 사람과 그 가족
2. 공무 (A-2)	대한민국정부가 승인한 외국정부 또는 국제기구의 공무를 수행하는 사람과 그 가족
3. 협정 (A-3)	대한민국정부와의 협정에 따라 외국인등록이 면제되거나 면제할 필요가 있다고 인정되는 사람과 그 가족
4. 문화예술 (D-1)	수익을 목적으로 하지 않는 문화 또는 예술 관련 활동을 하려는 사람(대한민국의 전통문화 또는 예술에 대하여 전문적인 연구를 하거나 전문가의 지도를 받으려는 사람을 포함한다)
5. 유학 (D-2)	전문대학 이상의 교육기관 또는 학술연구기관에서 정규과정의 교육을 받거나 특정 연구를 하려는 사람
6. 기술연수 (D-3)	법무부 장관이 정하는 연수조건을 갖춘 사람으로서 국내의 산업체에서 연수를 받으려는 사람
7. 일반연수 (D-4)	법무부 장관이 정하는 요건을 갖춘 교육기관이나 기업체, 단체 등에서 교육 또는 연수를 받거나 연구활동에 종사하려는 사람[연수기관으로부터 체재비를 초과하는 보수(報酬)를 받거나 유학(D-2)·기술연수(D-3) 체류자격에 해당하는 사람은 제외한다]
8. 취재 (D-5)	외국의 신문사, 방송사, 잡지사 또는 그 밖의 보도기관으로부터 파견되거나 외국 보도기관과의 계약에 따라 국내에 주재하면서 취재 또는 보도활동을 하려는 사람

9. 종교 (D-6)	가. 외국의 종교단체 또는 사회복지단체로부터 파견되어 대한민국에 있는 지부 또는 유관 종교단체에서 종교활동을 하려는 사람 나. 대한민국 내의 종교단체 또는 사회복지단체의 초청을 받아 사회복지활동을 하려는 사람 다. 그 밖에 법무부 장관이 인정하는 종교활동 또는 사회복지활동에 종사하려는 사람
10. 주재 (D-7)	가. 외국의 공공기관·단체 또는 회사의 본사, 지사, 그 밖의 사업소 등에서 1년 이상 근무한 사람으로서 대한민국에 있는 그 계열회사, 자회사, 지점 또는 사무소 등에 필수 전문인력으로 파견되어 근무하려는 사람[기업투자(D-8) 체류자격에 해당하는 사람은 제외하며, 국가기간산업 또는 국책사업에 종사하려는 경우나 그 밖에 법무부 장관이 필요하다고 인정하는 경우에는 1년 이상의 근무요건을 적용하지 않는다] 나. 「자본시장과 금융투자업에 관한 법률」 제9조제15항제1호에 따른 상장법인 또는 「공공기관의 운영에 관한 법률」 제4조제1항에 따른 공공기관이 설립한 해외현지법인이나 해외지점에서 1년 이상 근무한 사람으로서 대한민국에 있는 그 본사나 본점에 파견되어 전문적인 지식·기술 또는 기능을 제공하거나 전수받으려는 사람(상장법인의 해외 현지법인이나 해외지점 중 본사의 투자금액이 미화 50만 달러 미만인 경우는 제외한다)
11. 기업투자 (D-8)	가. 「외국인투자 촉진법」에 따른 외국인투자기업의 경영·관리 또는 생산·기술 분야에 종사하려는 필수전문인력으로서 법무부 장관이 인정하는 사람[외국인이 경영하는 기업(법인은 제외한다)에 투자한 사람 및 국내에서 채용된 사람은 제외한다] 나. 지식재산권을 보유하는 등 우수한 기술력으로 「벤처기업육성에 관한 특별조치법」 제2조의2제1항제2호다목에 따른 벤처기업을 설립한 사람 중 같은 법 제25조에 따라 벤처기업 확인을 받은 사람 또는 이에 준하는 사람으로서 법무부 장관이 인정하는 사람 다. 다음의 어느 하나에 해당하는 사람으로서 지식재산권을 보유하거나 이에 준하는 기술력 등을 가진 사람 중 법무부 장관이 인정한 법인 창업자 1) 국내에서 전문학사 이상의 학위를 취득한 사람 2) 외국에서 학사 이상의 학위를 취득한 사람 3) 관계 중앙행정기관의 장이 지식재산권 보유 등 우수한 기술력을 보유한 사람으로 인정하여 추천한 사람
12. 무역경영 (D-9)	대한민국에 회사를 설립하여 경영하거나 무역, 그 밖의 영리사업을 위한 활동을 하려는 사람으로서 필수 전문인력에 해당하는 사람[수입기계 등의 설치, 보수, 조선 및 산업설비 제작·감독 등을 위하여 대한민국 내의 공공기관·민간단체에 파견되어 근무하려는 사람을 포함하되, 국내에서 채용하는 사람과 기업투자(D-8) 체류자격에 해당하는 사람은 제외한다]
13. 구직 (D-10)	가. 교수(E-1)부터 특정활동(E-7)까지의 체류자격[예술흥행(E-6) 체류자격 중 법무부 장관이 정하는 공연업소의 종사자는 제외한다]에 해당하는 분야에 취업하기 위하여 연수나 구직활동 등을 하려는 사람으로서 법무부 장관이 인정하는 사람 나. 기업투자(D-8) 다목에 해당하는 법인의 창업 준비 등을 하려는 사람으로서 법무부 장관이 인정하는 사람

14. 교수 (E-1)	「고등교육법」 제14조제1항 · 제2항 또는 제17조에 따른 자격요건을 갖춘 외국인으로서 전문대학 이상의 교육기관이나 이에 준하는 기관에서 전문 분야의 교육 또는 연구 · 지도 활동에 종사하려는 사람
15. 회화지도 (E-2)	법무부 장관이 정하는 자격요건을 갖춘 외국인으로서 외국어전문학원, 초등학교 이상의 교육기관 및 부설어학연구소, 방송사 및 기업체 부설 어학연수원, 그 밖에 이에 준하는 기관 또는 단체에서 외국어 회화지도에 종사하려는 사람
16. 연구 (E-3)	대한민국 내 공공기관 · 민간단체으로부터 초청을 받아 각종 연구소에서 자연과학 분야의 연구, 사회과학 · 인문학 · 예체능 분야의 연구 또는 산업상 고도기술의 연구 · 개발에 종사하려는 사람[교수(E-1) 체류자격에 해당하는 사람은 제외한다]
17. 기술지도 (E-4)	자연과학 분야의 전문지식 또는 산업상 특수한 분야에 속하는 기술을 제공하기 위하여 대한민국 내 공공기관 · 민간단체로부터 초청을 받아 종사하려는 사람
18. 전문직업 (E-5)	대한민국 법률에 따라 자격이 인정된 외국의 변호사, 공인회계사, 의사, 그 밖에 국가공인 자격이 있는 사람으로서 대한민국 법률에 따라 할 수 있도록 되어 있는 법률, 회계, 의료 등의 전문업무에 종사하려는 사람[교수(E-1) 체류자격에 해당하는 사람은 제외한다]
19. 예술흥행 (E-6)	수익이 따르는 음악, 미술, 문학 등의 예술활동과 수익을 목적으로 하는 연예, 연주, 연극, 운동경기, 광고 · 패션 모델, 그 밖에 이에 준하는 활동을 하려는 사람
20. 특정활동 (E-7)	대한민국 내의 공공기관 · 민간단체 등과의 계약에 따라 법무부 장관이 특별히 지정하는 활동에 종사하려는 사람
20의2. 계절근로 (E-8)	법무부 장관이 관계 중앙행정기관의 장과 협의하여 정하는 농작물 재배 · 수확(재배 · 수확과 연계된 원시가공 분야를 포함한다) 및 수산물 원시가공 분야에서 취업 활동을 하려는 사람으로서 법무부 장관이 인정하는 사람
21. 비전문취업 (E-9)	「외국인근로자의 고용 등에 관한 법률」에 따른 국내 취업요건을 갖춘 사람(일정 자격이나 경력 등이 필요한 전문직종에 종사하려는 사람은 제외한다)
22. 선원취업 (E-10)	다음 각 목에 해당하는 사람과 그 사업체에서 6개월 이상 노무를 제공할 것을 조건으로 선원근로계약을 체결한 외국인으로서 「선원법」 제2조제6호에 따른 부원(部員)에 해당하는 사람 가. 「해운법」 제3조제1호 · 제2호 · 제5호 또는 제23조제1호에 따른 사업을 경영하는 사람 나. 「수산업법」 제8조제1항제1호, 제41조제1항 또는 제57조제1항에 따른 사업을 경영하는 사람 다. 「크루즈산업의 육성 및 지원에 관한 법률」 제2조제7호에 따른 국적 크루즈사업자로서 같은 조 제4호에 따른 국제순항 크루즈선을 이용하여 사업을 경영하는 사람
23. 방문동거 (F-1)	가. 친척 방문, 가족 동거, 피부양(被扶養), 가사정리, 그 밖에 이와 유사한 목적으로 체류하려는 사람으로서 법무부 장관이 인정하는 사람 나. 다음의 어느 하나에 해당하는 사람의 가사보조인 1) 외교(A-1), 공무(A-2) 체류자격에 해당하는 사람

	2) 미화 50만 달러 이상을 투자한 외국투자가(법인인 경우 그 임직원을 포함한다)로서 기업투자(D-8), 거주(F-2), 영주(F-5), 결혼이민(F-6) 체류자격에 해당하는 사람 3) 인공지능(AI), 정보기술(IT), 전자상거래 등 기업정보화(e-business), 생물산업(BT), 나노기술(NT) 분야 등 법무부 장관이 정하는 첨단·정보기술 업체에 투자한 외국투자가(법인인 경우 그 임직원을 포함한다)로서 기업투자(D-8), 거주(F-2), 영주(F-5), 결혼이민(F-6) 체류자격에 해당하는 사람 4) 취재(D-5), 주재(D-7), 무역경영(D-9), 교수(E-1)부터 특정활동(E-7)까지의 체류자격에 해당하거나 그 체류자격에서 거주(F-2) 바목 또는 별표 1의3 영주(F-5) 제1호의 체류자격으로 변경한 전문인력으로서 법무부 장관이 인정하는 사람 다. 외교(A-1)부터 협정(A-3)까지의 체류자격에 해당하는 사람의 동일한 세대에 속하지 않는 동거인으로서 그 체류의 필요성을 법무부 장관이 인정하는 사람 라. 그 밖에 부득이한 사유로 직업활동에 종사하지 않고 대한민국에 장기간 체류하여야 할 사정이 있다고 인정되는 사람
24. 거주 (F-2)	가. 국민의 미성년 외국인 자녀 또는 별표 1의3 영주(F-5) 체류자격을 가지고 있는 사람의 배우자 및 그의 미성년 자녀 나. 국민과 혼인관계(사실상의 혼인관계를 포함한다)에서 출생한 사람으로서 법무부 장관이 인정하는 사람 다. 난민의 인정을 받은 사람 라. 「외국인투자 촉진법」에 따른 외국투자가 등으로 다음의 어느 하나에 해당하는 사람 1) 미화 50만 달러 이상을 투자한 외국인으로서 기업투자(D-8) 체류자격으로 3년 이상 계속 체류하고 있는 사람 2) 미화 50만 달러 이상을 투자한 외국법인이 「외국인투자 촉진법」에 따른 국내 외국인투자기업에 파견한 임직원으로서 3년 이상 계속 체류하고 있는 사람 3) 미화 30만 달러 이상을 투자한 외국인으로서 2명 이상의 국민을 고용하고 있는 사람 마. 별표 1의3 영주(F-5) 체류자격을 상실한 사람 중 국내 생활관계의 권익보호 등을 고려하여 법무부 장관이 국내에서 계속 체류하여야 할 필요가 있다고 인정하는 사람(강제퇴거된 사람은 제외한다) 바. 외교(A-1)부터 협정(A-3)까지의 체류자격 외의 체류자격으로 대한민국에 5년 이상 계속 체류하여 생활 근거지가 국내에 있는 사람으로서 법무부 장관이 인정하는 사람 사. 비전문취업(E-9), 선원취업(E-10) 또는 방문취업(H-2) 체류자격으로 취업활동을 하고 있는 사람으로서 과거 10년 이내에 법무부 장관이 정하는 체류자격으로 4년 이상의 기간 동안 취업활동을 한 사실이 있는 사람 중 다음 요건을 모두 갖춘 사람 1) 법무부 장관이 정하는 기술·기능 자격증을 가지고 있거나 일정 금액 이상의 임금을 국내에서 받고 있을 것(기술·기능 자격증의 종류 및 임금의 기준에 관하여는 법무부 장관이 관계 중앙행정기관의 장과 협의하여 고시한다)

	2) 법무부 장관이 정하는 금액 이상의 자산을 가지고 있을 것 3) 대한민국 「민법」에 따른 성년으로서 품행이 단정하고 대한민국에서 거주하는 데 필요한 기본 소양을 갖추고 있을 것 아. 「국가공무원법」 또는 「지방공무원법」에 따라 공무원으로 임용된 사람으로서 법무부 장관이 인정하는 사람 자. 나이, 학력, 소득 등이 법무부 장관이 정하여 고시하는 기준에 해당하는 사람 차. 투자지역, 투자대상, 투자금액 등 법무부 장관이 정하여 고시하는 기준에 따라 부동산 등 자산에 투자한 사람 또는 법인의 임원, 주주 등으로서 법무부 장관이 인정하는 외국인. 이 경우 법인에 대해서는 법무부 장관이 투자금액 등을 고려하여 체류자격 부여인원을 정한다. 카. 자목이나 차목에 해당하는 사람의 배우자 및 자녀(법무부 장관이 정하는 요건을 갖춘 자녀만 해당한다)
25. 동반 (F–3)	문화예술(D–1)부터 특정활동(E–7)까지의 체류자격에 해당하는 사람의 배우자 및 미성년 자녀로서 배우자가 없는 사람[기술연수(D–3) 체류자격에 해당하는 사람은 제외한다]
26. 재외동포 (F–4)	「재외동포의 출입국과 법적 지위에 관한 법률」 제2조제2호에 해당하는 사람(단순노무행위 등 이 영 제23조제3항 각 호에서 규정한 취업활동에 종사하려는 사람은 제외한다)
27. 결혼이민 (F–6)	가. 국민의 배우자 나. 국민과 혼인관계(사실상의 혼인관계를 포함한다)에서 출생한 자녀를 양육하고 있는 부 또는 모로서 법무부 장관이 인정하는 사람 다. 국민인 배우자와 혼인한 상태로 국내에 체류하던 중 그 배우자의 사망이나 실종, 그 밖에 자신에게 책임이 없는 사유로 정상적인 혼인관계를 유지할 수 없는 사람으로서 법무부 장관이 인정하는 사람
28. 관광취업 (H–1)	대한민국과 "관광취업"에 관한 협정이나 양해각서 등을 체결한 국가의 국민으로서 협정 등의 내용에 따라 관광과 취업활동을 하려는 사람(협정 등의 취지에 반하는 업종이나 국내법에 따라 일정한 자격요건을 갖추어야 하는 직종에 취업하려는 사람은 제외한다)
29. 방문취업 (H–2)	가. 체류자격에 해당하는 사람: 「재외동포의 출입국과 법적 지위에 관한 법률」 제2조제2호에 따른 외국 국적동포(이하 "외국 국적동포"라 한다)에 해당하고, 다음의 어느 하나에 해당하는 18세 이상인 사람 중에서 나목의 활동범위 내에서 체류하려는 사람으로서 법무부 장관이 인정하는 사람[재외동포(F–4) 체류자격에 해당하는 사람은 제외한다] 1) 출생 당시에 대한민국 국민이었던 사람으로서 가족관계등록부, 폐쇄등록부 또는 제적부에 등재되어 있는 사람 및 그 직계비속 2) 국내에 주소를 둔 대한민국 국민 또는 별표 1의3 영주(F–5) 제5호에 해당하는 사람의 8촌 이내의 혈족 또는 4촌 이내의 인척으로부터 초청을 받은 사람 3) 「국가유공자 등 예우 및 지원에 관한 법률」 제4조에 따른 국가유공자와 그 유족 등에 해당하거나 「독립유공자예우에 관한 법률」 제4조에 따른 독립유공자와 그 유족 또는 그 가족에 해당하는 사람

4) 대한민국에 특별한 공로가 있거나 대한민국의 국익 증진에 기여한 사람
5) 유학(D-2) 체류자격으로 1학기 이상 재학 중인 사람의 부모 및 배우자
6) 국내 외국인의 체류질서유지를 위하여 법무부 장관이 정하는 기준 및 절차에 따라 자진하여 출국한 사람
7) 1)부터 6)까지의 규정에 해당하지 않는 사람으로서 법무부 장관이 정하여 고시하는 한국어시험, 추첨 등의 절차에 따라 선정된 사람

나. 활동범위
1) 방문, 친척과의 일시 동거, 관광, 요양, 견학, 친선경기, 비영리 문화예술활동, 회의 참석, 학술자료 수집, 시장조사 · 업무연락 · 계약 등 상업적 용무, 그 밖에 이와 유사한 목적의 활동
2) 한국표준산업분류표에 따른 다음의 산업 분야에서의 활동
가) 작물 재배업(011)
나) 축산업(012)
다) 작물재배 및 축산 관련 서비스업(014)
라) 연근해 어업(03112)
마) 양식 어업(0321)
바) 천일염 생산 및 암염 채취업(07220)
사) 제조업(10~34). 다만, 상시 사용하는 근로자 수가 300명 미만이거나 자본금이 80억 원 이하인 경우에만 해당한다.
아) 하수, 폐수 및 분뇨 처리업(37)
자) 폐기물 수집, 운반, 처리 및 원료재생업(38)
차) 건설업(41~42). 다만, 발전소 · 제철소 · 석유화학 건설현장의 건설업체 중 업종이 산업 · 환경설비 공사인 경우는 제외한다.
카) 육지동물 및 애완동물 도매업(46205)
타) 기타 산업용 농산물 도매업(46209)
파) 생활용품 도매업(464)
하) 기계장비 및 관련 물품 도매업(465)
거) 재생용 재료 수집 및 판매업(46791)
너) 기타 생활용품 소매업(475)
더) 기타 상품 전문 소매업(478)
러) 무점포 소매업(479)
머) 육상 여객 운송업(492)
버) 냉장 및 냉동 창고업(52102). 다만, 내륙에 위치한 업체에 한정한다.
서) 호텔업(55101). 다만, 「관광진흥법」에 따른 호텔업은 1등급 · 2등급 및 3등급의 호텔업으로 한정한다.
어) 여관업(55102)
저) 한식 음식점업(5611)
처) 외국인 음식점업(5612)
커) 기타 간이 음식점업(5619)
터) 서적, 잡지 및 기타 인쇄물 출판업(581)
퍼) 음악 및 기타 오디오물 출판업(59201)
허) 사업시설 유지관리 서비스업(741)

	고) 건축물 일반 청소업(74211) 노) 산업설비, 운송장비 및 공공장소 청소업(74212) 도) 여행사 및 기타 여행보조 서비스업(752) 로) 사회복지 서비스업(87) 모) 자동차 종합 수리업(95211) 보) 자동차 전문 수리업(95212) 소) 모터사이클 수리업(9522) 오) 욕탕업(96121) 조) 산업용 세탁업(96911) 초) 개인 간병 및 유사 서비스업(96993) 코) 가구 내 고용활동(97)
30. 기타 (G-1)	별표 1, 이 표 중 외교(A-1)부터 방문취업(H-2)까지 또는 별표 1의3의 체류자격에 해당하지 않는 사람으로서 법무부 장관이 인정하는 사람

3) 영주자격

영주자격이란 기간에 제한받지 않고 대한민국에 영주(永住)할 수 있는 체류자격을 말한다. 영주자격을 가진 외국인은 활동범위 및 체류기간의 제한을 받지 아니한다.

영주자격[2]을 취득하려는 사람은 대통령령으로 정하는 영주의 자격에 부합한 사람으로서, 대한민국의 법령을 준수하는 등 품행이 단정할 것, 본인 또는 생계를 같이하는 가족의 소득, 재산 등으로 생계를 유지할 능력이 있을 것, 한국어능력과 한국 사회・문화에 대한 이해와 대한민국에서 계속 살아가는 데 필요한 기본소양 등의 요건을 모두 갖추고 있어야 한다. 영주자격에 부합하는 사람을 규정하는 내용은 다음과 같다.

■ 출입국관리법 시행령 [별표 1의3] 〈개정 2020.8.5〉

영주자격에 부합하는 사람(제12조의2제1항 관련)

체류자격(기호)	영주자격에 부합하는 사람의 범위
영주 (F-5)	법 제46조제1항 각 호의 어느 하나에 해당하지 않는 사람으로서 다음 각 호의 어느 하나에 해당하는 사람 1. 대한민국 「민법」에 따른 성년으로서 별표 1의2 중 10. 주재(D-7)부터 20. 특

2) 영주외국인의 사회보장 지원은 국민연금법, 고용보험법, 국민건강보험법, 산업재해보상법, 노인장기요양보험법에서 적용된다.

영주 (F-5)	정활동(E-7)까지의 체류자격이나 별표 1의2 중 24. 거주(F-2) 체류자격으로 5년 이상 대한민국에 체류하고 있는 사람 2. 국민 또는 영주자격(F-5)을 가진 사람의 배우자 또는 미성년 자녀로서 대한민국에 2년 이상 체류하고 있는 사람 및 대한민국에서 출생한 것을 이유로 법 제23조에 따라 체류자격 부여 신청을 한 사람으로서 출생 당시 그의 부 또는 모가 영주자격(F-5)으로 대한민국에 체류하고 있는 사람 중 법무부 장관이 인정하는 사람 3. 「외국인투자 촉진법」에 따라 미화 50만 달러를 투자한 외국인투자가로서 5명 이상의 국민을 고용하고 있는 사람 4. 별표 1의2 중 26. 재외동포(F-4) 체류자격으로 대한민국에 2년 이상 계속 체류하고 있는 사람으로서 대한민국에 계속 거주할 필요가 있다고 법무부 장관이 인정하는 사람 5. 「재외동포의 출입국과 법적 지위에 관한 법률」 제2조제2호의 외국 국적동포로서 「국적법」에 따른 국적 취득 요건(같은 법 제5조제1호의2에 따른 요건은 제외한다)을 갖춘 사람 6. 종전 「출입국관리법 시행령」(대통령령 제17579호로 일부개정되어 2002.4.18. 공포·시행되기 이전의 것을 말한다) 별표 1 제27호란의 거주(F-2) 체류자격(이에 해당되는 종전의 체류자격을 가진 적이 있는 사람을 포함한다)이 있었던 사람으로서 대한민국에 계속 거주할 필요가 있다고 법무부 장관이 인정하는 사람 7. 다음 각 목의 어느 하나에 해당하는 사람으로서 법무부 장관이 인정하는 사람 가. 국외에서 일정 분야의 박사 학위를 취득한 사람으로서 영주자격(F-5) 신청 시 국내 기업 등에 고용된 사람 나. 국내 대학원에서 정규과정을 마치고 박사학위를 취득한 사람 8. 법무부 장관이 정하는 분야의 학사 학위 이상의 학위증 또는 법무부 장관이 정하는 기술자격증이 있는 사람으로서 국내 체류기간이 3년 이상이고, 영주자격(F-5) 신청 시 국내기업에 고용되어 법무부 장관이 정하는 금액 이상의 임금을 받는 사람 9. 과학·경영·교육·문화예술·체육 등 특정 분야에서 탁월한 능력이 있는 사람 중 법무부 장관이 인정하는 사람 10. 대한민국에 특별한 공로가 있다고 법무부 장관이 인정하는 사람 11. 60세 이상으로서 법무부 장관이 정하는 금액 이상의 연금을 국외로부터 받고 있는 사람 12. 별표 1의2 중 29. 방문취업(H-2) 체류자격으로 취업활동을 하고 있는 사람으로서 같은 표 중 24. 거주(F-2)란의 사목 1)부터 3)까지의 요건을 모두 갖추고 있는 사람 중 근속기간이나 취업지역, 산업 분야의 특성, 인력 부족 상황 및 국민의 취업 선호도 등을 고려하여 법무부 장관이 인정하는 사람 13. 별표 1의2 중 24. 거주(F-2) 자목에 해당하는 체류자격으로 대한민국에서 3년 이상 체류하고 있는 사람으로서 대한민국에 계속 거주할 필요가 있다고 법무부 장관이 인정하는 사람 14. 별표 1의2 중 24. 거주(F-2) 차목에 해당하는 체류자격을 받은 후 5년 이상 계속 투자 상태를 유지하고 있는 사람으로서 대한민국에 계속 거주할 필요가 있

다고 법무부 장관이 인정하는 사람과 그 배우자 및 자녀(법무부 장관이 정하는 요건을 갖춘 자녀만 해당한다)

15. 별표 1의2 중 11. 기업투자(D-8) 다목에 해당하는 체류자격으로 대한민국에 3년 이상 계속 체류하고 있는 사람으로서 투자자로부터 3억 원 이상의 투자금을 유치하고 2명 이상의 국민을 고용하는 등 법무부 장관이 정하는 요건을 갖춘 사람
16. 5년 이상 투자 상태를 유지할 것을 조건으로 법무부 장관이 정하여 고시하는 금액 이상을 투자한 사람과 그 배우자 및 자녀로서 법무부 장관이 정하는 요건을 갖춘 사람
17. 별표 1의2 중 11. 기업투자(D-8) 가목에 해당하는 체류자격을 가지고 「외국인투자촉진법 시행령」 제25조제1항제4호에 따른 연구개발시설의 필수전문인력으로 대한민국에 3년 이상 계속 체류하고 있는 사람으로서 법무부 장관이 인정하는 사람
18. 별표 1의2 중 24. 거주(F-2) 다목에 해당하는 체류자격으로 2년 이상 대한민국에 체류하고 있는 사람

한편, 법무부 장관은 대한민국에 특별한 공로가 있는 사람, 과학 · 경영 · 교육 · 문화예술 · 체육 등 특정 분야에서 탁월한 능력이 있는 사람, 대한민국에 일정금액 이상을 투자한 사람 등 대통령령으로 정하는 사람에 대해서는 대통령령으로 정하는 바에 따라 위 요건의 전부 또는 일부를 완화하거나 면제할 수 있다(제10조의3).

4) 체류 및 정치활동의 제한

외국인은 그 체류자격과 체류기간의 범위에서 대한민국에 체류할 수 있다. 대한민국에 체류하는 외국인은 이 법 또는 다른 법률에서 정하는 경우를 제외하고는 정치활동을 하여서는 아니 된다. 법무부 장관은 대한민국에 체류하는 외국인이 정치활동을 하였을 때에는 그 외국인에게 서면으로 그 활동의 중지명령이나 그 밖에 필요한 명령을 할 수 있다(제17조).

5) 고용의 제한

외국인이 대한민국에서 취업하려면 대통령령으로 정하는 바에 따라 취업활동을 할 수 있는 체류자격을 받아야 한다. 취업에 따른 체류자격을 가진 외국인은 지정된 근무

처가 아닌 곳에서 근무하여서는 아니 된다. 누구든지 규정에 따른 체류자격을 가지지 아니한 사람을 고용하여서는 아니 된다. 누구든지 체류자격을 가지지 아니한 사람의 고용을 알선하거나 권유하여서는 아니 된다. 또 체류자격을 가지지 아니한 사람의 고용을 알선할 목적으로 그를 자기 지배하에 두는 행위를 해서도 아니 된다(제18조).

6) 고용인 신고의무

취업활동을 할 수 있는 체류자격을 가지고 있는 외국인을 고용한 자는 외국인을 해고하거나 외국인이 퇴직 또는 사망한 경우, 고용된 외국인의 소재를 알 수 없게 된 경우, 고용계약의 중요한 내용을 변경한 경우 중 어느 하나에 해당하는 사유가 발생하면 대통령령으로 정하는 바에 따라 15일 이내에 지방출입국·외국인관서의 장에게 신고하여야 한다(제19조).

7) 외국인유학생 관리

체류자격 중 유학이나 연수활동을 할 수 있는 체류자격을 가지고 있는 외국인유학생이 재학 중이거나 연수중인 학교(「고등교육법」 제2조 각 호에 따른 학교)의 장은 그 외국인유학생의 관리를 담당하는 직원을 지정하고 이를 지방출입국·외국인관서의 장에게 알려야 한다(제19조의4).

학교의 장은 입학하거나 연수허가를 받은 외국인유학생이 매 학기 등록기한까지 등록을 하지 아니하거나 휴학을 한 경우, 제적·연수중단 또는 행방불명 등의 사유로 외국인유학생의 유학이나 연수가 끝난 경우 중 어느 하나에 해당하는 사유가 발생하면 대통령령으로 정하는 바에 따라 15일 이내에 지방출입국·외국인관서의 장에게 신고(정보통신망에 의한 신고를 포함)하여야 한다. 외국인유학생의 관리[3]에 필요한 사항은 대통령령으로 정한다.

---

3) 2019년 법무부 체류관리과는 유학생비자제도를 개선하여 시행하였는데, 이는 교육부가 주관하는 교육국제화역량 인증 평가 결과 비자제한대학으로 지정된 대학교의 비자 심사를 더욱 엄격하게 하고 인증대학으로 지정된 대학에 대해서는 더 많은 우대 혜택을 주어서 보다 내실 있는 유학생비자제도를 운영하고자 한 것이다.

8) 체류자격 외 활동

대한민국에 체류하는 외국인이 그 체류자격에 해당하는 활동과 함께 다른 체류자격에 해당하는 활동을 하려면 대통령령으로 정하는 바에 따라 미리 법무부 장관의 체류자격 외 활동허가를 받아야 한다(제20조).

9) 근무처 변경 · 추가

대한민국에 체류하는 외국인이 그 체류자격의 범위에서 그의 근무처를 변경하거나 추가하려면 대통령령으로 정하는 바에 따라 미리 법무부 장관의 허가를 받아야 한다. 다만, 전문적인 지식 · 기술 또는 기능을 가진 사람으로서 대통령령으로 정하는 사람은 근무처를 변경하거나 추가한 날부터 15일 이내에 대통령령으로 정하는 바에 따라 법무부 장관에게 신고하여야 한다. 누구든지 이 규정에 따른 근무처의 변경허가 · 추가허가를 받지 아니한 외국인을 고용하거나 고용을 알선하여서는 아니 된다. 다만, 다른 법률에 따라 고용을 알선하는 경우에는 그러하지 아니하다(제21조).

10) 활동범위의 제한

법무부 장관은 공공의 안녕질서나 대한민국의 중요한 이익을 위하여 필요하다고 인정하면 대한민국에 체류하는 외국인에 대하여 거소(居所) 또는 활동의 범위를 제한하거나 그 밖에 필요한 준수사항을 정할 수 있다(제22조).

11) 체류자격 부여

대한민국에서 출생한 외국인(출생한 날부터 90일), 대한민국에서 체류 중 대한민국의 국적을 상실하거나 이탈하는 등 그 밖의 사유가 발생한 외국인(그 사유가 발생한 날부터 60일) 중 어느 하나에 해당하는 외국인이 제10조에 따른 체류자격을 가지지 못하고 대한민국에 체류하게 되는 경우에는 각 구분에 따른 기간 이내에 대통령령으로 정하는 바에 따라 체류자격을 받아야 한다(제23조).

12) 입국 금지

법무부 장관은 감염병환자, 마약류중독자, 그 밖에 공중위생상 위해를 끼칠 염려가 있다고 인정되는 사람, 대한민국의 이익이나 공공의 안전을 해치는 행동을 할 염려가 있다고 인정할 만한 상당한 이유가 있는 사람, 강제퇴거명령을 받고 출국한 후 5년이 지나지 아니한 사람, 1910년 8월 29일부터 1945년 8월 15일까지 사이에 일본 정부, 일본 정부와 동맹 관계에 있던 정부, 일본 정부의 우월한 힘이 미치던 정부에 해당하는 정부의 지시를 받거나 그 정부와 연계하여 인종, 민족, 종교, 국적, 정치적 견해 등을 이유로 사람을 학살·학대하는 일에 관여한 사람 및 외국인에 대하여는 입국을 금지할 수 있다. 또한 법무부 장관은 입국하려는 외국인의 본국(本國)이 제1항 각 호 외의 사유로 국민의 입국을 거부할 때에는 그와 동일한 사유로 그 외국인의 입국을 거부할 수 있다(제11조).

13) 체류자격 변경허가 및 특례

대한민국에 체류하는 외국인이 그 체류자격과 다른 체류자격에 해당하는 활동을 하려면 대통령령으로 정하는 바에 따라 미리 법무부 장관의 체류자격 변경허가를 받아야 한다. 제31조제1항 각 호의 어느 하나에 해당하는 사람으로서 그 신분이 변경되어 체류자격을 변경하려는 사람은 신분이 변경된 날부터 30일 이내에 법무부 장관의 체류자격 변경허가를 받아야 한다. 체류자격 변경허가의 심사기준은 법무부령으로 정한다(제24조).

법무부 장관은 제60조제3항에 따른 결정을 할 때 이의신청이 이유 없다고 인정되는 경우라도 용의자가 대한민국 국적을 가졌던 사실이 있거나 그 밖에 대한민국에 체류하여야 할 특별한 사정이 있다고 인정되면 그의 체류를 허가할 수 있다(제61조). 허가를 할 때는 체류기간 등 필요한 조건을 붙일 수 있다.

14) 체류지 변경 신고(제36조)

외국인이 체류지를 변경하였을 때에는 대통령령으로 정하는 바에 따라 전입한 날부터 15일 이내에 새로운 체류지의 시・군・구 또는 읍・면・동의 장이나 그 체류지를 관할하는 지방출입국・외국인관서의 장에게 전입신고를 하여야 한다.

외국인이 제1항에 따른 신고를 할 때에는 외국인등록증을 제출하여야 한다. 이 경우 시・군・구 또는 읍・면・동의 장이나 지방출입국・외국인관서의 장은 그 외국인등록증에 체류지 변경사항을 적은 후 돌려주어야 한다. 전입신고를 받은 지방출입국・외국인관서의 장은 지체 없이 새로운 체류지의 시・군・구 또는 읍・면・동의 장에게 체류지 변경 사실을 통보하여야 한다.

직접 전입신고를 받거나 제3항에 따라 지방출입국・외국인관서의 장으로부터 체류지 변경통보를 받은 시・군・구 또는 읍・면・동의 장은 지체 없이 종전 체류지의 시・군・구 또는 읍・면・동의 장에게 체류지 변경신고서 사본을 첨부하여 외국인등록표의 이송을 요청하여야 한다. 외국인등록표 이송을 요청받은 종전 체류지의 시・군・구 또는 읍・면・동의 장은 이송을 요청받은 날부터 3일 이내에 새로운 체류지의 시・군・구 또는 읍・면・동의 장에게 외국인등록표를 이송하여야 한다.

외국인등록표를 이송받은 시・군・구 또는 읍・면・동의 장은 신고인의 외국인등록표를 정리하고 제34조제2항에 따라 관리하여야 한다. 전입신고를 받은 시・군・구 또는 읍・면・동의 장이나 지방출입국・외국인관서의 장은 대통령령으로 정하는 바에 따라 그 사실을 지체 없이 종전 체류지를 관할하는 지방출입국・외국인관서의 장에게 통보하여야 한다.

7 체류기간 연장에 대한 특칙

1) 결혼이민자에 대한 특칙

법무부 장관은 「가정폭력범죄의 처벌 등에 관한 특례법」 제2조제1호의 가정폭력을 이유로 법원의 재판, 수사기관의 수사 또는 그 밖의 법률에 따른 권리구제 절차가 진행중인 대한민국 국민의 배우자인 외국인이 체류기간 연장허가를 신청한 경우에는, 그 권리구제 절차가 종료할 때까지 체류기간 연장을 허가할 수 있다. 이 규정에 따른 체류 연장기간 만료 이후에도 피해 회복 등을 위하여 필요하다고 인정하는 경우 체류기간 연장허가를 할 수 있다(제25조의2).

2) 성폭력피해자에 대한 특칙

법무부 장관은 「성폭력범죄의 처벌 등에 관한 특례법」 제2조제1항의 성폭력범죄를 이유로 법원의 재판, 수사기관의 수사 또는 그 밖의 법률에 따른 권리구제 절차가 진행 중인 외국인이 체류기간 연장허가를 신청한 경우에는 그 권리구제 절차가 종료할 때까지 체류기간 연장을 허가할 수 있다. 이 규정에 따른 체류 연장기간 만료 이후에도 피해 회복 등을 위하여 필요하다고 인정하는 경우 체류기간 연장을 허가할 수 있다(제25조의3).

3) 아동학대피해자에 대한 특칙

법무부 장관은 「아동학대범죄의 처벌 등에 관한 특례법」 제2조제4호의 아동학대범죄를 이유로 법원의 재판, 수사기관의 수사 또는 그 밖의 법률에 따른 권리구제 절차가 진행 중인 외국인 아동 및 「아동복지법」 제3조제3호의 보호자(아동학대행위자는 제외)가 체류기간 연장허가를 신청한 경우에는 그 권리구제 절차가 종료할 때까지 체류기간 연장을 허가할 수 있다. 이 규정에 따른 체류연장기간 만료 이후에도 피해 회복 등을 위하여 필요하다고 인정하는 경우 체류기간 연장을 허가할 수 있다(제25조의4).

8 상륙허가

1) 승무원

출입국관리공무원은 승선 중인 선박 등이 대한민국의 출입국항에 정박하고 있는 동안 휴양 등의 목적으로 상륙하려는 외국인승무원, 대한민국의 출입국항에 입항할 예정이거나 정박 중인 선박 등으로 옮겨 타려는 외국인승무원 중 어느 하나에 해당하는 외국인승무원에 대하여 선박 등의 장 또는 운수업자나 본인이 신청하면 15일의 범위에서 승무원의 상륙을 허가할 수 있다. 다만, 제11조제1항 각 호의 어느 하나에 해당하는 외국인승무원에 대하여는 그러하지 아니하다(제14조).

출입국관리공무원은 신청을 받으면 외국인승무원이 선원인 경우에는 여권 또는 선원신분증명서, 제1항제2호에 해당하는 외국인승무원이 선원인 경우에는 여권 및 대통령령으로 정하는 서류를 확인하여야 한다. 다만, 외국과의 협정 등에서 선원신분증명서로 여권을 대신할 수 있도록 하는 경우에는 선원신분증명서의 확인으로 여권의 확인을 대신할 수 있다.

2) 관광상륙

출입국관리공무원은 관광을 목적으로 대한민국과 외국 해상을 국제적으로 순회(巡廻)하여 운항하는 여객운송선박 중 법무부령으로 정하는 선박에 승선한 외국인승객에 대하여 그 선박의 장 또는 운수업자가 상륙허가를 신청하면 3일의 범위에서 승객의 관광 상륙을 허가할 수 있다.

출입국관리공무원은 이에 따른 상륙허가 신청을 받으면 외국인승객의 여권, 외국인승객의 명부, 그 밖에 법무부령으로 정하는 서류를 확인하여야 한다. 관광상륙허가의 허가서 및 상륙허가기간의 연장에 관하여는 제14조제3항 및 제5항을 준용한다. 이 경우 "승무원 상륙허가서"는 "관광상륙허가"로, "외국인승무원"은 "외국인승객"으로 본다. 관광상륙허가를 받으려는 외국인승객의 지문 및 얼굴에 관한 정보 제공 등에 관하여는 제12조의2를 준용한다. 다만, 외국인승객의 관광상륙허가 절차상 지문 및 얼굴에 관한 정보의 제공이 곤란한 경우에는 그러하지 아니하다.

3) 긴급상륙

출입국관리공무원은 선박 등에 타고 있는 외국인(승무원을 포함)이 질병이나 그 밖의 사고로 긴급히 상륙할 필요가 있다고 인정되면 그 선박 등의 장이나 운수업자의 신청을 받아 30일의 범위에서 긴급상륙을 허가할 수 있다. 이 경우 "승무원 상륙허가서"는 "긴급상륙허가서"로, "승무원 상륙허가"는 "긴급상륙허가"로 본다. 선박 등의 장이나 운수업자는 긴급상륙한 사람의 생활비 · 치료비 · 장례비와 그 밖에 상륙 중에 발생한 모든 비용을 부담하여야 한다(제15조).

4) 재난상륙

지방출입국 · 외국인관서의 장은 조난을 당한 선박 등에 타고 있는 외국인(승무원을 포함)을 긴급히 구조할 필요가 있다고 인정하면 그 선박 등의 장, 운수업자, 「수상에서의 수색 · 구조 등에 관한 법률」에 따른 구호업무 집행자 또는 그 외국인을 구조한 선박 등의 장의 신청에 의하여 30일의 범위에서 재난상륙허가를 할 수 있다. 이 경우 "승무원 상륙허가서"는 "재난상륙허가서"로, "승무원 상륙허가"는 "재난상륙허가"로 본다. 재난상륙허가를 받은 사람의 상륙 중 생활비 등에 관하여는 제15조제3항을 준용한다. 이 경우 "긴급상륙"은 "재난상륙"으로 본다(제16조).

5) 난민 임시상륙

지방출입국 · 외국인관서의 장은 선박 등에 타고 있는 외국인이 「난민법」 제2조제1호에 규정된 이유나 그 밖에 이에 준하는 이유로 그 생명 · 신체 또는 신체의 자유를 침해받을 공포가 있는 영역에서 도피하여 곧바로 대한민국에 비호(庇護)를 신청하는 경우, 그 외국인을 상륙시킬 만한 상당한 이유가 있다고 인정되면 법무부 장관의 승인을 받아 90일의 범위에서 난민 임시상륙허가를 할 수 있다. 이 경우 법무부 장관은 외교부 장관과 협의하여야 한다. 이때 "승무원 상륙허가서"는 "난민 임시상륙허가서"로, "승무원 상륙허가"는 "난민 임시상륙허가"로 본다. 비호를 신청한 외국인의 지문 및 얼굴에 관한 정보의 제공 등에 관하여는 제12조의2를 준용한다(제16조의2).

6) 선박 등의 운항 허가에 관한 협의

국토교통부 장관 및 해양수산부 장관은 출입국항에 여객을 운송하는 선박 등의 운항을 허가할 때에는 출입국심사업무가 원활히 수행될 수 있도록 법무부 장관과 미리 협의하여야 한다(제92조의2).

9 외국인의 출국

1) 출국심사

외국인이 출국할 때에는 유효한 여권을 가지고 출국하는 출입국항에서 출입국관리공무원의 출국심사를 받아야 한다. 출입국항이 아닌 장소에서의 출국심사에 관하여는 제3조제1항 단서를 준용한다. 위조되거나 변조된 외국인의 여권・선원신분증명서에 관하여는 제5조를 준용한다. 선박 등의 출입에 관하여는 제12조제6항을 준용하며, 외국인의 출국심사에 관하여는 제3조제2항을 준용한다. 출입국관리공무원은 제12조의2제1항 또는 제3항에 따라 제공 또는 제출받은 생체정보를 출국심사에 활용할 수 있다(제28조).

2) 재입국허가

법무부 장관은 제31조에 따라 외국인등록을 하거나 그 등록이 면제된 외국인이 체류기간 내에 출국하였다가 재입국하려는 경우 그의 신청을 받아 재입국을 허가할 수 있다. 다만, 영주자격을 가진 사람과 재입국허가를 면제하여야 할 상당한 이유가 있는 사람으로서 법무부령으로 정하는 사람에 대하여는 재입국허가를 면제할 수 있다.

재입국허가는 한 차례만 재입국할 수 있는 단수재입국허가와 2회 이상 재입국할 수 있는 복수재입국허가로 구분한다. 외국인이 질병이나 그 밖의 부득이한 사유로 제1항에 따라 허가받은 기간 내에 재입국할 수 없는 경우에는 그 기간이 끝나기 전에 법무부 장관의 재입국허가기간 연장허가를 받아야 한다.

3) 강제퇴거

지방출입국·외국인관서의 장은 이 장에 규정된 절차에 따라 제7조를 위반한 사람, 제7조의2를 위반한 외국인 또는 같은 조에 규정된 허위초청 등의 행위로 입국한 외국인, 제11조제1항 각 호의 어느 하나에 해당하는 입국금지 사유가 입국 후에 발견되거나 발생한 사람, 제12조제1항·제2항 또는 제12조의3을 위반한 사람, 제13조제2항에 따라 지방출입국·외국인관서의 장이 붙인 허가조건을 위반한 사람, 제14조제1항, 제14조의2제1항, 제15조제1항, 제16조제1항 또는 제16조의2제1항에 따른 허가를 받지 아니하고 상륙한 사람, 제14조제3항, 제15조제2항, 제16조제2항 또는 제16조의2세2항에 따라 지방출입국·외국인관서의 장 또는 출입국관리공무원이 붙인 허가조건을 위반한 사람, 제17조제1항·제2항, 제18조, 제20조, 제23조, 제24조 또는 제25조를 위반한 사람, 제21조제1항 본문을 위반하여 허가를 받지 아니하고 근무처를 변경·추가하거나 같은 조 제2항을 위반하여 외국인을 고용·알선한 사람, 제22조에 따라 법무부 장관이 정한 거소 또는 활동범위의 제한이나 그 밖의 준수사항을 위반한 사람, 제26조를 위반한 외국인, 제28조제1항 및 제2항을 위반하여 출국하려고 한 사람, 제31조에 따른 외국인등록 의무를 위반한 사람 등에 준하는 사람으로서 법무부령으로 정하는 사람 중 어느 하나에 해당하는 외국인을 대한민국 밖으로 강제퇴거시킬 수 있다.

영주자격을 가진 사람은 제1항에도 불구하고 대한민국 밖으로 강제퇴거되지 아니한다. 다만, 「형법」 제2편제1장 내란의 죄 또는 제2장 외환의 죄를 범한 사람, 5년 이상의 징역 또는 금고의 형을 선고받고 석방된 사람 중 법무부령으로 정하는 사람, 제12조의3 제1항 또는 제2항을 위반하거나 이를 교사(敎唆) 또는 방조(幇助)한 사람 중 어느 하나에 해당하는 사람은 그러하지 아니하다.

10 조사 및 보호

1) 조 사

출입국관리공무원은 제46조제1항 각 호의 어느 하나에 해당된다고 의심되는 외국인(용의자)에 대하여는 그 사실을 조사할 수 있다(제47조).

출입국관리공무원은 제47조에 따른 조사에 필요하면 용의자의 출석을 요구하여 신문(訊問)할 수 있다. 출입국관리공무원이 신문을 할 때에는 다른 출입국관리공무원을 참여하게 하여야 한다. 신문을 할 때에 용의자가 한 진술은 조서(調書)에 적어야 한다. 출입국관리공무원은 신문에 따른 조서를 용의자에게 읽어 주거나 열람하게 한 후 오기(誤記)가 있고 없음을 물어야 하고, 용의자가 그 내용에 대한 추가·삭제 또는 변경을 청구하면 그 진술을 조서에 적어야 한다. 조서에는 용의자로 하여금 간인(間印)한 후 서명 또는 기명날인(記名捺印)하게 하고, 용의자가 서명 또는 기명날인할 수 없거나 이를 거부할 때에는 그 사실을 조서에 적어야 한다. 국어가 통하지 아니하는 사람이나 청각장애인 또는 언어장애인의 진술은 통역인에게 통역하게 하여야 한다. 다만, 청각장애인이나 언어장애인에게는 문자로 묻거나 진술하게 할 수 있다. 용의자의 진술 중 국어가 아닌 문자나 부호가 있으면 이를 번역하게 하여야 한다(제48조).

2) 보 호

출입국관리공무원은 외국인이 제46조제1항 각 호의 어느 하나에 해당된다고 의심할 만한 상당한 이유가 있고 도주하거나 도주할 염려가 있으면 지방출입국·외국인관서의 장으로부터 보호명령서를 발급받아 그 외국인을 보호할 수 있다(제51조). 보호명령서의 발급을 신청할 때에는 보호의 필요성을 인정할 수 있는 자료를 첨부하여 제출하여야 한다. 또 도주하거나 도주할 염려가 있는 긴급한 경우에 지방출입국·외국인관서의 장으로부터 보호명령서를 발급받을 여유가 없을 때에는 그 사유를 알리고 긴급히 보호할 수 있다. 출입국관리공무원은 제3항에 따라 외국인을 긴급히 보호하면 즉시 긴급보호서를 작성하여 그 외국인에게 내보여야 한다. 출입국관리공무원은 제3항에 따라 외국인을 보호한 경우에는 48시간 이내에 보호명령서를 발급받아 외국인에게 내보여야 하며, 보호명령서를 발급받지 못한 경우에는 즉시 보호를 해제하여야 한다.

출입국관리공무원은 제12조제4항에 따라 입국이 허가되지 아니한 사람, 제13조제1항에 따라 조건부 입국허가를 받은 사람으로서 도주하거나 도주할 염려가 있다고 인정할 만한 상당한 이유가 있는 사람, 제68조제1항에 따라 출국명령을 받은 사람으로서 도주하거나 도주할 염려가 있다고 인정할 만한 상당한 이유가 있는 사람 중 어느 하나에 해당하는 외국인을 48시간을 초과하지 아니하는 범위에서 외국인보호실에 일시 보호할 수 있다(제56조).

출입국관리공무원은 제1항에 따라 일시보호한 외국인을 출국교통편의 미확보, 질병, 그 밖의 부득이한 사유로 48시간 내에 송환할 수 없는 경우에는 지방출입국・외국인관서의 장의 허가를 받아 48시간을 초과하지 아니하는 범위에서 한 차례만 보호기간을 연장할 수 있다.

3) 보호기간 및 보호장소

제51조에 따라 보호된 외국인의 강제퇴거대상자 여부를 심사・결정하기 위한 보호기간은 10일 이내로 한다. 다만, 부득이한 사유가 있으면 지방출입국・외국인관서의 장의 허가를 받아 10일을 초과하지 아니하는 범위에서 한 차례만 연장할 수 있다(제52조). 보호할 수 있는 장소는 외국인보호실, 외국인보호소 또는 그 밖에 법무부 장관이 지정하는 장소(보호시설)로 한다. 출입국관리공무원이 보호명령서를 집행할 때에는 용의자에게 보호명령서를 내보여야 한다(제53조).

4) 보호의 통지

출입국관리공무원은 용의자를 보호한 때에는 국내에 있는 그의 법정대리인・배우자・직계친족・형제자매・가족・변호인 또는 용의자가 지정하는 사람에게 3일 이내에 보호의 일시・장소 및 이유를 서면으로 통지하여야 한다(제54조). 다만, 법정대리인 등이 없는 때에는 그 사유를 서면에 적고 통지하지 아니할 수 있다.

출입국관리공무원은 제1항에 따른 통지 외에 보호된 사람이 원하는 경우에는 긴급한 사정이나 그 밖의 부득이한 사유가 없으면 국내에 주재하는 그의 국적이나 시민권이 속하는 국가의 영사에게 보호의 일시 · 장소 및 이유를 통지하여야 한다.

5) 피보호자의 긴급이송

지방출입국 · 외국인관서의 장은 천재지변이나 화재, 그 밖의 사변으로 인하여 보호시설에서는 피난할 방법이 없다고 인정되면 보호시설에 보호되어 있는 사람을 다른 장소로 이송할 수 있다(제56조의2). 지방출입국 · 외국인관서의 장은 제1항에 따른 이송이 불가능하다고 판단되면 외국인의 보호조치를 해제할 수 있다.

11 인권보호와 이의신청

1) 보호, 강제퇴거에 대한 이의신청

출입국관리법에는 다음과 같은 법 규정을 통해 한국 내 외국인에 대한 출입국을 관리하고 있다.

제28조(출국심사)
① 외국인이 출국할 때에는 유효한 여권을 가지고 출국하는 출입국항에서 출입국관리공무원의 출국심사를 받아야 한다.
② 제1항의 경우에 출입국항이 아닌 장소에서의 출국심사에 관하여는 제3조제1항 단서를 준용한다.
③ 제1항과 제2항의 경우에 위조되거나 변조된 외국인의 여권 · 선원신분증명서에 관하여는 제5조를 준용한다.
④ 제1항과 제2항의 경우에 선박등의 출입에 관하여는 제12조제6항을 준용한다.
⑤ 외국인의 출국심사에 관하여는 제3조제2항을 준용한다.
⑥ 출입국관리공무원은 제12조의2제1항에 따라 제공받은 지문 및 얼굴에 관한 정보와 같은 조 제3항에 따라 제출받은 자료를 출국심사에 활용할 수 있다.

제29조(외국인 출국의 정지)
① 법무부 장관은 제4조제1항 또는 제2항 각 호의 어느 하나에 해당하는 외국인에 대하여는 출국을 정지할 수 있다.
② 제1항의 경우에 제4조제3항부터 제5항까지와 제4조의2부터 제4조의5까지의 규정을 준용한다.

외국인이 출국하는 경우에 필요한 출국심사에 대한 내용 이외에도, 외국인이 제4조에 저촉되는 경우에 출국을 정지할 수 있으며, 외국인의 인권보호를 위해 다음과 같이 이의신청이 가능하다.

> 제51조(보호)
> ① 출입국관리공무원은 외국인이 제46조제1항 각 호의 어느 하나에 해당된다고 의심할 만한 상당한 이유가 있고 도주하거나 도주할 염려가 있으면 지방출입국·외국인관서의 장으로부터 보호명령서를 발급받아 그 외국인을 보호할 수 있다.
> ② 제1항에 따른 보호명령서의 발급을 신청할 때에는 보호의 필요성을 인정할 수 있는 자료를 첨부하여 제출하여야 한다.
> ③ 출입국관리공무원은 외국인이 제46조제1항 각 호의 어느 하나에 해당된다고 의심할 만한 상당한 이유가 있고 도주하거나 도주할 염려가 있는 긴급한 경우에 지방출입국·외국인관서의 장으로부터 보호명령서를 발급받을 여유가 없을 때에는 그 사유를 알리고 긴급히 보호할 수 있다.
> ④ 출입국관리공무원은 제3항에 따라 외국인을 긴급히 보호하면 즉시 긴급보호서를 작성하여 그 외국인에게 내보여야 한다.
> ⑤ 출입국관리공무원은 제3항에 따라 외국인을 보호한 경우에는 48시간 이내에 보호명령서를 발급받아 외국인에게 내보여야 하며, 보호명령서를 발급받지 못한 경우에는 즉시 보호를 해제하여야 한다.
>
> 제55조(보호에 대한 이의신청)
> ① 보호명령서에 따라 보호된 사람이나 그의 법정대리인 등은 지방출입국·외국인관서의 장을 거쳐 법무부 장관에게 보호에 대한 이의신청을 할 수 있다.
> ② 법무부 장관은 제1항에 따른 이의신청을 받은 경우 지체 없이 관계 서류를 심사하여 그 신청이 이유 없다고 인정되면 결정으로 기각하고, 이유 있다고 인정되면 결정으로 보호된 사람의 보호해제를 명하여야 한다.
> ③ 법무부 장관은 제2항에 따른 결정에 앞서 필요하면 관계인의 진술을 들을 수 있다.

출입국관리법 제51조 이하에서는 심사결정을 위한 보호에 대해 규정하고 있다. 제46조제1항에서 규정하고 있는 강제퇴거의 대상자에 해당하는 외국인이 도주하거나 도주할 우려가 있는 경우에 보호할 수 있도록 한 것이다. 출입국관리법 제55조에서는 이러한 보호에 대한 이의신청이 가능하도록 규정하고 있다.

출입국관리법 제55조에서는 보호에 대한 이의신청을 규정하고 있다. 여기에서 보호는 제46조제1항에서 규정하고 있는 강제퇴거대상자로 의심할 만한 상당한 이유가 있고, 도주자 및 도주 우려가 있는 경우에 강제퇴거대상자 여부를 심사·결정하기 위한 보호를 의미한다. 보호가 필요한 경우 출입국관리공무원은 해당 외국인에 대해 지방출입국·외국인관서의 장으로부터 보호명령서를 발급받아 보호할 수 있으며, 보호기간은

제60조(이의신청)
① 용의자는 강제퇴거명령에 대하여 이의신청을 하려면 강제퇴거명령서를 받은 날부터 7일 이내에 지방출입국·외국인관서의 장을 거쳐 법무부 장관에게 이의신청서를 제출하여야 한다.
② 지방출입국·외국인관서의 장은 제1항에 따른 이의신청서를 접수하면 심사결정서와 조사기록을 첨부하여 법무부 장관에게 제출하여야 한다.
③ 법무부 장관은 제1항과 제2항에 따른 이의신청서 등을 접수하면 이의신청이 이유 있는지를 심사결정하여 그 결과를 지방출입국·외국인관서의 장에게 알려야 한다.
④ 지방출입국·외국인관서의 장은 법무부 장관으로부터 이의신청이 이유 있다는 결정을 통지받으면 지체 없이 용의자에게 그 사실을 알리고, 용의자가 보호되어 있으면 즉시 그 보호를 해제하여야 한다.
⑤ 지방출입국·외국인관서의 장은 법무부 장관으로부터 이의신청이 이유 없다는 결정을 통지받으면 지체 없이 용의자에게 그 사실을 알려야 한다.

10일 이내로 한다(제52조).

제55조제1항에 따라 보호에 대한 이의신청은 보호명령서에 따라 보호된 사람이나 법정대리인이 지방출입국·외국인관서의 장을 거쳐 법무부 장관에게 신청할 수 있다. 동법 시행령 제69조에 규정된 대로 이의신청자는 이의신청서에 사유를 소명하는 자료를 첨부하여 제출하여야 한다. 법무부 장관은 이의신청을 받은 경우 지체 없이 심사하여 이유 없는 것으로 인정되면 기각 결정으로 하고, 이유 있다고 인정되면 보호해제를 명하여야 한다(제55조제2항). 이러한 과정에서 필요한 경우 법무부 장관은 관계인의 진술을 청취할 수 있다(제55조제3항).

보호에 대한 이의신청이 '특별행정심판'으로 볼 수 있는지가 문제되는데, 보호에 대한 이의신청 자체의 신청건수가 작다. 이에 대한 사법적 다툼이 별로 없었으나 '재결' 여부를 다투는 본안전 항변에 대하여 특별행정심판의 일종으로 해석하여 이를 재결로 본 하급심 판례가 있다.

서울행정법원 2013.12.13. 선고 2013구합18810 보호이의에 대한 거부처분취소

출입국관리법 제55조에서의 보호에 대한 이의신청이란 사무소장, 출장소장 또는 외국인보호소장이 강제퇴거의 사유가 있다고 의심할 만한 상당한 이유가 있고 도주하거나 도주할 염려가 있는 외국인(출입국관리법 제51조)이나 강제퇴거명령을 받았으나 여권 미소지 또는 교통편 미확보 등의 사유로 즉시 대한민국 밖으로 송환할 수 없는 외국인(출입국관리법 제63조)에 대하여 잠정적으로 일정한 장소에 보호시키는 처분을 한 경우 그 외국인이 법무부 장관에게 원 보호처분의 취소 등을 구하는 절차로서 특별행정심판의 일종으로 보이고, 그 이의신청에 따른 법무부 장관의 결정은 재결에 해당한다.

위 판례는 엄밀하게 보호에 대한 이의제도에 관한 규범, 또는 실제 운용 실질을 고려하여 특별행정심판의 요건을 만족시키는지를 판단하였는지에 대해서는 의문이 있다. 실제로 보호에 대한 이의의 경우에도 행정심판법에 따른 행정심판을 청구할 수 있다고 보아야 하기 때문이다.

강제퇴거는 출입국관리법 제46조에서 규정되어 있으며, 외국인 입국 및 체류, 고용, 등록 등에 관한 사항을 위반한 외국인을 대한민국 밖으로 강제퇴거시킬 수 있다고 규정하고 있다. 이러한 강제퇴거명령에 대한 이의신청은 동법 제60조에서 제시되어 있는데, 용의자가 이의신청을 하고자 하는 경우 강제퇴거명령서를 받은 날부터 7일 이내에 지방출입국·외국인관서의 장을 거쳐 법무부 장관에게 이의신청서를 제출하여야 한다(제1항). 지방출입국·외국인관서의 장은 접수된 이의신청서를 심사결정서 및 조사기록과 함께 법무부 장관에게 제출하여야 하며(제2항), 법무부 장관은 이를 심사결정하여 지방출입국·외국인관서의 장에게 알려야한다(제3항). 그리고 법무부 장관으로부터 결정을 받은 지방출입국·외국인관서의 장은 용의자에게 지체 없이 결정을 알리고 조치를 취해야 한다(제4항 및 제5항). 동법 시행령 제75조에 제2항에 따라 법무부 장관의 결정서는 긴급한 경우에 구두로 통지한 후 발급할 수 있다.

한편, 보호에 대한 이의신청이 '특별행정심판'으로 볼 수 있는지에 대한 쟁점과 마찬가지로 강제퇴거명령에 대한 이의신청이 '특별행정심판인지 여부'도 문제된다. 특이하게도 실질상 운용은 전혀 다르지 않음에도 강제퇴거명령에 대한 이의는 제소기간의 도과여부를 판단하며 이를 특별행정심판으로 보지 않은 하급심 판례가 있다.

서울행정법원 2014.7.10. 선고 2014구합52985 강제퇴거명령취소

출입국관리법에서 정한 이의신청의 대상인 강제퇴거명령에 대하여는 이의신청과 상관없이 행정심판 또는 행정소송을 제기할 수 있으며, 위 이의신청은 사안의 전문성과 특수성을 살리기 위하여 특별한 필요에 따라 둔 행정심판에 대한 특별 또는 특례 절차라 할 수도 없어 행정소송법에서 정한 행정심판을 거친 경우의 제소기간의 특례가 적용된다고 할 수 없으므로 ….

이상에서 살펴본 출입국관리법상의 이의신청은 난민법의 이의신청과 다르게 이의신청 이외에 행정심판을 청구할 수 있는지 여부에 대한 별도의 규정을 두고 있지 않다.

그러므로 강제퇴거명령취소에 관한 앞서 본 판례가 제시한 것처럼 행정심판임의주의에 따라 행정심판법상의 행정심판에 대한 청구가 허용될 수 있다고 볼 것이며, 이는 일반적인 행정심판 절차에 해당하는 것으로 보는 것이 타당할 것이다.

출입국관리법 제60조는 내국인 또는 외국인의 강제퇴거명령에 대한 이의신청을 규정하고 있다. 즉, 강제퇴거에 대해서 분명하게 외국인의 이의신청 권리에 대한 내용을 명기하고 있으며, 외국인이 강제퇴거명령을 받은 경우 해당 외국인은 강제퇴거명령서를 받은 날로부터 7일 이내에 지방출입국 외국인관서의 장을 거쳐 법무부 장관에게 이의신청서를 제출하여야 한다.

한편, 입국금지결정에 대해서는 별도의 규정이 존재하진 않지만 사실상 재심, 합심제도가 운영되어 입국허가 여부를 다시 판단받는 제도가 마련되어 있다. 사실상 이는 행정청의 직권에 의한 것이므로 '이의신청권'이 보장되는 것은 아니지만 광범위한 재량이 인정되는 입국금지 결정의 정당성 여부를 '신속한 재판단'의 요청에 따라 스스로 시정할 수 있는 절차를 마련한 것으로 볼 수 있다. 본인의 판단에 따라 일반원칙에 맞추어 행정소송으로도 다툼은 가능하지만 이의신청에 관한 규정은 없다.

2) 피보호자의 인권

피보호자의 인권은 최대한 존중하여야 하며, 국적, 성별, 종교, 사회적 신분 등을 이유로 피보호자를 차별하여서는 아니 된다. 남성과 여성은 분리하여 보호하여야 한다. 다만, 어린이의 부양 등 특별한 사정이 있는 경우에는 그러하지 아니하다.

지방출입국 · 외국인관서의 장은 피보호자가 환자, 임산부, 노약자, 19세 미만인 사람과 이에 준하는 사람으로서 지방출입국 · 외국인관서의 장이 특별히 보호할 필요가 있다고 인정하는 사람 중 어느 하나에 해당하는 외국인인 경우에는 특별히 보호하여야 한다. 보호를 위한 특별한 조치 및 지원에 관한 구체적인 사항은 법무부령으로 정한다(제56조의3).

3) 면 회

피보호자는 다른 사람과 면회, 서신수수 및 전화통화를 할 수 있다. 지방출입국 · 외국인관서의 장은 보호시설의 안전이나 질서, 피보호자의 안전·건강·위생을 위하여 부득이하다고 인정되는 경우에는 면회 등을 제한할 수 있다. 면회 등의 절차 및 그 제한 등에 관한 구체적인 사항은 법무부령으로 정한다(제56조의6).

4) 지체없는 심사와 결정·통보

법무부 장관은 이의신청을 받은 경우 지체 없이 관계 서류를 심사하여 그 신청이 이유 없다고 인정되면 결정으로 기각하고, 이유 있다고 인정되면 결정으로 보호된 사람의 보호해제를 명하여야 한다. 법무부 장관은 이의신청에 따른 결정에 앞서 필요하면 관계인의 진술을 들을 수 있다(제55조). 또 피보호자는 보호시설에서의 처우에 대하여 불복하는 경우에는 법무부 장관이나 지방출입국·외국인관서의 장에게 청원(請願)할 수 있다(제56조의8).

강제퇴거명령에 대하여 용의자가 이의신청을 하려면 강제퇴거명령서를 받은 날부터 7일 이내에 지방출입국·외국인관서의 장을 거쳐 법무부 장관에게 이의신청서를 제출하여야 한다(제60조). 지방출입국·외국인관서의 장은 이에 따른 이의신청서를 접수하면 심사결정서와 조사기록을 첨부하여 법무부 장관에게 제출하여야 한다. 법무부 장관은 이의신청서 등을 접수하면 이의신청이 이유 있는지를 심사 결정하여 그 결과를 지방출입국·외국인관서의 장에게 알려야 한다. 지방출입국·외국인관서의 장은 법무부 장관으로부터 이의신청이 이유 있다는 결정을 통지받으면 지체 없이 용의자에게 그 사실을 알리고, 용의자가 보호되어 있으면 즉시 그 보호를 해제하여야 한다. 또 지방출입국·외국인관서의 장은 법무부 장관으로부터 이의신청이 이유 없다는 결정을 통지받으면 지체 없이 용의자에게 그 사실을 알려야 한다.

5) 난민여행증명서 발급

법무부 장관은 「난민법」에 따른 난민인정자가 출국하려고 할 때에는 그의 신청에 의하여 대통령령으로 정하는 바에 따라 난민여행증명서를 발급하여야 한다(제76조의5). 다만, 그의 출국이 대한민국의 안전을 해칠 우려가 있다고 인정될 때에는 그러하지 아니하다.

이 규정에 따른 난민여행증명서의 유효기간은 3년으로 한다. 난민여행증명서를 발급받은 사람은 그 증명서의 유효기간 만료일까지 횟수에 제한 없이 대한민국에서 출국하거나 대한민국으로 입국할 수 있다. 이 경우 입국할 때에는 제30조에 따른 재입국허가를 받지 아니하여도 된다. 법무부 장관은, 특히 필요하다고 인정되면 3개월 이상 1년 미만의 범위에서 입국할 수 있는 기간을 제한할 수 있다.

법무부 장관은 이 규정에 따라 난민여행증명서를 발급받고 출국한 사람이 질병이나 그 밖의 부득이한 사유로 그 증명서의 유효기간 내에 재입국할 수 없는 경우에는 그의 신청을 받아 6개월을 초과하지 아니하는 범위에서 그 유효기간의 연장을 허가할 수 있다. 법무부 장관은 유효기간 연장허가에 관한 권한을 대통령령으로 정하는 바에 따라 재외공관의 장에게 위임할 수 있다. 또 법무부 장관은 난민여행증명서의 발급 및 재발급에 관한 사무의 일부를 대통령령으로 정하는 바에 따라 난민여행증명서 발급 신청인의 체류지 관할 지방출입국·외국인관서의 장에게 대행하게 할 수 있다.

법무부 장관은 「난민법」에 따른 난민인정자가 제60조제1항에 따른 이의신청을 한 경우 제61조제1항에 규정된 사유에 해당되지 아니하고 이의신청이 이유 없다고 인정되는 경우에도 그의 체류를 허가할 수 있다(제76조의7).

12 안전과 질서유지

1) 강제력의 행사

출입국관리공무원은 피보호자가 자살 또는 자해행위를 하려는 경우, 다른 사람에게 위해를 끼치거나 끼치려는 경우, 도주하거나 도주하려는 경우, 출입국관리공무원의 직무집행을 정당한 사유 없이 거부 또는 기피하거나 방해하는 경우, 보호시설 및 피보호자의 안전과 질서를 현저히 해치는 행위를 하거나 하려는 경우 중 어느 하나에 해당하면 그 피보호자에게 강제력을 행사할 수 있고, 다른 피보호자와 격리하여 보호할 수 있다. 이 경우 피보호자의 생명과 신체의 안전, 도주의 방지, 시설의 보안 및 질서유지를 위하여 필요한 최소한도에 그쳐야 한다.

출입국관리공무원이 강제력을 행사할 때에는 신체적인 유형력(有形力)을 행사하거나 경찰봉, 가스분사용총, 전자충격기 등 법무부 장관이 지정하는 보안장비만을 사용할 수 있다. 강제력을 행사하려면 사전에 해당 피보호자에게 경고하여야 한다. 다만, 긴급한 상황으로 사전에 경고할 만한 시간적 여유가 없을 때에는 그러하지 아니하다.

출입국관리공무원은 제1항 각 호의 어느 하나에 해당하거나 보호시설의 질서유지 또는 강제퇴거를 위한 호송 등을 위하여 필요한 경우에는 수갑, 포승, 머리보호장비 및 보호시설의 질서유지 또는 강제퇴거를 위한 호송 등을 위하여 특별히 필요하다고 인정되는 법무부령으로 정하는 보호장비를 사용할 수 있다. 보호장비의 사용 요건 및 절차 등에 관하여 필요한 사항은 법무부령으로 정한다(제56조의4).

2) 신체 등의 검사

출입국관리공무원은 보호시설의 안전과 질서유지를 위하여 필요하면 피보호자의 신체・의류 및 휴대품을 검사할 수 있다. 피보호자가 여성이면 이에 따른 검사는 여성 출입국관리공무원이 하여야 한다. 다만, 여성 출입국관리공무원이 없는 경우에는 지방출입국・외국인관서의 장이 지명하는 여성이 할 수 있다(제56조의5).

3) 영상정보 처리기기 등을 통한 안전대책

지방출입국・외국인관서의 장은 피보호자의 자살・자해・도주・폭행・손괴나 그 밖에 다른 피보호자의 생명・신체를 해치거나 보호시설의 안전 또는 질서를 해치는 행위를 방지하기 위하여 필요한 범위에서 영상정보 처리기기 등 필요한 시설을 설치할 수 있다. 설치된 영상정보 처리기기는 피보호자의 인권 등을 고려하여 필요한 최소한의 범위에서 설치・운영되어야 한다. 영상정보 처리기기 등의 설치・운영 및 녹화기록물의 관리 등에 필요한 사항은 법무부령으로 정한다(제56조의7).

4) 심사결정

지방출입국・외국인관서의 장은 출입국관리공무원이 용의자에 대한 조사를 마치면 지체 없이 용의자가 제46조제1항 각 호의 어느 하나에 해당하는지를 심사하여 결정하여야 한다(제58조). 지방출입국·외국인관서의 장은 심사 결과 용의자가 제46조제1항 각 호의 어느 하나에 해당하지 아니한다고 인정하면 지체 없이 용의자에게 그 뜻을 알려야 하고, 용의자가 보호되어 있으면 즉시 보호를 해제하여야 한다.

지방출입국·외국인관서의 장은 심사 결과 용의자가 제46조제1항 각 호의 어느 하나에 해당한다고 인정되면 강제퇴거명령을 할 수 있다. 강제퇴거명령을 하는 때에는 강제퇴거명령서를 용의자에게 발급하여야 한다. 지방출입국·외국인관서의 장은 강제퇴거명령서를 발급하는 경우 법무부 장관에게 이의신청을 할 수 있다는 사실을 용의자에게 알려야 한다.

5) 외국인 동향조사

출입국관리공무원과 대통령령으로 정하는 관계기관 소속 공무원은 외국인이 이 법 또는 이 법에 따른 명령에 따라 적법하게 체류하고 있는지와 제46조제1항 각 호의 어느 하나에 해당되는지를 조사할 수 있다. 조사는 외국인, 외국인을 고용한 자, 외국인의 소속 단체 또는 외국인이 근무하는 업소의 대표자, 외국인을 숙박시킨 자 중 어느 하나에 해당하는 자를 방문하여 질문하거나 그 밖에 필요한 자료를 제출할 것을 요구할 수 있다(제81조).

또 출입국관리공무원은 허위초청 등에 의한 외국인의 불법입국을 방지하기 위하여 필요하면 외국인의 초청이나 국제결혼 등을 알선·중개하는 자 또는 그 업소를 방문하여 질문하거나 자료를 제출할 것을 요구할 수 있다. 출입국관리공무원은 거동이나 주위의 사정을 합리적으로 판단하여 이 법을 위반하였다고 의심할 만한 상당한 이유가 있는 외국인에게 정지를 요청하고 질문할 수 있다.

6) 업무의 대행

외국인, 외국인을 고용한 자, 외국인에게 산업기술을 연수시키는 업체의 장 또는 외국인유학생이 재학 중이거나 연수 중인 학교의 장은 다음 각 호에 해당하는 업무를 외국인의 체류 관련 신청 등을 대행하는 기관에게 대행하게 할 수 있다(제79조의2).

이는 제9조에 따른 사증발급인정서 발급신청, 제19조제1항(같은 조 제2항에 따라 준용하는 경우를 포함)에 따른 신고, 제19조의4제2항에 따른 신고, 제20조에 따른 활동허가의 신청, 제21조제1항에 따른 근무처 변경·추가 허가의 신청, 제23조제1항에 따른 체류자격 부여의 신청, 제24조에 따른 체류자격 변경허가의 신청, 제25조제1항에 따른 체류기간 연장허가의 신청, 그 밖에 외국인 등의 출입국이나 체류와 관련된 신고·신청 또는 서류 수령 업무로서 법무부령으로 정하는 업무 등이다.

대행기관이 되려는 자는 변호사 또는 행정사 자격, 대행업무에 필요한 교육이수, 법인인 경우에는 제1호 및 제2호의 요건을 충족하는 인력을 갖추어 법무부 장관에게 등록하여야 한다. 대행기관은 대행업무를 하는 경우 법무부령으로 정하는 대행업무처리 표준 절차를 준수하여야 한다.

13 퇴거 및 송환 명령

1) 명령서 집행

강제퇴거명령서는 출입국관리공무원이 집행한다(제62조). 지방출입국·외국인관서의 장은 사법경찰관리에게 강제퇴거명령서의 집행을 의뢰할 수 있다. 강제퇴거명령서를 집행할 때에는 그 명령을 받은 사람에게 강제퇴거명령서를 내보이고 지체 없이 그를 제64조에 따른 송환국으로 송환하여야 한다. 다만, 제76조제1항에 따라 선박 등의 장이나 운수업자가 송환하게 되는 경우에는 출입국관리공무원은 그 선박 등의 장이나 운수업자에게 그를 인도할 수 있다.

강제퇴거명령을 받은 사람이 「난민법」에 따라 난민인정 신청을 하였으나 난민인정 여부가 결정되지 아니한 경우, 「난민법」 제21조에 따라 이의신청을 하였으나 이에 대한 심사가 끝나지 아니한 경우 중 어느 하나에 해당하는 경우에는 송환하여서는 아니 된다. 다만, 난민신청자가 대한민국의 공공의 안전을 해쳤거나 해칠 우려가 있다고 인정되면 송환할 수 있다.

2) 보 호

지방출입국·외국인관서의 장은 강제퇴거명령을 받은 사람을 여권 미소지 또는 교통편 미확보 등의 사유로 즉시 대한민국 밖으로 송환할 수 없으면 송환할 수 있을 때까지 그를 보호시설에 보호할 수 있다(제63조).

지방출입국·외국인관서의 장은 이 규정에 따라 보호할 때 그 기간이 3개월을 넘는 경우에는 3개월마다 미리 법무부 장관의 승인을 받아야 한다. 지방출입국·외국인관서의 장은 기간 연장의 승인을 받지 못하면 지체 없이 보호를 해제하여야 한다.

3) 송 환

강제퇴거명령을 받은 사람은 국적이나 시민권을 가진 국가로 송환된다(제64조). 이 국가로 송환할 수 없는 경우에는 대한민국에 입국하기 전에 거주한 국가, 출생지가 있는 국가, 대한민국에 입국하기 위하여 선박 등에 탔던 항(港)이 속하는 국가 또는 여기에서 규정한 국가 외에 본인이 송환되기를 희망하는 국가 중 어느 하나에 해당하는 국가로 송환할 수 있다.

4) 보호의 일시해제

지방출입국·외국인관서의 장은 직권으로 또는 피보호자(그의 보증인 또는 법정대리인 등을 포함)의 청구에 따라 피보호자의 정상(情狀), 해제요청사유, 자산, 그 밖의 사항을 고려하여 2천만 원 이하의 보증금을 예치시키고 주거의 제한이나 그 밖에 필요한 조건을 붙여 보호를 일시 해제할 수 있다(제65조). 이에 따른 보호의 일시해제 청구, 보증금의 예치 및 반환의 절차는 대통령령으로 정한다.

14 출국 권고 및 명령

1) 출국권고

지방출입국·외국인관서의 장은 대한민국에 체류하는 외국인이 제17조와 제20조를 위반한 사람으로서 그 위반 정도가 가벼운 경우, 여기에서 규정한 경우 외에 이 법 또는 이 법에 따른 명령을 위반한 사람으로서 법무부 장관이 그 출국을 권고할 필요가 있다고 인정하는 경우 중 어느 하나에 해당하면 그 외국인에게 자진하여 출국할 것을 권고할 수 있다(제67조). 지방출입국·외국인관서의 장은 이 규정에 따라 출국권고를 할 때에는 출국권고서를 발급하여야 한다. 출국권고서를 발급하는 경우 발급한 날부터 5일의 범위에서 출국기한을 정할 수 있다

2) 출국명령

지방출입국·외국인관서의 장은 제46조제1항 각 호의 어느 하나에 해당한다고 인정되나 자기비용으로 자진하여 출국하려는 사람, 제67조에 따른 출국권고를 받고도 이행하지 아니한 사람, 제89조에 따라 각종 허가 등이 취소된 사람, 영주자격이 취소된 사람, 제100조제1항부터 제3항까지의 규정에 따른 과태료 처분 후 출국조치하는 것이 타당하다고 인정되는 사람, 제102조제1항에 따른 통고처분(通告處分) 후 출국조치하는 것이 타당하다고 인정되는 사람 중 어느 하나에 해당하는 외국인에게는 출국명령을 할 수 있다(제68조).

지방출입국·외국인관서의 장은 이 규정에 따라 출국명령을 할 때에는 출국명령서를 발급하여야 한다. 출국명령서를 발급할 때에는 법무부령으로 정하는 바에 따라 출국기한을 정하고 주거의 제한이나 그 밖에 필요한 조건을 붙일 수 있으며, 필요하다고 인정할 때에는 2천만 원 이하의 이행보증금을 예치하게 할 수 있다.

지방출입국·외국인관서의 장은 출국명령을 받고도 지정한 기한까지 출국하지 아니하거나 이 규정에 따라 붙인 조건을 위반한 사람에게는 지체 없이 강제퇴거명령서를 발급하여야 하며, 그 예치된 이행보증금의 전부 또는 일부를 국고에 귀속시킬 수 있다.

3) 출국 준용 규정

대한민국 영역에서 사람이나 물건을 수송하는 선박, 항공기, 그 밖의 교통기관이 불의의 사고나 항해상의 문제 등 특별한 사정으로 외국에 기항(寄港)한 후 입항할 경우에는 선박 등의 검색 및 선박 등의 장이나 운수업자의 책임에 관하여 제7장과 제8장을 준용한다(제70조). 또 대한민국에 입국하거나 대한민국으로부터 출국하려는 사람의 환승을 위하여 국내공항 간을 운항하는 항공기에 대해서도 항공기의 검색 및 항공기의 장이나 운수업자의 책임에 관하여 제7장과 제8장을 준용한다. 다만, 제76조제1항에 따른 송환 의무는 출발지 공항까지로 한정하며, 그 이후 대한민국 밖으로의 송환 의무는 송환대상 외국인이 환승하기 직전에 탔던 항공기의 장이나 운수업자에게 있다.

4) 출입국의 정지

지방출입국・외국인관서의 장은 제69조제3항에 따른 심사 결과 위법한 사실을 발견하였을 때에는 관계 승무원 또는 승객의 출국이나 입국을 정지시킬 수 있다(제71조).

이에 따른 출입국의 정지는 위법한 사실의 조사에 필요한 기간에만 할 수 있다. 이 규정에 따른 조사를 마친 뒤에도 계속하여 출입국을 금지하거나 정지시킬 필요가 있을 때에는 제4조・제11조 또는 제29조에 따른 법무부 장관의 결정을 받아야 한다.

지방출입국・외국인관서의 장은 이 규정 또는 제29조에 따라 승객이나 승무원의 출국을 금지하거나 정지시키기 위하여 필요하다고 인정하면 선박 등에 대하여 출항의 일시정지 또는 회항(回航)을 명하거나 선박 등에 출입하는 것을 제한할 수 있다.

지방출입국・외국인관서의 장은 선박 등에 대하여 출항의 일시정지 또는 회항을 명하거나 출입을 제한하는 경우에는 지체 없이 그 사실을 선박 등의 장이나 운수업자에게 통보하여야 한다. 출항의 일시정지・회항명령 또는 출입제한을 해제한 경우에도 또한 같다. 다만, 선박 등에 대한 출항의 일시정지 등은 직무수행에 필요한 최소한의 범위에서 하여야 한다.

5) 사전통보, 보고의 의무

선박 등이 출입국항에 출·입항하는 경우에 그 선박 등의 장이나 운수업자는 지방출입국·외국인관서의 장에게 출·입항 예정일시와 그 밖에 필요한 사항을 적은 출·입항 예정통보서를 미리 제출하여야 한다(제74조). 또 항공기의 불시착이나 선박의 조난 등 불의의 사고가 발생한 경우에는 지체 없이 그 사실을 알려야 한다.

출입국항이나 출입국항이 아닌 장소에 출·입항하는 선박 등의 장이나 운수업자는 대통령령으로 정하는 사항을 적은 승무원명부와 승객명부를 첨부한 출·입항보고서를 지방출입국·외국인관서의 장에게 제출하여야 한다(제75조). 이 규정에 따른 출·입항 보고서는 표준화된 전자문서로 제출하여야 한다. 다만, 법무부령으로 정하는 부득이한 사유로 표준화된 전자문서로 제출할 수 없을 때에는 지체 없이 그 사유를 밝히고 서류로 제출할 수 있다.

출입국항이나 출입국항이 아닌 장소에 입항하는 선박 등의 장이나 운수업자는 여권(선원의 경우에는 여권 또는 선원신분증명서)을 가지고 있지 아니한 사람이 그 선박 등에 타고 있는 것을 알았을 때에는 지체 없이 지방출입국·외국인관서의 장에게 보고하고 그의 상륙을 방지하여야 한다.

출입국항이나 출입국항이 아닌 장소에서 출항하는 선박 등의 장이나 운수업자는 승무원 상륙허가를 받은 승무원 또는 관광 상륙허가를 받은 승객이 선박 등으로 돌아왔는지 여부, 정당한 출국 절차를 마치지 아니하고 출국하려는 사람이 있는지 여부 등의 사항을 지방출입국·외국인관서의 장에게 보고하여야 한다.

15 재외공관 주재

법무부 장관은 제7조에 따른 사증 발급사무, 외국인입국허가서 발급사무, 외국인의 입국과 관련된 필요한 정보수집 및 연락 업무 등에 종사하게 하기 위하여 출입국관리 공무원을 재외공관 등에 주재하게 할 수 있다(제81조의2).

16 재 원

1) 출입국관리 수수료

이 법에 따라 허가 등을 받는 사람은 법무부령으로 정하는 수수료를 내야 한다(제87조). 법무부 장관은 국제관례 또는 상호주의원칙이나 그 밖에 법무부령으로 정하는 사유로 필요하다고 인정하면 수수료를 감면할 수 있고, 협정 등에 수수료에 관한 규정이 따로 있으면 그 규정에서 정하는 바에 따른다.

2) 사실증명 발급

지방출입국・외국인관서의 장, 시・군・구(자치구가 아닌 구를 포함) 및 읍・면・동 또는 재외공관의 장은 이 법의 절차에 따라 출국 또는 입국한 사실 유무에 대하여 법무부령으로 정하는 바에 따라 출입국에 관한 사실증명을 발급할 수 있다. 다만, 출국 또는 입국한 사실이 없는 사람에 대하여는, 특히 필요하다고 인정되는 경우에만 이 법의 절차에 따른 출국 또는 입국 사실이 없다는 증명을 발급할 수 있다(제88조). 또 이 법의 절차에 따라 외국인등록을 한 외국인 및 그의 법정대리인 등 법무부령으로 정하는 사람에게 법무부령으로 정하는 바에 따라 외국인등록 사실증명을 발급하거나 열람하게 할 수 있다.

3) 외국인등록증 등과 주민등록증 등의 관계

법령에 규정된 각종 절차와 거래관계 등에서 주민등록증이나 주민등록등본 또는 초본이 필요하면 외국인등록증이나 외국인등록 사실증명으로 이를 갈음한다(제88조의2). 이 법에 따른 외국인등록과 체류지 변경신고는 주민등록과 전입신고를 갈음한다.

4) 영주자격의 취소 특례

법무부 장관은 영주자격을 가진 외국인에 대해서는 제89조제1항에도 불구하고 다음 각 호의 어느 하나에 해당하는 경우에 한정하여 영주자격을 취소할 수 있다(제89조의 2). 다만, 다음에 해당하는 경우에는 영주자격을 취소하여야 한다. 이는 거짓이나 그 밖의 부정한 방법으로 영주자격을 취득한 경우, 「형법」, 「성폭력범죄의 처벌 등에 관한 특례법」 등 법무부령으로 정하는 법률에 규정된 죄를 범하여 2년 이상의 징역 또는 금고의 형이 확정된 경우, 최근 5년 이내에 이 법 또는 다른 법률을 위반하여 징역 또는 금고의 형을 선고받고 확정된 형기의 합산기간이 3년 이상인 경우, 대한민국에 일정금액 이상 투자 상태를 유지할 것 등을 조건으로 영주자격을 취득한 사람 등 대통령령으로 정하는 사람이 해당 조건을 위반한 경우, 국가안보, 외교관계 및 국민경제 등에 있어서 대한민국의 국익에 반하는 행위를 한 경우 등이다.

법무부 장관은 규정에 따라 영주자격을 취소하는 경우 대한민국에 계속 체류할 필요성이 인정되고 일반체류자격의 요건을 갖춘 경우 해당 외국인의 신청이 있는 때에는 일반체류자격을 부여할 수 있다.

5) 신원보증 및 비용 부담

법무부 장관은 사증발급, 사증발급인정서발급, 입국허가, 조건부 입국허가, 각종 체류허가, 외국인의 보호 또는 출입국사범의 신병인도(身柄引渡) 등과 관련하여 필요하다고 인정하면 초청자나 그 밖의 관계인에게 그 외국인의 신원을 보증하게 할 수 있다(제90조).

법무부 장관은 제1항에 따라 신원보증을 한 사람에게 피보증외국인의 체류, 보호 및 출국에 드는 비용의 전부 또는 일부를 부담하게 할 수 있다. 신원보증인이 이 규정에 따른 보증 책임을 이행하지 아니하여 국고에 부담이 되게 한 경우에는 법무부 장관은 신원보증인에게 구상권(求償權)을 행사할 수 있다. 또 신원보증인이 규정에 따른 비용을 부담하지 아니할 염려가 있거나 그 보증만으로는 보증목적을 달성할 수 없다고 인정될 때에는 신원보증인에게 피보증외국인 1인당 300만 원 이하의 보증금을 예치하게 할 수 있다. 신원보증인의 자격, 보증기간, 그 밖에 신원보증에 필요한 사항은 법무부령으로 정한다.

6) 불법취업외국인의 출국비용 부담책임

법무부 장관은 취업활동을 할 수 있는 체류자격을 가지지 아니한 외국인을 고용한 자(불법고용주)에게 그 외국인의 출국에 드는 비용의 전부 또는 일부를 부담하게 할 수 있다(제90조의2). 불법고용주가 이 규정에 따른 비용 부담책임을 이행하지 아니하여 국고에 부담이 되게 한 경우에 법무부 장관은 그 불법고용주에게 구상권을 행사할 수 있다.

7) 사증발급 및 체류허가 신청문서의 전자화

법무부 장관은 각종 발급 및 허가 업무를 효율적으로 처리하기 위하여 제8조 및 제9조에 따른 사증 및 사증발급인정서 발급, 제20조에 따른 체류자격 외 활동허가, 제23조에 따른 체류자격 부여, 제24조에 따른 체류자격 변경허가, 제25조에 따른 체류기간 연장허가, 제31조에 따른 외국인등록 중 어느 하나에 해당하는 사항을 신청하려는 자가 제출한 문서 중 법무부령으로 정하는 문서를 「전자문서 및 전자거래 기본법」 제5조제2항에 따른 전자화문서로 변환하여 보관할 수 있다(제91조의2).

법무부 장관은 제1항에 따른 전자화문서로 변환하는 업무(전자화업무)를 법무부령으로 정하는 시설 및 인력을 갖춘 법인에 위탁하여 수행하게 할 수 있다. 다만, 외국에서 전자화업무를 위탁하는 경우에는 외교부 장관과 협의하여야 한다. 전자화업무를 위탁받은 법인(전자화기관)의 임직원 또는 임직원으로 재직하였던 자는 직무상 알게 된 비밀을 다른 사람에게 누설하거나 직무상 목적 외의 용도로 이용하여서는 아니 된다.

법무부 장관은 이 규정에 따라 문서를 전자화문서로 변환하여 보관하는 때에는 법무부에서 사용하는 전산정보처리조직의 파일에 수록하여 보관한다. 이 경우 파일에 수록된 내용은 해당 문서에 적힌 내용과 같은 것으로 본다.

법무부 장관은 전자화기관이 규정에 따른 법무부령으로 정하는 시설 및 인력기준을 충족하지 못하는 경우에는 시정조치를 요구할 수 있으며, 전자화기관이 시정조치 요구에 따르지 아니하는 경우에는 전자화업무의 위탁을 취소할 수 있다. 이 경우 미리 의견을 진술할 기회를 주어야 한다. 전자화업무의 수행방법, 위탁·지정기간 및 절차, 관리·감독 등에 필요한 사항은 법무부령으로 정한다.

17 벌 칙

1) 7년 이하의 징역

이 법에 따라 보호되거나 일시 보호된 사람으로서 도주할 목적으로 보호시설 또는 기구를 손괴하거나 다른 사람을 폭행 또는 협박한 사람, 2명 이상이 합동하여 도주한 사람, 이 법에 따른 보호나 강제퇴거를 위한 호송 중에 있는 사람으로서 다른 사람을 폭행 또는 협박하거나 2명 이상이 합동하여 도주한 사람, 이 법에 따라 보호·일시 보호된 사람이나 보호 또는 강제퇴거를 위한 호송 중에 있는 사람을 탈취하거나 도주하게 한 사람 중 어느 하나에 해당하는 사람은 7년 이하의 징역에 처한다(제93조의2).

또 제12조제1항 또는 제2항에 따라 입국심사를 받아야 하는 외국인을 집단으로 불법입국하게 하거나 이를 알선한 사람, 제12조의3제1항을 위반하여 외국인을 집단으로 불법입국 또는 불법출국하게 하거나 대한민국을 거쳐 다른 국가로 불법입국하게 할 목적으로 선박 등이나 여권·사증, 탑승권, 그 밖에 출입국에 사용될 수 있는 서류 및 물품을 제공하거나 알선한 사람, 제12조의3제2항을 위반하여 불법으로 입국한 외국인을 집단으로 대한민국에서 은닉 또는 도피하게 하거나 은닉 또는 도피하게 할 목적으로 교통수단을 제공하거나 이를 알선한 사람 중 어느 하나에 해당하는 사람으로서 영리를 목적으로 한 사람은 7년 이하의 징역 또는 7천만 원 이하의 벌금에 처한다.

2) 5년 이하의 징역 또는 5천만 원 이하의 벌금

제12조제1항 또는 제2항을 위반하여 입국심사를 받지 아니하고 입국한 사람, 제91조의2제3항을 위반하여 직무상 알게 된 비밀을 다른 사람에게 누설하거나 직무상 목적 외의 용도로 이용한 사람, 제93조의2제2항 각 호의 어느 하나에 해당하는 죄를 범한 사람(영리를 목적으로 한 사람은 제외) 중 어느 하나에 해당하는 사람은 5년 이하의 징역 또는 5천만 원 이하의 벌금에 처한다(제93조의3).

3) 3년 이하의 징역 또는 3천만 원 이하의 벌금

다음 각 호의 어느 하나에 해당하는 사람은 3년 이하의 징역 또는 3천만 원 이하의 벌금에 처한다(제94조). 이는 제3조제1항을 위반하여 출국심사를 받지 아니하고 출국한 사람, 제7조제1항 또는 제4항을 위반하여 입국한 사람, 제7조의2를 위반한 사람, 제12조의3을 위반한 사람으로서 제93조의2제2항 또는 제93조의3제1호·제3호에 해당하지 아니하는 사람, 제14조제1항에 따른 승무원 상륙허가 또는 제14조의2제1항에 따른 관광상륙허가를 받지 아니하고 상륙한 사람, 제14조제3항에 따른 승무원 상륙허가 또는 제14조의2제3항에 따른 관광상륙허가의 조건을 위반한 사람, 제17조제1항을 위반하여 체류자격이나 체류기간의 범위를 벗어나서 체류한 사람, 제18조제1항을 위반하여 취업활동을 할 수 있는 체류자격을 받지 아니하고 취업활동을 한 사람, 제18조제3항을 위반하여 취업활동을 할 수 있는 체류자격을 가지지 아니한 사람을 고용한 사람, 제18조제4항을 위반하여 취업활동을 할 수 있는 체류자격을 가지지 아니한 외국인의 고용을 업으로 알선·권유한 사람, 제18조제5항을 위반하여 체류자격을 가지지 아니한 외국인을 자기 지배하에 두는 행위를 한 사람, 제20조를 위반하여 체류자격 외 활동허가를 받지 아니하고 다른 체류자격에 해당하는 활동을 한 사람, 제21조제2항을 위반하여 근무처의 변경허가 또는 추가허가를 받지 아니한 외국인의 고용을 업으로 알선한 사람, 제22조에 따른 제한 등을 위반한 사람, 제23조를 위반하여 체류자격을 받지 아니하고 체류한 사람, 제24조를 위반하여 체류자격 변경허가를 받지 아니하고 다른 체류자격에 해당하는 활동을 한 사람, 제25조를 위반하여 체류기간 연장허가를 받지 아니하고 체류기간을 초과하여 계속 체류한 사람, 제28조제1항이나 제2항을 위반하여 출국심사를 받지 아니하고 출국한 사람, 제33조의3을 위반한 사람, 제69조(제70조제1항 및 제2항에서 준용하는 경우를 포함)를 위반한 사람 등이다.

4) 1년 이하의 징역 또는 1천만 원 이하의 벌금

다음 각 호의 어느 하나에 해당하는 사람은 1년 이하의 징역 또는 1천만 원 이하의 벌금에 처한다(제95조). 이는 제6조제1항을 위반하여 입국심사를 받지 아니하고 입국한 사람, 제13조제2항에 따른 조건부 입국허가의 조건을 위반한 사람, 제15조제1항에 따른 긴급상륙허가, 제16조제1항에 따른 재난상륙허가 또는 제16조의2제1항에 따른 난민 임시상륙허가를 받지 아니하고 상륙한 사람, 제15조제2항, 제16조제2항 또는 제16조의2제2항에 따른 허가조건을 위반한 사람, 제18조제2항을 위반하여 지정된 근무처가 아닌 곳에서 근무한 사람, 제21조제1항 본문을 위반하여 허가를 받지 아니하고 근무처를 변경하거나 추가한 사람 또는 제21조제2항을 위반하여 근무처의 변경허가 또는 추가허가를 받지 아니한 외국인을 고용한 사람, 제31조의 등록의무를 위반한 사람, 제51조제1항·제3항, 제56조 또는 제63조제1항에 따라 보호 또는 일시보호된 사람으로서 도주하거나 보호 또는 강제퇴거 등을 위한 호송 중에 도주한 사람(제93조의2제1항제1호 또는 제2호에 해당하는 사람은 제외), 제63조제5항에 따른 주거의 제한이나 그 밖의 조건을 위반한 사람 등이다.

5) 1천만 원 이하의 벌금

제71조제4항(제70조제1항 및 제2항에서 준용하는 경우를 포함)에 따른 출항의 일시정지 또는 회항 명령이나 선박 등의 출입 제한을 위반한 사람, 정당한 사유 없이 제73조(제70조제1항 및 제2항에서 준용하는 경우를 포함)에 따른 준수사항을 지키지 아니하였거나 제73조의2제1항(제70조제1항 및 제2항에서 준용하는 경우를 포함) 또는 제3항(제70조제1항 및 제2항에서 준용하는 경우를 포함)을 위반하여 열람 또는 문서제출 요청에 따르지 아니한 사람, 정당한 사유 없이 제75조제1항(제70조제1항 및 제2항에서 준용하는 경우를 포함) 또는 제2항(제70조제1항 및 제2항에서 준용하는 경우를 포함)에 따른 보고서를 제출하지 아니하거나 거짓으로 제출한 사람 중 어느 하나에 해당하는 사람은 1천만 원 이하의 벌금에 처한다(제96조).

6) 500만 원 이하의 벌금

제18조제4항을 위반하여 취업활동을 할 수 있는 체류자격을 가지지 아니한 외국인의 고용을 알선·권유한 사람(업으로 하는 사람은 제외), 제21조제2항을 위반하여 근무처의 변경허가 또는 추가허가를 받지 아니한 외국인의 고용을 알선한 사람(업으로 하는 사람은 제외), 제72조(제70조제1항 및 제2항에서 준용하는 경우를 포함)를 위반하여 허

가를 받지 아니하고 선박 등이나 출입국심사장에 출입한 사람, 제74조(제70조제1항 및 제2항에서 준용하는 경우를 포함)에 따른 제출 또는 통보 의무를 위반한 사람, 제75조제4항(제70조제1항 및 제2항에서 준용하는 경우를 포함) 및 제5항(제70조제1항 및 제2항에서 준용하는 경우를 포함)에 따른 보고 또는 방지 의무를 위반한 사람, 제76조제1항(제70조제1항 및 제2항에서 준용하는 경우를 포함)에 따른 송환의무를 위반한 사람, 제76조의6제1항을 위반하여 난민인정증명서 또는 난민여행증명서를 반납하지 아니하거나 같은 조 제2항에 따른 난민여행증명서 반납명령을 위반한 사람 중 어느 하나에 해당하는 사람은 500만 원 이하의 벌금에 처한다(제97조).

7) 100만 원 이하의 벌금

제98조(벌칙) 제27조에 따른 여권 등의 휴대 또는 제시 의무를 위반한 사람, 제36조제1항에 따른 체류지 변경신고 의무를 위반한 사람 중 각 호의 어느 하나에 해당하는 사람은 100만 원 이하의 벌금에 처한다(제98조).

8) 양벌규정

법인의 대표자나 법인 또는 개인의 대리인, 사용인, 그 밖의 종업원이 그 법인 또는 개인의 업무에 관하여 다음 각 호의 어느 하나에 해당하는 위반행위를 하면 그 행위자를 벌하는 외에 그 법인 또는 개인에게도 해당 조문의 벌금형을 과(科)한다(제99조의3). 이는 제94조제3호의 위반행위, 제94조제9호의 위반행위, 제94조제10호의 위반행위, 제94조제19호의 위반행위 중 제33조의3제1호를 위반한 행위, 제94조제20호의 위반행위, 제95조제6호의 위반행위 중 제21조제2항을 위반하여 근무처의 변경허가 또는 추가허가를 받지 아니한 외국인을 고용하는 행위, 제96조제1호부터 제3호까지의 규정에 따른 위반행위, 제97조제4호부터 제6호까지의 규정에 따른 위반행위 등이다. 다만, 법인 또는 개인이 그 위반행위를 방지하기 위하여 해당 업무에 관하여 상당한 주의와 감독을 게을리 하지 아니한 경우에는 그러하지 아니하다.

9) 과태료

제19조의 신고의무를 위반한 자, 제19조의4제1항 또는 제2항 각 호의 어느 하나에 해당하는 규정을 위반한 사람, 제21조제1항 단서의 신고의무를 위반한 사람, 제33조제4항 또는 제33조의2제1항을 위반하여 영주증을 재발급받지 아니한 사람, 과실로 인하여 제75조제1항(제70조제1항 및 제2항에서 준용하는 경우를 포함) 또는 제2항(제70조제1항 및 제2항에서 준용하는 경우를 포함)에 따른 출·입항보고를 하지 아니하거나 출·입항보고서의 국적, 성명, 성별, 생년월일, 여권번호에 관한 항목을 최근 1년 이내에 3회 이상 사실과 다르게 보고한 자 중 어느 하나에 해당하는 자에게는 200만 원 이하의 과태료를 부과한다(제100조).

또 제35조나 제37조를 위반한 사람, 제79조를 위반한 사람, 제81조제4항에 따른 출입국관리공무원의 장부 또는 자료 제출 요구를 거부하거나 기피한 자 중 어느 하나에 해당하는 자에게는 100만 원 이하의 과태료를 부과한다.

제33조제2항을 위반하여 외국인등록증 발급신청을 하지 아니한 사람, 제81조의3제1항을 위반하여 여권 등 자료를 제공하지 않은 숙박외국인, 제81조의3제2항을 위반하여 숙박외국인의 자료를 제출하지 아니하거나 허위로 제출한 숙박업자, 법에 따른 각종 신청이나 신고에서 거짓 사실을 적거나 보고한 자(제94조제17호의2에 해당하는 사람은 제외)중 어느 하나에 해당하는 자에게는 50만 원 이하의 과태료를 부과한다.

이 규정에 따른 과태료는 대통령령으로 정하는 바에 따라 지방출입국·외국인관서의 장이 부과·징수한다. 법무부 장관은 출입국사범의 나이와 환경, 법 위반의 동기와 결과, 과태료 부담능력, 그 밖의 정상을 고려하여 이 법 위반에 따른 과태료를 면제할 수 있다.

10) 통고처분

지방출입국·외국인관서의 장은 출입국사범에 대한 조사 결과 범죄의 확증을 얻었을 때에는 그 이유를 명확하게 적어 서면으로 벌금에 상당하는 금액(이하 "범칙금"이라 한다)을 지정한 곳에 낼 것을 통고할 수 있다(제102조). 지방출입국·외국인관서의 장은 제1항에 따른 통고처분을 받은 자가 범칙금(犯則金)을 임시납부하려는 경우에는 임시납부하게 할 수 있으며, 조사 결과 범죄의 정상이 금고 이상의 형에 해당할 것으로 인정되면 즉시 고발하여야 한다. 출입국사범에 대한 조사에 관하여는 제47조부터 제50조까지의 규정을 준용한다. 이 경우 용의자신문조서는 「형사소송법」 제244조에 따른 피의자신문조서로 본다.

18 사회통합

1) 사회통합 프로그램

법무부 장관은 대한민국 국적, 영주자격 등을 취득하려는 외국인의 사회적응을 지원하기 위하여 교육, 정보 제공, 상담 등의 사회통합 프로그램[4)]을 시행할 수 있다(제39조). 법무부 장관은 사회통합 프로그램을 효과적으로 시행하기 위하여 필요한 전문인력 및 시설 등을 갖춘 기관, 법인 또는 단체를 사회통합 프로그램 운영기관[5)]으로 지정할 수 있으며, 대통령령으로 정하는 바에 따라 사회통합 프로그램의 시행에 필요한 전문인력을 양성할 수 있다. 운영기관의 지정기간은 2년 이내로 한다. 지정된 운영기관은 사회통합 프로그램의 운영, 출입국·외국인정책 관련 정보 제공 및 홍보, 그 밖에 외국인의 사회적응에 필요한 업무 등을 수행한다.

법무부 장관은 사회통합 프로그램 시행에 필요한 전문인력을 양성하기 위하여 다문화사회 전문가 등 전문인력 양성과정을 개설 운영하며, 전문인력의 자질 향상을 위하여 필요한 경우 보수교육을 실시할 수 있다(시행령 제51조). 또 법무부 장관은 전문인력의 효율적 양성을 위하여 고등교육법의 규정에 따른 대학이나 사회통합 프로그램 관련 분야에서 전문성을 갖춘 기관, 법인, 단체에 전문인력 양성과정이나 보수 교육 등을 위탁할 수 있다.

---

4) 정부는 2009년부터 이민자가 우리 사회의 구성원으로 적응하고 성공적으로 자립하는 데 필요한 한국어와 한국문화, 그리고 한국 사회의 이해, 헌법 가치 등의 기본소양을 습득할 수 있도록 지원하는 사회통합 프로그램을 운영하고 있다. 사회통합 프로그램의 시행 첫해에 참여자는 1,331명에 불과하였지만 2010년에 4,429명, 2015년에 25,795명, 2019년에는 56,535명으로 크게 증가하였다.

5) 사회통합 프로그램 운영기관은 2009년 20개에서, 2010년 77개, 2019년 308개로 증가하였다.

국가와 지방자치단체는 지정된 운영기관의 업무수행에 필요한 경비, 전문인력 양성에 필요한 경비의 전부 또는 일부를 예산의 범위에서 지원할 수 있다. 사회통합 프로그램의 내용 및 개발, 운영기관의 지정·관리 및 지정 취소, 그 밖에 사회통합 프로그램의 운영에 필요한 사항은 대통령령으로 정한다.

2) 프로그램 이수자에 대한 우대

법무부 장관은 사증 발급, 체류 관련 각종 허가 등을 할 때에 이 법 또는 관계 법령에서 정하는 바에 따라 사회통합 프로그램 이수자를 우대할 수 있다(제40조).

3) 사회통합위원

법무부 장관은 외국인의 사회통합을 지원하기 위하여 법무부령으로 정하는 바에 따라 지방출입국·외국인관서에 사회통합 자원봉사위원(사회통합위원)을 둘 수 있다(제41조).

사회통합위원은 외국인 및 고용주 등의 법 준수를 위한 홍보활동, 외국인이 한국 사회의 건전한 사회구성원으로 정착하기 위한 체류 지원, 영주자격 및 국적을 취득하려는 자에 대한 지원, 그 밖에 대한민국 국민과 국내 체류 외국인의 사회통합을 위하여 법무부 장관이 정하는 사항 등의 직무를 수행한다.

사회통합위원은 명예직으로 하되 직무수행에 필요한 비용의 전부 또는 일부를 지급할 수 있다. 사회통합위원의 위촉 및 해촉, 정원, 자치 조직, 비용의 지급, 그 밖에 필요한 사항은 법무부령으로 정한다.

06

외국인근로자의 고용 등에 관한 법률

"외국인근로자"란 대한민국의 국적을 가지지 않은 사람으로서 국내에 소재하고 있는 사업 또는 사업장에서 임금을 목적으로 근로를 제공하고 있거나 제공하려는 사람을 말한다. 이 법의 목적은 외국인근로자를 체계적으로 도입·관리함으로써 원활한 인력수급 및 국민경제의 균형 있는 발전을 도모하기 위함에 있으며, 사용자는 외국인근로자라는 이유로 부당하게 차별하여 처우해서는 안 된다.

06

외국인근로자의 고용 등에 관한 법률

1 목 적

이 법은 외국인근로자를 체계적으로 도입 · 관리함으로써 원활한 인력수급 및 국민경제의 균형 있는 발전을 도모함을 목적으로 한다(제1조). 이 법은 이와 같이 목적에서 분명하게 밝히고 있듯이 외국인근로자를 대한민국에 유입하기 위해 국가가 주도하여 관리 및 통제하는 행정체계를 기반으로 한다. 따라서 국내의 노동 인력 안정 정책을 우선 고려하는 정책이 근간이 된다. 사용자의 국내 고용을 위한 선제적 노력이 있은 후에 사용자가 고용허가를 신청하는 제도이기 때문에 이법은 '고용허가제' 법률이라고 지칭하기도 한다. 외국인근로자와 근로계약을 체결하기 위해서 사용자는 이 법 제9조의 규정과 같이 고용허가 신청에 따라 선정한 외국인근로자만을 고용할 수 있다.

2 용어의 정의

"외국인근로자"란 대한민국의 국적을 가지지 않은 사람으로서 국내에 소재하고 있는 사업 또는 사업장에서 임금을 목적으로 근로를 제공하고 있거나 제공하려는 사람을 말한다(제2조). 다만, 출입국관리법 제18조의 규정에 따라 취업의 체류자격을 받은 외국인 중 취업 분야, 체류기간 등을 고려하여 대통령령으로 정하는 사람은 제외한다. 여기에서 대통령령으로 정하는 사람이란 출입국관리법 시행령에 따른 체류 자격중 단기취업(C-4), 교수(E-1) 부터 특정활동(E-7)까지, 그리고 계절근로(E-8)의 체류자격에 해당하는 사람을 말한다.

3 외국인근로자와 고용 사업장

이 법은 외국인근로자 및 외국인근로자를 고용하고 있거나 고용하려는 사업 또는 사업장에 적용한다. 다만, 「선원법」의 적용을 받는 선박에 승무(乘務)하는 선원 중 대한민국 국적을 가지지 아니한 선원 및 그 선원을 고용하고 있거나 고용하려는 선박의 소유자에 대하여는 적용하지 아니한다(제3조).

4 운영체계

1) 외국인력정책위원회–외국인력정책실무위원회

외국인근로자의 고용관리 및 보호에 관한 주요 사항을 심의 · 의결하기 위하여 국무총리 소속으로 외국인력정책위원회를 두며 정책위원회는 외국인근로자 관련 기본계획의 수립에 관한 사항, 외국인근로자 도입 업종 및 규모 등에 관한 사항, 외국인근로자를 송출할 수 있는 국가의 지정 및 지정취소에 관한 사항, 그 밖에 대통령령으로 정하는 사항 등을 심의 · 의결한다(제4조). 여기에서 그 밖에 대통령령으로 정하는 사항이란 외국인근로자를 고용할 수 있는 사업 또는 사업장에 관한 사항, 송출국가별 인력도입 업종 및 규모에 관한 사항, 외국인근로자의 권익보호에 관한 사항 등이다.

정책위원회는 위원장 1명을 포함한 20명 이내의 위원으로 구성한다. 정책위원회의 위원장은 국무조정실장이 되고, 위원은 기획재정부 · 외교부 · 법무부 · 산업통상자원부 · 고용노동부 · 중소벤처기업부의 차관 및 대통령령으로 정하는 관계 중앙행정기관의 차관이 된다.

외국인근로자 고용제도의 운영 및 외국인근로자의 권익보호 등에 관한 사항을 사전에 심의하기 위하여 정책위원회에 외국인력정책실무위원회를 둔다. 정책위원회와 실무위원회의 구성 · 기능 및 운영 등에 필요한 사항은 대통령령으로 정한다. 실무위원회의 위원은 근로자를 대표하는 위원, 사용자를 대표하는 위원, 공익을 대표하는 위원, 그리고 정부를 대표하는 위원으로 구성하며, 근로자위원과 사용자위원은 같은 수로 한다.

고용노동부 장관은 필요한 경우 외국인근로자 관련 업무를 지원하기 위하여 조사 · 연구 사업을 할 수 있다. 이는 국내 산업별직종별 인력부족 동향에 관한 사항, 외국인근로자의 임금 등 근로조건 및 취업실태에 관한 사항, 사용자의 외국인근로자 고용 만족도에 관한 사항, 외국인근로자의 국내생활 적응 및 한국에 대한 이해증진 관련 사항 등이다.

2) 외국인근로자 도입계획과 사업수행

고용노동부 장관은 제4조제2항 각 호의 사항이 포함된 외국인근로자 도입계획을 정책위원회의 심의 · 의결을 거쳐 수립하여 매년 3월 31일까지 대통령령으로 정하는 방법으로 공표하여야 한다(제5조). 고용노동부 장관은 국내의 실업증가 등 고용사정의 급격한 변동으로 인하여 외국인근로자 도입계획을 변경할 필요가 있을 때에는 정책위원회의 심의 · 의결을 거쳐 변경할 수 있다.

고용노동부 장관은 외국인근로자의 원활한 국내 취업활동 및 효율적인 고용관리를 위하여 외국인근로자의 출입국 지원사업, 외국인근로자 및 그 사용자에 대한 교육사업, 송출국가의 공공기관 및 외국인근로자 관련 민간단체와의 협력사업, 외국인근로자 및 그 사용자에 대한 상담 등 편의 제공 사업, 외국인근로자 고용제도 등에 대한 홍보사업, 그 밖에 외국인근로자의 고용관리에 관한 사업으로서 대통령령으로 정하는 사업을 수행한다(제21조).

3) 내국인 우선 고용

외국인근로자를 고용하려는 자는 「직업안정법」 제2조의2제1호에 따른 직업안정기관에 우선 내국인 구인 신청을 하여야 한다(제6조). 고용노동부령으로 정하는 내국인 구인노력 기간은 농업과 축산업 및 어업은 7일, 제1호 외의 업종은 14일이다.

직업안정기관의 장은 제1항에 따른 내국인 구인 신청을 받은 경우에는 사용자가 적절한 구인 조건을 제시할 수 있도록 상담・지원하여야 하며, 구인 조건을 갖춘 내국인이 우선적으로 채용될 수 있도록 직업소개를 적극적으로 하여야 한다. 직업안정기관이 아닌 자는 외국인근로자의 선발, 알선, 그 밖의 채용에 개입하여서는 아니 된다.

4) 외국인근로자 고용허가의 신청

제6조제1항에 따라 내국인 구인 신청을 한 사용자는 같은 조 제2항에 따른 직업소개를 받고도 인력을 채용하지 못한 경우에는 고용노동부령으로 정하는 바에 따라 직업안정기관의 장에게 외국인근로자 고용허가를 신청하여야 한다(제8조).

고용허가 신청의 유효기간은 3개월로 하되, 일시적인 경영악화 등으로 신규 근로자를 채용할 수 없는 경우 등에는 대통령령으로 정하는 바에 따라 1회에 한정하여 고용허가 신청의 효력을 연장할 수 있다.

직업안정기관의 장은 제1항에 따른 신청을 받으면 외국인근로자 도입 업종 및 규모 등 대통령령으로 정하는 요건을 갖춘 사용자에게 제7조제1항에 따른 외국인구직자 명부에 등록된 사람 중에서 적격자를 추천하여야 한다.

직업안정기관의 장은 제3항에 따라 추천된 적격자를 선정한 사용자에게는 지체 없이 고용허가를 하고, 선정된 외국인근로자의 성명 등을 적은 외국인근로자 고용허가서를 발급하여야 한다. 고용허가서를 발급받은 사용자는 고용허가서 발급일로부터 3개월 이내에 외국인근로자와 근로계약을 체결해야 한다.

5) 특례 고용

다음 각 호의 어느 하나에 해당하는 사업 또는 사업장의 사용자는 규정에 따른 특례

고용가능확인을 받은 후 대통령령으로 정하는 사증을 발급받고 입국한 외국인으로서 국내에서 취업하려는 사람을 고용할 수 있다(제12조). 이는 건설업으로서 정책위원회가 일용근로자 노동시장의 현황, 내국인근로자 고용기회의 침해 여부 및 사업장 규모 등을 고려하여 정하는 사업 또는 사업장, 서비스업, 제조업, 농업 또는 어업으로서 정책위원회가 산업별 특성을 고려하여 정하는 사업 또는 사업장이다.

내국인 구인 신청을 한 사용자가 직업안정기관의 장의 직업소개를 받고도 인력을 채용하지 못한 경우에는 고용노동부령으로 정하는 바에 따라 직업안정기관의 장에게 특례고용가능확인을 신청할 수 있다. 이 경우 직업안정기관의 장은 외국인근로자의 도입 업종 및 규모 등 대통령령으로 정하는 요건을 갖춘 사용자에게 특례고용가능확인을 하여야 한다. 직업안정기관의 장이 규정에 따라 특례고용가능확인을 한 경우에는 대통령령으로 정하는 바에 따라 해당 사용자에게 특례고용가능확인서를 발급하여야 한다.

특례고용에 따른 외국인으로서 특례고용 규정의 어느 하나에 해당하는 사업 또는 사업장에 취업하려는 사람은 외국인 취업교육을 받은 후에 직업안정기관의 장에게 구직 신청을 하여야 하고, 고용노동부 장관은 이에 대하여 외국인구직자 명부를 작성·관리하여야 한다. 고용노동부 장관은 제1항에 따른 외국인이 취업을 희망하는 경우에는 입국 전에 고용정보를 제공할 수 있다.

특례고용가능확인을 받은 사용자는 외국인구직자 명부에 등록된 사람 중에서 채용하여야 하고, 외국인근로자가 근로를 시작하면 고용노동부령으로 정하는 바에 따라 직업안정기관의 장에게 신고하여야 한다.

특례고용가능확인의 유효기간은 3년으로 한다. 다만, 제1항제1호에 해당하는 사업 또는 사업장으로서 공사기간이 3년보다 짧은 경우에는 그 기간으로 한다.

6) 외국인구직자 명부작성

고용노동부 장관은 제4조제2항제3호에 따라 지정된 송출국가의 노동행정을 관장하는 정부기관의 장과 협의하여 대통령령으로 정하는 바에 따라 외국인구직자 명부를 작성하여야 한다(제7조). 다만, 송출국가에 노동행정을 관장하는 독립된 정부기관이 없을 경우 가장 가까운 기능을 가진 부서를 정하여 정책위원회의 심의를 받아 그 부서의 장과 협의한다.

외국인구직자 명부를 작성하는 경우에 송출국가와 협의해야 하는 사항은 인력송출 · 도입과 관련한 준수사항, 송출 업종 및 규모에 관한 사항, 송출인력 선발 기관 · 기준 및 방법에 관한 사항, 한국어능력시험 실시에 관한 사항 등이다.

7) 한국어능력시험

고용노동부 장관은 제1항에 따른 외국인구직자 명부를 작성할 때에는 외국인구직자 선발기준 등으로 활용할 수 있도록 한국어 구사능력을 평가하는 시험을 실시하여야 하며, 한국어능력시험의 실시기관 선정 및 선정취소, 평가의 방법, 그 밖에 필요한 사항은 대통령령으로 정한다. 실시기관 선정을 위한 대통령령의 주요 사항은 시험실시를 위한 행정적 · 재정적 능력, 시험을 객관적이고 공정하게 실시할 수 있는지 여부, 시험 내용의 적정성 등이다. 한국어 능력시험은 매년 1회 이상 실시하며, 객관식 필기시험을 원칙으로 하되, 주관식 시험을 일부 추가 할 수 있다.

한국어능력시험의 실시기관은 시험에 응시하려는 사람으로부터 대통령령으로 정하는 바에 따라 수수료를 징수하여 사용할 수 있다. 이 경우 수수료는 외국인근로자 선발 등을 위한 비용으로 사용하여야 한다.

8) 취업교육

외국인근로자는 입국한 후에 고용노동부령으로 정하는 기간 이내에 대통령령으로 정하는 기관에서 국내 취업활동에 필요한 사항을 주지(周知)시키기 위하여 실시하는 "외국인 취업교육"을 받아야 한다(제11조). 사용자는 외국인근로자가 외국인 취업교육을 받을 수 있도록 하여야 한다. 외국인 취업교육의 시간과 내용, 그 밖에 외국인 취업교육에 필요한 사항은 고용노동부령으로 정한다.

대통령령으로 정하는 취업기관은 한국산업인력관리공단과 고용노동부 장관이 지정하여 고시하는 비영리법인이나 단체를 말한다. 지정된 취업교육기관은 외국인근로자 도입계획 공표 후 1개월 이내에 해당 연도의 외국인 취업교육 실시계획, 취업 교육비 등의 내용을 고용노동부 장관에게 보고해야 한다. 외국인 취업교육의 시간은 16시간 이상으로 한다. 취업교육의 내용은, 취업활동에 필요한 업종별 기초 기능에 관한 사항, 고용허가제도에 관한 사항, 산업안전보건에 관한 사항, 근로기준법 · 출입국관리법 등에 관한 사항, 한국 문화와 생활에 관한 사항 등이며 외국인 취업교육에 드는 비용은 사용자가 부담한다. 외국인 취업교육기관의 장은 외국인근로자가 취업교육을 이수하였을 때에는 외국인 취업교육 수료증을 발급해야 한다.

9) 자격요건 평가

고용노동부 장관은 제1항에 따른 외국인구직자 선발기준 등으로 활용하기 위하여 필요한 경우 기능 수준 등 인력 수요에 부합되는 자격요건을 평가할 수 있다.

제4항에 따른 자격요건 평가기관은 「한국산업인력공단법」에 따른 한국산업인력공단으로 하며, 자격요건 평가의 방법 등 필요한 사항은 대통령령으로 정한다. 여기에 자격요건의 평가 방법은 필기시험, 실기시험, 면접시험 등이며, 평가내용은 취업하려는 업종에 근무하기 위해 필요한 기능 수준, 근무경력, 외국인근로자의 체력 등이다.

10) 업무의 대행 및 취소

사용자 또는 외국인근로자는 제6조제1항에 따른 내국인 구인 신청(제25조제2항에 따라 준용하는 경우를 포함), 제18조의2에 따른 사용자의 재고용 허가 요청, 제18조의4제1항에 따른 재입국 후의 고용허가 신청, 제25조제1항에 따른 사업 또는 사업장 변경 신청, 그 밖에 고용노동부령으로 정하는 외국인근로자 고용 등에 관한 업무에 따른 신청이나 서류의 수령 등 업무를 고용노동부 장관이 지정하는 대행기관에게 대행하게 할 수 있다(제27조).

또 권한의 일부를 대통령령으로 정하는 바에 따라 지방고용노동관서의 장에게 위임하거나 한국산업인력공단 또는 대통령령으로 정하는 자에게 위탁할 수 있다(제28조).

고용노동부 장관은 대행기관이 거짓이나 그 밖의 부정한 방법으로 지정을 받은 경우, 지정요건에 미달하게 된 경우, 지정받은 업무범위를 벗어나 업무를 한 경우, 그 밖에 선량한 관리자의 주의를 다하지 아니하거나 업무처리 절차를 위배한 경우 중 어느 하나에 해당하는 경우에는 고용노동부령으로 정하는 바에 따라 지정취소, 6개월 이내의 업무정지 또는 시정명령을 할 수 있다.

11) 근로계약

사용자가 고용허가 신청에 따라 선정한 외국인근로자를 고용하려면 고용노동부령으로 정하는 표준근로계약서를 사용하여 근로계약을 체결하여야 한다(제9조).

고용허가를 받은 사용자와 외국인근로자는 제18조에 따른 기간 내에서 당사자 간의 합의에 따라 근로계약을 체결하거나 갱신할 수 있다. 취업활동기간이 연장되는 외국인근로자와 사용자는 연장된 취업활동기간의 범위에서 근로계약을 체결할 수 있다.

고용허가신청 절차에 따라 외국인근로자와 근로계약을 체결한 사용자는 「출입국관리법」 제9조제2항에 따라 그 외국인근로자를 대리하여 법무부 장관에게 사증발급인정서를 신청할 수 있다(제10조).

근로계약의 효력발생 시기는 외국인근로자가 입국한 날로 한다. 한편, 근로계약을 갱신한 사용자는 직업안정기관의 장에게 외국인근로자 고용허가 기간 연장허가를 받아야 한다. 연장허가 신청을 받은 소재지 관할 직업안정기관의 장은 신청일로부터 7일 이내에 고용허가서에 허가기간 연장일을 기입하여 발급해야 한다.

5 고용관리

1) 출국만기보험 가입과 휴면보험금 관리

외국인근로자를 고용한 사업 또는 사업장의 사용자는 외국인근로자의 출국 등에 따른 퇴직금 지급을 위하여 외국인근로자를 피보험자 또는 수익자로 하는 "출국만기보험 등"에 가입하여야 한다(제13조). 이 경우 보험료 또는 신탁금은 매월 납부하거나 위탁하여야 한다.

사용자가 출국만기보험 등에 가입한 경우 「근로자퇴직급여 보장법」 제8조제1항에 따른 퇴직금제도를 설정한 것으로 본다. 출국만기보험 등의 가입대상 사용자, 가입방법 · 내용 · 관리 및 지급 등에 필요한 사항은 대통령령으로 정하되, 지급시기는 피보험자 등이 출국한 때부터 14일(체류자격의 변경, 사망 등에 따라 신청하거나 출국일 이후에 신청하는 경우에는 신청일부터 14일) 이내로 한다.

출국만기보험 등의 지급사유 발생에 따라 피보험자등이 받을 "보험금 등"에 대한 청구권은 「상법」 제662조에도 불구하고 지급사유가 발생한 날부터 3년 간 이를 행사하지 아니하면 소멸시효가 완성한다. 이 경우 출국만기보험 등을 취급하는 금융기관은 소멸시효가 완성한 보험금 등을 1개월 이내에 한국산업인력공단에 이전하여야 한다.

제13조제4항에 따라 이전받은 보험금 등의 관리 · 운용에 필요한 사항을 심의 · 의결하기 위하여 한국산업인력공단에 휴면보험금 등 관리위원회를 둔다(제13조의2). 이전받은 보험금 등은 우선적으로 피보험자 등을 위하여 사용되어야 한다. 휴면보험금 등 관리위원회의 구성 및 운영, 그 밖에 필요한 사항은 대통령령으로 정한다.

2) 건강보험과 귀국비용 보험

사용자 및 사용자에게 고용된 외국인근로자에게 「국민건강보험법」을 적용하는 경우 사용자는 같은 법 제3조에 따른 사용자로, 사용자에게 고용된 외국인근로자는 같은 법 제6조제1항에 따른 직장가입자로 본다(제14조).

또 외국인근로자는 귀국 시 필요한 비용에 충당하기 위하여 보험 또는 신탁에 가입하여야 한다(제15조). 보험 또는 신탁의 가입방법 · 내용 · 관리 및 지급 등에 필요한 사항은 대통령령으로 정한다. 제1항에 따른 보험 또는 신탁의 지급사유 발생에 따라 가입자가 받을 금액에 대한 청구권의 소멸시효, 소멸시효가 완성한 금액의 이전 및 관리 · 운용 등에 관하여는 제13조를 준용한다.

한편, 사용자는 외국인근로자가 근로관계의 종료, 체류기간의 만료 등으로 귀국하는 경우에는 귀국하기 전에 임금 등 금품관계를 청산하는 등 필요한 조치를 하여야 한다(제16조).

3) 근로계약 변경 및 해지

사용자는 외국인근로자와의 근로계약을 해지하거나 그 밖에 고용과 관련된 중요 사항을 변경하는 등 대통령령으로 정하는 사유가 발생하였을 때에는 고용노동부령으로 정하는 바에 따라 직업안정기관의 장에게 신고하여야 한다(제17조).

사용자가 제1항에 따른 신고를 한 경우 그 신고사실이 「출입국관리법」 제19조제1항 각 호에 따른 신고사유에 해당하는 때에는 같은 항에 따른 신고를 한 것으로 본다. 신고를 받은 직업안정기관의 장은 그 신고사실이 제2항에 해당하는 때에는 지체 없이 사용자의 소재지를 관할하는 지방출입국・외국인관서의 장에게 통보하여야 한다.

4) 사업장 변경 허용

외국인근로자(제12조제1항에 따른 외국인근로자는 제외)는 사용자가 정당한 사유로 근로계약기간 중 근로계약을 해지하려고 하거나 근로계약이 만료된 후 갱신을 거절하려는 경우, 휴업, 폐업, 제19조제1항에 따른 고용허가의 취소, 제20조제1항에 따른 고용의 제한, 제22조의2를 위반한 기숙사의 제공, 사용자의 근로조건 위반 또는 부당한 처우 등 외국인근로자의 책임이 아닌 사유로 인하여 사회통념상 그 사업 또는 사업장에서 근로를 계속할 수 없게 되었다고 인정하여 고용노동부 장관이 고시한 경우, 그 밖에 대통령령으로 정하는 사유가 발생한 경우에는 고용노동부령으로 정하는 바에 따라 직업안정기관의 장에게 다른 사업 또는 사업장으로의 변경을 신청할 수 있다(제25조).

사용자가 제1항에 따라 사업 또는 사업장 변경 신청을 한 후 재취업하려는 외국인근로자를 고용할 경우 그 절차 및 방법에 관하여는 제6조・제8조 및 제9조를 준용한다.

다른 사업 또는 사업장으로의 변경을 신청한 날부터 3개월 이내에 「출입국관리법」 제21조에 따른 근무처 변경허가를 받지 못하거나 사용자와 근로계약이 종료된 날부터 1개월 이내에 다른 사업 또는 사업장으로의 변경을 신청하지 아니한 외국인근로자는 출국하여야 한다.

다만, 업무상 재해, 질병, 임신, 출산 등의 사유로 근무처 변경허가를 받을 수 없거나 근무처 변경신청을 할 수 없는 경우에는 그 사유가 없어진 날부터 각각 그 기간을 계산한다.

외국인근로자의 사업 또는 사업장 변경[1]은 제18조에 따른 기간 중에는 원칙적으로

1) 사업장 변경은 최초 3년의 취업기간 중 3회 가능하고, 재고용 1년 10개월의 취업기간 중 2회가 가

3회를 초과할 수 없으며, 제18조의2제1항에 따라 연장된 기간 중에는 2회를 초과할 수 없다. 다만, 제1항제2호의 사유로 사업 또는 사업장을 변경한 경우는 포함하지 아니한다.

5) 취업기간의 제한과 특례

(1) 3년 제한과 연장

외국인근로자는 입국한 날부터 3년의 범위에서 취업활동을 할 수 있다(제18조).

고용허가를 받은 사용자에게 고용된 외국인근로자로서 제18조에 따른 취업활동기간 3년이 만료되어 출국하기 전에 사용자가 고용노동부 장관에게 재고용 허가를 요청한 근로자, 제12조제3항에 따른 특례고용가능확인을 받은 사용자에게 고용된 외국인근로자로서 제18조에 따른 취업활동기간 3년이 만료되어 출국하기 전에 사용자가 고용노동부 장관에게 재고용 허가를 요청한 근로자는 제18조에도 불구하고 한 차례만 2년 미만의 범위에서 취업활동기간을 연장받을 수 있다(제18조의2).

(2) 재입국 취업의 제한과 특례

국내에서 취업한 후 출국한 외국인근로자(제12조제1항 특례고용에 따른 외국인근로자는 제외)는 출국한 날부터 6개월이 지나지 아니하면 이 법에 따라 다시 취업할 수 없다.

재입국 취업의 제한 규정에도 불구하고 제18조 및 제18조의2에 따른 취업활동기간 중에 사업 또는 사업장 변경을 하지 아니하였을 것(제25조제1항제2호에 따라 사업 또는 사업장을 변경한 경우에는 재입국 후의 고용허가를 신청하는 사용자와 취업활동기간 만료일까지의 근로계약기간이 1년 이상일 것), 정책위원회가 도입 업종이나 규모 등을 고려하여 내국인을 고용하기 어렵다고 정하는 사업 또는 사업장에서 근로하고 있을 것, 재입국하여 근로를 시작하는 날부터 효력이 발생하는 1년 이상의 근로계약을 해당 사용자와 체결하고 있을 것 등의 요건을 모두 갖춘 외국인근로자로서 제18조의2에 따라 연장된 취업활동기간이 만료되어 출국하기 전에 사용자가 재입국 후의 고용허가를

능하다. 근로계약이 종료된 날부터 1개월 이내에 사업장 변경을 신청하지 않거나, 사업장 변경 신청 후 3개월 이내에 근무처 변경허가를 받지 못하는 경우에는 출입국관리법의 규정에 따라 출국조치된다.

신청하면 고용노동부 장관은 그 외국인근로자에 대하여 출국한 날부터 3개월이 지나면 이 법에 따라 다시 취업하도록 할 수 있다(제18조의4).

재입국 취업[2)]은 한 차례만 허용되고, 재입국 취업을 위한 근로계약의 체결에 관하여는 제9조를 준용한다.

(3) 외국인근로자 고용허가 또는 특례고용가능확인의 취소

직업안정기관의 장은 거짓이나 그 밖의 부정한 방법으로 고용허가나 특례고용가능확인을 받은 경우, 사용자가 입국 전에 계약한 임금 또는 그 밖의 근로조건을 위반하는 경우, 사용자의 임금체불 또는 그 밖의 노동관계법 위반 등으로 근로계약을 유지하기 어렵다고 인정되는 경우 중 어느 하나에 해당하는 사용자에 대하여 대통령령으로 정하는 바에 따라 제8조제4항에 따른 고용허가나 제12조제3항에 따른 특례고용가능확인을 취소할 수 있다(제19조). 외국인근로자 고용허가나 특례고용가능확인이 취소된 사용자는 취소된 날부터 15일 이내에 그 외국인근로자와의 근로계약을 종료하여야 한다.

(4) 외국인근로자 고용의 제한

직업안정기관의 장은 제8조제4항에 따른 고용허가 또는 제12조제3항에 따른 특례고용가능확인을 받지 아니하고 외국인근로자를 고용한 자, 제19조제1항에 따라 외국인근로자의 고용허가나 특례고용가능확인이 취소된 자, 이 법 또는 「출입국관리법」을 위반하여 처벌을 받은 자, 그 밖에 대통령령으로 정하는 사유에 해당하는 자 중 어느 하나에 해당하는 사용자에 대하여 그 사실이 발생한 날부터 3년 간 외국인근로자의 고용을 제한할 수 있다(제20조).

고용노동부 장관은 제1항에 따라 외국인근로자의 고용을 제한하는 경우에는 그 사용자에게 고용노동부령으로 정하는 바에 따라 알려야 한다.

---

2) 이 제도는 소규모 제조업이나, 농축산 및 어업, 그리고 일부 서비스업 등 어려운 근무환경에서 사업장 변경 없이 근무한 외국인노동자에 대해 사업주의 요청에 따라 출국 3개월 후 재입국하여 다시 근무할 수 있는 제도로서 2012년 7월부터 시행되었다.

6 인권보호와 이의신청

1) 차별금지 · 권익보호

사용자는 외국인근로자라는 이유로 부당하게 차별하여 처우하여서는 아니 된다(제22조). 또 외국인근로자의 권익보호에 관한 사항을 협의하기 위하여 직업안정기관에 관할 구역의 노동자단체와 사용자단체 등이 참여하는 외국인근로자 권익보호협의회를 둘 수 있다(제24조의2). 외국인근로자 권익보호협의회의 구성 · 운영 등에 필요한 사항은 고용노동부령으로 정한다.

외국인근로자 권익보호협의회는 직업안정기관의 장이 추천한 노동자 단체, 사용사 단체, 외국인근로자 단체 등으로 구성한다. 외국인근로자 권익보호협의회는 사업장 변경에 관한 사항, 사용자와의 갈등 사항 해소 방안, 국내 구직활동 및 생활 지원 방안, 권익보호와 관련한 사항 등에 대해 협의할 수 있다.

2) 기숙사 제공

사용자가 외국인근로자에게 기숙사를 제공하는 경우에는 「근로기준법」 제100조에서 정하는 기준을 준수하고, 건강과 안전을 지킬 수 있도록 하여야 한다(제22조의2).

사용자는 제1항에 따라 기숙사를 제공하는 경우 외국인근로자와 근로계약을 체결할 때에 외국인근로자에게 기숙사의 구조와 설비, 기숙사의 설치 장소, 기숙사의 주거 환경, 기숙사의 면적, 그 밖에 기숙사 설치 및 운영에 필요한 사항에 대한 정보를 사전에 제공하여야 한다. 근로계약 체결 후 사항을 변경하는 경우에도 또한 같다. 제2항에 따른 기숙사 정보 제공의 기준 등에 필요한 사항은 대통령령령으로 정한다.

3) 보증보험 · 상해보험 가입

사업의 규모 및 산업별 특성 등을 고려하여 대통령령으로 정하는 사업 또는 사업장의 사용자는 임금체불에 대비하여 그가 고용하는 외국인근로자를 위한 보증보험에 가입하여야 한다(제23조).

산업별 특성 등을 고려하여 대통령령으로 정하는 사업 또는 사업장에서 취업하는 외국인근로자는 질병 · 사망 등에 대비한 상해보험에 가입하여야 한다. 보증보험, 상해보험의 가입방법 · 내용 · 관리 및 지급 등에 필요한 사항은 대통령령으로 정한다.

4) 외국인근로자 관련 단체 등에 대한 지원

국가는 외국인근로자에 대한 상담과 교육, 그 밖에 대통령령으로 정하는 사업을 하는 기관 또는 단체에 대하여 사업에 필요한 비용의 일부를 예산의 범위에서 지원할 수 있다(제24조). 지원요건 · 기준 및 절차 등에 관하여 필요한 사항은 대통령령으로 정한다. 여기에서 대통령령으로 정하는 지원사업이란 외국인근로자에 대한 무상의료 지원사업, 문화행사 지원사업, 장례 지원사업, 국내 구직활동 지원사업, 국내 생활 지원사업 등이다.

5) 이의신청

외국인근로자의 고용 등에 관한 법률 제22조 및 제24조의2에서는 외국인근로자의 인권보장과 차별금지에 대해서 규정하고 있다. 제22조는 사용자가 외국인근로자라는 이유로 부당하게 차별하여 처우해서는 안 된다는 것을 규정하고 있으며, 제24조의2에서 외국인근로자의 권익보호를 위한 협의회를 둘 수 있도록 하고 있다.

외국인근로자는 이렇게 인권의 보장을 받아야 하는 동시에 차별받지 않을 권리를 갖고 있기 때문에 노동 상황이나 거주 상황 등에서 발생할 수 있는 다양한 문제를 해결하기 위해 이주노동자의 이의신청 권리가 인정되는 것으로 볼 수 있다. 다만, 이 법률

> 제22조(차별금지)
> 사용자는 외국인근로자라는 이유로 부당하게 차별하여 처우하여서는 아니 된다.
> 제24조의2(외국인근로자 권익보호협의회)
> ① 외국인근로자의 권익보호에 관한 사항을 협의하기 위하여 직업안정기관에 관할 구역의 노동자단체와 사용자단체 등이 참여하는 외국인근로자 권익보호협의회를 둘 수 있다.
> ② 외국인근로자 권익보호협의회의 구성 · 운영 등에 필요한 사항은 고용노동부령으로 정한다.

에서도 출입국관리법의 내용에서 규정되고 있는 것처럼 구체적으로 이주노동자의 이의신청 관련 내용은 명시되고 있지 않다.

7 업무체계

1) 보고 · 조사 및 협조

고용노동부 장관은 필요하다고 인정하면 사용자나 외국인근로자 또는 제24조제1항에 따라 지원을 받는 외국인근로자 관련 단체에 대하여 보고, 관련 서류의 제출이나 그 밖에 필요한 명령을 할 수 있으며, 소속 공무원으로 하여금 관계인에게 질문하거나 관련 장부 · 서류 등을 조사하거나 검사하게 할 수 있다(제26조). 조사 또는 검사를 하는 공무원은 그 신분을 표시하는 증명서를 지니고 이를 관계인에게 내보여야 한다.

고용노동부 장관은 중앙행정기관 · 지방자치단체 · 공공기관 등 관계기관의 장에게 이 법의 시행을 위하여 업종별 · 지역별 인력수급 자료, 외국인근로자대상 지원사업 자료의 제출을 요청할 수 있다(제26조의2). 자료의 제출을 요청받은 기관은 정당한 사유가 없으면 요청에 따라야 한다.

2) 업무대행 및 권한위임

사용자 또는 외국인근로자는 제6조제1항에 따른 내국인 구인 신청(제25조제2항에 따라 준용하는 경우를 포함), 제18조의2에 따른 사용자의 재고용 허가 요청, 제18조의4제1항에 따른 재입국 후의 고용허가 신청, 제25조제1항에 따른 사업 또는 사업장 변경 신청, 그 밖에 고용노동부령으로 정하는 외국인근로자 고용 등에 관한 업무 등에 따른 신청이나 서류의 수령 등 외국인근로자의 고용에 관한 업무를 고용노동부 장관이 지정하는 "대행기관"에게 대행하게 할 수 있다(제27조의2).

대행기관의 지정요건, 업무범위, 지정 절차 및 대행에 필요한 사항은 고용노동부령으로 정한다. 고용노동부 장관은 대행기관이 거짓이나 그 밖의 부정한 방법으로 지정을 받은 경우, 지정요건에 미달하게 된 경우, 지정받은 업무범위를 벗어나 업무를 한 경우, 그 밖에 선량한 관리자의 주의를 다하지 아니하거나 업무처리 절차를 위배한 경우 등이 있을 때에는 고용노동부령으로 정하는 바에 따라 지정취소, 6개월 이내의 업무정지 또는 시정명령을 할 수 있다(제27조의3). 고용노동부 장관은 제1항에 따라 대행기관을 지정취소할 경우에는 청문을 실시하여야 한다.

고용노동부 장관은 이 법에 따른 권한의 일부를 대통령령으로 정하는 바에 따라 지방고용노동관서의 장에게 위임하거나 한국산업인력공단 또는 대통령령으로 정하는 자에게 위탁할 수 있다. 다만, 제21조제1호의 사업은 한국산업인력공단에 위탁한다(제28조).

3) 재원 및 수수료, 벌칙

(1) 수수료와 비용

고용노동부 장관은 제21조에 따른 외국인근로자 관련 사업을 하기 위하여 필요하면 고용노동부령으로 정하는 바에 따라 사용자로부터 수수료와 필요한 비용을 받을 수 있다(제27조).

사용자와 외국인근로자의 근로계약 체결(제12조제1항 각 호 외의 부분 후단, 제18조의4제3항 및 제25조제2항에 따라 근로계약 체결을 준용하는 경우를 포함)을 대행하는 자는 고용노동부령으로 정하는 바에 따라 사용자로부터 수수료와 필요한 비용을 받을 수 있다. 또 외국인근로자의 고용에 관한 업무를 대행하는 자는 고용노동부령으로 정하는 바에 따라 사용자로부터 수수료와 필요한 비용을 받을 수 있다. 규정에 따라 대행 및 위탁받지 않은 자는 근로계약 체결의 대행이나 외국인근로자 고용에 관한 업무의 대행 또는 외국인근로자 관련 사업을 하는 대가로 어떠한 금품도 받아서는 아니 된다.

(2) 벌칙과 벌금

제8조제6항을 위반하여 외국인근로자의 선발, 알선, 그 밖의 채용에 개입한 자, 제16조를 위반하여 귀국에 필요한 조치를 하지 아니한 사용자, 제19조제2항을 위반하여 근로계약을 종료하지 아니한 사용자, 제25조에 따른 외국인근로자의 사업 또는 사업장 변경을 방해한 자, 제27조제4항을 위반하여 금품을 받은 자 중 어느 하나에 해당하는 자

는 1년 이하의 징역 또는 1천만 원 이하의 벌금에 처한다(제29조).

또 제13조제1항 전단을 위반하여 출국만기보험등에 가입하지 아니한 사용자, 제23조에 따른 보증보험 또는 상해보험에 가입하지 않은 자 중 어느 하나에 해당하는 자는 500만 원 이하의 벌금에 처한다(제30조).

(3) 양벌규정

법인의 대표자나 법인 또는 개인의 대리인, 사용인, 그 밖의 종업원이 그 법인 또는 개인의 업무에 관하여 제29조 또는 제30조의 위반행위를 하면 그 행위자를 벌하는 외에 그 법인 또는 개인에게도 해당 조문의 벌금형을 부과한다(제31조). 다만, 법인 또는 개인이 그 위반행위를 방지하기 위하여 해당 업무에 관하여 상당한 주의와 감독을 게을리 하지 않은 경우는 해당하지 않는다.

(4) 과태료

제9조제1항을 위반하여 근로계약을 체결할 때 표준근로계약서를 사용하지 아니한 자, 제11조제2항을 위반하여 외국인근로자에게 취업교육을 받게 하지 아니한 사용자, 제12조제3항에 따른 특례고용가능확인을 받지 아니하고 같은 조 제1항에 따른 사증을 발급받은 외국인근로자를 고용한 사용자, 제12조제4항을 위반하여 외국인구직자 명부에 등록된 사람 중에서 채용하지 아니한 사용자 또는 외국인근로자가 근로를 시작한 후 직업안정기관의 장에게 신고를 하지 아니하거나 거짓으로 신고한 사용자, 제13조제1항 후단을 위반하여 출국만기 보험 등의 매월 보험료 또는 신탁금을 3회 이상 연체한 사용자, 제15조제1항을 위반하여 보험 또는 신탁에 가입하지 아니한 외국인근로자, 제17조제1항을 위반하여 신고를 하지 아니하거나 거짓으로 신고한 사용자, 제20조제1항에 따라 외국인근로자의 고용이 제한된 사용자로서 제12조제1항에 따른 사증을 발급받은 외국인근로자를 고용한 사용자, 제26조제1항에 따른 명령을 따르지 아니하여 보고를 하지 아니하거나 거짓으로 보고한 자, 관련 서류를 제출하지 아니하거나 거짓으로 제출한 자, 같은 항에 따른 실문 또는 조사 · 검사를 거부 · 방해하거나 기피한 자, 제27조제1항 · 제2항 또는 제3항에 따른 수수료 및 필요한 비용 외의 금품을 받은 자 중 어느 하나에 해당하는 자에게는 500만 원 이하의 과태료를 부과한다(제32조).

제1항에 따른 과태료는 대통령령으로 정하는 바에 따라 고용노동부 장관이 부과·징수한다.

8 불법체류 외국인근로자에 대한 특례

출입국관리법 제17조제1항 또는 동법 제18조제1항의 규정을 위반하여 국내에 체류 중인 외국인 중 2003년 3월 31일을 기준으로 국내 체류기간이 3년 미만인 자, 고용노동부 장관이 정하여 공표하는 업종에서 취업을 하고 직업안정기관에서 취업확인서를 발급받은 자, 법무부 장관이 정하는 절차에 따라 국내체류를 신고한 자 중의 요건에 해당하는 자는 총 체류기간이 5년을 넘지 아니하는 범위 이내에서 최장 2년 간 그 사업 또는 사업장에서 취업활동을 허용하며, 법무부 장관은 출입국관리법 제18조제1항에 의한 취업활동을 할 수 있는 체류자격을 부여하여야 한다(제2조).

출입국관리법 제17조제1항 또는 동법 제18조제1항의 규정에 위반하여 국내에 체류 중인 외국인 중 2003년 3월 31일을 기준으로 국내 체류기간이 3년 이상 4년 미만인 자, 고용노동부 장관이 정하여 공표하는 업종에서 취업을 하고, 직업안정기관에서 취업확인서를 발급받은 자, 법무부 장관이 정하는 절차에 따라 국내체류를 신고한 자 중의 요건에 해당하는 자가 법무부 장관이 정하는 기한 내에 자진 출국하는 경우에는 출입국관리법 제94조제5호 및 제102조의 규정을 적용하지 아니한다. 그리고 재입국하여 출국 전 체류기간과 합하여 5년을 넘지 아니하는 범위 이내에서 출국 전 취업하고 있던 사업 또는 사업장에서의 취업활동을 허용한다. 이때 법무부 장관은 출입국관리법 제18조제1항에 의해 취업활동을 할 수 있는 체류자격을 부여하여야 한다.

07

재한외국인 처우 기본법

"재한외국인"이란 대한민국의 국적을 가지지 아니한 자로서 대한민국에 거주할 목적을 가지고 합법적으로 체류하고 있는 자를 말한다. 이 법의 목적은 재한외국인이 대한민국 사회에 적응하여 개인의 능력을 충분히 발휘할 수 있도록 하고, 대한민국 국민과 재한외국인이 서로를 이해하고 존중하는 사회 환경을 만들어 대한민국의 발전과 사회통합에 이바지하려는 데 있다. 국가 및 지방자치단체는 재한외국인 또는 그 자녀에 대한 불합리한 차별 방지 및 인권옹호를 위한 교육·홍보, 그 밖에 필요한 조치를 하기 위해 노력해야 한다.

07

재한외국인 처우 기본법

1 목 적

이 법은 재한외국인에 대한 처우 등에 관한 기본적인 사항을 정함으로써 재한외국인이 대한민국 사회에 적응하여 개인의 능력을 충분히 발휘할 수 있도록 하고, 대한민국 국민과 재한외국인이 서로를 이해하고 존중하는 사회 환경을 만들어 대한민국의 발전과 사회통합에 이바지함을 목적으로 한다(제1조).

국가 및 지방자치단체는 제1조의 목적을 달성하기 위하여 재한외국인에 대한 처우 등에 관한 정책의 수립 · 시행에 노력하여야 한다(제3조).

국가는 재한외국인에 대한 처우 등과 관련되는 다른 법률을 제정 또는 개정하는 경우에는 이 법의 목적에 맞도록 하여야 한다(제4조).

이 법은 제1조, 제2조, 제4조에서 밝히고 있듯이 대한민국에 거주하는 외국인이 우리 공동체에 안정적으로 정착하여 살 수 있도록 노력해야 한다며, 여러 이민 · 다문화 관련 법 중에서도 명실공히 기본이 되고 토대가 되는 법이다. 재한외국인의 처우, 사회통합 정책 등과 관련되는 다른 법률을 제정 또는 개정하려 할 때에 이 법의 목적이 맞도록 하여야 한다는 언명은 이 법이 관련 법 중에서도 특별한 지위를 갖고 있음을 말해준다.

2 용어의 정의

이 법에서 사용하는 용어의 정의는 다음과 같다(제2조).

"재한외국인"이란 대한민국의 국적을 가지지 아니한 자로서 대한민국에 거주할 목적을 가지고 합법적으로 체류하고 있는 자를 말한다.

"재한외국인에 대한 처우"란 국가 및 지방자치단체가 재한외국인을 그 법적 지위에 따라 적정하게 대우하는 것을 말한다.

"결혼이민자"란 대한민국 국민과 혼인한 적이 있거나 혼인관계에 있는 재한외국인을 말한다.

합법적으로 체류하고 있지 않은 자, 즉 불법체류자 혹은 미등록 체류자는 '재한외국인'의 지위를 가질 수 없다. 재한외국인의 법적 지위는 대한민국의 국민이 가지는 법적 지위와는 다르다. 외국인의 법적 지위는 국제법이 인정하는 지위를 말한다.

3 운영체계 및 위원회

1) 기본계획

법무부 장관은 관계 중앙행정기관의 장과 협의하여 5년마다 외국인정책에 관한 기본계획을 수립하여야 한다(제5조). 기본계획에는 외국인정책의 기본목표와 추진방향, 외국인정책의 추진과제, 그 추진방법 및 추진시기, 필요한 재원의 규모와 조달방안 등의 사항이 포함되어야 한다.

이 법에 따라 제1차 및 제2차 외국인정책의 기본계획이 수립·시행된 이후 2018년 제3차 외국인정책 기본계획(2018~2022)이 확정되었고, 2021년 현재 4년차 사업이 추진·운영되고 있다. 제3차 외국인정책 기본계획의 비전 및 5대 목표는 다음과 같다.

제3차 외국인정책 기본계획의 비전 및 5대 목표

■ 비 전
국민 공감! 인권과 다양성이 존중되는 안전한 대한민국

■ 5대 정책목표
1. 개방: 국민이 공감하는 질서 있는 개방
2. 통합: 이민자의 자립과 참여로 통합되는 사회
3. 안전: 국민과 이민자가 함께 만들어 가는 안전한 사회
4. 인권: 인권과 다양성이 존중되는 정의로운 사회
5. 협력: 협력에 바탕한 미래 지향적 거버넌스

• 개방: 국민이 공감하는 질서 있는 개방의 추진 방향은 내국인과 외국인의 상생공존시대에 부응하는 적극적 외국인 지원서비스 체계의 구축이다. 이는 법률, 국적상담, 정착 과정상 애로사항 적극 발굴 등을 통해 적극적이면서도 선제적으로 외국인 지원서비스 체계를 구축하는 것이다.

또 우수인재, 투자자, 취업이민자 유치 및 성장 지원 강화, 관광객 유치를 통한 경제 활성화 지원은 우수인재 비자신설 및 적극적인 우수인재 유치 지원 등을 통해 우수 외국인 인재를 유입하는 것이다.

성장동력 확보를 위한 취업이민자 유치 항목에는 5개월까지 계절 근로 가능한 체류자격을 신설 운영하는 것과 고용 사업주에게 고용부담금을 부담하도록 하는 제도 도입을 검토하는 내용이 있다.

이민자 유입 체계의 고도화를 위해서는 복수 국적제도 10년 평가를 통한 국적제도 개선, 귀화제도 운영 평가를 통한 귀화제도 개선안 등이 모색되고 있다.

• 통합: 이민자의 자립과 참여로 통합되는 사회의 추진방향은 이민 단계별 정책 지원 및 사회통합 촉진, 이민자 복지 지원 내실화를 통해 이민자의 자립 및 참여를 확대하는 것이다. 이민자의 자립 지원을 위해서는 이민배경자녀의 사회적응 지원을 위해 다문화 학생의 이중언어 재능 발굴과 육성, 다문화교육 정책학교 확대하는 것이다. 사회통합 관련 강사, 다문화 이해교육 전문강사 양성 및 역량강화, 다문화사회 전문가의 체계적 양성도 주요 추진 과제이다.

• 안전: 국민과 이민자가 함께 만들어 가는 안전한 사회는 선진기술을 이용한 안전

하고 신속한 국경관리 및 국민과 외국인이 모두 안전한 체류환경을 조성하는 것이다. 빅데이터 분석 기법 등 첨단기술을 도입한 정보 활용 체계의 강화, 자동출입국심사대 이용대상 및 상호이용대상 국가 확대, 전자여행제도도입 등이 모색되고 있다.

• 인권: 인권과 다양성이 존중되는 정의로운 사회는 이민자 차별방지 및 대상별 체계적 인권보호 제도 마련, 다양한 문화 유입에 따른 문화다양성을 증진하는 것이다. 외국인 권익 옴부즈맨 제도 활성화, 권익증진협의회 강화, 외국인근로자와 사업주 간 갈등 예방과 인권 증진 방안이 강화된다. 문화다양성 증진을 위해서는 교원들에 대한 다문화 교육역량 강화, 세계시민교육의 지속적 확산 노력이 이행된다.

• 협력: 협력에 바탕한 미래 지향적 거버넌스는 이민 관련 국제협력 증진 및 중앙부처와 지방자치단체, 그리고 시민단체 간 협력을 강화하고 이민정책 추진 관련 인프라를 확충하는 것이다. 주요국 이민당국과의 인적교류 및 정보 교환, 국제이주기구, 유엔난민기구 등 이민 관련 기구와의 협력 증진을 모색한다. 또 이민 관련 연구기반을 강화하기 위해 국제인구이동 통계, 전국 장래인구 추계, 다문화인구 동태 통계, 이민자 체류실태 및 고용조사 실시 및 결과의 공표 등을 적극 추진한다.

2) 외국인정책위원회

외국인정책에 관한 주요 사항을 심의 · 조정하기 위하여 국무총리 소속으로 외국인정책위원회를 둔다(제8조). 위원회는 제5조에 따른 외국인정책의 기본계획의 수립에 관한 사항, 제6조에 따른 외국인정책의 시행계획 수립, 추진실적 및 평가결과에 관한 사항, 제15조에 따른 사회적응에 관한 주요 사항, 그 밖에 외국인정책에 관한 주요 사항 등을 심의 · 조정한다.

위원회는 위원장 1인을 포함한 30인 이내의 위원으로 구성하며, 위원장은 국무총리가 되고, 위원은 대통령령으로 정하는 중앙행정기관의 장, 외국인정책에 관하여 학식과 경험이 풍부한 자 중에서 위원장이 위촉하는 자가 된다.

위원회에 상정할 안건과 위원회에서 위임한 안건을 처리하기 위하여 위원회에 외국인정책실무위원회를 둔다. 법무부 장관은 제1항에 따라 수립된 기본계획을 제8조에 따른 외국인정책위원회의 심의를 거쳐 확정하여야 한다.

기본계획의 수립 절차 등에 관하여 필요한 사항은 대통령령으로 정한다. 법무부 장관은 기본계획을 수립함에 있어서 상호주의원칙을 고려한다.

(1) 연도별 시행

관계 중앙행정기관의 장은 기본계획에 따라 소관별로 연도별 시행계획을 수립・시행하여야 한다(제6조). 또 지방자치단체의 장은 중앙행정기관의 장이 법령에 따라 위임한 사무에 관하여 당해 중앙행정기관의 장이 수립한 시행계획에 따라 당해 지방자치단체의 연도별 시행계획을 수립・시행하여야 한다.

한편, 관계 중앙행정기관의 장은 제2항에 따라 수립된 지방자치단체의 시행계획이 기본계획 및 당해 중앙행정기관의 시행계획에 부합되지 아니하는 경우에는 당해 지방자치단체의 장에게 그 변경을 요청할 수 있고, 당해 지방자치단체가 수립한 시행계획의 이행사항을 기본계획 및 당해 중앙행정기관의 시행계획에 따라 점검할 수 있다.

관계 중앙행정기관의 장은 소관별로 다음 해 시행계획과 지난 해 추진실적 및 평가결과를 법무부 장관에게 제출하여야 하며, 법무부 장관은 이를 종합하여 제8조에 따른 외국인정책위원회에 상정하여야 한다.

(2) 업무 협조

법무부 장관은 기본계획과 시행계획을 수립・시행하고 이를 평가하기 위하여 필요한 때에는 국가기관・지방자치단체 및 대통령령으로 정하는 공공단체의 장에게 관련 자료의 제출 등 필요한 협조를 요청할 수 있다(제7조).

중앙행정기관 및 지방자치단체의 장은 소관 업무에 관한 시행계획을 수립・시행하고, 이를 평가하기 위하여 필요한 때에는 공공기관장에게 관련 자료의 제출 등 필요한 협조를 요청할 수 있다.

(3) 정책의 공표

국가 및 지방자치단체는 확정된 외국인정책의 기본계획 및 시행계획 등을 공표할 수 있다(제23조). 다만, 위원회 또는 실무위원회에서 국가안전보장・질서유지・공공복리・

외교관계 등의 국익을 고려하여 공표하지 아니하기로 하거나 개인의 사생활의 비밀이 침해될 우려가 있는 사항에 대하여는 그러하지 아니하다.

국가 및 지방자치단체는 모든 국민 및 재한외국인이 제1항에 따라 공표된 외국인정책의 기본계획 및 시행계획 등을 쉽게 이해하고 이용할 수 있도록 노력하여야 한다.

(4) 연구 및 운영

법무부 장관은 기본계획의 수립, 시행계획의 수립 및 추진실적에 대한 평가, 위원회 및 실무위원회의 구성·운영 등이 효율적으로 이루어질 수 있도록 하여야 한다. 이를 위해 재한외국인, 불법체류외국인 및 제15조에 따른 귀화자에 관한 실태 조사, 기본계획의 수립에 필요한 사항에 관한 연구, 위원회 및 실무위원회에 부의할 안건에 관한 사전 연구, 외국인정책에 관한 자료 및 통계의 관리, 위원회 및 실무위원회의 사무 처리, 제15조에 따른 사회적응시책 및 그 이용에 관한 연구와 정책의 추진, 그 밖에 외국인정책 수립 등에 관하여 필요하다고 인정되는 사항에 관한 연구와 정책의 추진 등의 업무를 수행하여야 한다(제9조).

4 인권보호와 이의신청

1) 인권옹호

국가 및 지방자치단체는 재한외국인 또는 그 자녀에 대한 불합리한 차별 방지 및 인권옹호를 위한 교육·홍보, 그 밖에 필요한 조치를 하기 위하여 노력하여야 한다(제10조).

2) 사회적응 지원

국가 및 지방자치단체는 재한외국인이 대한민국에서 생활하는 데 필요한 기본적 소양과 지식에 관한 교육·정보제공 및 상담 등의 지원을 할 수 있다(제11조).

3) 결혼이민자 지원

국가 및 지방자치단체는 결혼이민자에 대한 국어교육, 대한민국의 제도·문화에 대한 교육, 결혼이민자의 자녀에 대한 보육 및 교육 지원, 의료 지원 등을 통하여 결혼이민자 및 그 자녀가 대한민국 사회에 빨리 적응하도록 지원할 수 있다(제12조). 이러한 지원은 대한민국 국민과 사실혼 관계에서 출생한 자녀를 양육하고 있는 재한외국인 및 그 자녀에 대하여 준용한다. 국가와 지방자치단체는 제1항의 결혼이민자 및 그 자녀와 제2항의 재한외국인 및 그 자녀에 대하여 건강검진을 실시할 수 있다.

4) 영주권자 지원

국가 및 지방자치단체는 대한민국에 영구적으로 거주할 수 있는 법적 지위를 가진 외국인에 대하여 대한민국의 안전보상·질서유지·공공복리, 그 밖에 대한민국의 이익을 해치지 아니하는 범위 안에서 대한민국으로의 입국·체류 또는 대한민국 안에서의 경제활동 등을 보장할 수 있다(제13조).

5) 난민 지원

「난민법」에 따른 난민인정자가 대한민국에서 거주하기를 원하는 경우에는 제12조제1항을 준용하여 지원할 수 있다(제14조). 또한 국가는 난민의 인정을 받은 재한외국인이 외국에서 거주할 목적으로 출국하려는 경우에는 출국에 필요한 정보제공 및 상담과 그 밖에 필요한 지원을 할 수 있다.

6) 전문외국인력 지원

국가 및 지방자치단체는 전문적인 지식·기술 또는 기능을 가진 외국 인력의 유치를 촉진할 수 있도록 그 법적 지위 및 처우의 개선에 필요한 제도와 시책을 마련하기 위하여 노력하여야 한다(제16조).

7) 국적보유자였던 자의 처우

국가 및 지방자치단체는 과거 대한민국의 국적을 보유하였던 자 또는 그의 직계비속(대한민국의 국적을 보유한 자를 제외한다)으로서 대통령령으로 정하는 자에 대하여 대한민국의 안전보장 · 질서유지 · 공공복리, 그 밖에 대한민국의 이익을 해치지 아니하는 범위 안에서 대한민국으로의 입국 · 체류 또는 대한민국 안에서의 경제활동 등을 보장할 수 있다(제17조).

8) 이의신청

재한외국인 처우 기본법은 한국 내 머무는 외국인에 대해 다음과 같이 규정하고 있다.

> **제10조(재한외국인 등의 인권옹호)**
> 국가 및 지방자치단체는 재한외국인 또는 그 자녀에 대한 불합리한 차별 방지 및 인권옹호를 위한 교육 · 홍보, 그 밖에 필요한 조치를 하기 위하여 노력하여야 한다.
> **제11조(재한외국인의 사회적응 지원)**
> 국가 및 지방자치단체는 재한외국인이 대한민국에서 생활하는 데 필요한 기본적 소양과 지식에 관한 교육 · 정보제공 및 상담 등의 지원을 할 수 있다.
> **제12조(결혼이민자 및 그 자녀의 처우)**
> ① 국가 및 지방자치단체는 결혼이민자에 대한 국어교육, 대한민국의 제도 · 문화에 대한 교육, 결혼이민자의 자녀에 대한 보육 및 교육 지원, 의료 지원 등을 통하여 결혼이민자 및 그 자녀가 대한민국 사회에 빨리 적응하도록 지원할 수 있다.
> ② 제1항은 대한민국 국민과 사실혼 관계에서 출생한 자녀를 양육하고 있는 재한외국인 및 그 자녀에 대하여 준용한다.
> ③ 국가와 지방자치단체는 제1항의 결혼이민자 및 그 자녀와 제2항의 재한외국인 및 그 자녀에 대하여 건강검진을 실시할 수 있다
> **제18조(다문화에 대한 이해 증진)**
> 국가 및 지방자치단체는 국민과 재한외국인이 서로의 역사 · 문화 및 제도를 이해하고 존중할 수 있도록 교육, 홍보, 불합리한 제도의 시정이나 그 밖에 필요한 조치를 하기 위하여 노력하여야 한다.

제3장의 제10조는 외국인과 그 자녀가 모두 차별받아서는 안 되는 사람이며, 따라서 공동체 안에서 불합리한 차별이나 인권침해의 경우가 있을 때는 정당하고도 당위적인 차원에서 사회적 · 법률적 이의신청이 가능하며 또 필요하다는 것을 표현하고 있다.

한편, 제11조는 재한외국인의 사회적응 지원에 대한 내용을 규정하고 있으며, 제12조는 결혼이민자와 함께 대한민국 국민과 사실혼 관계에서 출생한 자녀를 양육하고 있는 재한외국인 및 그 자녀에 대해서도 적용되는 것으로 규정하여, 재한외국인과 그 자녀의 처우가 국민들에 대한 처우와 차별되지 않아야 하는 것으로 명시하고 있다. 한편, 제18조에서는 "국민과 재한외국인이 서로의 역사 문화 및 제도를 이해하고 존중할 수 있도록 교육, 홍보, 불합리한 제도의 시정이나 그 밖에 필요한 조치를 하기 위하여 노력하여야 한다"고 하면서 사회통합에 대하여 규정하고 있다.

이러한 법 규정들은 비록 관련된 특별한 이의신청 권리 조항을 따로 규정하여 밝히고 있지는 않으나 현실에서 외국인이 교육, 의료, 안전 등과 보다 광범위한 의미의 복지 혜택 등의 수혜 등에서 차별 등의 행위가 있을 경우 이 법률에 근거한 차별 시정을 위한 일반적인 이의신청 권리가 주어지는 것으로 이해할 수 있다.

5 사회통합 환경조성

1) 다문화 이해의 증진

국가 및 지방자치단체는 국민과 재한외국인이 서로의 역사·문화 및 제도를 이해하고 존중할 수 있도록 교육, 홍보, 불합리한 제도의 시정이나 그 밖에 필요한 조치를 하기 위하여 노력하여야 한다(제18조).

2) '세계인의 날' 운영

국민과 재한외국인이 서로의 문화와 전통을 존중하면서 더불어 살아갈 수 있는 사회환경을 조성하기 위하여 매년 5월 20일을 세계인의 날로 하고, 세계인의 날부터 1주간의 기간을 세계인주간으로 한다(제19조). 세계인의 날 행사에 관하여 필요한 사항은 법무부 장관 또는 특별시장·광역시장·도지사 또는 특별자치도지사가 따로 정할 수 있다.

3) 민원 및 상담과 위탁

공공기관장은 재한외국인에게 민원처리 절차를 안내하는 업무를 전담하는 직원을 지정할 수 있고, 그 직원으로 하여금 소정의 교육을 이수하도록 할 수 있다(제20조제1항). 또 국가는 전화 또는 전자통신망을 이용하여 재한외국인과 그 밖에 대통령령으로 정하는 자에게 외국어로 민원을 안내 · 상담하기 위하여 외국인종합안내센터를 설치 · 운영할 수 있다(제20조제2항). 국가 및 지방자치단체는 외국인정책에 관한 사업 중의 일부를 비영리법인 또는 비영리단체에 위탁할 수 있고, 그 위탁한 사업수행에 드는 비용의 일부를 지원하거나 그 밖에 필요한 지원을 할 수 있다(제21조).

4) 국제교류

국가 및 지방자치단체는 외국인정책과 관련한 국제기구에 참여하거나 국제회의에 참석하고, 정보교환 및 공동 조사 · 연구 등의 국제협력사업을 추진함으로써 국제교류를 활성화하기 위하여 노력하여야 한다(제22조).

08

다문화가족지원법

“다문화가족”이란 재한외국인 처우 기본법이 말하는 결혼이민자와 국적법의 규정에 따라 대한민국 국적을 취득한 자로 이루어진 가족을 말하며, 구성원 중 “아동 · 청소년”이란 24세 이하인 사람을 말한다. 이 법의 목적은 다문화가족 구성원이 안정적인 가족생활을 영위하고 사회구성원으로서의 역할과 책임을 다할 수 있도록 함으로써 이들의 삶의 질 향상과 사회통합에 이바지하기 위해 있다.

08

다문화가족지원법

1 목 적

이 법은 다문화가족 구성원이 안정적인 가족생활을 영위하고 사회구성원으로서의 역할과 책임을 다할 수 있도록 함으로써 이들의 삶의 질 향상과 사회통합에 이바지함을 목적으로 한다(제1조).

이 목적을 이루기 위해 국가와 지방자치단체는 다문화가족 구성원이 안정적인 가족생활을 영위하고 경제 · 사회 · 문화 등 각 분야에서 사회구성원으로서의 역할과 책임을 다할 수 있도록 필요한 제도와 여건을 조성하고 이를 위한 시책을 수립 · 시행하여야 한다(제3조). 특별시 · 광역시 · 특별자치시 · 도 · 특별자치도 및 시 · 군 · 구 등의 자치구에는 다문화가족 지원을 담당할 기구와 공무원을 두어야 한다.

2 용어의 정의

이 법에서 사용하는 용어의 뜻은 다음과 같다(제2조).

“다문화가족”이란 재한외국인 처우 기본법 제2조제3호의 결혼이민자와 국적법 제2조부터 제4조까지의 규정에 따라 대한민국 국적을 취득한 자로 이루어진 가족, 국적법 제

3조 및 제4조에 따라 대한민국 국적을 취득한 자와 같은 법 제2조부터 제4조까지의 규정에 따라 대한민국 국적을 취득한 자로 이루어진 가족 중 어느 하나에 해당하는 가족을 말한다.

"결혼이민자 등"이란 다문화가족의 구성원으로서 재한외국인 처우 기본법 제2조제3호의 결혼이민자, 국적법 제4조에 따라 귀화허가를 받은 자 중 어느 하나에 해당하는 자를 말한다.

"아동·청소년"이란 24세 이하인 사람을 말한다.

3 운영체계

1) 기본계획의 수립

여성가족부 장관은 다문화가족 지원을 위하여 5년마다 다문화가족정책에 관한 기본계획을 수립하여야 한다(제3조). 기본계획을 수립할 때에는 미리 관계 중앙행정기관의 장과 협의하여야 한다.

기본계획은 다문화가족정책위원회의 심의를 거쳐 확정한다. 이 경우 여성가족부 장관은 확정된 기본계획을 지체 없이 국회 소관 상임위원회에 보고하고, 관계 중앙행정기관의 장과 특별시장·광역시장·특별자치시장·도지사·특별자치도지사에게 알려야 한다. 여성가족부 장관은 기본계획을 수립하기 위하여 필요하다고 인정하는 경우 관계기관의 장에게 기본계획의 수립에 필요한 자료의 제출을 요구할 수 있다.

기본계획에는 다문화가족 지원 정책의 기본방향, 다문화가족 지원을 위한 분야별 발전시책과 평가에 관한 사항, 다문화가족 지원을 위한 제도 개선에 관한 사항, 다문화가족 구성원의 경제·사회·문화 등 각 분야에서 활동 증진에 관한 사항, 다문화가족 지원을 위한 재원 확보 및 배분에 관한 사항, 그 밖에 다문화가족 지원을 위하여 필요한 사항 등이 포함되어야 한다.

이 법에 따라 제1차 및 제2차 다문화가족정책 기본계획이 수립·시행된 이후 2018년 제3차 다문화가족정책 기본계획이 확정되었고, 2021년 현재 4년차 사업이 추진·운영

〈제3차 다문화가족정책 기본계획 비전 및 목표〉

비전	참여와 공존의 열린 다문화 사회
목표	• 모두가 존중받는 차별 없는 다문화 사회 구현 • 다문화가족의 사회·경제적 참여 확대 • 다문화가족 자녀의 건강한 성장 도모

구분	정책과제	세부과제
정책과제	다문화가족 장기정착 지원	① 결혼이주여성 인권보호 강화(가정폭력예방 및 대응체계 구축) ② 국제결혼 피해예방 지원 ③ 안정된 가족생활 지원 ④ 서비스 연계 활성화
	결혼이민자 다양한 사회참여 확대	① 자립역량 강화 ② 취업·창업 지원서비스 내실화 ③ 사회참여 기회 확대
	다문화가족 자녀의 안정적 성장 지원과 역량 강화	① 안정적 성장을 위한 환경조성 ② 학업 및 글로벌 역량 강화 ③ 진로준비 및 사회진출 지원 ④ 중도입국 자녀 맞춤형 지원
	상호 존중에 기반한 다문화 수용성 제고	① 정책환경에 대한 주기적 모니터링 실시 ② 다문화 이해교육 활성화 ③ 다문화수용성 제고를 위한 미디어 환경 조성 ④ 지역 환경 조성 및 참여·교류 프로그램 활성화
	협력적 다문화 가족정책 운영을 위한 추진체계 강화	① 정책추진체계 간 협력 강화 ② 다문화가족 지원체계 내실화

되고 있다. 제3차 다문화가족정책 기본계획의 비전 및 목표와 정책과제는 위와 같다.

2) 연도별 시행계획

여성가족부 장관, 관계 중앙행정기관의 장과 시·도지사는 매년 기본계획에 따라 다문화가족정책에 관한 시행계획을 수립·시행하여야 한다(제3조의3). 관계 중앙행정기관의 장과 시·도지사는 전년도의 시행계획에 따른 추진실적 및 다음 연도의 시행계획을 대통령령으로 정하는 바에 따라 매년 여성가족부 장관에게 제출하여야 한다.

3) 다문화가족정책위원회

다문화가족의 삶의 질 향상과 사회통합에 관한 중요 사항을 심의·조정하기 위하여 국무총리 소속으로 다문화가족정책위원회를 둔다(제3조의4).

정책위원회는 위원장 1명을 포함한 20명 이내의 위원으로 구성하고, 위원장은 국무총리가 되며, 위원은 대통령령으로 정하는 중앙행정기관의 장, 다문화가족정책에 관하여 학식과 경험이 풍부한 사람 중에서 위원장이 위촉하는 사람이 된다.

정책위원회에서 심의·조정할 사항을 미리 검토하고 대통령령에 따라 위임된 사항을 다루기 위하여 정책위원회에 실무위원회를 둔다. 정책위원회는 다문화가족정책에 관한 기본계획의 수립 및 추진에 관한 사항, 다문화가족정책의 시행계획의 수립, 추진실적 점검 및 평가에 관한 사항, 다문화가족과 관련된 각종 조사·연구 및 정책의 분석·평가에 관한 사항, 각종 다문화가족 지원 관련 사업의 조정 및 협력에 관한 사항, 다문화가족정책과 관련된 국가 간 협력에 관한 사항, 그 밖에 다문화가족의 사회통합에 관한 중요 사항으로 위원장이 필요하다고 인정하는 사항을 심의·조정한다.

4) 실태조사

여성가족부 장관은 다문화가족의 현황 및 실태를 파악하고 다문화가족 지원을 위한 정책수립에 활용하기 위하여 3년마다 다문화가족에 대한 실태조사를 실시하고 그 결과를 공표하여야 한다(제4조).

여성가족부 장관은 실태조사를 실시함에 있어서 외국인정책 관련 사항에 대하여는 법무부 장관과, 다문화가족 구성원인 아동·청소년의 교육현황 및 아동·청소년의 다문화가족에 대한 인식 등에 관한 사항에 대하여는 교육부 장관과 협의를 거쳐 실시한다. 여성가족부 장관은 제1항에 따른 실태조사를 위하여 관계 공공기관 또는 관련 법인·단체에 대하여 필요한 자료의 제출 등 협조를 요청할 수 있다.

5) 다문화가족지원센터의 운영

(1) 센터 운영과 수행업무

국가와 지방자치단체는 다문화가족지원센터를 설치·운영할 수 있다(제12조). 국가와 지방자치단체는 이 규정에 따라 지정한 지원센터에 대하여 예산의 범위에서 제반 업무를 수행하는 데에 필요한 비용 및 지원센터의 운영에 드는 비용의 전부 또는 일부를 보조할 수 있다.

지원센터의 설치·운영을 위해 대통령령으로 정하는 법인이나 단체에 위탁할 수 있다. 국가 또는 지방자치단체 아닌 자가 지원센터를 설치·운영하고자 할 때에는 미리 시·도지사 또는 시장·군수·구청장의 지정을 받아야 한다. 이 법에 따른 지원센터가 아니면 다문화가족지원센터 또는 이와 유사한 명칭을 사용하지 못한다. 지원센터는 다음의 업무를 수행한다. 이는 다문화가족을 위한 교육·상담 등 지원사업의 실시, 결혼이민자 등에 대한 한국어교육, 다문화가족 지원서비스 정보제공 및 홍보, 다문화가족 지원 관련 기관·단체와의 서비스 연계, 일자리에 관한 정보제공 및 일자리의 알선, 다문화가족을 위한 통역·번역 지원사업, 다문화가족 내 가정폭력 방지 및 피해자 연계 지원, 그 밖에 다문화가족 지원을 위하여 필요한 사업 등이다.

2021년 현재 다문화가족지원센터의 설치 현황은 다음과 같다.

〈다문화가족지원센터〉

2021.1 기준

시·도	시·군·구	소재지	전화번호
서울 (25)	*종로구	서울 종로구 종로53길 29(창신동 197-17) 토월 2층	02-764-3524
	*중구	서울 중구 퇴계로 460, 10층	02-2279-3891
	*용산구	서울 용산구 이태원로 224-19(한남동) 한남동 공영주차장 부대시설 3층	02-797-9184
	*성동구	서울 성동구 무학로 6길 9(홍익동) 3층	02-3395-9445
	*광진구	서울 광진구 아차산로 24길 17, 지양공공힐링센터 5층	02-458-0666
	*동대문구	서울 동대문구 청계천로 521, 다사랑행복센터 7층	02-957-1073
	*중랑구	서울 중랑구 용마산로 369(면목동 62-2)	02-435-4149
	*성북구	서울 성북구 안암로 145(안암동 5가) 고려대학교 라이시움 102호	02-3290-1660
	*강북구	서울 강북구 한천로 129길 6	02-987-2567

	*도봉구	서울 도봉구 도봉로 552(창동) 도봉구민회관 2층 도봉구 다문화가족지원센터	02-995-6800
	*노원구	서울 노원구 동일로 173가길 94, 가온빌딩 3F	02-979-3502
	*은평구	서울 은평구 은평로 21가길 15-17	02-376-3731
	*서대문구	서울 서대문구 증가로 244(북가좌동), 2층	02-375-7530
	*마포구	서울 마포구 양화로 19, 홀트아동복지회 B2층	02-3142-5482
	*양천구	서울 양천구 남부순환로 88길 5-7 지층	02-2699-6900
	*강서구	서울 강서구 강서로 5길 50, 곰달래 문화복지센터 4층	02-2606-2037
	*구로구	서울 구로구 우마 2길 35, 구로구가족통합지원센터 2, 3층	02-869-0317
	*금천구	서울 금천구 금하로 11길 40, 1층	02-803-7747
	*영등포구	서울 영등포구 영등포로 84길 24-5(신길1동 465-2) 주민센터 4층	02-2678-2193
	*동작구	서울 동작구 동작대로 29길 63-26, 3층(동작구 사당2동 1136-1 3층)	02-599-3301
	*관악구	서울 관악구 신림로 3길 35(김삼준 문화복지기념관) 다문화복합시설 3층	02-883-9383
	*강남구	서울 강남구 개포로 617-8, 4층 다문화가족지원센터	02-3412-2222
	*송파구	서울 송파구 마천로 41길 12(마천2동 127-1)	02-403-3844
	*강동구	서울 강동구 양재대로 138길 41, 강동청소년회관 2층	02-471-0812
	*서초구	서울시 서초구 강남대로 201, 서초문화예술회관 2층	02-576-2851~2
부산 (14)	동구	부산 동구 중앙대로 248(초량동, 엘림빌딩 3층)	051-465-7171
	진구	부산 진구 백양대로 160, 2층(당감동, 부산진구 여성가족문화센터)	051-817-4313
	*동래구	부산 동래구 사직북로 63번길 20-7, 사직종합사회복지관 2층	051-506-5766
	남구	부산 남구 수영로 356, 2층(대연동, 부산광역시 여성회관)	051-610-2027
	북구	부산 북구 효열로 76(금곡동 1108)	051-365-3408
	해운대구	부산 해운대구 양운로 91, 좌1동 주민센터 2층	051-702-8002
	사하구	부산 사하구 신산로 177(신평동) 농협신평동지점 2층	051-205-8345
	*사상구	부산 사상구 가야대로 196번길 51(학장동), 다누림센터 4층	051-328-0042
	*기장군	부산 기장군 기장읍 차성로 206, 기장종합사회복지관 (대라리 175-3)	051-792-4750
	*금정구	부산시 금정구 중앙대로 1992 2층(남산동)	051-513-2131
	*수영구	부산시 수영구 황령산로 7번길 45(남천동, 헤리티지) 지하 1층	051-758-3073
	*연제구	부산시 연제구 월드컵대로 46번길 11	051-851-5002
	*영도구	부산시 영도구 하나길 448	051-414-9605
	*서구	부산시 서구 구덕로 127, 6층(토성동 5가, 서구가족센터)	051-241-6200

대구 (8)	*동구	대구 동구 안심로 300, 4층 동구 다문화가족지원센터(동호동)	053-961-2203
	*서구	대구 서구 서대구로 330, 5~6층	053-341-8312
	*남구	대구 남구 이천로 10(봉덕3동 624-14번지)	053-475-2324
	*북구	대구 북구 칠곡중앙대로 473(관음동), 조은빌딩 2층	053-327-2994
	*수성구	대구 수성구 들안로 16길 78, 두산문화센터 1층	053-764-4317
	*달서구	대구 달서구 달구벌대로 1095동 계명대학교 성서캠퍼스 산학협력관 411호	053-580-6819
	*달성군	대구 달성군 화원읍 성천로 5, 5층(화원읍 설화리 553-41 5층)	053-637-4374
	*중구	대구시 중구 남산로 53-1, 2층	053-431-1230
인천 (9)	*중구	인천 중구 답동로 23, 천주교 사회복지센터 3층	032-763-9337
	*동구	인천 동구 박문로 8(송림동)	032-773-0297
	*미추홀구	인천 미추홀구 소성로 189, 5층	032-875-1577
	*연수구	인천 연수구 청능대로 109, 탑피온빌딩 4층	032-851-2740
	*남동구	인천 남동구 소래로 645(남동구 평생학습관 2층)	032 467 3904
	부평구	인천 부평구 열우물로 103(십정1동 279-20), 열우물어울림센터 7층	032-511-1800 ~1,9
	*계양구	인천 계양구 계양산로 102번길 5, 사회복지회관 3층	032-541-2860 ~1
	*서구	인천 서구 경명대로 693번길 6, 1층(공촌동 305-13)	032-569-1560
	*강화군	인천 강화군 강화읍 북문길 11-1(관청리 523)	032-933-0980
광주 (5)	*서구	광주 서구 상무대로 1224번길 18(양3동 385-20)	062-369-0072
	*남구	광주 남구 군분로 155, 초당빌딩 2층(월산동)	062-351-9337
	*북구	광주 북구 하서로 195(양산동)	062-363-2963
	*광산구	광주 광산구 광산로 57-1(송정2동 802-4)	062-954-8004
	*동구	광주시 동구 남문로 693번길 14	062-234-5790
대전 (5)	동구	대전 동구 동대전로 171(자양동), 우송도서관 706호	042-630-9945
	중구	대전 중구 대흥로 128(대흥동 445-1)	042-335-4566
	*서구	대전 서구 배재로 155-40, 배재대학교 우남관 103-1호(도마동)	042-520-5928
	*유성구	대전 유성구 테크노 6로 40-17(관평동767)	042-932-9995
	대덕구	대전 대덕구 오정로 112(오정동), 대전가톨릭사회복지회관 2층	042-639-2664
울산 (5)	*중구	울산 중구 중앙길 162, 4층(시티빌딩 4층)	052-248-1103
	*남구	울산 남구 대공원로 84, 가족문화센터 A동 3층	052-274-3185
	*동구	울산 동구 대학길 59, 3층	052-232-3357
	*북구	울산 북구 동대 5길 31(호계동 259-13)	052-286-0025

	*울주군	울산 울주군 범서읍 점촌 5길 39-7, 중부종합사회복지관 구영관 2층	052-229-9600
세종	*세종특별자치시	세종시 새롬로 14 새롬종합복지센터	044-862-9338
경기(31)	수원시	경기 수원시 장안구 송원로 63, 신성빌딩 3, 4층(송죽동)	031-257-8504
	성남시	경기 성남시 중원구 광명로 395번길 1	031-740-1175
	고양시	경기 고양시 일산동구 대산로 27, 정원빌딩 4층	031-938-9801
	부천시	경기 부천시 조종로 68번 가길 4	032-327-1370
	*안양시	경기 안양시 동안구 동안로 158(비산동), 동안구청별관 동안문화관 2층	031-8045-5572
	안산시	경기 안산시 단원구 화정로 26, 안산글로벌다문화센터 2층(초지동)	031-599-1700~16
	*용인시	경기 용인시 수지구 상현동 1129-2, 용인시 종합가족센터(법조로 230)	031-323-7133
	*의정부시	경기 의정부시 둔야로 5번길 67	031-878-7117
	*남양주시	경기 남양주시 경춘로 522, 남양주시청 제2청사 2층	031-590-8215
	*평택시	경기 평택시 서정로 295, 북부복지타운 1층(서정동)	031-615-3959~65
	*광명시	경기 광명시 디지털로 34, 철산별관 노둣돌 1동 2층	02-2060-0453
	*시흥시	경기도 시흥시 정왕천로 449번길 51	031-319-7997
	*군포시	경기 군포시 수리산로 112, 군포책마을 슬기관 1층	031-392-1811
	*과천시	경기도 과천시 관악산길 58	02-503-0070
	*화성시	경기 화성시 태안로 145, 유앤아이센터 4층(병점동 734)	031-267-8787
	*파주시	경기 파주시 중앙로 229	031-949-9164
	*이천시	경기 이천시 남천로 31, 종합복지타운 여성회관 3층	031-631-2260
	*구리시	경기 구리시 동구릉로 8, 건영빌딩 3층	031-556-3873
	*김포시	경기 김포시 김포한강4로 564, LH한가람마을 2단지 내	031-996-5920
	*포천시	경기 포천시 호국로 1007, 대진대학교 대진교육관 B1	031-532-2065~6
	*광주시	경기 광주시 통미로 52번길 19(송정동 115-4)	031-798-7141
	*안성시	경기 안성시 산수유길 15, 안성종합사회복지관 3층	031-677-7191
	*하남시	경기 하남시 덕풍천서로 9, 별관 3, 4층	031-793-2993
	*의왕시	경기 의왕시 청계동 983번지(덕장로 19), 청계종합사회복지관 4층	031-429-4782
	*양주시	경기 양주시 평화로 1475번길 39(회천2동), 행정복지센터 6층	031-848-5622
	*오산시	경기 오산시 성호대로 83	031-372-1335
	*여주시	경기 여주시 세종로 61, 상가 3층(홍문동 현대아파트)	031-886-0327

지역	센터	주소	전화번호
	*양평군	경기 양평군 양평읍 양근로 302-1	031-775-5951
	*동두천시	경기 동두천시 중앙로 249, 두드림희망센터 2층	031-863-3801
	*가평군	경기 가평군 가평읍 향교로 38, 행정정보관 2층	070-7510-5876
	*연천군	경기 연천군 전곡읍 전영로 11, 연천군종합복지관 5층	031-835-1107
강원 (18)	*춘천시	강원 춘천시 공지로 305번길	033-251-8014
	*원주시	강원 원주시 판부면 매봉길 16-18	033-765-8134 ~5
	*강릉시	강원 강릉시 옥가로 48(강릉농협 2, 3층)	033-648-3019
	*동해시	강원 동해시 천곡 1길 20-3, 동해시청 제1별관	033-535-8378
	*태백시	강원 태백시 해지개길 41, 태백시다문화가족지원센터	033-554-4003
	*속초시	강원 속초시 도리원길 5(노학동), 경동대 설악캠퍼스 유아교육관 2층	033-638-3523
	*삼척시	강원 삼척시 원당로 2길 72-6, 삼척시종합사회복지관 5층	033-573-5434
	*홍천군	강원 홍천군 홍천읍 너브내길 123, 종합사회복지관 3층	033-433-1915
	*횡성군	강원 횡성군 횡성읍 횡성로 379, 횡성군 종합보건복지타운 3층	033-344-3458 ~9
	*영월군	강원 영월군 영월읍 단종로 12, 4층(영월군 영월읍 975-2)	033-372-4769
	*평창군	강원 평창군 평창읍 평창중앙로 67, 평창군문화복지센터 2층	033-332-2063 ~4
	*정선군	강원 정선군 정선읍 봉양 7길 16	033-562-3458
	*철원군	강원 철원군 갈말읍 삼부연로 22-1	033-452-7800
	*화천군	강원 화천군 화천읍 산천어길 212	033-442-2344
	*양구군	강원 양구군 양구읍 장터길 43, 행복나눔센터 1층	033-480-2727
	*인제군	강원 인제군 인제읍 비봉로 44번길 100, 하늘내린센터 2층	033-462-3651
	*고성군	강원 고성군 간성읍 간성로 97, 여성회관 1층	033-681-9390
	*양양군	강원 양양군 양양읍 안산1길 36, 여성회관 2층	033-670-2943 ~5
충북 (12)	*청주시	충북 청주시 서원구 무심서로 333번길	043-298-8830, 8831
	*충주시	충북 충주시 봉방 9길 12	043-856-2253
	*제천시	충북 제천시 명륜로 13길 3, 제천가톨릭복지관 2층(의림동)	043-643-0050
	청원	충북 청주시 상당구 남일면 단재로 480, 상당보건소 내 2층	043-293-8887
	보은군	충북 보은군 보은읍 남부로 4515, 기성상가 2층	043-544-5422
	*옥천군	충북 옥천군 옥천읍 중앙로 126, 다목적회관 2층	043-733-1915
	*영동군	충북 영동군 영동읍 성안길 8, 여성회관 1층	043-745-8489
	*증평군	충북 증평군 증평읍 문화로 75-1	043-835-3572

	*진천군	충북 진천군 진천읍 중앙북 1길 11-10, 생거진천종합사회복지관 2층	043-537-5431~2
	*괴산군	충북 괴산군 괴산읍 금산길 3, 괴산군다문화가족지원센터	043-832-1078
	*음성군	충북 음성군 음성읍 음성천서길 103번길, 여성회관 2층	043-873-8731
	*단양군	충북 단양군 단양읍 별곡 12길 5, 여성발전센터 2층	043-421-6200
충남 (15)	천안시	충남 천안시 동남구 은행길 15-1, 3층	041-558-8653
	*공주시	충남 공주시 우금티로 753 유아교육관 2층(공주대학교 옥룡캠퍼스)	041-856-0883
	*보령시	충남 보령시 한내로 45(문화빌딩 2층)	041-936-8506
	*아산시	충남 아산시 시장길 29 시민문화복지센터 4층	041-548-9779
	*서산시	충남 서산시 율지 6로 10, 2층	041-664-2710
	*논산시	충남 논산시 관촉로 277번길 23-13(3층)	041-733-7860 ~2
	*금산군	충남 금산군 금산읍 군청 5길 35, 금산군가족통합지원센터	041-750-3990
	*부여군	충남 부여군 부여읍 나성북로 17	041-830-2900
	*서천군	충남 서천군 서천읍 서천로 38, 2층	041-953-1911
	*청양군	충남 청양군 청양읍 칠갑산로 9길 32 복지타운 2층	041-944-2333
	*홍성군	충남 홍성군 홍성읍 조양로 75번길 17	041-634-7432
	*예산군	충남 예산군 예산읍 산성공원 2길 15, 2층	041-334-1368
	*태안군	충남 태안군 태안읍 백화로 180	041-670-2396
	당진시	충남 당진시 시청 1로 38(수청동 1005), 당진시종합복지타운 4층	041-360-3160
	*계룡시	충남 계룡시 엄사면 엄사중앙로 94, 4층 411호	042-551-1133
전북 (14)	전주시	전북 전주시 완산구 태평 5길 26, 3층	063-243-0333
	*군산시	전북 군산시 축동 1길 15-2(수송동), 군산시 다문화가족지원센터	063-443-0053
	*익산시	전북 익산시 고현로 10-3	063-838-6046
	*정읍시	전북 정읍시 중앙 2길 22, 다문화가족지원센터	063-531-0309
	*남원시	전북 남원시 용성로 43, 남원시 다문화가족지원센터	063-635-5474
	*김제시	전북 김제시 요촌길 45, 지평선어울림센터 3층	063-545-8506
	*완주군	전북 완주군 용진읍 완주로 462-9 완주가족문화교육원 1층(운곡리 905-2)	063-231-1037
	*진안군	전북 진안군 진안읍 중앙로 28, 3층	063-433-4888
	*무주군	전북 무주군 무주읍 신교로 2길 17(구, 군수관사)	063-322-1130
	*장수군	전북 장수군 장수읍 싸리재로 15	063-352-3362
	*임실군	전북 임실군 임실읍 운수로 27, 2층	063-642-1837
	*순창군	전북 순창군 순창읍 순창로 127, 행복누리센터 3층	063-652-3844
	*고창군	전북 고창군 고창읍 성산로 57, 1층	063-561-1366
	*부안군	전북 부안군 부안읍 오리정로 89, 2층	063-580-3941

	목포시	전남 목포시 산정로 150번길 22	061-278-4222
	*여수시	전남 여수시 새터로 33(신기동)	061-659-5428
	*순천시	전남 순천시 중앙로 255, 순천대학교 평생교육원 B동 1	061-750-5352 ~7
	*나주시	전남 나주시 예향로 4075(송월동 921-5)	061-331-0709
	*광양시	전남 광양시 중마로 410, 커뮤니티센터 6층	061-797-6832
	*담양군	전남 담양군 담양읍 완동길 10-5, 담양군여성회관 내 4층	061-383-3655
	*곡성군	전남 곡성군 곡성읍 학정 3길 6	061-362-5411
	*고흥군	전남 고흥군 고흥읍 고흥로 1656, 새마을회 3층	061-832-5399
	*보성군	전남 보성군 보성읍 송재로 186-5	061-852-2664
	*화순군	전남 화순군 화순읍 대교로 11(화순희망센터 2층)	061-375-1057
전남 (22)	*장흥군	전남 장흥군 장흥읍 흥성로 37-24, 장흥종합사회복지관 4층	061-864-4813
	*강진군	전남 강진군 강진읍 사의재길 41	061-433-9004
	*해남군	전남 해남군 해남읍 북부순환로 10, 2층	061-534-0017~8
	*영암군	전남 영암군 삼호읍 세가래로 88, 삼호종합복지회관 2층	061-463-2929
	*무안군	전남 무안군 무안읍 무안로 511번지	061-452-1813
	*함평군	전남 함평군 함평읍 들샘길 36, 함평천지종합복지관 4층	061-324-5431
	*영광군	전남 영광군 영광읍 중앙로 3길 6-11, 여성문화센터 3층	061-353-7997
	*장성군	전남 장성군 장성읍 충무 5길 24 가정복지회관 내	061-393-5420
	*완도군	전남 완도군 완도읍 개포로 34-10, 3층	061-554-3400
	*진도군	전남 진도군 진도읍 진도대로 7195(진도여성플라자 1층)	061-544-9993
	*신안군	전남 신안군 압해읍 천산로 1004, 신안군청 보건소 3층	061-240-8706
	*구례군	전남 구례군 구례읍 구례로 508, 청소년문화의집 2층	061-781-8003
	*포항시	경북 포항시 북구 선착로 18-10(대신동)	054-244-9702
	*경주시	경북 경주시 북성로 87(북부동), 평생학습가족관 2층	054-779-8709
	*김천시	경북 김천시 공단로 152-32	054-439-8280
	*안동시	경북 안동시 경북대로 440, 3층	054-853-3111
	*구미시	경북 구미시 형곡동로 5길 6-15, 2층(형곡2동)	054-443-0541
경북 (23)	*영주시	경북 영주시 명륜길 28번길 25(하망동 182)	054-634-5431
	*영천시	경북 영천시 운동장로 41, 3층(교촌동)	054-334-2882
	*상주시	경북 상주시 경상대로 3063-10	054-531-1342~4
	*문경시	경북 문경시 매봉로 65, 4층	054-554-5591
	*경산시	경북 경산시 경산로 131	053-816-4071
	*군위군	경북 군위군 군위읍 중앙길 31-10(군위군 구 보건소 2층)	054-383-2511
	*의성군	경북 의성군 의성읍 후죽 1길 21	054-832-5440

	청송군	경북 청송군 청송읍 금월로 244-30	054-872-4320
	영양군	경북 영양군 영양읍 군민회관길 36	054-683-5432
	*영덕군	경북 영덕군 영덕읍 강변길 324, 영덕문화체육센터 내 여성회관 2층	054-730-7383
	*청도군	경북 청도군 화양읍 청려로 1846, 청소년수련관 3층	054-373-8131~4
	고령군	경북 고령군 고령읍 왕릉로 30, 문화누리 3층	054-956-6336
	*성주군	경북 성주군 성주읍 성산 9길 45, 문화예술회관 2층	054-930-8245
	*칠곡군	경북 칠곡군 왜관읍 관문로 1길 24-11, 온가족행복센터 2층	054-975-0833
	*예천군	경북 예천군 예천읍 충효로 239, 베스트프라자 A동 2층	054-654-4321
	*봉화군	경북 봉화군 봉화읍 거촌로 12-3	054-673-9023
	*울진군	경북 울진군 울진읍 울진북로 496-11	054-789-5414
	*울릉군	경북 울릉군 울릉읍 봉래 2길 31	054-791-0205
경남 (19)	*창원시	경남 창원시 성산구 대정로 20번길 11, 1층(가음동), 여성회관 창원관	055-225-3951
	*창원시 마산	경남 창원시 마산합포구 중앙북 5길 20, 마산YWCA 지하 1층	055-245-8744
	진주시	경남 진주시 진양호로 305(신안동)	055-749-5443
	*통영시	경남 통영시 안개 4길 94, 통영시종합복지관 내 3층	055-640-7741
	*사천시	경남 사천시 용현면 부곡 3길 90, 사천시여성회관 2층	055-832-0345
	*김해시	경남 김해시 김해대로 2232, 여객터미널 4층	055-329-6349
	*밀양시	경남 밀양시 밀양대로 2089, 희망나눔봉사센터 1층	055-351-4404
	*거제시	경남 거제시 탑곡로 75, 근로자가족복지회관 2층(아주동)	055-682-4958
	*양산시	경남 양산시 양주 1길 7-1, 2층	055-382-0988
	*의령군	경남 의령군 의령읍 의병로 17길 6	055-573-8400
	*함안군	경남 함안군 산인면 가야로 217, 산인면종합복지관 1층	055-583-5430
	*창녕군	경남 창녕군 창녕읍 창녕대로 172	055-532-1606 ~7
	*고성군	경남 고성군 고성읍 성내로 135번길 10-1	055-673-1466
	*남해군	경남 남해군 남해읍 망운로 32, 종합사회복지관 2층	055-864-6965
	*하동군	경남 하동군 하동읍 섬진강대로 2214, 종합사회복지관 4층	055-880-6530
	*산청군	경남 산청군 산청읍 꽃봉산로 79번길 31-3	055-972-1078
	*함양군	경남 함양군 함양읍 함양여중길 10, 함양문화원 1층	055-963-2013
	*거창군	경남 거창군 거창읍 강남로 1길 170번지	055-945-1365
	*합천군	경남 합천군 합천읍 중앙로 63, 합천군청 제2청사(별관)	055-930-4735
제주 (2)	*제주시	제주 제주시 중앙로 265, 성우빌딩 6층	064-712-1140
	*서귀포시	제주 서귀포시 서호남로 19-42	064-732-6482

2) 전문인력

지원센터에는 다문화가족에 대한 교육·상담 등의 업무를 수행하기 위하여 관련 분야에 대한 학식과 경험을 가진 전문인력을 두어야 한다. 국가 또는 지방자치단체는 다문화가족 지원 및 다문화 이해교육 등의 사업 추진에 필요한 전문인력을 양성하는 데 노력하여야 한다(제13조의2). 여성가족부 장관 또는 시·도지사는 지원센터에 두는 전문인력의 자질과 능력을 향상시키기 위하여 보수교육을 실시하여야 한다. 또 여성가족부 장관은 전문인력을 양성하기 위하여 대통령령으로 정하는 바에 따라 대학이나 연구소 등 적절한 인력과 시설 등을 갖춘 기관이나 단체를 전문인력 양성기관으로 지정하여 관리할 수 있다.

국가 또는 지방자치단체는 지정된 전문인력 양성기관에 대하여 예산의 범위에서 필요한 경비의 전부 또는 일부를 지원할 수 있다.

4 다문화가족의 이해와 지원

1) 교육과 홍보

국가와 지방자치단체는 다문화가족에 대한 사회적 차별 및 편견을 예방하고 사회구성원이 문화적 다양성을 인정하고 존중할 수 있도록 다문화 이해교육을 실시하고 홍보 등 필요한 조치를 하여야 한다(제5조).

여성가족부 장관은 규정에 따른 조치를 함에 있어 홍보영상을 제작하여 「방송법」 제2조제3호에 따른 방송사업자에게 배포하여야 한다. 여성가족부 장관은 「방송법」 제2조제3호에 따른 방송사업자에게 같은 법 제73조제4항에 따라 대통령령으로 정하는 비상업적 공익광고 편성비율의 범위에서 제2항의 홍보영상을 채널별로 송출하도록 요청할 수 있다.

방송사업자는 제2항의 홍보영상 외에 독자적으로 홍보영상을 제작하여 송출할 수 있다. 이 경우 여성가족부 장관에게 필요한 협조 및 지원을 요청할 수 있다.

2) 학교 및 공무원 교육

교육부 장관과 특별시 · 광역시 · 특별자치시 · 도 · 특별자치도의 교육감은 「유아교육법」 제2조, 「초 · 중등교육법」 제2조 또는 「고등교육법」 제2조에 따른 학교에서 다문화가족에 대한 이해를 돕는 교육을 실시하기 위한 시책을 수립 · 시행하여야 한다(제5조). 이 경우 제4조에 따른 실태조사의 결과 중 다문화가족 구성원인 아동 · 청소년의 교육현황 및 아동 · 청소년의 다문화가족에 대한 인식 등에 관한 사항을 반영하여야 한다.

교육부 장관과 특별시 · 광역시 · 특별자치시 · 도 · 특별자치도의 교육감은 「유아교육법」 제2조 및 「초 · 중등교육법」 제2조에 따른 학교의 교원에 대하여 대통령령으로 정하는 바에 따라 다문화 이해교육 관련 연수를 실시하여야 한다.

국가와 지방자치단체는 다문화가족 지원 관련 업무에 종사하는 공무원의 다문화가족에 대한 이해증진과 전문성 향상을 위하여 교육을 실시할 수 있다(제13조).

3) 생활 · 문화정보 및 교육 지원

국가와 지방자치단체는 결혼이민자 등이 대한민국에서 생활하는 데 필요한 기본적 정보(아동 · 청소년에 대한 학습 및 생활지도 관련 정보를 포함한다)를 제공하고, 사회적응교육과 직업교육 · 훈련 및 언어소통 능력 향상을 위한 한국어교육 등을 받을 수 있도록 필요한 지원을 할 수 있다(제6조).

결혼이민자 등의 배우자 등 다문화가족 구성원은 결혼이민자 등이 한국어교육 등 사회적응에 필요한 다양한 교육을 받을 수 있도록 노력하여야 한다.

국가와 지방자치단체는 결혼이민자 등의 배우자 및 가족구성원이 결혼이민자 등의 출신 국가 및 문화 등을 이해하는 데 필요한 기본적 정보를 제공하고 관련 교육을 지원할 수 있다. 이에 따른 교육을 실시함에 있어 거주지 및 가정환경 등으로 인하여 서비스에서 소외되는 결혼이민자 등과 배우자 및 그 가족구성원이 없도록 방문교육이나 원격교육 등 다양한 방법으로 교육을 지원하고, 교재와 강사 등의 전문성을 강화하기 위한 시책을 수립 · 시행하여야 한다.

국가와 지방자치단체는 제3항의 방문교육의 비용을 결혼이민자 등의 가구 소득수준,

교육의 종류 등 여성가족부 장관이 정하여 고시하는 기준에 따라 차등 지원할 수 있다.

이에 따른 비용을 지원함에 있어 비용 지원의 신청, 금융정보 등의 제공, 조사 · 질문 등은 「아이돌봄 지원법」 제22조부터 제25조까지의 규정을 준용한다.

4) 양성평등한 가족관계

국가와 지방자치단체는 다문화가족이 민주적이고 양성평등한 가족관계를 누릴 수 있도록 가족상담, 부부교육, 부모교육, 가족생활교육 등을 추진하여야 한다(제7조). 이 경우 문화의 차이 등을 고려한 전문적인 서비스가 제공될 수 있도록 노력하여야 한다.

국가와 지방자치단체는 「가정폭력방지 및 피해자보호 등에 관한 법률」에 따라 다문화가족 내 가정폭력을 예방하기 위하여 노력하여야 하며(제8조), 가정폭력으로 피해를 입은 결혼이민자 등을 보호 · 지원할 수 있다. 또 가정폭력의 피해를 입은 결혼이민자 등에 대한 보호 및 지원을 위하여 외국어 통역 서비스를 갖춘 가정폭력 상담소 및 보호시설의 설치를 확대하도록 노력하여야 한다. 결혼이민자 등이 가정폭력으로 혼인관계를 종료하는 경우 의사소통의 어려움과 법률체계 등에 관한 정보의 부족 등으로 불리한 입장에 놓이지 아니하도록 의견진술 및 사실확인 등에 있어서 언어통역, 법률상담 및 행정 지원 등 필요한 서비스를 제공할 수 있다.

5) 의료 및 건강관리

국가와 지방자치단체는 결혼이민자 등이 건강하게 생활할 수 있도록 영양 · 건강에 대한 교육, 산전 · 산후 도우미 파견, 건강검진 등의 의료서비스를 지원할 수 있으며(제9조), 결혼이민자 등이 의료서비스를 제공받을 경우 외국어 통역 서비스를 제공할 수 있다.

6) 아동 · 청소년 교육

국가와 지방자치단체는 아동 · 청소년 보육 · 교육을 실시함에 있어서 다문화가족 구성원인 아동 · 청소년을 차별하여서는 아니 된다(제10조).

국가와 지방자치단체는 다문화가족 구성원인 아동·청소년이 학교생활에 신속히 적응할 수 있도록 교육 지원대책을 마련하여야 하고, 특별시·광역시·특별자치시·도·특별자치도의 교육감은 다문화가족 구성원인 아동·청소년에 대하여 학과 외 또는 방과 후 교육 프로그램 등을 지원할 수 있다.

국가와 지방자치단체는 다문화가족 구성원인 18세 미만인 사람의 초등학교 취학 전 보육 및 교육 지원을 위하여 노력하고, 그 구성원의 언어발달을 위하여 한국어 및 결혼이민자 등인 부 또는 모의 모국어 교육을 위한 교재 지원 및 학습 지원 등 언어능력 제고를 위하여 필요한 지원을 할 수 있다.

「영유아보육법」 제10조에 따른 어린이집의 원장, 「유아교육법」 제7조에 따른 유치원의 장, 「초·중등교육법」 제2조에 따른 각급 학교의 장, 그 밖에 대통령령으로 정하는 기관의 장은 아동·청소년 보육·교육을 실시함에 있어 다문화가족 구성원인 아동·청소년이 차별을 받지 아니하도록 필요한 조치를 하여야 한다.

7) 다국어 서비스 및 전화센터 운영

국가와 지방자치단체는 제5조부터 제10조까지의 규정에 따른 지원정책을 추진함에 있어서 결혼이민자 등의 의사소통의 어려움을 해소하고 서비스 접근성을 제고하기 위하여 다국어에 의한 서비스 제공이 이루어지도록 노력하여야 한다(제11조).

여성가족부 장관은 다국어에 의한 상담·통역 서비스 등을 결혼이민자 등에게 제공하기 위하여 다문화가족 종합정보 전화센터(이하 "전화센터"라 한다)를 설치·운영할 수 있다. 이 경우 「가정폭력방지 및 피해자보호 등에 관한 법률」 제4조의6제1항 후단에 따른 외국어 서비스를 제공하는 긴급전화센터와 통합하여 운영할 수 있다. 전화센터의 설치·운영을 대통령령으로 정하는 기관 또는 단체에 위탁할 수 있으며, 전화센터의 설치·운영을 위탁할 경우 예산의 범위에서 그에 필요한 비용의 전부 또는 일부를 지원할 수 있다(제11조의2).

8) 사실혼 배우자 및 자녀

제5조부터 제12조까지의 규정은 대한민국 국민과 사실혼 관계에서 출생한 자녀를 양

육하고 있는 다문화가족 구성원에 대하여 준용한다(제14조). 다문화가족이 이혼 등의 사유로 해체된 경우에도 그 구성원이었던 자녀에 대하여는 이 법을 적용한다(제14조의2).

9) 권한의 위임과 위탁

여성가족부 장관은 이 법에 따른 권한의 일부를 대통령령으로 정하는 바에 따라 시·도지사 또는 시장·군수·구청장에게 위임할 수 있다(제15조). 국가와 지방자치단체는 이 법에 따른 업무의 일부를 대통령령으로 정하는 바에 따라 비영리법인이나 단체에 위탁할 수 있다.

10) 정보 제공의 요청

여성가족부 장관 또는 지방자치단체의 장은 이 법의 시행을 위하여 필요한 경우에는 법무부 장관에게 다음 각 호의 정보 중 결혼이민자 등의 현황 파악을 위한 정보로서 대통령령으로 정하는 정보의 제공을 요청할 수 있다. 이 경우 지방자치단체의 장은 해당 관할구역의 결혼이민자 등에 관한 정보에 한정하여 요청할 수 있다(제15조의2). 이 정보는 「재한외국인 처우 기본법」 제2조제3호에 따른 결혼이민자의 외국인등록 정보, 「국적법」 제6조제2항에 따라 귀화허가를 받은 사람의 귀화허가 신청 정보이다. 이 규정에 따라 정보를 제공받은 여성가족부 장관 또는 지방자치단체의 장은 제공받은 정보를 지원센터에 제공할 수 있다.

11) 민간단체 등의 지원

국가와 지방자치단체는 다문화가족 지원사업을 수행하는 단체나 개인에 대하여 필요한 비용의 전부 또는 일부를 보조하거나 그 업무수행에 필요한 행정적 지원을 할 수 있다(제16조). 국가와 지방자치단체는 결혼이민자 등이 상부상조하기 위한 단체의 구성·운영 등을 지원할 수 있다.

12) 과태료

센터 설치에 관한 규정을 위반한 자에게는 300만 원 이하의 과태료를 부과한다. 위반에 따른 과태료는 대통령령으로 정하는 바에 따라 여성가족부 장관 또는 지방자치단체의 장이 부과 · 징수한다.

09

재외동포의 출입국과 법적 지위에 관한 법률

"재외동포"란 재외국민, 외국 국적동포 중 어느 하나에 해당하는 자를 말한다. 재외국민이란 대한민국의 국민으로서 외국의 영주권을 취득한 자 또는 영주할 목적으로 외국에 거주하고 있는 사람을 말하며, 외국 국적동포란 대한민국의 국적을 보유하였던 자 또는 그 직계비속으로서 외국 국적을 취득한 사람이다. 이 법의 목적은 재외동포의 출입국과 대한민국 안에서의 법적 지위를 보장하려는 데 있다.

09

재외동포의 출입국과 법적 지위에 관한 법률

1 목 적

이 법은 재외동포(在外同胞)의 대한민국에의 출입국과 대한민국 안에서의 법적 지위를 보장함을 목적으로 한다(제1조).

2 용어의 정의

1) 대 상

이 법의 적용대상은 재외동포이며 "재외동포"란 재외국민, 외국 국적동포 중 어느 하나에 해당하는 자를 말한다(제2조). 여기에서 재외국민이란 대한민국의 국민으로서 외국의 영주권(永住權)을 취득한 자 또는 영주할 목적으로 외국에 거주하고 있는 사람을 말하며, 외국 국적동포란 대한민국의 국적을 보유하였던 자(대한민국정부 수립 전에 국외로 이주한 동포 포함) 또는 그 직계비속(直系卑屬)으로서 외국 국적을 취득한 자 중 대통령령으로 정하는 사람이다.

2) 적용 범위

이 법은 재외국민과 「출입국관리법」 제10조에 따른 체류자격 중 재외동포 체류자격을 가진 외국 국적동포의 대한민국에의 출입국과 대한민국 안에서의 법적 지위에 관하여 적용한다(제3조).

재외동포체류자격을 가진 외국 국적동포의 대한민국에의 출입국과 대한민국 안에서의 법적 지위에 관하여 이 법에서 정하지 아니한 사항은 「출입국관리법」에 따른다(제3조의2).

3 출입국과 체류

1) 체류자격 부여

정부는 재외동포[1)]가 대한민국 안에서 부당한 규제와 대우를 받지 아니하도록 필요한 지원을 하여야 한다(제4조). 법무부 장관은 대한민국 안에서 활동하려는 외국 국적동포에게 신청[2)]에 의하여 재외동포체류자격을 부여할 수 있다(제5조).

재외동포체류자격을 부여받은 외국 국적동포의 취업이나 그 밖의 경제활동은 사회질서 또는 경제안정을 해치지 아니하는 범위에서 자유롭게 허용된다(제10조).

2) 자격 부여하지 않음

법무부 장관은 외국 국적동포에게 현역·상근예비역·보충역 또는 대체역으로 복무

---

1) 1999년 이 법 시행 이후 거주국 간의 차별을 줄이기 위해 방문취업제(H-2) 도입, 재외동포(F-4) 체류자격의 확대를 통해 중국과 구소련 지역에서 온 재외동포들이 계속 증가하였다. 이에 2019년 말 현재 국내체류 재외동포는 87만 8천여 명으로 전체 체류외국인 252만 명의 34%를 차지하고 있다.

2) 2019년 동포지침이 개정되어 만기출국 후 재입국을 위한 방문취업(H-2-7) 비자발급대상이 확대되었고, 동포의 배우자 방문동거(F-1)자격 변경 신청 시 소득요건을 완화하였다. 7월 2일 시행령이 개정되어 4세대 이후의 동포도 재외동포로 인정받을 수 있게 되었다.

를 마치거나 마친 것으로 보게 되는 경우, 전시근로역에 편입된 경우, 병역면제처분을 받은 경우의 어느 하나에 해당하지 아니한 상태에서 대한민국 국적을 이탈하거나 상실하여 외국인이 된 남성의 경우에 해당하는 사유가 있으면 재외동포체류자격을 부여하지 아니한다. 다만, 법무부 장관이 필요하다고 인정하는 경우에는 외국 국적동포가 41세가 되는 해 1월 1일부터 부여할 수 있다. 또 대한민국의 안전보장, 질서유지, 공공복리, 외교관계 등 대한민국의 이익을 해칠 우려가 있는 경우 재외동포 체류자격을 부여하지 않을 수 있다.

3) 거소신고와 신고증 발급

(1) 거소신고

재외동포체류자격으로 입국한 외국 국적동포는 이 법을 적용받기 위하여 필요하면 대한민국 안에 거소(居所)를 정하여 그 거소를 관할하는 지방출입국·외국인관서의 장에게 국내거소신고를 할 수 있다(제6조).

신고한 국내거소를 이전한 때에는 14일 이내에 그 사실을 신거소(新居所)가 소재한 시·군·구(자치구가 아닌 구를 포함한다. 이하 이 조 및 제7조에서 같다) 또는 읍·면·동의 장이나 신거소를 관할하는 지방출입국·외국인관서의 장에게 신고하여야 한다. 거소이전 신고를 받은 지방출입국·외국인관서의 장은 신거소가 소재한 시·군·구 또는 읍·면·동의 장에게, 시·군·구 또는 읍·면·동의 장은 신거소를 관할하는 지방출입국·외국인관서의 장에게 각각 이를 통보하여야 한다.

국내거소신고서의 기재 사항, 첨부 서류, 그 밖에 신고의 절차에 관하여 필요한 사항은 대통령령으로 정한다.

(2) 신고증 발급

지방출입국·외국인관서의 장은 제6조에 따라 국내거소신고를 한 외국 국적동포에게 국내거소신고번호를 부여하고, 외국 국적동포 국내거소신고증을 발급한다(제7조).

국내거소신고증에는 국내거소신고번호, 성명, 성별, 생년월일, 국적, 거주국, 대한민국 안의 거소 등의 사항을 적는다.

외국 국적동포가 국내거소신고증을 지닐 필요가 없게 된 때에는 대통령령으로 정하는 바에 따라 지방출입국·외국인관서의 장에게 국내거소신고증을 반납하여야 한다(제8조).

법령에 규정된 각종 절차와 거래관계 등에서 주민등록증, 주민등록표 등본·초본, 외국인등록증 또는 외국인등록 사실증명이 필요한 경우에는 국내거소신고증이나 국내거소신고 사실증명으로 그에 갈음할 수 있다(제9조).

4) 체류기간과 재입국

재외동포체류자격에 따른 체류기간은 최장 3년까지로 한다(제10조).

법무부 장관은 제1항에 따른 체류기간을 초과하여 국내에 계속 체류하려는 외국 국적동포에게는 대통령령으로 정하는 바에 따라 체류기간 연장허가를 할 수 있다. 다만, 제5조제2항 각 호의 어느 하나에 해당하는 사유가 있는 경우에는 그러하지 아니하다.

국내거소신고를 한 외국 국적동포가 체류기간 내에 출국하였다가 재입국하는 경우에는 「출입국관리법」 제30조에 따른 재입국허가가 필요하지 아니하다.

대한민국 안의 거소를 신고하거나 그 이전신고(移轉申告)를 한 외국 국적동포에 대하여는 「출입국관리법」 제31조에 따른 외국인등록과 같은 법 제36조에 따른 체류지변경신고를 한 것으로 본다.

4 재 정

1) 부동산거래

국내거소신고를 한 외국 국적동포는 「부동산 거래신고 등에 관한 법률」 제9조에 따른 경우 외에는 대한민국 안에서 부동산을 취득·보유·이용 및 처분할 때에 대한민국의 국민과 동등한 권리를 갖는다. 다만, 「부동산 거래신고 등에 관한 법률」의 규정에 따른 신고를 하여야 한다(제11조). 국내거소신고를 한 외국 국적동포가 「부동산 실권리자명의 등기에 관한 법률」의 시행 전에 명의신탁(名義信託) 약정(約定)에 따라 명의수탁자(名義受託者) 명의(名義)로 등기하거나 등기하도록 한 부동산에 관한 물권(物權)을 이 법 시행 후 1년 이내에 「부동산 실권리자명의 등기에 관한 법률」 법률 규정에 따라 실명(實名)으로 등기하거나 매각처분 등을 한 경우에는 같은 법 제12조를 적용하지 않는다.

2) 금 융

주민등록을 한 재외국민과 국내거소신고를 한 외국 국적동포는 예금 · 적금의 가입, 이율의 적용, 입금과 출금 등 국내 금융기관을 이용할 때 「외국환거래법」상의 거주자인 대한민국 국민과 동등한 권리를 갖는다. 다만, 자본거래의 신고 등에 관한 「외국환거래법」 제18조의 경우에는 그러하지 아니하다(제12조).

3) 외국환거래

재외국민이 외국에 거주하기 전부터 소유하고 있던 국내 부동산을 매각하거나 수용으로 처분하였을 경우 그 매각 또는 처분대금, 외국에서 국내로 수입(輸入)하거나 국내에 지급한 지급수단의 처분대금을 수출하거나 외국에 지급하는 경우 「외국환거래법」의 규정을 적용할 때 재외국민은 외국 국적동포와 동등한 대우를 받는다(제13조).

4) 건강보험

주민등록을 한 재외국민과 국내거소신고를 한 외국 국적동포가 90일 이상 대한민국 안에 체류하는 경우에는 건강보험 관계 법령으로 정하는 바에 따라 건강보험을 적용받을 수 있다(제14조).

5) 보훈급여

외국 국적동포는 「국가유공자 등 예우 및 지원에 관한 법률」 또는 「독립유공자예우에 관한 법률」에 따른 보훈급여금을 받을 수 있다(제16조).

6) 과태료

규정을 위반하여 국내거소의 이전 사실을 신고하지 아니한 자에게는 200만 원 이하의 과태료를 부과한다(제17조). 또 규정을 위반하여 국내거소신고증을 반납하지 아니한 자에게는 100만 원 이하의 과태료를 부과한다.

10

난민법

“난민”이란 인종, 종교, 국적, 특정 사회집단의 구성원인 신분 또는 정치적 견해를 이유로 박해를 받을 수 있다고 인정할 충분한 근거가 있는 공포로 인하여 국적국의 보호를 받을 수 없거나 보호받기를 원하지 아니하는 외국인을 말한다. 또한 이러한 공포로 인하여 대한민국에 입국하기 전에 거주한 국가로 돌아갈 수 없거나 돌아가기를 원하지 아니하는 무국적자인 외국인을 말한다. 난민인정자와 인도적체류자 및 난민신청자는 난민협약 제33조 및 「고문 및 그 밖의 잔혹하거나 비인도적 또는 굴욕적인 대우나 처벌의 방지에 관한 협약」 제3조에 따라 본인의 의사에 반하여 강제로 송환되지 않는다.

10

난민법

1 목 적

이 법은 「난민의 지위에 관한 1951년 협약」 및 「난민의 지위에 관한 1967년 의정서」 등에 따라 난민의 지위와 처우 등에 관한 사항을 정함을 목적으로 한다(제1조).

난민인정자와 인도적체류자 및 난민신청자는 난민협약 제33조 및 「고문 및 그 밖의 잔혹하거나 비인도적 또는 굴욕적인 대우나 처벌의 방지에 관한 협약」 제3조에 따라 본인의 의사에 반하여 강제로 송환되지 않는다(제3조).

1900년대 초가 되면서 난민문제는 국제사회의 큰 관심 사안이 되었고, 이를 대하는 국제연맹의 대응도 활발해졌다. 그러나 제1차 세계대전이 지나고 제2차 세계대전이 종전된 후에도 난민문제는 여전히 해결되지 않았고 국제규약의 필요성은 계속해서 제기되었다. 결국 1951년 7월 28일 난민의 법적 지위를 규정하는 국제협약이 국제연합 전권대사회의에서 채택되었다. 이때 1951년이라는 기한은 당시 협약의 목적상 1951년 1월 1일 이전에 유럽이나 기타 지역에서 발생한 사건'의 결과로 난민이 된 사람에게만 한정적으로 난민지위를 인정하고 동시에 내심 유럽지역에 국한하여 의무를 부담하려는 조약 참여국들의 의도에서 비롯하였다. 그러나 협약 이후에도 국제사회에서 새로운 난민들은 계속해서 발생하였고, 이에 따라 난민의 지위에 관한 1951년 협약 이전이라는 기간적 제한을 둔 규정에서 탈피하여 현실 상황을 반영 · 적용시킬 새로운 규정들이 필요하게 되었다. 난민의 지위에 관한 1967년 의정서는 이러한 필요성에 의해 1967년 국제연합 총회에서 심의를 거친 후 제정되었다.

강제 송환 금지에 대하여 난민협약 제33조는 "협약체결 국가는 난민을 인종, 종교, 국적, 특정 사회집단 구성원의 신분 또는 정치적 견해 등의 이유로 생명과 자유가 위협받을 우려가 있는 영역의 국경 밖으로 어떠한 방법으로도 추방하거나 송환해서는 안 된다"고 규정하고 있다.

2 용어의 정의

이 법에서 사용하는 용어의 정의는 다음과 같다(제2조).

"난민"이란 인종, 종교, 국적, 특정 사회집단의 구성원인 신분 또는 정치적 견해를 이유로 박해를 받을 수 있다고 인정할 충분한 근거가 있는 공포로 인하여 국적국의 보호를 받을 수 없거나 보호받기를 원하지 아니하는 외국인을 말한다. 또한 이러한 공포로 인하여 대한민국에 입국하기 전에 거주한 국가로 돌아갈 수 없거나 돌아가기를 원하지 아니하는 무국적자인 외국인을 말한다.

박해를 받을 수 있는 다섯 가지 사유 중에 "특정 사회집단의 구성원인 신분" 개념이 있다. 난민협약에 특정 사회집단이 어떠한 집단인지를 규정하거나 한정한 내용들은 없다. 다만, 많은 국가들에서 여성, 민족, 성소수자 등 집단이 특정 사회집단의 구성원으로 인정되고 있는 사례가 많아지고 있어서 그 개념의 추상성에 비해 오늘날 난민 정의의 사유 확대에 적지 않은 의미를 가지고 있는 개념이다.

난민(refugee)을 정의하는 문구는 매우 여러 가지 다양한 상황과 주관적인 사람의 심리 상태를 포함하는 요소들로 구성되어 있다. 그럼에도 불구하고 난민을 정의할 때 핵심이 되는 문구는 "박해를 받을 수 있다고 인정할 충분한 근거가 있는 공포로 인하여" 라는 구절이다. 두려움이나 공포는 사람이 주관적으로 가지는 심리상태이다. 따라서 난민지위 여부를 결정하는 요소가 되는 두려움은 이러한 주관적 심리상태를 객관적인 상황으로도 인정받기위한 조건 즉, '충분한 근거가 있는 공포'로 뒷받침되어야 한다.

박해(persecution)라는 용어도 한마디로 정의하기가 쉽지 않다. 일반적 상황에서 박해라는 용어는 자주 또는 친숙하게 사용하는 용어가 아니며 어떻게 보면 생소한 용어이기도 하다. '박해'는 사람에게 가해지는 유해한 행위와 위협이라고 정의할 수 있지만 이 정의 역시 주관적 요소를 가지고 있어서 완전한 정의는 아니다. 그럼에도 불구하고 난민 정의로부터 추론한 '박해'의 개념은 인종, 종교, 국적, 특정 사회집단 구성원의 신분 또는 정치적 견해 등으로 인해 중대한 인권침해, 자유와 생명에 대한 위협이 있을 때라고 말할 수 있다. 박해의 주체는 누구냐에 대해서도 여러 의견들이 있지만 일반적으로 박해는 국가 및 지방정부, 지역사회 등에 의한 행위와 관련된다. 다만, 개인의 박해나 차별을 당국이 고의적으로 용인하거나, 사람에 대한 부당한 위협에 대해 정부가 효과적인 보호를 제공하는 것이 불가능할 경우 개인이 박해의 주체가 될 수도 있다.

"난민으로 인정된 사람"이란 이 법에 따라 난민으로 인정을 받은 외국인을 말한다.

난민지위의 인정을 위해 누가 난민인지를 정의하는 규정은 1951년 협약에서 언급되어 있지만 구체적으로 어떤 절차와 방법으로 난민인정을 받을 수 있는지에 대한 세부 내용들은 협약에서 규정되고 있지 않다. 따라서 많은 국가에서 협약 체결국들이 난민을 인정하는 절차는 각각 다르다. 난민인정은 각 국가들이 그들의 헌법 가치, 행정 및 사법 구조 등을 고려하여 가장 합리적이라고 판단되는 절차를 마련하여 적용해야 하기 때문이다. 이에 유엔 난민기구는 1977년 난민지위인정 절차의 일정한 기본요건을 채택하고 제시하여 이를 각 국에 권고하였다. 대한민국은 난민법에 근거하여 난민을 인정하는 절차를 규정하고 심사 및 지위 인정을 하고 있다.

"인도적 체류 허가를 받은 사람"이란 난민에는 해당하지 아니하지만 고문 등의 비인도적인 처우나 처벌 또는 그 밖의 상황으로 인하여 생명이나 신체의 자유 등을 현저히 침해당할 수 있다고 인정할 만한 합리적인 근거가 있는 사람으로서 대통령령으로 정하는 바에 따라 법무부 장관으로부터 체류허가를 받은 외국인을 말한다.

"난민인정을 신청한 사람"이란 대한민국에 난민인정을 신청한 외국인이다. 구체적으로는 난민인정 신청에 대한 심사가 진행 중인 사람, 난민불인정결정이나 난민불인정결정에 대한 이의신청의 기각결정을 받고 이의신청의 제기기간이나 행정심판 또는 행정소송의 제기기간이 지나지 아니한 사람, 난민불인정결정에 대한 행정심판 또는 행정소송이 진행 중인 사람 중 어느 하나에 해당하는 사람을 말한다.

난민지위인정을 신청하는 사람은 일반적으로 생소한 환경, 취약한 상황에서 어려움을 겪고 있는 외국인이다. 또한 대부분의 경우 신청자는 다른 언어를 사용하는 환경에서 난민지위를 인정받기 위해 자신의 상황을 소명해야 하기 때문에 정부 당국은 이를 이해하고 심리적 · 절차적 심사를 전문성 있게 수행할 수 있는 체제를 마련해야 한다. 대한민국은 난민불인정에 대한 이의신청제도, 행정심판 등의 과정이 진행되는 동안 난민신청자가 대한민국에 체류할 수 있도록 허용하고 있다.

"재정착희망난민"이란 대한민국 밖에 있는 난민 중 대한민국에서 정착을 희망하는 외국인을 말한다.

대한민국 밖에 있는 난민의 인정 요건은 박해를 받을 수 있다고 인정할 충분한 근거로 인한 공포로 인해 자신의 모국을 떠났어야 한다는 의미만은 아니다. 자신이 모국을 떠날 당시 혹은 떠난 이후 출신국 밖의 다른 나라에 거주하고 있는 동안 그 국가에서 일어난 상황 때문에 난민이 된 사람이 있다. 또 모국이 아닌 거주국에서 살고 있는 동안 자신의 정치적 의견 등을 주장하여 모국으로 돌아가지 못하는 상황이 되면 '현지 체제 난민'이 될 수 있다. 대한민국 밖에 있는 난민이 대한민국에 정착을 희망하는 외국인을 현지 체제 난민의 개념을 포함하여 "재정착희망난민"이라고 한다.

"외국인"이란 대한민국의 국적을 가지지 않은 사람을 말한다. 대한민국 국적을 가지지 않는 외국인이란 무국적자와는 구별되는 개념이다. 난민지위를 인정받기 위해 신청한 외국인은 대부분 출신국의 국적을 가지고 있다. 출신국의 국적을 가지고 있는 신청자가 난민의 지위를 인정받기 위해서는 자신의 출신국 밖에 있어야 한다.

3 운영체계

1) 난민인정 신청

대한민국 안에 있는 외국인으로서 난민인정을 받으려는 사람은 법무부 장관에게 난민인정 신청을 할 수 있다. 이 경우 외국인은 난민인정신청서를 지방출입국 · 외국인관서의 장에게 제출하여야 한다(제5조).

난민인정 신청을 하는 때에는 여권 또는 외국인등록증을 제시해야 한다. 이를 제시할 수 없는 경우에는 그 사유서를 작성하여 제출해야 하고, 난민인정 심사에 참고할 문서 등 자료가 있는 경우 그 자료를 제시하여야 한다.

대부분의 경우 난민신청자는 출신국의 국적을 보유한다. 국적은 해당국이 발급한 여권을 통해 입증할 수 있다. 심사 당국은 여권을 통해 신청자가 여권 발급 해당국의 국민이라는 추정을 1차적으로 할 수 있다.

난민신청자는 자신의 국적국 밖에 있어야 한다. 대안적 국내 피신이라는 개념이 없는 것은 아니지만 출신국 내에 있는 사람은 난민으로 인정받을 수 있는 규정들을 적용받기가 어렵다는 것이 일반적 견해이다.

난민인정 신청은 서면으로 하여야 한다. 다만, 신청자가 글을 쓸 줄 모르거나 장애 등의 사유로 인하여 신청서를 작성할 수 없는 경우에는 접수하는 공무원이 신청서를 작성하고 신청자와 함께 서명 또는 기명날인하여야 한다. 법무부 장관은 난민인정 신청을 받은 때에는 즉시 신청자에게 접수증을 교부하여야 한다.

출입국관리공무원은 난민인정 신청에 관하여 문의하거나 신청 의사를 밝히는 외국인이 있으면 적극적으로 도와야 한다. 또 법무부 장관은 난민신청자에게 유리한 자료도 적극적으로 수집하여 심사 자료로 활용하여야 한다(제9조).

난민신청자는 난민인정 여부에 관한 결정이 확정될 때까지(난민불인정결정에 대한 행정심판이나 행정소송이 진행 중인 경우에는 그 절차가 종결될 때까지) 대한민국에 체류할 수 있으며 변호사의 조력을 받을 권리를 가진다(제12조).

2) 출입국항에서의 신청

외국인이 입국심사를 받는 때에 난민인정 신청을 하려면 「출입국관리법」에 따른 출입국항을 관할하는 지방출입국·외국인관서의 장에게 난민인정신청서를 제출하여야 한다(제6조).

지방출입국·외국인관서의 장은 제1항에 따라 출입국항에서 난민인정신청서를 제출한 사람에 대하여 7일의 범위에서 출입국항에 있는 일정한 장소에 머무르게 할 수 있다. 법무부 장관은 제1항에 따라 난민인정신청서를 제출한 사람에 대하여는 그 신청서가 제출된 날부터 7일 이내에 난민인정 심사에 회부할 것인지를 결정하여야 하며, 그 기간 안에 결정하지 못하면 그 신청자의 입국을 허가하여야 한다.

출입국항에서의 난민신청자에 대하여는 대통령령으로 정하는 바에 따라 머무르는 기간 동안 기본적인 의·식·주를 제공하여야 한다.

3) 신청에 필요한 사항의 게시

지방출입국·외국인관서의 장은 지방출입국·외국인관서 및 관할 출입국항에 난민인정 신청에 필요한 서류를 비치하여야 한다. 이 법에 따른 접수방법 및 난민신청자의 권리 등 필요한 사항을 인터넷 등 전자적 방법을 통한 게시를 포함하여 누구나 열람할 수 있도록 하여야 한다(제7조).

4 난민인정 심사

1) 심 사

난민인정신청서를 제출받은 지방출입국·외국인관서의 장은 지체 없이 난민신청자에 대하여 면접을 실시하고 사실조사를 한 다음 그 결과를 난민인정신청서에 첨부하여 법무부 장관에게 보고하여야 한다(제8조). 법무부 장관은 지방출입국·외국인관서에 면접과 사실조사 등을 전담하는 난민심사관을 둔다. 난민심사관은 출입국관리 업무에 종사하는 5급 이상의 공무원으로서 난민 관련 업무에 2년 이상 종사하였을 것, 법무부 장관이 정하는 난민심사관 교육과정을 마쳤을 것 중의 어느 하나에 해당하는 자격을 갖추어야 한다(시행령 제6조).

지방출입국·외국인관서의 장은 필요하다고 인정하는 경우 면접과정을 녹음 또는 녹화할 수 있다. 다만, 난민신청자의 요청이 있는 경우에는 녹음 또는 녹화를 거부하여서는 아니 된다. 난민신청자의 요청이 있는 경우 같은 성(性)의 공무원이 면접을 하여야 한다. 난민심사관은 난민신청자의 신청이 있는 때에는 면접의 공정성에 지장을 초래하지 아니하는 범위에서 신뢰관계 있는 사람의 동석을 허용할 수 있다(제13조).

법무부 장관은 난민신청자가 한국어로 충분한 의사표현을 할 수 없는 경우에는 면접 과정에서 대통령령으로 정하는 일정한 자격을 갖춘 통역인으로 하여금 통역하게 하여야 한다(제14조). 난민심사관은 난민신청자가 난민면접조서에 기재된 내용을 이해하지 못하는 경우 난민면접을 종료한 후 난민신청자가 이해할 수 있는 언어로 통역 또는 번역을 하여 그 내용을 확인할 수 있도록 하여야 한다(제15조). 난민전문통역인은 외국어에 능통하고 난민통역 업무수행에 적합하다고 인정되는 사람으로서 법무부 장관이 정하는 교육과정을 마친 사람이 수행한다(시행령 제8조). 이때 난민신청자가 요청하는 경우에는 같은 성(性)의 난민전문 통역인이 통역하여야 한다. 만일 난민신청자가 사용하는 언어에 능통한 전문통역인이 없거나 긴박한 경우에는 다음의 방법으로 통역할 수 있다. 이는 난민신청자가 사용하는 언어를 다른 외국 언어로 1차 통역하게 한 다음 그 외국 언어를 난민전문통역인으로 하여금 한국어로 2차 통역하게 하는 방법 또는 난민신청자가 사용하는 언어에 능통한 사람에게 통역에 대한 사전 교육을 실시한 후 통역하게 하는 방법이다. 법무부 장관은 난민신청자에 대한 통역을 담당한 사람에게 규정에 따라 수당을 지급할 수 있다.

난민신청자는 난민심사에 성실하게 응하여야 한다. 법무부 장관은 난민신청자가 면접 등을 위한 출석요구에도 불구하고 3회 이상 연속하여 출석하지 아니하는 경우에는 난민인정 심사를 종료할 수 있다.

한편, 거짓 서류의 제출이나 거짓 진술을 하는 등 사실을 은폐하여 난민인정 신청을 한 경우, 난민인정을 받지 못한 사람 또는 제22조에 따라 난민인정이 취소된 사람이 중대한 사정의 변경 없이 다시 난민인정을 신청한 경우, 대한민국에서 1년 이상 체류하고 있는 외국인이 체류기간 만료일에 임박하여 난민인정 신청을 하거나 강제퇴거대상 외국인이 그 집행을 지연시킬 목적으로 난민인정 신청을 한 경우 등에 해당하는 신청자에 대해서 법무부 장관은 심사 절차의 일부를 생략할 수 있다.

2) 사실조사

법무부 장관은 난민의 인정 또는 제22조에 따른 난민인정의 취소·철회 여부를 결정하기 위하여 필요하면 법무부 내 난민전담공무원 또는 지방출입국·외국인관서의 난민심사관으로 하여금 그 사실을 조사하게 할 수 있다(제10조). 조사를 하기 위하여 필요한 경우 난민신청자, 그 밖에 관계인을 출석하게 하여 질문을 하거나 문서 등 자료의 제출을 요구할 수 있다.

법무부 내 난민전담부서의 장 또는 지방출입국·외국인관서의 장은 난민전담공무원 또는 난민심사관이 제1항에 따라 난민의 인정 또는 난민인정의 취소나 철회 등에 관한 사실조사를 마친 때에는 지체 없이 그 내용을 법무부 장관에게 보고하여야 한다.

법무부 장관은 난민인정 심사에 필요한 경우 관계 행정기관의 장이나 지방자치단체의 장 또는 관련 단체의 장에게 자료제출 또는 사실조사 등의 협조를 요청할 수 있다(제11조). 또 난민신청자는 본인이 제출한 자료, 난민면접조서의 열람이나 복사를 요청할 수 있다(제16조).

3) 공개금지

누구든지 난민신청자와 제13조에 따라 면접에 동석하는 사람의 주소·성명·연령·직업·용모, 그 밖에 그 난민신청자 등을 특정하여 파악할 수 있게 하는 인적사항과 사진 등을 공개하거나 타인에게 누설하여서는 아니 된다(제17조). 다만, 본인의 동의가 있는 경우는 예외로 한다. 또 누구든지 제1항에 따른 난민신청자 등의 인적사항과 사진 등을 난민신청자 등의 동의를 받지 아니하고 출판물에 게재하거나 방송매체 또는 정보통신망을 이용하여 공개하여서는 아니 된다.

난민인정 신청에 대한 어떠한 정보도 출신국에 제공되어서는 아니 된다. 또 난민위원회나 법원은 난민신청자나 그 가족 등의 안전을 위하여 필요하다고 인정하면 난민신청자의 신청에 따라 또는 직권으로 심의 또는 심리를 공개하지 아니하는 결정을 할 수 있다(제23조).

4) 난민지원시설 운영

법무부 장관은 제34조, 제41조 및 제42조에서 정하는 업무 등을 효율적으로 수행하기 위하여 난민지원시설을 설치하여 운영할 수 있다(제45조). 법무부 장관은 필요하다고 인정하면 제1항에 따른 업무의 일부를 민간에게 위탁할 수 있다. 난민지원시설의 이용대상, 운영 및 관리, 민간위탁 등에 필요한 사항은 대통령령으로 정한다.

5) 유엔난민기구와의 협력

법무부 장관은 유엔난민기구가 난민인정자 및 난민신청자의 상황, 난민협약 및 난민의정서의 이행 상황, 입법예고를 한 경우를 포함한 난민 관계 법령사항에 대하여 통계 등의 자료를 요청하는 경우 협력하여야 한다(제29조).

법무부 장관은 또 유엔난민기구나 난민신청자의 요청이 있는 경우 난민신청자 면담, 난민신청자에 대한 면접 참여, 난민인정 신청 또는 이의신청 심사에 관한 의견 제시 등의 행위를 할 수 있도록 협력하여야 한다.

법무부 장관 및 난민위원회는 유엔난민기구가 난민협약 및 난민의정서의 이행상황을 점검하는 임무를 원활하게 수행할 수 있도록 편의를 제공하여야 한다.

5 난민인정과 불인정

1) 난민(재정착희망난민)인정

법무부 장관은 난민인정 신청이 이유 있다고 인정할 때에는 난민임을 인정하는 결정을 하고 난민인정증명서를 난민신청자에게 교부한다(제18조). 난민인정 등의 결정은 난민인정신청서를 접수한 날부터 6개월 안에 하여야 한다. 다만, 부득이한 경우에는 6개월의 범위에서 기간을 정하여 연장할 수 있다. 단서에 따라 기간을 연장한 때에는 종전의 기간이 만료되기 7일 전까지 난민신청자에게 통지하여야 한다.

법무부 장관은 재정착희망난민의 수용 여부와 규모 및 출신지역 등 주요 사항에 관하여 「재한외국인 처우 기본법」 제8조에 따른 외국인정책위원회의 심의를 거쳐 재정착희망난민의 국내 정착을 허가할 수 있다. 이 경우 정착허가는 제18조제1항에 따른 난민인정으로 본다(제24조).

난민인정자에 대하여는 다른 법률에도 불구하고 상호주의를 적용하지 아니한다(제38조). 난민협약에 의하면 제7조에 의하면 난민에게 이 협약보다 우호적인 규정을 두고 있는 경우를 제외하고, 일반적으로 외국인에게 부여하는 것과 동등한 대우를 부여한다고 하였다. 또 각 협약 체결국은 자국에 대하여 이 협약이 발효하는 날에 상호주의의 적용 없이 난민에게 이미 인정되고 있는 권리와 이익을 계속해서 부여한다고 하였다. 이에 우리 법은 각 국가들이 난민인정자들을 대하는 서로 다른 입장과 상대방 국가의 차별처우 등을 상정한 상호주의로부터 벗어나 최대한 적용 가능한 우호적인 조치를 고려하고 있음을 밝히고 있다.

2) 불인정 및 보호

법무부 장관은 난민인정 신청에 대하여 난민에 해당하지 아니한다고 결정하는 경우에는 난민신청자에게 그 사유와 30일 이내에 이의신청을 제기할 수 있다는 뜻을 적은 난민불인정결정통지서를 교부한다. 난민불인정결정통지서에는 난민신청자의 사실 주장 및 법적 주장에 대한 판단을 포함하는 결정의 이유와 이의신청 기한 및 방법 등을 명시하여야 한다.

법무부 장관은 난민신청자가 난민에 해당한다고 인정하는 경우에도 다음 각 호의 어느 하나에 해당된다고 인정할 만한 상당한 이유가 있는 경우에는 위 규정에도 불구하고 난민불인정결정을 할 수 있다(제19조). 난민불인정을 결정할 수 있는 이유는 ① 유엔난민기구 외에 유엔의 다른 기구 또는 기관으로부터 보호 또는 원조를 현재 받고 있는 경우. 다만, 그러한 보호 또는 원조를 현재 받고 있는 사람의 지위가 국제연합총회에 의하여 채택된 관련 결의문에 따라 최종적으로 해결됨이 없이 그러한 보호 또는 원조의 부여가 어떠한 이유로 중지되는 경우는 제외한다. ② 국제조약 또는 일반적으로 승인된 국제법규에서 정하는 세계평화에 반하는 범죄, 전쟁범죄 또는 인도주의에 반하는 범죄를 저지른 경우, ③ 대한민국에 입국하기 전에 대한민국 밖에서 중대한 비정치적 범죄를 저지른 경우, ④ 국제연합의 목적과 원칙에 반하는 행위를 한 경우 등이 이에 해당한다.

출입국관리공무원은 난민신청자가 자신의 신원을 은폐하여 난민의 인정을 받을 목적으로 여권 등 신분증을 고의로 파기하였거나 거짓의 신분증을 행사하였음이 명백한 경우 그 신원을 확인하기 위하여 「출입국관리법」 제51조에 따라 지방출입국・외국인관서의 장으로부터 보호명령서를 발급받아 보호할 수 있다(제20조).

다만, 보호된 사람에 대하여 그 신원이 확인되거나 10일 이내에 신원을 확인할 수 없는 경우 즉시 보호를 해제하여야 한다. 부득이한 사정으로 신원 확인이 지체되는 경우 지방출입국・외국인관서의 장은 10일의 범위에서 보호를 연장할 수 있다.

6 인권보호와 이의신청

1) 난민위원회의 심의

제18조제2항 또는 제19조에 따라 난민불인정결정을 받은 사람 또는 제22조에 따라 난민인정이 취소 또는 철회된 사람은 그 통지를 받은 날부터 30일 이내에 법무부 장관에게 이의신청을 할 수 있다. 이 경우 이의신청서에 이의의 사유를 소명하는 자료를 첨부하여 지방출입국・외국인관서의 장에게 제출하여야 한다(제21조).

제1항에 따른 이의신청을 한 경우에는 「행정심판법」에 따른 행정심판을 청구할 수 없다. 법무부 장관은 제1항에 따라 이의신청서를 접수하면 지체 없이 제25조에 따른 난민위원회에 회부하여야 한다. 제25조에 따른 난민위원회는 직접 또는 제27조에 따른 난민조사관을 통하여 사실조사를 할 수 있다.

법무부 장관은 이의신청서를 접수한 날부터 6개월 이내에 이의신청에 대한 결정을 하여야 한다. 다만, 부득이한 사정으로 그 기간 안에 이의신청에 대한 결정을 할 수 없는 경우에는 6개월의 범위에서 기간을 정하여 연장할 수 있다. 제7항 단서에 따라 이의신청의 심사기간을 연장한 때에는 그 기간이 만료되기 7일 전까지 난민신청자에게 이를 통지하여야 한다. 법무부 장관은 난민위원회의 심의를 거쳐 제18조에 따라 난민인정 여부를 결정한다. 난민위원회는 재석위원 과반수의 출석과 출석위원 과반수의 찬성으로 이의신청 안건을 의결한다(시행령 제10조). 법무부 장관은 이유신청이 이유 있다고 인정되면 난민인정결정을 하고 난민인정증명서를 이의신청인에게 교부한다. 이의신청이 이유 없다고 인정되면 신청에 대해 기각 결정을 하고 이의신청 기각결정서를 신청인에게 교부한다.

2) 이의신청

난민법에서는 제21조에 난민불인정결정 또는 난민인정결정 취소에 대한 이의신청 규정을 명시하고 있다.

제18조(난민의 인정 등)

① 법무부 장관은 난민인정 신청이 이유 있다고 인정할 때에는 난민임을 인정하는 결정을 하고 난민인정증명서를 난민신청자에게 교부한다.

② 법무부 장관은 난민인정 신청에 대하여 난민에 해당하지 아니한다고 결정하는 경우에는 난민신청자에게 그 사유와 30일 이내에 이의신청을 제기할 수 있다는 뜻을 적은 난민불인정결정통지서를 교부한다.

③ 제2항에 따른 난민불인정결정통지서에는 결정의 이유(난민신청자의 사실 주장 및 법적 주장에 대한 판단을 포함한다)와 이의신청의 기한 및 방법 등을 명시하여야 한다.

④ 제1항 또는 제2항에 따른 난민인정 등의 결정은 난민인정신청서를 접수한 날부터 6개월 안에 하여야 한다. 다만, 부득이한 경우에는 6개월의 범위에서 기간을 정하여 연장할 수 있다.

⑤ 제4항 단서에 따라 기간을 연장한 때에는 종전의 기간이 만료되기 7일 전까지 난민신청자에게 통지하여야 한다.

⑥ 제1항에 따른 난민인정증명서 및 제2항에 따른 난민불인정결정통지서는 지방출입국·외국인관서의 장을 거쳐 난민신청자나 그 대리인에게 교부하거나 「행정절차법」 제14조에 따라 송달한다.

제19조(난민인정의 제한)

법무부 장관은 난민신청자가 난민에 해당한다고 인정하는 경우에도 다음 각 호의 어느 하나에 해당된다고 인정할 만한 상당한 이유가 있는 경우에는 제18조제1항에도 불구하고 난민불인정결정을 할 수 있다.

1. 유엔난민기구 외에 유엔의 다른 기구 또는 기관으로부터 보호 또는 원조를 현재 받고 있는 경우. 다만, 그러한 보호 또는 원조를 현재 받고 있는 사람의 지위가 국제연합총회에 의하여 채택된 관련 결의문에 따라 최종적으로 해결됨이 없이 그러한 보호 또는 원조의 부여가 어떠한 이유로 중지되는 경우는 제외한다.
2. 국제조약 또는 일반적으로 승인된 국제법규에서 정하는 세계평화에 반하는 범죄, 전쟁범죄 또는 인도주의에 반하는 범죄를 저지른 경우
3. 대한민국에 입국하기 전에 대한민국 밖에서 중대한 비정치적 범죄를 저지른 경우
4. 국제연합의 목적과 원칙에 반하는 행위를 한 경우

제21조(이의신청)

① 제18조제2항 또는 제19조에 따라 난민불인정결정을 받은 사람 또는 제22조에 따라 난민인정이 취소 또는 철회된 사람은 그 통지를 받은 날부터 30일 이내에 법무부 장관에게 이의신청을 할 수 있다. 이

경우 이의신청서에 이의의 사유를 소명하는 자료를 첨부하여 지방출입국·외국인관서의 장에게 제출하여야 한다.
② 제1항에 따른 이의신청을 한 경우에는 「행정심판법」에 따른 행정심판을 청구할 수 없다.
③ 법무부 장관은 제1항에 따라 이의신청서를 접수하면 지체 없이 제25조에 따른 난민위원회에 회부하여야 한다.
④ 제25조에 따른 난민위원회는 직접 또는 제27조에 따른 난민조사관을 통하여 사실조사를 할 수 있다.
⑤ 그 밖에 난민위원회의 심의 절차에 대한 구체적인 사항은 대통령령으로 정한다.
⑥ 법무부 장관은 난민위원회의 심의를 거쳐 제18조에 따라 난민인정 여부를 결정한다.
⑦ 법무부 장관은 이의신청서를 접수한 날부터 6개월 이내에 이의신청에 대한 결정을 하여야 한다. 다만, 부득이한 사정으로 그 기간 안에 이의신청에 대한 결정을 할 수 없는 경우에는 6개월의 범위에서 기간을 정하여 연장할 수 있다.
⑧ 제7항 단서에 따라 이의신청의 심사기간을 연장한 때에는 그 기간이 만료되기 7일 전까지 난민신청자에게 이를 통지하여야 한다.

제22조(난민인정결정의 취소 등)
① 법무부 장관은 난민인정결정이 거짓 서류의 제출이나 거짓 진술 또는 사실의 은폐에 따른 것으로 밝혀진 경우에는 난민인정을 취소할 수 있다.
② 법무부 장관은 난민인정자가 다음 각 호의 어느 하나에 해당하는 경우에는 난민인정결정을 철회할 수 있다.
1. 자발적으로 국적국의 보호를 다시 받고 있는 경우
2. 국적을 상실한 후 자발적으로 국적을 회복한 경우
3. 새로운 국적을 취득하여 그 국적국의 보호를 받고 있는 경우
4. 박해를 받을 것이라는 우려 때문에 거주하고 있는 국가를 떠나거나 또는 그 국가 밖에서 체류하고 있다가 자유로운 의사로 그 국가에 재정착한 경우
5. 난민인정결정의 주된 근거가 된 사유가 소멸하여 더 이상 국적국의 보호를 받는 것을 거부할 수 없게 된 경우
6. 무국적자로서 난민으로 인정된 사유가 소멸되어 종전의 상주국으로 돌아갈 수 있는 경우
③ 법무부 장관은 제1항 또는 제2항에 따라 난민인정결정을 취소 또는 철회한 때에는 그 사유와 30일 이내에 이의신청을 할 수 있다는 뜻을 기재한 난민인정취소통지서 또는 난민인정철회통지서로 그 사실을 통지하여야 한다. 이 경우 통지의 방법은 제18조제6항을 준용한다.

제21조제1항은 난민불인정결정을 받은 사람 또는 난민인정이 취소 또는 철회된 사람이 그 통지를 받은 날로부터 30일 이내에 법무부 장관에게 이의신청을 할 수 있다고 규정하고 있다. 동조 제7항에 따라 법무부 장관은 이의신청서를 접수한 날부터 6개월 이내에 이의신청에 대한 결정을 하여야 하며, 부득이한 사정으로 그 기간 안에 이의신청에 대한 결정을 할 수 없는 경우에는 6개월 범위 내에서 기간을 정하여 연장할 수 있다.

한편, 난민법 제6조에 따라 공항에서 난민신청을 한 경우에 이를 거부하는 처분인 난민인정심사불회부결정에 대해서는 처분성이 인정되어 소송으로 다투어지는 데 보다

신속하고 간소한 방법으로 다툴 수 있는 이의신청 절차는 별도로 마련되어 있지 않다.

이와 같이 난민의 경우 외국인근로자 고용 등에 관한 법률 등에서는 규정되고 있지 아니한 이의신청 관련 조항들이 명문화되어 있는 것을 확인할 수 있다. 이는 이 법이 국제조약인 난민의 지위에 관한 1951년 협약과 난민의 지위에 관한 1967년 의정서에 근거해 우리나라가 상호주의를 표방하고 있기 때문이라 할 수 있다.

3) 난민인정의 취소

법무부 장관은 난민인정결정이 거짓 서류의 제출이나 거짓 진술 또는 사실의 은폐에 따른 것으로 밝혀진 경우에는 난민인정을 취소할 수 있다(제22조). 또 법무부 장관은 난민인정자가 자발적으로 국적국의 보호를 다시 받고 있는 경우, 국적을 상실한 후 자발적으로 국적을 회복한 경우, 새로운 국적을 취득하여 그 국적국의 보호를 받고 있는 경우, 박해를 받을 것이라는 우려 때문에 거주하고 있는 국가를 떠나거나 또는 그 국가 밖에서 체류하고 있다가 자유로운 의사로 그 국가에 재정착한 경우, 난민인정결정의 주된 근거가 된 사유가 소멸하여 더 이상 국적국의 보호를 받는 것을 거부할 수 없게 된 경우, 무국적자로서 난민으로 인정된 사유가 소멸되어 종전의 상주국으로 돌아갈 수 있는 경우 중 어느 하나에 해당하는 경우에는 난민인정결정을 철회할 수 있다.

법무부 장관은 이 규정에 따라 난민인정결정을 취소 또는 철회한 때에는 그 사유와 30일 이내에 이의신청을 할 수 있다는 뜻을 기재한 난민인정취소통지서 또는 난민인정철회통지서로 그 사실을 통지하여야 한다.

거짓 서류의 제출이나 거짓 진술 또는 사실의 은폐로 난민으로 인정되거나 인도적 체류 허가를 받은 사람은 1년 이하의 징역 또는 1천만 원 이하의 벌금에 처한다(제47조).

7 난민위원회

1) 설치 및 구성

제21조에 따른 이의신청에 대한 심의를 하기 위해 법무부에 난민위원회를 둔다(제25조). 위원회는 위원장 1명을 포함한 15명 이하의 위원으로 구성한다. 위원회에 분과위원회를 둘 수 있다.

2) 위 원

위원은 변호사의 자격이 있는 사람, 고등교육법 제2조제1호 또는 제3호에 따른 학교에서 법률학 등을 가르치는 부교수 이상의 직에 있거나 있었던 사람, 난민 관련 업무를 담당하는 4급 이상 공무원이거나 이었던 사람, 그 밖에 난민에 관하여 전문적인 지식과 경험이 있는 사람 중 어느 하나에 해당하는 사람 중에서 법무부 장관이 임명 또는 위촉한다(제26조).

위원장은 위원 중에서 법무부 장관이 임명한다. 위원의 임기는 3년으로 하고, 연임할 수 있다. 난민위원회(분과위원회를 포함)의 위원 중 공무원이 아닌 위원은 「형법」 제127조 및 제129조부터 제132조까지의 규정을 적용할 때에는 공무원으로 본다.

3) 난민조사관

위원회에 난민조사관을 둔다. 난민조사관은 위원장의 명을 받아 이의신청에 대한 조사 및 그 밖에 위원회의 사무를 처리한다(제27조).

8 난민인정자의 처우

1) 사회보장

대한민국에 체류하는 난민인정자는 다른 법률에도 불구하고 난민협약에 따른 처우를 받는다(제30조). 국가와 지방자치단체는 난민의 처우에 관한 정책의 수립·시행, 관계 법령의 정비, 관계 부처 등에 대한 지원, 그 밖에 필요한 조치를 하여야 한다.

난민으로 인정되어 국내에 체류하는 외국인은 「사회보장기본법」 제8조 등에도 불구하고 대한민국 국민과 같은 수준의 사회보장을 받는다(제31조). 난민으로 인정되어 국내에 체류하는 외국인은 「국민기초생활 보장법」 제5조의2에도 불구하고 본인의 신청에 따라 같은 법 제7조부터 제15조까지에 따른 보호를 받는다(제32조).

2) 교 육

난민인정자나 그 자녀가 「민법」에 따라 미성년자인 경우에는 국민과 동일하게 초등교육과 중등교육을 받는다(제33조). 법무부 장관은 난민인정자에 대하여 대통령령으로 정하는 바에 따라 그의 연령과 수학능력 및 교육여건 등을 고려하여 필요한 교육을 받을 수 있도록 지원할 수 있다. 난민인정자나 그 자녀는 교육 관계 법령에서 정하는 기준과 절차에 따라 초중등교육법 제2조에 따른 학교에 입학하거나 편입학 할 수 있다(시행령 제13조). 이때 법무부 장관은 난민인정자 및 그 자녀 가운데 교육비 지원이 필요하다고 인정되는 사람을 교육부 장관에게 추천할 수 있다. 교육비 지원 추천을 받으려는 난민인정자나 그 자녀는 별지 제18호 서식의 교육비 지원 추천 신청서에 입학증명서 1부, 가족관계를 증명할 수 있는 서류 1부를 첨부하여 청장·사무소장이나 출장소장에게 제출해야 한다(시행규칙 제13조).

법무부 장관은 난민인정자에 대하여 대통령령으로 정하는 바에 따라 한국어 교육 등 사회적응교육을 실시할 수 있다(제34조). 또 법무부 장관은 난민인정자가 원하는 경우 대통령령으로 정하는 바에 따라 직업훈련을 받을 수 있도록 지원할 수 있다. 직업훈련을 원하는 난민인정자 가운데 근로자직업능력 개발법 제12조에 따른 직업능력개발훈련이 필요하다고 인정되는 사람을 법무부령이 정하는 바에 따라 고용노동부 장관에게 추천할 수 있다(시행령 제15조). 직업훈련 추천을 받으려는 난민인정자는 별지 제20호 서식의 직업훈련 추천 신청서를 청장・사무소장이나 출장소장에게 제출해야 한다(시행규칙 제14조).

난민인정자는 대통령령으로 정하는 바에 따라 외국에서 이수한 학교교육의 정도에 상응하는 학력을 인정받을 수 있다(제35조). 또 관계 법령에서 정하는 바에 따라 외국에서 취득한 자격에 상응하는 자격 또는 그 자격의 일부를 인정받을 수 있다(제36조).

3) 배우자와 자녀

법무부 장관은 난민인정자의 배우자 또는 미성년자인 자녀가 입국을 신청하는 경우 「출입국관리법」 제11조에 해당하는 경우가 아니면 입국을 허가하여야 한다(제37조). 배우자 및 미성년자의 범위는 우리 「민법」에 따른다.

4) 인도적체류자, 난민신청자의 처우

법무부 장관은 인도적체류자에 대하여 취업활동 허가를 할 수 있다(제39조). 또 난민신청자에게는 대통령령으로 정하는 바에 따라 생계비 등을 지원할 수 있다(제40조). 법무부 장관은 난민신청자에게 난민인정신청서를 제출한 날부터 6개월을 넘지 않는 범위에서 생계비 등을 지원할 수 있다(시행령 제17조). 다만, 중대한 질병 또는 신체장애 등으로 생계비 등의 지원이 계속 필요한 부득이한 경우에는 6개월을 넘지 않는 범위에서 지원기간을 연장할 수 있다. 지원 금액은 난민신청자의 국내 체류기간, 취업활동 여부, 난민지원시설 이용 여부, 부양가족 유무, 생활여건 등을 고려하여 법무부 장관이 정한다.

난민인정 신청일부터 6개월이 지난 경우에는 대통령령으로 정하는 바에 따라 난민신청자에게 취업을 허가할 수 있다. 취업허가는 출입국관리법 제20조에 따른 체류자격 외 활동에 대한 허가의 방법으로 한다(시행령 제18조).

법무부 장관은 대통령령으로 정하는 바에 따라 난민신청자가 거주할 주거시설을 설치하여 운영할 수 있으며(제41조), 의료 지원을 할 수 있다(제42조). 법무부 장관은 난민지원시설 등에 난민신청자 등이 거주할 수 있는 주거시설을 설치・운영할 수 있다

(시행령 제19조). 이때 출입국항에서의 난민신청자와 재정착희망난민을 주거 이용의 우선 대상자로 선정할 수 있으며, 이용기간은 6개월을 넘지 않는 범위에서 정할 수 있고 부득이한 경우 시설이용기간을 연장할 수 있다. 한편, 건강검진 등 의료 지원을 받으려는 난민신청자는 별지 제23호의 서식인 의료 지원 신청서에 병원진단서 또는 의사소견서 1부, 의료비 내역서 1부를 첨부하여 청장 사무소장 출장소장 또는 외국인보호소장에게 제출해야 한다(시행규칙 제16조).

난민신청자 및 그 가족 중 미성년자인 외국인은 국민과 같은 수준의 초등교육 및 중등교육을 받을 수 있다(제43조).

11

문화다양성의 보호와 증진에 관한 법률

“문화다양성”이란 집단과 사회의 문화가 집단과 사회 내에 전하여지는 다양한 방식으로 표현되는 것을 말한다.

모든 사회구성원은 문화적 표현의 자유와 권리를 가지며, 다른 사회구성원의 다양한 문화적 표현을 존중하고 이해하기 위해 노력해야 한다.

11

문화다양성의 보호와 증진에 관한 법률

1 목 적

이 법은 국제연합교육과학문화기구(이하 “유네스코”라 한다)의 「문화적 표현의 다양성 보호와 증진에 관한 협약」 이행을 위하여 문화다양성의 보호 및 증진에 관한 정책 수립 및 시행 등에 관한 기본사항을 규정함으로써 개인의 문화적 삶의 질을 향상시키고 문화다양성에 기초한 사회통합과 새로운 문화 창조에 이바지하는 것을 목적으로 한다(제1조).

이 법에 따라 국가와 지방자치단체는 문화다양성을 보호하고 증진하기 위한 시책을 강구하고, 문화다양성에 기반한 문화예술 활동을 권장 · 보호 · 육성하며, 이에 필요한 재원을 적극 마련하여야 한다(제3조). 그리고 문화다양성에 관한 정책의 수립 · 시행 및 조사 · 연구, 문화다양성의 증진을 위한 문화예술 활동의 지원, 문화다양성과 관련한 국가 간 및 국제기구와의 교류 및 협력체제 구축 등 필요한 노력을 하여야 한다. 또 국적 · 민족 · 인종 · 종교 · 언어 · 지역 · 성별 · 세대 등에 따른 문화적 차이를 이유로 문화적 표현과 문화예술 활동의 지원이나 참여에 대한 차별을 하여서는 아니 된다.

모든 사회구성원은 문화적 표현의 자유와 권리를 가지며, 다른 사회구성원의 다양한 문화적 표현을 존중하고 이해하기 위하여 노력하여야 한다(제4조). 문화다양성의 보호와 증진에 관하여 다른 법률에 특별한 규정이 있는 경우를 제외하고는 이 법에서 정하는 바에 따른다(제5조). 문화다양성의 보호와 증진에 관하여 다른 법률을 제정하거나 개정하는 경우에는 이 법에 부합하도록 하여야 한다.

2 용어의 정의

이 법에서 사용하는 용어의 뜻은 다음과 같다(제2조).

"문화다양성"이란 집단과 사회의 문화가 집단과 사회 간, 그리고 집단과 사회 내에 전하여지는 다양한 방식으로 표현되는 것을 말하며, 그 수단과 기법에 관계없이 인류의 문화유산이 표현, 진흥, 전달되는 데에 사용되는 방법의 다양성과 예술적 창작, 생산, 보급, 유통, 향유 방식 등에서의 다양성을 포함한다.

"문화적 표현"이란 개인, 집단, 사회의 창의성에서 비롯된 표현으로서 문화적 정체성에서 유래하거나 문화적 정체성을 표현하는 상징적 의미, 예술적 영역 및 문화적 가치를 지니는 것을 말한다.

3 운영체계

1) 기본계획

문화체육관광부 장관은 문화다양성의 보호와 증진을 위하여 문화다양성 보호 및 증진 기본계획(이하 "기본계획"이라 한다)을 4년마다 수립하여야 한다(제6조). 문화체육관광부 장관은 기본계획 및 시행계획의 수립·시행에 있어서 사회구성원이 적극적으로 참여할 수 있도록 노력하여야 한다. 기본계획에는 다음 각 호의 사항이 포함되어야 한다.

문화다양성의 보호와 증진을 위한 정책방향 및 추진목표가 있어야 하며, 문화다양성에 대한 인식 제고를 위한 조사·연구, 문화예술 활동의 발굴 및 보급, 정보자료의 제작 및 보급, 문화시설 조성, 교육 및 홍보, 인력 양성, 국제교류 및 국제기구 협력, 정책

추진에 필요한 재원의 조달 및 운용, 그 밖에 문화다양성의 보호와 증진을 위한 정책의 수립과 추진에 필요한 사항이 포함되어야 한다.

문화체육관광부 장관은 기본계획 수립 시 지방자치단체의 장의 의견을 듣고 관계 중앙행정기관의 장과 협의하여 제7조에 따른 문화다양성위원회의 심의를 거쳐 확정・시행하여야 한다. 또 기본계획의 추진을 위한 연도별 시행계획(이하 "시행계획"이라 한다)을 수립・시행하여야 한다.

문화체육관광부 장관은 기본계획과 시행계획의 수립 또는 변경 등을 위하여 관계 중앙행정기관의 장, 관계 지방자치단체의 장, 관련 교육・연구 기관 및 법인・단체의 장에게 필요한 자료의 제출을 요청할 수 있으며, 요청받은 관련 기관・단체의 장은 특별한 사유가 없으면 이에 협조하여야 한다.

2) 문화다양성위원회

기본계획 등의 사항을 심의・조정하기 위하여 문화체육관광부 장관 소속으로 문화다양성위원회를 둔다(제7조). 위원회가 심의・조정할 사안은 기본계획의 수립 및 변경에 관한 사항, 기본계획의 이행 평가에 관한 사항, 문화다양성 실태조사에 관한 사항, 연차보고에 관한 사항, 문화다양성 보호와 증진을 위한 정책에 관한 관계 부처 간 협조 및 업무조정에 관한 사항, 문화다양성 보호와 증진을 위한 정책과 관련한 국가 간 협력에 관한 사항, 그 밖에 위원장이 문화다양성 보호와 증진을 위한 정책과 관련하여 위원회의 심의・조정이 필요하다고 인정하는 사항 등이다.

위원회는 위원장 1명을 포함한 20명 이내의 위원으로 구성한다. 위원장은 공무원이 아닌 위원 중에서 문화체육관광부 장관이 지명하고, 위원은 문화체육관광부 차관(문화체육관광부 장관이 지명하는 차관으로 한다)과 대통령령으로 정하는 관계 중앙행정기관의 차관급 공무원, 문화다양성 보호와 증진정책에 관한 전문지식과 경험이 풍부한 사람 중에서 대통령령으로 정하는 바에 따라 문화체육관광부 장관이 위촉한 사람으로 한다.

3) 실태조사 및 보고

문화체육관광부 장관은 문화다양성을 이루는 문화적 요소, 문화다양성의 보호와 증진에 관한 의식수준과 문화향유 및 창조활동의 실태를 조사하여 그 결과를 공표할 수 있다(제8조). 이에 따른 문화다양성 실태조사의 조사항목 및 방법 등에 필요한 사항은 대통령령으로 정한다.

문화체육관광부 장관은 매년 문화다양성 보호와 증진을 위한 정책의 추진현황 및 세부이행 평가결과에 관한 보고서를 작성하여 정기국회 개회 전까지 국회에 제출하여야 한다(제9조). 이 보고서에는 기본계획에 따른 연도별 시행계획의 수립과 관리, 문화다양성 정책 추진 실태 및 평가결과, 문화다양성 실태조사 결과 및 분석, 그 밖에 대통령령으로 정하는 사항이 포함되어야 한다.

정부는 유네스코의 「문화적 표현의 다양성 보호와 증진에 관한 협약」 제9조에 따른 국가보고서를 작성하여 위원회의 심의를 거친 후 유네스코에 제출하여야 한다(제10조). 문화체육관광부 장관은 이에 따른 국가보고서를 작성하기 위하여 필요한 경우 관계 중앙행정기관의 장과 지방자치단체의 장에게 자료의 제출을 요청할 수 있으며, 관계 중앙행정기관의 장과 지방자치단체의 장은 특별한 사유가 없으면 요청에 따라야 한다.

4) 문화다양성의 날

정부는 문화다양성에 대한 국민의 이해를 증진하기 위하여 매년 5월 21일을 문화다양성의 날로 하고, 문화다양성의 날부터 1주간을 문화다양성 주간으로 한다(제11조).

문화다양성의 날 행사에 필요한 사항은 문화체육관광부 장관 또는 특별시장・광역시장・특별자치시장・도지사 및 특별자치도지사가 따로 정할 수 있다.

국가와 지방자치단체는 문화다양성의 보호와 증진을 위한 문화예술, 학술, 체육, 문화산업 등을 지원할 수 있다. 국가와 지방자치단체는 문화다양성의 보호와 증진을 위한 문화시설을 조성하거나 지원할 수 있다(제12조).

국가와 지방자치단체는 사회구성원이 문화다양성을 이해하여 그 보호와 증진에 기여할 수 있도록 학교를 포함한 교육시설, 교육단체 등을 활용하여 문화다양성 교육을 시행하도록 노력하여야 한다(제13조).

5) 전문인력 및 권한위임

국가와 지방자치단체는 문화다양성 보호와 증진에 필요한 전문인력을 양성하기 위하여 노력하여야 한다(제14조). 전문인력의 양성 등에 필요한 사항은 문화체육관광부령으로 정한다.

문화체육관광부 장관은 이 법에 따른 권한의 일부를 대통령령으로 정하는 바에 따라 지방자치단체의 장에게 위임하거나 그 사무의 일부를 문화다양성의 보호 및 증진을 위하여 설립된 기관 또는 단체에 위탁할 수 있다(제15조).

12

북한이탈주민의 보호 및 정착지원에 관한 법률

"북한이탈주민"이란 군사분계선 이북지역인 북한에 주소, 직계가족, 배우자, 직장 등을 두고 있는 사람으로서 북한을 벗어난 후 외국 국적을 취득하지 아니한 사람을 말한다. 이 법은 대한민국의 보호를 받으려는 의사를 표시한 북한이탈주민에 대하여 적용하며, 군사분계선 이북지역에서 벗어나 대한민국의 보호를 받으려는 북한이탈주민이 정치, 경제, 사회, 문화 등 모든 생활 영역에서 신속히 적응·정착하는 데 필요한 보호 및 지원에 관한 사항을 규정함을 목적으로 한다.

12 북한이탈주민의 보호 및 정착지원에 관한 법률

1 목 적

이 법은 군사분계선 이북지역에서 벗어나 대한민국의 보호를 받으려는 군사분계선 이북지역의 주민이 정치, 경제, 사회, 문화 등 모든 생활 영역에서 신속히 적응·정착하는 데 필요한 보호 및 지원에 관한 사항을 규정함을 목적으로 한다(제1조). 이 법은 대한민국의 보호를 받으려는 의사를 표시[1]한 북한이탈주민에 대하여 적용한다(제3조).

국가는 보호대상자의 성공적인 정착[2]을 위하여 보호대상자의 보호·교육·취업·주거·의료 및 생활보호 등의 지원을 지속적으로 추진하고 이에 필요한 재원을 안정적으로 확보하기 위하여 노력하여야 한다(제4조의2). 국가는 이 법에 따라 보호대상자에 대한 지원시책을 마련하는 경우 아동·청소년·여성·노인·장애인 등에 대하여 특별히 배려·지원하도록 노력하여야 한다.

1) 보호를 받으려는 의사를 표시하지 않았거나 의사표시를 하고 싶지만 못하는 많은 수의 북한이탈주민들이 중국 등 국외에서 불안정한 상태로 체류 또는 거주하고 있음이 역설적으로 드러나는 규정이기도 하다.

2) 대한민국은 남한에 정착하려는 북한이탈주민들에 대해서는 인도주의와 남한으로의 이주 시 대한민국의 국민이 된다는 법 근거에 따라 모두를 포용하는 정책을 유지하고 있다. 따라서 한국에 오기 위해 경유하게 되는 체류 국가들과의 외교 및 민간 차원의 공식·비공식 협력 관계를 지속적으로 강화하고 있다.

2 용어의 정의

"북한이탈주민"[3]이란 군사분계선 이북지역인 북한에 주소, 직계가족, 배우자, 직장 등을 두고 있는 사람으로서 북한을 벗어난 후 외국 국적을 취득하지 아니한 사람을 말한다.

"보호대상자"란 이 법에 따라 보호 및 지원을 받는 북한이탈주민을 말한다.

"정착지원시설"이란 보호대상자의 보호 및 정착지원을 위하여 제10조제1항에 따라 설치·운영하는 시설을 말한다.

"보호금품"이란 이 법에 따라 보호대상자에게 지급하거나 빌려주는 금전 또는 물품을 말한다(제2조).

3 기본원칙

이 법의 기본원칙은 다음과 같다. 대한민국은 보호대상자를 인도주의에 입각하여 특별히 보호한다. 대한민국은 외국에 체류[4]하고 있는 북한이탈주민의 보호 및 지원 등을 위하여 외교적 노력[5]을 다하여야 한다. 보호대상자는 대한민국의 자유민주적 법질서에

---

3) 북한이탈주민을 칭할 때 탈북민, 탈북이주민, 새터민 등의 용어가 언론 등에서도 많이 사용되어져 왔으나 용어가 주는 거부감 등에 대해 당사자 및 전문가들에게서 문제제기들이 있었다. 이 법이 시행된 이후 '북한이탈주민'이라는 용어가 일반적으로 많이 사용되고 있다.

4) 2020년 현재 대한민국에 입국한 북한이탈주민은 33.752명인데 이 중 여성의 비율은 72%이다. 지난 30여 년 동안 북한을 이탈하여 해외로 이주한 규모는 이보다 훨씬 더 큰 규모로 추산되고 있다. 중국에 거주하고 있는 북한이탈주민의 수를 추정한 유엔난민기구, 북한 인권 관련 단체 등의 조사 결과 규모도 2만여 명에서 10만여 명으로 크게 차이가 나고 있어서 향후 더 면밀한 조사 연구가 필요하다. 북한을 이탈하여 외국으로 이주한 주민들이 중국이나 태국, 몽골 또는 미국 등에서 장기 거주하거나 영주, 귀화 등의 형태로 살아가게 되면 이들은 시간이 지남에 따라 '재외동포'의 범주에 포함될 수 있다. 따라서 「재외동포의 출입국과 법적 지위에 관한 법률」에서 해외에 중·장기 거주하고 있는 북한이탈주민의 법적 지위를 향후 어떻게 규정할 것인지에 대해서도 면밀히 살펴볼 필요가 있다.

5) 북한이탈주민은 국제법상 위임난민의 지위를 갖는다, 2003년 유엔난민기구는 북한이탈주민은 우려

적응하여 건강하고 문화적인 생활을 할 수 있도록 노력하여야 한다. 통일부 장관은 북한이탈주민에 대한 보호 및 지원 등을 위하여 북한이탈주민의 실태를 파악하고, 그 결과를 정책에 반영하여야 한다.

4 운영체계

1) 기본계획수립 및 시행

통일부 장관은 제6조에 따른 북한이탈주민 대책협의회의 심의를 거쳐 보호대상자의 보호 및 정착지원에 관한 기본계획을 3년마다 수립・시행하여야 한다(제4조의3). 기본계획에는 보호대상자의 보호 및 정착에 필요한 교육에 관한 사항, 직업훈련, 고용촉신 및 고용유지에 관한 사항, 정착지원시설의 설치・운영 및 주거 지원에 관한 사항, 의료지원 및 생활보호 등에 관한 사항, 사회통합 및 인식개선에 관한 사항, 그 밖에 보호대상자의 보호, 정착지원 및 고용촉진 등을 위하여 통일부 장관이 필요하다고 인정하는 사항이 포함되어야 한다.

통일부 장관은 관계 중앙행정기관의 장과 협의하여 기본계획에 따른 연도별 시행계획을 수립・시행하여야 한다. 기본계획 및 시행계획을 수립하고자 할 경우에 제22조제3항에 따른 실태조사의 결과를 반영하여야 한다. 통일부 장관은 시행계획의 추진성과를 매년 정기적으로 분석하고 그 결과를 기본계획과 시행계획에 반영하여야 한다.

통일부 장관은 규정에 따른 추진성과를 분석하기 위하여 관계 중앙행정기관의 장 또는 지방자치단체의 장에게 관련 자료의 제출을 요청할 수 있다. 이 경우 관계 중앙행정기관의 장 또는 지방자치단체의 장은 특별한 사유가 없으면 이에 협조하여야 한다.

그룹이라고 공식 발표하고, 이들을 위임난민으로 말할 수 있다고 하였다(박명규 외, 2011).

5 보 호

1) 보호기준

보호대상자에 대한 보호 및 지원 기준은 나이, 성별, 세대 구성, 학력, 경력, 자활 능력, 건강 상태 및 재산 등을 고려하여 합리적으로 정하여야 한다(제5조). 이 법에 따른 보호 및 정착지원은 원칙적으로 개인을 단위로 하되, 필요하다고 인정하는 경우에는 대통령령으로 정하는 바에 따라 세대를 단위로 할 수 있다.

보호대상자를 정착지원시설에서 보호하는 기간은 1년 이내로 하고, 거주지에서 보호하는 기간은 5년으로 한다. 다만, 특별한 사유가 있는 경우에는 제6조에 따른 북한이탈주민 대책협의회의 심의를 거쳐 그 기간을 단축하거나 연장할 수 있다.

2) 보호신청

북한이탈주민으로서 이 법에 따른 보호를 받으려는 사람은 재외공관이나 그 밖의 행정기관의 장(각급 군부대의 장을 포함. 이하 "재외공관장 등"이라 함)에게 보호를 직접 신청[6]하여야 한다(제7조). 다만, 보호를 직접 신청하지 못하는 대통령령으로 정하는 사유가 있는 경우에는 그러하지 아니하다.

보호신청을 받은 재외공관장 등은 지체 없이 그 사실을 소속 중앙행정기관의 장을 거쳐 통일부 장관과 국가정보원장에게 통보하여야 한다. 통보를 받은 국가정보원장은 보호신청자에 대하여 보호결정 등을 위하여 필요한 조사 및 일시적인 신변안전조치 등 임시보호조치를 한 후 지체 없이 그 결과를 통일부 장관에게 통보하여야 한다.

3) 임시보호시설

국가정보원장은 보호신청자에 대한 조사 및 임시보호조치를 하기 위한 시설을 설

6) 북한이탈주민의 국내 입국자는 2000년대 이후 지속적으로 증가추세를 보였다. 2003년부터 2011년까지 연간 2,000~3,000명 수준으로 입국하였다. 2012년 이후에는 인원이 점차 감소하여 연간 1,300명대로 유지되고 있다.

치 · 운영하여야 한다. 이 법에 따른 조사 및 임시보호조치의 내용 및 방법과 제4항에 따른 임시보호시설의 설치 · 운영에 필요한 사항은 대통령령으로 정한다.

4) 보호 결정

통일부 장관은 제7조제3항에 따른 통보를 받으면 협의회의 심의를 거쳐 보호 여부를 결정한다(제8조). 다만, 국가안전보장에 현저한 영향을 줄 우려가 있는 사람에 대하여는 국가정보원장이 그 보호 여부를 결정하고, 그 결과를 지체 없이 통일부 장관과 보호신청자에게 통보하거나 알려야 한다. 제1항 본문에 따라 보호 여부를 결정한 통일부 장관은 그 결과를 지체 없이 관련 중앙행정기관의 장을 거쳐 재외공관장 등에게 통보하여야 하고, 통보를 받은 재외공관장 등은 이를 보호신청자에게 즉시 알려야 한다.

제8조제1항 본문에 따라 보호 여부를 결정할 때 항공기 납치, 마약거래, 테러, 집단살해 등 국제형사범죄자, 살인 등 중대한 비정치적 범죄자, 위장탈출 혐의자, 체류국(滯留國)에 10년 이상 생활 근거지를 두고 있는 사람, 국내 입국 후 3년이 지나서 보호신청한 사람, 그 밖에 보호대상자로 정하는 것이 부적당하다고 대통령령으로 정하는 사람 중 어느 하나에 해당하는 사람은 보호대상자로 결정하지 아니할 수 있다(제9조).

5) 이의신청

이 법에 따른 보호 및 지원에 관한 처분에 이의가 있는 보호대상자는 그 처분의 통지를 받은 날부터 90일 이내에 통일부 장관에게 서면으로 이의신청을 할 수 있다(제32조). 통일부 장관은 제1항에 따른 이의신청을 받은 때에는 지체 없이 이를 검토하여 처분이 위법 또는 부당하다고 인정되는 경우에는 그 시정이나 그 밖의 필요한 조치를 할 수 있다. 이 경우 미리 협의회의 심의를 거쳐야 한다.

6 정착지원시설

1) 시 설

통일부 장관은 보호대상자에 대한 보호 및 정착지원을 위하여 정착지원시설[7]을 설치 · 운영한다. 다만, 제8조제1항 단서에 따라 국가정보원장이 보호하기로 결정한 사람을 위해서는 국가정보원장이 별도의 정착지원시설을 설치 · 운영할 수 있다(제10조).

통일부 장관 또는 국가정보원장은 제1항에 따라 정착지원시설을 설치하는 경우 보호대상자의 건강하고 쾌적한 생활과 적응활동이 이루어질 수 있도록 숙박시설과 그 밖의 필요한 시설을 갖추어야 한다. 정착지원시설의 종류 및 관리 · 운영 등에 필요한 사항은 대통령령으로 정한다.

2) 시설에서의 보호

정착지원시설을 설치 · 운영하는 기관의 장은 보호대상자가 거주지로 전출할 때까지 정착지원시설에서 보호하여야 한다(제11조). 기관의 장은 정착지원시설에서 보호받는 보호대상자에게 대통령령으로 정하는 바에 따라 보호금품을 지급할 수 있다. 또 기관의 장은 보호대상자가 정착지원시설에서 보호받고 있는 동안 신원 및 북한이탈 동기의 확인, 건강진단, 그 밖에 정착지원에 필요한 조치를 할 수 있다.

7 등록 및 지원

1) 등록과 관리

정착지원시설을 설치 · 운영하는 기관의 장은 규정에 따라 보호 결정을 한 때에는 대

7) 북한이탈주민은 입국 후 국정원이 보호결정 여부를 위한 조사 및 긴급한 치료 등 임시보호조치를 실시한다. 이후 보호가 결정되면 지원시설 하나원에서 정착준비를 위한 사회적응 교육을 12주(400시간) 동안 받고 초기 정착지원을 받는다. 정부는 2012년 제2하나원을 건립, 시설을 확충하였다.

통령령으로 정하는 바에 따라 보호대상자의 등록기준지, 가족관계, 경력 등 필요한 사항을 기록한 등록대장을 관리 · 보존하여야 한다(제12조). 통일부 장관은 모든 등록대장을 통합하여 관리 · 보존하여야 한다. 이를 위하여 국가정보원장은 제1항에 따라 관리 · 보존하고 있는 등록대장의 기록 사항을 통일부 장관에게 통보하여야 한다.

2) 학력 인정

보호대상자는 대통령령으로 정하는 바에 따라 북한이나 외국에서 이수한 학교 교육의 과정에 상응하는 학력을 인정받을 수 있다(제13조).

3) 자격 인정

보호대상자는 관계 법령에서 정하는 바에 따라 북한이나 외국에서 취득한 자격에 상응하는 자격 또는 그 자격의 일부를 인정받을 수 있다(제14조). 통일부 장관은 자격 인정 신청자에게 대통령령으로 정하는 바에 따라 자격 인정을 위하여 필요한 보수교육 또는 재교육을 실시할 수 있다. 이를 시행하기 위하여 필요한 경우 대통령령으로 정하는 바에 따라 자격 인정 여부를 심사하기 위한 위원회를 둘 수 있다.

4) 사회적응교육

통일부 장관은 보호대상자가 대한민국에 정착하는 데 필요한 기본교육을 실시하여야 한다(제15조). 기본교육에는 다음 각 호의 내용을 포함하여야 한다. 이는 정치 · 경제 · 사회 · 문화 등 우리 사회 각 분야의 이해 증진을 위한 교육, 「양성평등기본법」 제30조에 따른 성폭력 · 가정폭력 · 성매매 범죄의 예방 및 성희롱 방지를 위한 성평등 관점에서의 통합교육, 정서안정 및 건강증진을 위한 교육, 진로지도 및 직업탐색을 위한 교육, 초기 정착지원제도 안내를 위한 교육 등이다. 기본교육 외에 보호대상자에게 거주지에서 별도의 적응교육을 추가로 실시할 수 있다. 이에 따른 교육에 필요한 사항은 대통령령으로 정한다. 통일부 장관은 기본교육 및 적응교육 등 업무의 일부를 대통령령으로 정하는 바에 따라 관계 전문기관 · 단체 또는 시설에 위탁할 수 있다.

5) 직업훈련 · 취업보호

통일부 장관은 직업훈련을 희망하는 보호대상자 또는 보호대상자이었던 사람에 대하여 직업훈련을 실시할 수 있다(제16조). 직업훈련의 실시기간은 대상자의 직무능력 등을 고려하여 3개월 이상이 되도록 노력하여야 한다.

통일부 장관은 보호대상자가 정착지원시설로부터 그의 거주지로 전입한 후 대통령령으로 정하는 바에 따라 최초로 취업한 날부터 3년 간 취업보호를 실시한다(제17조). 다만, 사회적 취약계층, 장기근속자 등 취업보호기간을 연장할 필요가 있는 경우로서 대통령령으로 정하는 사유에 해당하는 경우에는 1년의 범위에서 취업보호기간을 연장할 수 있다. 취업보호기간은 실제 취업일수를 기준으로 하여 정한다.

통일부 장관은 취업보호대상자를 고용한 사업주에 대하여는 대통령령으로 정하는 바에 따라 그 취업보호대상자 임금의 2분의 1의 범위에서 고용지원금을 지급할 수 있다. 사업주가 취업보호대상자를 고용할 때에는 그 취업보호대상자가 북한을 벗어나기 전의 직위, 담당 직무 및 경력 등을 고려하여야 한다.

통일부 장관은 대통령령으로 정하는 바에 따라 보호대상자의 취업을 알선할 수 있다.

통일부 장관은 취업보호대상자가 다음 각 호의 어느 하나에 해당하는 경우에는 제17조제1항에도 불구하고 대통령령으로 정하는 바에 따라 일정기간 취업보호를 제한할 수 있다(제17조의2).

이는 취업한 후 정당한 사유 없이 대통령령으로 정하는 기간 동안 근무하지 아니하고 자의로 퇴직한 경우, 근무태만, 직무유기 또는 부정행위 등의 사유로 징계에 의하여 면직된 경우 등이다.

통일부 장관은 취업보호대상자가 거짓이나 그 밖의 부정한 방법으로 사업주로 하여금 고용지원금을 받게 한 때에는 협의회의 심의를 거쳐 취업보호를 중지하거나 종료할 수 있다. 취업보호를 중지하거나 종료한 때에는 그 사유를 구체적으로 밝혀 해당 취업보호대상자에게 알려야 한다. 또 통일부 장관은 사업주가 거짓이나 그 밖의 부정한 방법으로 제17조제3항에 따른 고용지원금을 받은 경우 대통령령으로 정하는 바에 따라 그 지급을 제한하거나, 이미 지급받은 금액을 반환하도록 명할 수 있다.

6) 영농 · 창업 지원

통일부 장관은 영농(營農)을 희망하는 북한이탈주민에 대하여 영농 정착을 위한 영농 교육 훈련, 농업 현장 실습, 영농 자금 지원, 그 밖에 대통령령으로 정하는 사항 등의 행정적 · 재정적 지원을 할 수 있다. 이에 따른 행정적 · 재정적 지원의 절차 등 필요한 사항은 통일부령으로 정한다(제17조의3).

국가 및 지방자치단체는 북한이탈주민을 채용하는 기업에 대하여 예산의 범위에서 재정 지원을 하거나 조세 관계 법률에서 정하는 바에 따라 세금을 감면할 수 있다(제17조의4).

통일부 장관은 북한이탈주민의 고용과 관련하여 모범이 되는 사업주에 대해서는 대통령령으로 정하는 바에 따라 생산품 우선 구매 등의 지원을 할 수 있다(제17조의5).

통일부 장관은 북한이탈주민의 창업을 위하여 창업 교육, 현장 실습, 창업 상담, 창업 자금 지원, 그 밖에 대통령령으로 정하는 사항 등에 행정적 · 재정적 지원을 할 수 있다. 이에 따른 행정적 · 재정적 지원 절차 등 필요한 사항은 통일부령으로 정한다(제17조의6).

7) 특별임용 및 고용

북한에서의 자격이나 경력이 있는 사람 등 북한이탈주민으로서 공무원으로 채용하는 것이 필요하다고 인정되는 사람에 대하여는 「국가공무원법」 제28조제2항 및 「지방공무원법」 제27조제2항에도 불구하고 북한을 벗어나기 전의 자격 · 경력 등을 고려하여 국가공무원 또는 지방공무원으로 특별임용할 수 있다.

북한의 군인이었던 보호대상자가 국군에 편입되기를 희망하면 북한을 벗어나기 전의 계급, 직책 및 경력 등을 고려하여 국군으로 특별임용할 수 있다(제18조).

중앙행정기관 · 지방자치단체 및 공공기관은 북한이탈주민을 고용하기 위하여 노력하여야 한다. 「정부업무평가 기본법」에 따른 중앙행정기관 · 지방자치단체 및 공공기관의 평가 시 북한이탈주민 고용률을 평가항목에 포함시킬 수 있다. 평가의 구체적인 방법 및 절차 등은 중앙행정기관 · 지방자치단체 및 공공기관의 특수성을 감안하여 대통령령으로 정한다(제18조의2).

8) 가족관계 창설

통일부 장관은 보호대상자로서 군사분계선 이남지역인 “남한”에 가족관계 등록이 되어 있지 아니한 사람에 대하여는 본인의 의사에 따라 등록기준지를 정하여 서울가정법원에 가족관계 등록 창설허가 신청서를 제출하여야 한다(제19조). 가족관계 등록 창설허가 신청서에는 제12조제1항에 따라 작성된 보호대상자의 등록대장 등본과 가족관계 등록부의 기록방법에 준하여 작성한 신분표를 붙여야 한다.

서울가정법원은 이 규정에 따라 가족관계 등록 창설허가 신청서를 받은 때에는 지체 없이 허가 여부를 결정하고, 가족관계 등록 창설허가를 한 때에는 해당 등록기준지의 시・구・읍・면의 장에게 가족관계 등록 창설허가 등본을 송부하여야 한다. 시・구・읍・면의 장은 가족관계 등록 창설허가 등본을 받은 때에는 지체 없이 가족관계등록부를 작성하여야 하고, 주소지 시장(특별시장・광역시장은 제외)・군수・구청장 또는 특별자치도지사에게 가족관계 기록사항에 관한 증명서를 첨부하여 가족관계 등록 신고사항을 통보하여야 한다.

규정에 따라 가족관계 등록을 창설한 사람 중 북한에 배우자를 둔 사람은 그 배우자가 남한에 거주하는지 불명확한 경우 이혼을 청구할 수 있다(제19조의2). 가족관계 등록을 창설한 사람의 가족관계등록부에 배우자로 기록된 사람은 재판상 이혼의 당사자가 될 수 있다. 이혼을 청구하려는 사람은 배우자가 보호대상자에 해당하지 아니함을 증명하는 통일부 장관의 서면을 첨부하여 서울가정법원에 재판상 이혼청구를 하여야 한다. 서울가정법원이 제2항에 따른 재판상 이혼의 당사자에게 송달을 할 때에는 「민사소송법」 제195조에 따른 공시송달(公示送達)로 할 수 있다. 이 경우 첫 공시송달은 실시한 날부터 2개월이 지나야 효력이 생긴다. 다만, 같은 당사자에게 첫 공시송달 후에 하는 공시송달은 실시한 다음 날부터 효력이 생긴다.

9) 주민등록

북한이탈주민 중 정착지원시설의 소재지를 기준으로 하여 주민등록번호를 부여받은 사람은 거주지의 시장・군수・구청장 또는 특별자치도지사에게 자신의 주민등록번호 정정을 한 번만 신청할 수 있다(제19조의3). 규정에 따른 정정신청을 받은 시장・군

수・구청장 또는 특별자치도지사는 특별한 사정이 없으면 현 거주지를 기준으로 하여 주민등록번호를 정정하여야 한다.

10) 주거 지원

통일부 장관은 보호대상자에게 대통령령으로 정하는 바에 따라 주거 지원을 할 수 있다(제20조). 주거 지원을 받는 보호대상자는 그 주민등록 전입신고를 한 날부터 2년간 통일부 장관의 허가를 받지 아니하고는 임대차계약을 해지하거나 그 주거 지원에 따라 취득하게 된 소유권, 전세권 또는 임차권(이하 "소유권 등"이라 함)을 양도하거나 저당권을 설정할 수 없다. 규정에 따른 소유권 등의 등기신청은 보호대상자를 대리하여 통일부 장관이 한다. 이 경우 소유권 등은 양도나 저당권 설정이 금지된다는 사실을 그 등기신청서에 기록하여야 한다. 통일부 장관은 보호대상자에게 대통령령으로 정하는 바에 따라 가정과 같은 주거 여건과 보호를 제공하는 공동생활시설을 이용하는 데 필요한 지원을 할 수 있다. 국가와 지방자치단체는 보호대상자의 주거생활 안정을 위하여 주택 확보에 적극 노력하여야 한다. 통일부 장관은 보호대상자의 거주지가 노출되어 생명・신체에 중대한 위해를 입었거나 입을 우려가 명백한 경우에는 보호대상자의 의사, 신변보호의 필요성 등을 고려하여 주거 이전에 필요한 지원을 할 수 있다.

11) 정착금 지급

통일부 장관은 보호대상자의 정착 여건 및 생계유지 능력 등을 고려하여 정착금이나 그에 상응하는 가액의 물품(정착금품)을 지급할 수 있다. 이 경우 정착금품의 2분의 1을 초과하지 아니하는 범위에서 감액할 수 있다(제21조). 통일부 장관은 보호대상자가 제공한 정보나 가지고 온 장비(새화를 포함)의 활용 가치에 따라 등급을 정하여 보로금(報勞金)을 지급할 수 있다. 정착금품과 보로금의 지급 및 감액 기준, 절차 등에 관한 사항은 대통령령으로 정한다. 정착금은 양도하거나 담보로 제공할 수 없고, 압류할 수 없다.

통일부 장관은 보호대상자에게 정착에 필요한 자산을 형성할 수 있도록 재정적 지원과 자산 활용에 필요한 교육을 실시할 수 있다(제21조의1). 지원대상・기준 및 교육에 필요한 사항은 대통령령으로 정한다.

통일부 장관은 보호대상자가 정착지원시설로부터 그의 거주지로 전입한 후 정착하여 스스로 생활하는 데 장애가 되는 사항을 해결하거나 그 밖에 자립·정착에 필요한 보호를 할 수 있다(제22조). 보호 업무는 행정안전부 장관과 협의하여 지방자치단체장에게 위임할 수 있다.

12) 실태조사

통일부 장관은 북한이탈주민에 대하여 실태파악을 위한 조사(실태조사)를 실시하여야 한다. 이 경우 실태조사에는 취학 여부 등 교육현황, 취업직종·근로형태·근속기간·임금수준·근로조건 등 취업현황, 주거현황, 의료 지원 및 생활보호 현황, 소득·지출·자산 등 가족의 경제상태에 관한 사항, 그 밖에 거주지 보호를 위하여 통일부 장관이 필요하다고 인정하는 사항 등이 포함되어야 한다.

통일부 장관은 실태조사를 실시하기 위하여 관계 중앙행정기관의 장, 지방자치단체의 장 또는 「공공기관의 운영에 관한 법률」에 따른 공공기관의 장에게 관련 자료의 제출 등 협조를 요청할 수 있다. 이 경우 자료의 제출 등 협조를 요청받은 관계 중앙행정기관의 장 등은 특별한 사유가 없으면 이에 협조하여야 한다.

13) 신변보호 및 상담

보호대상자는 거주지로 전입한 후 그의 신변안전을 위하여 국방부 장관이나 경찰청장에게 협조를 요청할 수 있으며, 협조요청을 받은 국방부 장관이나 경찰청장은 이에 협조한다(제22조의2). 신변보호에 필요한 사항은 통일부 장관이 국방부 장관, 국가정보원장 및 경찰청장과 협의하여 정한다. 이 경우 해외여행에 따른 신변보호에 관한 사항은 외교부 장관과 법무부 장관의 의견을 들을 수 있다. 규정에 따른 신변보호기간은 5년으로 한다. 다만, 통일부 장관은 보호대상자의 의사, 신변보호의 지속 필요성 등을 고려하여 협의회 심의를 거쳐 그 기간을 연장할 수 있다.

통일부 장관은 거주지에 전입한 북한이탈주민에 대한 정신건강 검사 등 전문적 상담서비스를 제공할 수 있는 북한이탈주민 전문상담사제도를 운영할 수 있다(제22조의3).

통일부 장관은 전문상담사의 자질 향상을 위한 보수교육을 실시할 수 있다. 전문상담사의 운영방법 및 절차 등에 관한 사항은 통일부령으로 정한다.

지방자치단체장은 대통령령으로 정하는 바에 따라 반기(半期)마다 보호대상자의 정착 실태 등을 파악하여 행정안전부 장관을 거쳐 통일부 장관에게 보고하여야 한다(제23조).

14) 교육 지원 · 예비학교

통일부 장관은 대통령령으로 정하는 바에 따라 보호대상자의 나이, 수학능력(修學能力), 그 밖의 교육 여건 등을 고려하여 보호대상자가 교육을 받을 수 있도록 필요한 지원을 할 수 있다(제24조). 통일부 장관은 예산의 범위에서 대통령령으로 정하는 바에 따라 북한이탈주민을 대상으로 초 · 중등교육을 실시하는 학교의 운영에 필요한 경비를 지원할 수 있다. 통일부 장관은 교육부 장관과 협의하여 보호대상자의 교육을 위한 전문 인력을 확보하고, 보호대상자의 학력 진단 · 평가, 교육정보관리, 교육, 연수 및 학습활동의 지원 등 보호대상자의 교육 지원과 지도를 위하여 노력하여야 한다.

통일부 장관은 탈북 청소년(제3국에서 출생한 북한이탈주민의 자녀로서 부 또는 모와 함께 정착지원시설에 입소한 사람을 포함)의 일반학교 진학을 지원하기 위하여 교육부장관과 협의하여 정착지원시설 내에 북한이탈주민 예비학교를 설립 · 운영할 수 있다(제24조의2). 북한이탈주민 예비학교의 교육기간, 프로그램 운영방법 등에 관한 사항은 대통령령으로 정한다.

15) 공유재산 사용 특례

지방자치단체는 북한이탈주민 또는 그 자녀의 정착지원을 위하여 필요하다고 인정하는 경우에는 「공유재산 및 물품 관리법」에도 불구하고 공유재산을 북한이탈주민이나 그 자녀를 대상으로 교육을 실시하는 학교로서 「초 · 중등교육법」 제2조에 따른 학교에 수의(隨意)의 방법으로 대부하거나 사용 · 수익하게 할 수 있다(제24조의3). 공유재산을 대부 또는 사용 · 수익하는 경우 그 기간은 「공유재산 및 물품 관리법」 제21조제1항 및 제31조제1항에도 불구하고 10년 이내로 할 수 있다. 이 경우 그 기간은 갱신할 수 있으며, 갱신기간은 갱신할 때마다 10년을 초과할 수 없다.

16) 의료급여

통일부 장관은 보호대상자와 그 가족에게 「의료급여법」에서 정하는 바에 따라 의료급여를 실시할 수 있다(제25조). 또 「국민건강보험법」의 적용대상인 보호대상자의 경제적 능력 등을 고려하여 「국민건강보험법」 제69조에 따라 부담하여야 하는 보험료의 일부를 지원할 수 있다. 보호대상자의 범위와 보험료의 지원범위에 관해서는 대통령령으로 정한다.

17) 생활보호

보호가 종료된 사람 중 생활이 어려운 사람에게는 본인이 「국민기초생활 보장법」 제21조에 따라 특별자치시장 · 특별자치도지사 · 시장 · 군수 · 구청장(같은 법 제7조제1항제4호의 교육급여인 경우에는 특별시 · 광역시 · 특별자치시 · 도 · 특별자치도의 교육감)에게 신청하는 경우 「국민기초생활 보장법」 제8조제2항, 제12조제3항, 제12조의2, 제12조의3제2항 및 「주거급여법」 제5조에도 불구하고 5년의 범위에서 다음 각 호에 따른 보호를 할 수 있다(제26조).

이는 「국민기초생활 보장법」 제7조제1항제1호, 제8조(제2항은 제외한다), 제9조 및 제10조에 따른 생계급여, 「국민기초생활 보장법」 제7조제1항제2호, 제11조 및 「주거급여법」(제5조는 제외한다)에 따른 주거급여, 「국민기초생활 보장법」 제7조제1항제3호, 제12조의3(제2항은 제외한다) 및 「의료급여법」에 따른 의료급여, 「국민기초생활 보장법」 제7조제1항제4호 및 제12조(제3항은 제외한다)에 따른 교육급여, 「국민기초생활 보장법」 제7조제1항제5호 및 제13조에 따른 해산급여, 「국민기초생활 보장법」 제7조제1항제6호 및 제14조에 따른 장제급여, 「국민기초생활 보장법」 제7조제1항제7호 및 제15조에 따른 자활급여 등이다.

18) 국민연금 특례

보호 결정 당시 50세 이상 60세 미만인 보호대상자는 「국민연금법」 제61조에도 불구하고 60세가 되기 전에 가입기간이 5년 이상 10년 미만 되는 사람(60세가 되는 날), 60세가 된 후에 가입기간이 5년 이상 되는 사람 등의 구분에 따른 날부터 국민연금을 받을 수 있다(제26조).

국민연금의 금액은 「국민연금법」 제51조에 따른 기본연금액의 1천분의 250에 해당하는 금액에 같은 법 제52조에 따른 부양가족연금액을 더한 금액으로 한다. 다만, 5년을 초과하는 경우에는 그 초과하는 1년(1년 미만은 1개월을 12분의 1년으로 계산한다)마다 기본연금액의 1천분의 50에 해당하는 금액을 더한다. 보호대상자의 국민연금에 관하여 이 법에 규정된 사항 외에는 「국민연금법」에 따른다.

19) 생업 지원 및 보호의 변경

국가와 지방자치단체, 그 밖의 공공단체는 소관 공공시설에 편의사업 또는 편의시설의 설치를 허가하거나 위탁하는 경우 이 법에 따른 보호대상자의 신청이 있을 때에는 대통령령으로 정하는 바에 따라 이를 우선적으로 고려하여야 한다(제26조의3).

보호대상자는 「근로자복지기본법」 제17조에 따른 생활안정자금 지원 및 「국민기초생활 보장법」 제15조에 따른 금품의 지급 또는 대여 시 대상자 선정 및 지원 상한액 등에 있어 특별한 지원을 받을 수 있다(제26조의4).

통일부 장관은 보호대상자가 다음 각 호의 어느 하나에 해당하는 경우에는 협의회의 심의를 거쳐 보호 및 정착지원을 중지하거나 종료할 수 있다(제27조). 이는 1년 이상의 징역 또는 금고의 형을 선고받고 그 형이 확정된 경우, 고의로 국가이익에 반하는 거짓 정보를 제공한 경우, 사망선고나 실종선고를 받은 경우, 북한으로 되돌아가려고 기도(企圖)한 경우, 이 법 또는 이 법에 따른 명령을 위반한 경우, 그 밖에 대통령령으로 정하는 사유에 해당한 경우 등이다.

지방자치단체장은 보호대상자의 보호 및 정착지원이 중지 또는 종료나 제5조제3항 단서에 따른 보호기간의 단축 또는 연장을 행정안전부 장관을 거쳐 통일부 장관에게 요청할 수 있다. 통일부 장관은 보호 및 정착지원을 중지 또는 종료하거나 보호기간을 단축 또는 연장한 경우에는 그 사유를 구체적으로 밝혀 해당 보호대상자에게 알려야 하고, 행정안전부 장관과 지방자치단체장에게 그 사실을 통보하여야 한다.

20) 비용 부담

이 법에 따른 보호 및 정착지원에 드는 비용은 국가가 부담한다(제29조). 국가는 제22조제2항에 따른 보호 업무의 비용을 매년 해당 지방자치단체에 지급하며, 그 부족액을 추가로 지급하거나 초과액을 환수하여야 한다.

8 운영체계

1) 북한이탈주민지원재단

(1) 사 업

정부는 북한이탈주민에 대한 보호 및 정착지원을 위하여 북한이탈주민지원재단을 설립한다(제30조). 재단은 법인으로 하며, 그 주된 사무소의 소재지에서 설립등기를 함으로써 성립한다. 재단은 북한이탈주민의 생활안정 및 사회적응 지원사업, 취업 및 창업 지원사업, 직업훈련에 필요한 사업, 장학사업, 전문상담인력의 양성과 전문상담사업, 민간단체 협력사업, 지원을 위한 정책개발 및 조사 · 연구사업, 북한이탈주민에 관한 실태조사 및 통계구축사업, 영농정착지원에 관한 사업, 그 밖에 통일부 장관이 북한이탈주민의 보호 및 정착지원에 필요하다고 인정하여 재단에 위탁하는 사업 등을 수행한다.

(2) 조 직

재단은 이사장 1명을 포함한 10명 이내의 이사와 감사 1명을 두며, 이사장은 북한이탈주민 문제에 관한 학식과 경험이 풍부한 사람 중에서 이사회의 제청으로 통일부 장관이 임명하고, 이사와 감사의 임명 절차는 대통령령으로 정하는 바에 따른다. 이 경우 이사장, 이사 및 감사의 임기는 3년으로 하되, 1차에 한하여 연임할 수 있다. 재단의 사업과 운영에 관한 중요 사항을 심의·의결하기 위하여 재단에 이사장 및 이사로 구성하는 이사회를 두며, 이사장은 이사회를 소집하고 이사회의 의장이 된다.

정부는 재단의 설립·운영에 필요한 경비를 예산의 범위에서 출연 및 보조할 수 있다. 재단은 통일부 장관의 승인을 받아 사업에 필요한 자금을 차입할 수 있다. 재단은 필요하다고 인정하는 때에는 통일부 장관의 승인을 받아 「기부금품의 모집 및 사용에 관한 법률」에 따라 기부금품을 모집할 수 있다.

(3) 재 원

재단은 정부의 출연금 및 보조금, 규정에 따른 차입금, 기부금품, 그 밖의 수익금 등을 재원으로 운영하며, 통일부 장관은 재단을 지도·감독한다.

재단의 임직원은 이 법에 따른 사업을 수행함에 있어 「형법」 제129조부터 제132조까지의 규정을 적용할 때에는 공무원으로 본다. 이 법에 따른 재단이 아닌 자는 북한이탈주민지원재단 또는 이와 유사한 명칭을 사용하여서는 아니 된다. 재단에 관하여 이 법에 규정된 것을 제외하고는 「민법」 중 재단법인에 관한 규정을 준용한다.

이 법에 따른 통일부 장관의 권한 중 일부를 대통령령으로 정하는 바에 따라 그 소속 기관의 장이나 지방자치단체장에게 위임할 수 있다(제31조). 이 법에 따른 통일부 장관의 권한 중 일부를 대통령령으로 정하는 바에 따라 다른 행정기관의 장이나 관련 법인 또는 단체에 위탁할 수 있다.

2) 북한이탈주민 보호 및 정착지원협의회

북한이탈주민에 관한 정책을 협의·조정하고 보호대상자의 보호 및 정착지원에 관한 다음 각 호의 사항을 심의하기 위하여 통일부에 북한이탈주민 보호 및 정착지원협의회(협의회)를 둔다(제6조). 협의회가 심의할 사항들은 보호 및 정착지원기간의 단축 또는 연장에 관한 사항, 기본계획 및 시행계획의 수립·시행에 관한 사항, 보호 여부의 결정에 관한 사항, 취업보호의 중지 또는 종료에 관한 사항, 거주지에서의 신변보호기간 연장에 관한 사항, 보호 및 정착지원의 중지 또는 종료에 관한 사항, 그 밖에 보호대상자의 보호 및 정착지원에 관하여 대통령령으로 정하는 사항 등이다.

협의회는 위원장 1명을 포함한 25명 이내의 위원으로 구성한다. 위원장은 통일부 차관이 되며, 협의회의 업무를 총괄한다. 여기에서 규정한 사항 외에 협의회의 구성 및 운영에 필요한 사항은 대통령령으로 정한다.

3) 지역적응센터

통일부 장관은 제15조제3항의 거주지 적응교육과 북한이탈주민의 특성을 고려한 심리 및 진로상담 · 생활정보제공 · 취업서비스 안내 및 사회서비스 안내 등을 종합적으로 실시하도록 전문성 있는 기관 · 단체 · 시설을 보호대상자의 거주지를 관할하는 지방자치단체의 장과 협의하여 지역적응센터로 지정 · 운영할 수 있다(제15조의2).

통일부 장관은 지역적응센터의 운영에 필요한 경비를 예산의 범위에서 별도로 지원할 수 있다.

9 벌칙 및 과태료

거짓이나 그 밖의 부정한 방법으로 이 법에 따른 보호 및 지원을 받거나 다른 사람으로 하여금 보호 및 지원을 받게 한 자는 5년 이하의 징역 또는 5천만 원 이하의 벌금에 처한다(제33조). 이 법에 따른 업무와 관련하여 알게 된 정보 또는 자료를 정당한 사유 없이 이 법에 따른 업무 외의 목적에 이용한 자는 1년 이하의 징역 또는 1천만 원 이하의 벌금에 처한다. 부정한 방법에 따라 받은 재물이나 재산상의 이익은 몰수한다. 몰수할 수 없을 때에는 그 가액을 추징하며, 미수범은 처벌한다.

북한이탈주민지원재단 또는 이와 유사한 명칭을 사용한 자에게는 500만 원 이하의 과태료를 부과한다(제34조). 과태료는 통일부 장관이 부과 · 징수한다.

13

국가인권위원회법과 UN의 세계인권선언

모든 인간은 태어날 때부터 자유로우며 그 존엄과 권리에 있어 동등하다. 인간은 천부적으로 이성과 양심을 부여받았으며 서로 형제애의 정신으로 행동하여야 한다. 모든 사람은 자국 내에서 이동 및 거주의 자유에 대한 권리를 가진다. 모든 사람은 자국을 포함하여 어떠한 나라를 떠날 권리와 또한 자국으로 돌아올 권리를 가진다. 모든 사람은 국적을 가질 권리를 가진다. 어느 누구도 자의적으로 자신의 국적을 박탈당하지 않으며 자신의 국적을 변경할 권리가 부인되지 아니한다.

13 국가인권위원회법과 UN의 세계인권선언

1 국가인권위원회법

1) 목 적

이 법은 국가인권위원회를 설립하여 모든 개인이 가지는 불가침의 기본적 인권[1]을 보호하고 그 수준을 향상시킴으로써 인간으로서의 존엄과 가치를 실현하고 민주적 기본질서의 확립에 이바지함을 목적으로 한다(제1조).

이 법에서 정하는 인권의 보호와 향상을 위한 업무를 수행하기 위하여 국가인권위원회를 두며. 위원회는 그 권한에 속하는 업무를 독립하여 수행한다(제3조). 이 법은 대한민국 국민과 대한민국의 영역에 있는 외국인[2]에 대하여 적용한다(제4조).

---

1) 인권은 사람이 누려야 할 기본적이고도 보편적인 권리를 말한다. 인권보장, 인권연구의 토대를 튼튼히 하기 위해서는 우리 인류의 선각자들이 만들어온 철학과 역사, 세계인권 사상, 인권운동사 등을 들여다보아야 한다. 그러므로 인권 존중과 인간존엄성 시키기의 출발은 국내에서보다는 외국 석학의 인권 철학과 인권규범, 국제규약, 국제인권법 등의 연구로부터 시작되는 것이 타당하다. 대한민국의 국가인권위원회법에서 인권을 정의하는 용어의 뜻에 국제인권조약과 국제관습법의 인정에 대해 주목하여 기술하고 있는 것만 보아도 이를 확인할 수 있다.

2) 국가인권위원회는 정부가 외국인 이주민 정책을 수립하고 시행할 때 인권 측면에서의 방향제시와 지침이 될 수 있도록 2012년 "이주 인권가이드라인"을 만들어서 정부에 권고하였다. 이후 매년 정부 부처의 이행 실적을 모니터하면서 2012년 권고한 이주 인권가이드라인의 성과를 점검하고 새롭게 부상하는 이민자 인권 쟁점들을 반영한 정책문제를 제기하기 위해 2019년 "제2차 이주 인권가이드라인"을 수립 · 제시하였다.

2) 용어의 정의

이 법에서 사용하는 용어의 뜻은 다음과 같다(제2조).

"인권"이란 「대한민국헌법」[3] 및 법률에서 보장하거나 대한민국이 가입·비준한 국제인권조약 및 국제관습법[4]에서 인정하는 인간으로서의 존엄과 가치 및 자유와 권리를 말한다.

"구금·보호시설"이란 교도소·소년교도소·구치소 및 그 지소, 보호감호소, 치료감호시설, 소년원 및 소년분류심사원, 경찰서 유치장 및 사법경찰관리가 직무수행을 위하여 사람을 조사하고 유치(留置)하거나 수용하는 데에 사용하는 시설, 군 교도소(지소·미결 수용실을 포함), 다수인 보호시설(많은 사람을 보호하고 수용하는 시설로서 대통령령으로 정하는 시설), 외국인보호소 등을 말한다.

"평등권 침해의 차별행위[5]"란 합리적인 이유 없이 성별, 종교, 장애, 나이, 사회적 신분, 출신 지역(출생지, 등록기준지, 성년이 되기 전의 주된 거주지 등), 출신 국가, 출신 민족, 용모 등 신체 조건, 기혼·미혼·별거·이혼·사별·재혼·사실혼 등 혼인 여

---

3) 대한민국 헌법 제11조는 "누구든지 성별·종교 또는 사회적 신분에 의하여 정치적·경제적·사회적·문화적 생활의 모든 영역에 있어서 차별을 받지 아니한다"고 하였다. 그러나 유엔 인종차별철폐위원회는 이 조항이 인종이나 성별 및 이주노동자의 차별을 금지하는 충분한 근거규정의 역할을 하지 못하고 있다고 강조하며 보다 구체적 표현과 용어 정의가 담긴 차별금지 법률의 제정을 권고하고 있다.

4) 유엔은 1965년 총회에서 '모든 형태의 인종차별 철폐에 관한 국제협약'을 채택하였다. 대한민국은 1978년 12월 5일 이 협약에 가입하여 1979년 조약이 발효되었다. 이 협약은 전문과 25개의 조항으로 되어 있다. 대한민국은 또 2015년 유엔의 '초국가적 조직범죄 방지협약'과 그 부속서인 '인신매매, 특히 여성과 아동의 인신매매 방지, 억제 및 처벌을 위한 의정서'에 비준하였다. 2012년 난민협약을 비준, 아시아에서 처음으로 '난민법'을 독자적인 법으로 제정하고 이 법을 2013년부터 시행하였다. 유엔은 또 1990년 '모든 이주노동자와 그 가족의 권리보호에 관한 국제협약(이주노동자권리협약)'을 채택하고 국제사회에서 이주노동자를 보호하기 위한 국제법적 근거를 마련하였으나 현재까지 대한민국은 이 조약에 가입하지 않고 있다. 이주노동자권리협약 제44조는 "협약당사국은 이주노동자의 가족 결합을 보장하기 위하여 적절한 조치를 취해야 한다"고 규정하고 있다. 유엔 인종차별철폐위원회가 최근까지 계속해서 추가로 대한민국에 비준을 촉구하고 있는 협약은 '무국적자 감소에 관한 협약', ILO '가사 노동자에 관한 괜찮은 일자리 협약', '강제실종으로부터 모든 사람을 보호하기 위한 국제협약' 등이 있다.

5) 인권보장과 개인권의 확보를 위해 차별 없는 사회를 지향하면서 어떻게 평등한 사회로 구조화할 수 있을까 하는 문제가 매우 중심적인 과제로 부상하였다. 이 법에서 평등권 침해를 방지하기 위해 차별행위들의 실제 현실 사례들이 사안별, 영역별로 비교적 자세하게 기술되고 있는 이유는 문제해결을 위해 보다 실천적 평등 대안을 찾으려는 전략과 수단을 강구하기 위한 노력으로 보인다.

부, 임신 또는 출산, 가족 형태 또는 가족 상황, 인종, 피부색, 사상 또는 정치적 의견, 형의 효력이 실효된 전과(前科), 성적(性的) 지향, 학력, 병력(病歷) 등을 이유로 한 다음 조항의 어느 하나에 해당하는 행위를 말한다.

이는 고용(모집, 채용, 교육, 배치, 승진, 임금 및 임금 외의 금품 지급, 자금의 융자, 정년, 퇴직, 해고 등을 포함)과 관련하여 특정한 사람을 우대·배제·구별하거나 불리하게 대우하는 행위, 재화·용역·교통수단·상업시설·토지·주거시설의 공급이나 이용과 관련하여 특정한 사람을 우대·배제·구별하거나 불리하게 대우하는 행위, 교육시설이나 직업훈련기관에서의 교육·훈련이나 그 이용과 관련하여 특정한 사람을 우대·배제·구별하거나 불리하게 대우하는 행위, 성희롱[업무, 고용, 그 밖의 관계에서 공공기관(국가기관, 지방자치단체, 「초·중등교육법」 제2조, 「고등교육법」 제2조와 그 밖의 다른 법률에 따라 설치된 각급 학교, 「공직자윤리법」 제3조의2제1항에 따른 공직유관단체)의 종사자, 사용자 또는 근로자가 그 직위를 이용하여 또는 업무 등과 관련하여 성적 언동 등으로 성적 굴욕감 또는 혐오감을 느끼게 하거나 성적 언동 또는 그 밖의 요구 등에 따르지 아니한다는 이유로 고용상의 불이익을 주는 것] 행위 등이다.

다만, 현존하는 차별을 없애기 위하여 특정한 사람 또는 특정한 사람들의 집단을 잠정적으로 우대하는 행위와 이를 내용으로 하는 법령의 제정·개정 및 정책의 수립·집행은 평등권 침해의 차별행위로 보지 아니한다.

"장애"란 신체적·정신적·사회적 요인으로 장기간에 걸쳐 일상생활 또는 사회생활에 상당한 제약을 받는 상태를 말한다.

"시민사회단체"란 「비영리민간단체 지원법」 제4조에 따라 중앙행정기관의 장 또는 시·도지사에게 등록을 한 비영리민간단체, 「민법」 제32조에 따라 주무관청의 허가를 받은 비영리법인, 「공익법인의 설립·운영에 관한 법률」 제4조에 따라 주무관청의 설립허가를 받은 공익법인, 그 밖에 특별법에 따라 설립된 법인을 말한다.

3) 위원회의 구성

(1) 임 명

위원회는 위원장 1명과 상임위원 3명을 포함한 11명의 인권위원으로 구성한다(제5

조). 위원장은 위원 중에서 대통령이 임명한다. 이 경우 위원장은 국회의 인사 청문을 거쳐야 한다. 위원은 국회가 선출하는 4명(상임위원 2명을 포함), 대통령이 지명하는 4명(상임위원 1명을 포함), 대법원장이 지명하는 3명을 대통령이 임명한다.

국회, 대통령 또는 대법원장은 다양한 사회계층으로부터 후보를 추천받거나 의견을 들은 후 인권의 보호와 향상에 관련된 다양한 사회계층의 대표성이 반영될 수 있도록 위원을 선출・지명하여야 한다.

위원장과 상임위원은 정무직공무원으로 임명한다. 위원은 특정 성(性)이 10분의 6을 초과하지 아니하도록 하여야 한다. 임기가 끝난 위원은 후임자가 임명될 때까지 그 직무를 수행한다.

위원은 인권문제에 관하여 전문적인 지식과 경험이 있고 인권의 보장과 향상을 위한 업무를 공정하고 독립적으로 수행할 수 있다고 인정되는 사람으로서 대학이나 공인된 연구기관에서 부교수 이상의 직이나 이에 상당하는 직에 10년 이상 있거나 있었던 사람, 판사・검사 또는 변호사의 직에 10년 이상 있거나 있었던 사람, 인권 분야 비영리 민간단체・법인・국제기구에서 근무하는 등 인권 관련 활동에 10년 이상 종사한 경력이 있는 사람, 그 밖에 사회적 신망이 높은 사람으로서 시민사회단체로부터 추천을 받은 사람 중 어느 하나에 해당하는 자격을 갖추어야 한다.

(2) 위원장・위원의 직무와 임기

위원장은 위원회를 대표하며 위원회의 업무를 총괄한다(제6조).

위원장은 국회에 출석하여 위원회의 소관 사무에 관하여 의견을 진술할 수 있으며, 국회에서 요구하면 출석하여 보고하거나 답변하여야 한다. 위원장은 국무회의에 출석하여 발언할 수 있으며, 소관 사무에 관하여 국무총리에게 의안(대통령령안을 포함) 제출을 건의할 수 있다. 위원장은 위원회의 예산 관련 업무를 수행할 때 「국가재정법」 제6조제3항에 따른 중앙관서의 장으로 본다. 위원장이 부득이한 사유로 직무를 수행할 수 없을 때에는 위원장이 미리 지명한 상임위원이 그 직무를 대행한다.

위원장과 위원의 임기는 3년으로 하고, 한 번만 연임할 수 있다(제7조). 위원 중 결원이 생기면 대통령은 결원된 날부터 30일 이내에 후임자를 임명하여야 한다. 결원이 된 위원의 후임으로 임명된 위원의 임기는 새로 시작된다.

위원은 금고 이상의 형의 선고에 의하지 아니하고는 본인의 의사에 반하여 면직되지 아니한다. 다만, 위원이 장기간의 심신쇠약으로 직무를 수행하기가 극히 곤란하게 되거나 불가능하게 된 경우에는 전체 위원 3분의 2 이상의 찬성에 의한 의결로 퇴직하게 할 수 있다(제8조).

위원은 위원회나 상임위원회 또는 소위원회에서 직무상 행한 발언과 의결에 관하여 고의 또는 과실이 없으면 민사상 또는 형사상의 책임을 지지 아니한다(제8조의2).

대한민국 국민이 아닌 사람, 「국가공무원법」 제33조 각 호의 어느 하나에 해당하는 사람, 정당의 당원, 「공직선거법」에 따라 실시하는 선거에 후보자로 등록한 사람 중 어느 하나에 해당하는 사람은 위원이 될 수 없다. 위원이 각 호의 어느 하나에 해당하게 되면 당연히 퇴직한다(제9조).

위원은 재식 중 국회 또는 지방의회의 의원의 직, 다른 국가기관 또는 지방자치단체의 공무원(교육공무원은 제외한다)의 직, 그 밖에 위원회 규칙으로 정하는 직 또는 업무를 겸할 수 없다(제10조). 또 위원은 정당에 가입하거나 정치운동에 관여할 수 없다.

(3) 상임위원회, 소위원회

위원회는 그 업무 중 일부를 수행하게 하기 위하여 상임위원회와 침해구제위원회, 차별시정위원회 등의 소위원회를 둘 수 있다(제12조).

상임위원회는 위원장과 상임위원으로 구성하고, 소위원회는 3명 이상 5명 이하의 위원으로 구성한다. 상임위원회와 소위원회에는 심의사항을 연구 · 검토하기 위하여 성 · 장애 등 분야별 전문위원회를 둘 수 있다. 상임위원회, 소위원회 및 전문위원회의 구성 · 업무 및 운영과 전문위원의 자격 · 임기 및 위촉 등에 관하여 필요한 사항은 위원회 규칙으로 정한다.

위원회의 회의는 위원장이 주재하며, 이 법에 특별한 규정이 없으면 재적위원 과반수의 찬성으로 의결한다(제13조). 상임위원회 및 소위원회의 회의는 구성위원 3명 이상의 출석과 3명 이상의 찬성으로 의결한다.

위원회의 의사는 공개한다(제14조). 다만, 위원회, 상임위원회 또는 소위원회가 필요하다고 인정하면 공개하지 아니할 수 있다.

위원회는 그 업무 수행에 필요한 사항을 자문하기 위하여 자문기구를 둘 수 있다(제

15조). 자문기구의 조직과 운영에 필요한 사항은 위원회 규칙으로 정한다.

(4) 사무처

위원회에 위원회의 사무를 처리할 사무처를 둔다(제16조). 사무처에 사무총장 1명과 필요한 직원을 두되 사무총장은 위원회의 심의를 거쳐 위원장의 제청으로 대통령이 임명한다. 소속 직원 중 5급 이상 공무원 또는 고위공무원단에 속하는 일반직공무원은 위원장의 제청으로 대통령이 임명하며, 6급 이하 공무원은 위원장이 임명한다. 사무총장은 위원장의 지휘를 받아 사무처의 사무를 관장하고 소속 직원을 지휘・감독한다.

위원회에 위원회 직원의 징계처분을 의결할 징계위원회를 둔다(제17조). 징계위원회의 구성, 권한, 심의 절차, 징계의 종류 및 효력, 그 밖에 징계에 필요한 사항은 위원회 규칙으로 정한다.

이 법에 규정된 사항 외에 위원회의 조직에 관하여 필요한 사항은 위원회의 독립성을 보장하고 업무를 효과적으로 수행할 수 있도록 최대한 고려하여 대통령령으로 정한다(제18조). 이 법에 규정된 사항 외에 위원회의 운영에 필요한 사항은 위원회 규칙으로 정한다.

4) 위원회의 업무와 권한

(1) 업 무

위원회는 인권에 관한 법령(입법과정 중에 있는 법령안을 포함)・제도・정책・관행의 조사와 연구 및 그 개선이 필요한 사항에 관한 권고 또는 의견의 표명, 인권침해행위에 대한 조사와 구제, 차별행위에 대한 조사와 구제, 인권상황에 대한 실태 조사, 인권에 관한 교육 및 홍보, 인권침해의 유형, 판단 기준 및 그 예방 조치 등에 관한 지침의 제시 및 권고, 국제인권조약 가입 및 그 조약의 이행에 관한 연구와 권고 또는 의견의 표명, 인권의 옹호와 신장을 위하여 활동하는 단체 및 개인과의 협력, 인권과 관련된 국제기구 및 외국 인권기구와의 교류・협력, 그 밖에 인권의 보장과 향상을 위하여 필요하다고 인정하는 사항 등의 업무를 수행한다(제19조).

관계 국가행정기관 또는 지방자치단체의 장은 인권의 보호와 향상에 영향을 미치는 내용을 포함하고 있는 법령을 제정하거나 개정하려는 경우 미리 위원회에 통지하여야 한다(제20조). 위원회는 그 업무를 수행하기 위하여 필요하다고 인정하면 국가기관, 지방자치단체, 그 밖의 공사(公私) 단체 등에 협의를 요청할 수 있다.

(2) 권 한

국제인권규약에 따라 관계 국가행정기관이 정부보고서를 작성할 때에는 위원회의 의견을 들어야 한다(제21조).

위원회는 그 업무를 수행하기 위하여 필요하다고 인정하면 관계기관 등에 필요한 자료 등의 제출이나 사실 조회를 요구할 수 있다(제22조). 위원회는 그 업무를 수행하기 위하여 필요한 사실을 알고 있거나 전문적 지식 또는 경험을 가지고 있다고 인정되는 사람에게 출석을 요구하여 그 진술을 들을 수 있다. 제1항에 따른 요구를 받은 기관은 지체 없이 협조하여야 한다.

위원회는 그 업무를 수행하기 위하여 필요하다고 인정하면 관계기관 등의 대표자, 이해관계인 또는 학식과 경험이 있는 사람 등에게 출석을 요구하여 사실 또는 의견의 진술을 들을 수 있다(제23조). 위원회가 실시하는 청문회의 절차와 방법에 관하여는 위원회 규칙으로 정한다.

위원회(상임위원회와 소위원회를 포함)는 필요하다고 인정하면 그 의결로써 구금·보호시설을 방문하여 조사할 수 있다(제24조). 제1항에 따른 방문조사를 하는 위원은 필요하다고 인정하면 소속 직원 및 전문가를 동반할 수 있으며, 구체적인 사항을 지정하여 소속 직원 및 전문가에게 조사를 위임할 수 있다. 이 경우 조사를 위임받은 전문가가 그 사항에 대하여 조사를 할 때에는 소속 직원을 동반하여야 한다.

제2항에 따라 방문조사를 하는 위원, 소속 직원 또는 전문가(위원)는 그 권한을 표시하는 증표를 지니고 이를 관계인에게 내보여야 하며, 방문 및 조사를 받는 구금·보호시설의 장 또는 관리인은 즉시 방문과 조사에 편의를 제공하여야 한다. 제2항에 따라 방문조사를 하는 위워 등은 구금·보호시설의 직원 및 구금·보호시실에 수용되어 있는 사람과 면담할 수 있고 구술 또는 서면으로 사실이나 의견을 진술하게 할 수 있다. 구금·보호시설의 직원은 위원 등이 시설수용자를 면담하는 장소에 참석할 수 있다. 다만, 대화 내용을 녹음하거나 녹취하지 못한다.

위원회는 인권의 보호와 향상을 위하여 필요하다고 인정하면 관계기관 등에 정책과 관행의 개선 또는 시정을 권고하거나 의견을 표명할 수 있다(제25조). 제1항에 따라 권고를 받은 관계기관 등의 장은 그 권고사항을 존중하고 이행하기 위하여 노력하여야 한다. 권고를 받은 관계기관 등의 장은 권고를 받은 날부터 90일 이내에 그 권고사항의 이행계획을 위원회에 통지하여야 한다. 권고를 받은 관계기관 등의 장은 그 권고의 내용을 이행하지 아니할 경우에는 그 이유를 위원회에 통지하여야 한다.

위원회는 필요하다고 인정하면 제1항에 따른 위원회의 권고와 의견 표명 및 제4항에 따라 권고를 받은 관계기관 등의 장이 통지한 내용을 공표할 수 있다.

(3) 인권교육

위원회는 모든 사람의 인권 의식을 깨우치고 향상시키기 위하여 필요한 인권교육과 홍보를 하여야 한다(제26조). 위원회는 「초·중등교육법」 제23조에 따른 학교 교육과정에 인권에 관한 내용을 포함시키기 위하여 교육부 장관과 협의할 수 있다. 위원회는 인권교육과 인권에 관한 연구의 발전을 위하여 필요한 사항을 「고등교육법」 제2조에 따라 설립된 학교의 장과 협의할 수 있다.

위원회는 공무원의 채용시험, 승진시험, 연수 및 교육훈련 과정에 인권에 관한 내용을 포함시키기 위하여 국가기관 및 지방자치단체의 장과 협의할 수 있다.

위원회는 「정부출연연구기관 등의 설립·운영 및 육성에 관한 법률」 제8조 및 제18조와 「과학기술 분야 정부출연연구기관 등의 설립·운영 및 육성에 관한 법률」 제8조 및 제18조에 따라 설립된 연구기관 또는 연구회의 장과 협의하여 인권에 관한 연구를 요청하거나 공동으로 연구할 수 있다.

위원회는 「평생교육법」 제2조제2호에 따른 평생교육기관의 장에 대하여 그 교육내용에 인권 관련 사항을 포함하도록 권고할 수 있다.

(4) 인권도서관

위원회는 인권도서관을 둘 수 있다(제27조). 인권도서관은 인권에 관한 국내·외의 정보와 자료 등을 수집·정리·보존하여 일반인이 이용하도록 제공할 수 있다.

인권도서관의 설치와 운영에 필요한 사항은 위원회 규칙으로 정한다.

(5) 법원 및 헌법재판소에 대한 의견 제출

위원회는 인권의 보호와 향상에 중대한 영향을 미치는 재판이 계속(係屬) 중인 경우 법원 또는 헌법재판소의 요청이 있거나 필요하다고 인정할 때에는 법원의 담당 재판부 또는 헌법재판소에 법률상의 사항에 관하여 의견을 제출할 수 있다(제28조).

제4장에 따라 위원회가 조사하거나 처리한 내용에 관하여 재판이 계속 중인 경우 위원회는 법원 또는 헌법재판소의 요청이 있거나 필요하다고 인정할 때에는 법원의 담당 재판부 또는 헌법재판소에 사실상 및 법률상의 사항에 관하여 의견을 제출할 수 있다.

(6) 보고서

위원회는 해마다 전년도의 활동 내용과 인권 상황 및 개선 대책에 관한 보고서를 작성하여 대통령과 국회에 보고하여야 한다(제29조). 위원회는 이 규정에 따른 보고 외에도 필요하다고 인정하면 대통령과 국회에 특별보고를 할 수 있다.

관계기관 등은 이들 보고에 관한 의견, 조치 결과 또는 조치 계획을 위원회에 제출할 수 있다. 위원회는 보고서를 공개하여야 한다. 다만, 국가의 안전보장, 개인의 명예 또는 사생활의 보호를 위하여 필요하거나 다른 법률에 따라 공개가 제한된 사항은 공개하지 않을 수 있다.

5) 인권침해 및 차별행위의 조사와 구제

(1) 조사대상

국가기관, 지방자치단체, 「초·중등교육법」 제2조, 「고등교육법」 제2조와 그 밖의 다른 법률에 따라 설치된 각급 학교, 「공직자윤리법」 제3조의2제1항에 따른 공직유관단체 또는 구금·보호시설의 업무 수행(국회의 입법 및 법원·헌법재판소의 재판은 제외)과 관련하여 「대한민국헌법」 제10조부터 제22조까지의 규정에서 보장된 인권을 침해당하거나 차별행위를 당한 경우, 법인, 단체 또는 사인(私人)으로부터 차별행위를 당한 경우 중 어느 하나에 해당하는 경우에 인권침해나 차별행위를 당한 사람 또는 그 사실을 알고 있는 사람이나 단체는 위원회에 그 내용을 진정할 수 있다(제30조). 또 위원회는 진정이 없는 경우에도 인권침해나 차별행위가 있다고 믿을 만한 상당한 근거가 있고 그 내용이 중대하다고 인정할 때에는 직권으로 조사할 수 있다.

(2) 구금 · 보호시설 수용자의 진정권

시설수용자가 위원회에 진정하려고 하면 그 시설에 소속된 공무원 또는 직원은 그 사람에게 즉시 진정서 작성에 필요한 시간과 장소 및 편의를 제공하여야 한다(제31조). 또 시설수용자가 위원 또는 위원회 소속 직원 앞에서 진정하기를 원하는 경우 소속 공무원 등은 즉시 그 뜻을 위원회에 통지하여야 한다.

소속 공무원 등은 이 규정에 따라 시설수용자가 작성한 진정서를 즉시 위원회에 보내고 위원회로부터 접수증명원을 받아 이를 진정인에게 내주어야 한다. 통지에 대한 위원회의 확인서 및 면담일정서는 발급받는 즉시 진정을 원하는 시설수용자에게 내주어야 한다.

진정에 따라 통지를 받은 경우 또는 시설수용자가 진정을 원한다고 믿을 만한 상당한 근거가 있는 경우 위원회는 위원 또는 소속 직원으로 하여금 구금 · 보호시설을 방문하게 하여 진정을 원하는 시설수용자로부터 구술 또는 서면으로 진정을 접수하게 하여야 한다. 이때 진정을 접수한 위원 또는 소속 직원은 즉시 접수증명원을 작성하여 진정인에게 내주어야 한다.

시설에 수용되어 있는 진정인(진정을 하려는 사람을 포함)과 위원 또는 위원회 소속 직원의 면담에는 구금 · 보호시설의 직원이 참여하거나 그 내용을 듣거나 녹취하지 못한다. 다만, 보이는 거리에서 시설수용자를 감시할 수 있다.

소속 공무원 등은 시설수용자가 위원회에 제출할 목적으로 작성한 진정서 또는 서면을 열람할 수 없다. 시설수용자의 자유로운 진정서 작성과 제출을 보장하기 위하여 구금 · 보호시설에서 이행하여야 할 조치와 그 밖에 필요한 절차와 방법은 대통령령으로 정한다.

(3) 진정의 각하

위원회는 접수한 진정이 다음 중 어느 하나에 해당하는 경우에는 그 진정을 각하(却下)한다(제32조). 이는 진정의 내용이 위원회의 조사대상에 해당하지 아니하는 경우,

진정의 내용이 명백히 거짓이거나 이유 없다고 인정되는 경우, 피해자가 아닌 사람이 한 진정에서 피해자가 조사를 원하지 아니하는 것이 명백한 경우, 진정의 원인이 된 사실이 발생한 날부터 1년 이상 지나서 진정한 경우(다만, 진정의 원인이 된 사실에 관하여 공소시효 또는 민사상 시효가 완성되지 않은 사건으로서 위원회가 조사하기로 결정한 경우에는 조사), 진정이 제기될 당시 진정의 원인이 된 사실에 관하여 법원 또는 헌법재판소의 재판, 수사기관의 수사 또는 그 밖의 법률에 따른 권리구제 절차가 진행 중이거나 종결된 경우, 진정이 익명이나 가명으로 제출된 경우, 진정이 위원회가 조사하는 것이 적절하지 아니하다고 인정되는 경우, 진정인이 진정을 취하한 경우, 위원회가 기각한 진정과 같은 사실에 대하여 다시 진정한 경우, 진정의 취지가 그 진정의 원인이 된 사실에 관한 법원의 확정판결이나 헌법재판소의 결정에 반하는 경우 등이다.

위원회는 이 규정에 따라 진정을 각하하는 경우 필요하다고 인정하면 그 진정을 관계 기관에 이송할 수 있다. 이 경우 진정을 이송받은 기관은 위원회의 요청이 있으면 지체 없이 그 처리 결과를 위원회에 통지하여야 한다. 또 위원회는 진정을 각하하거나 이송한 경우 지체 없이 그 사유를 구체적으로 밝혀 진정인에게 통지하여야 한다. 그리고 위원회는 이 규정에 따라 진정인에게 통지하는 경우 필요하다고 인정하면 피해자 또는 진정인에게 권리를 구제받는 데에 필요한 절차와 조치에 관하여 조언할 수 있다.

(4) 다른 구제 절차

위원회는 진정의 내용이 다른 법률에서 정한 권리구제 절차에 따라 권한을 가진 국가기관에 제출하려는 것이 명백한 경우, 지체 없이 그 진정을 그 국가기관으로 이송하여야 한다(제33조).

위원회가 진정에 대한 조사를 시작한 후에 진정의 원인이 된 사실과 같은 사안에 관한 수사가 피해자의 진정 또는 고소에 의하여 시작된 경우에는 그 진정을 관할 수사기관으로 이송하여야 한다.

이 규정에 따라 위원회가 진정을 이송한 경우 지체 없이 그 내용을 진정인에게 통지하여야 하며, 이송받은 기관은 위원회가 요청하는 경우 그 진정에 대한 처리 결과를 위원회에 통지하여야 한다.

(5) 수사기관과 위원회의 협조

진정의 원인이 된 사실이 범죄행위에 해당한다고 믿을 만한 상당한 이유가 있고 그 혐의자의 도주 또는 증거 인멸 등을 방지하거나 증거 확보를 위하여 필요하다고 인정할 경우에 위원회는 검찰총장 또는 관할 수사기관의 장에게 수사의 개시와 필요한 조치를 의뢰할 수 있다(제34조). 수사 의뢰를 받은 검찰총장 또는 관할 수사기관의 장은 지체 없이 그 조치 결과를 위원회에 통지하여야 한다. 다만, 위원회가 조사를 할 때에는 국가기관의 기능 수행에 지장을 주지 아니하도록 유의하여야 한다(제35조). 또 위원회는 개인의 사생활을 침해하거나 계속 중인 재판 또는 수사 중인 사건의 소추(訴追)에 부당하게 관여할 목적으로 조사를 해서는 안 된다.

(6) 조사의 방법

위원회는 진정인 · 피해자 · 피진정인 또는 관계인에 대한 출석 요구, 진술 청취 또는 진술서 제출 요구, 당사자, 관계인 또는 관계기관 등에 대하여 조사 사항과 관련이 있다고 인정되는 자료 등의 제출 요구, 조사 사항과 관련이 있다고 인정되는 장소, 시설 또는 자료 등에 대한 현장조사 또는 감정(鑑定)을 할 수 있다. 또 당사자, 관계인 또는 관계기관 등에 대하여 조사 사항과 관련이 있다고 인정되는 사실 또는 정보의 조회 등의 방법으로 진정에 관하여 조사할 수 있다(제36조).

위원회는 조사를 위하여 필요하다고 인정하면 위원 또는 소속 직원에게 일정한 장소 또는 시설을 방문하여 장소, 시설 또는 자료 등에 대하여 현장조사 또는 감정을 하게 할 수 있다. 이 경우 위원회는 그 장소 또는 시설에 당사자나 관계인의 출석을 요구하여 진술을 들을 수 있다. 이 규정에 따라 진술서 제출을 요구받은 사람은 14일 이내에 진술서를 제출하여야 한다.

피진정인에 대한 출석 요구는 인권침해행위나 차별행위를 한 행위당사자의 진술서만으로는 사안을 판단하기 어렵고, 제30조제1항에 따른 인권침해행위나 차별행위가 있었다고 볼 만한 상당한 이유가 있는 경우에만 할 수 있다.

조사를 하는 위원 또는 소속 직원은 그 장소 또는 시설을 관리하는 장 또는 직원에게 필요한 자료나 물건의 제출을 요구할 수 있다. 조사를 하는 위원 또는 소속 직원은 그 권한을 표시하는 증표를 지니고 이를 그 장소 또는 시설을 관리하는 장 또는 직원에게 내보여야 한다.

다만, 위원회가 자료나 물건의 제출을 요구하거나 그 자료, 물건 또는 시설에 대한 현장조사 또는 감정을 하려고 하는 경우 관계 국가기관의 장은 그 자료, 물건 또는 시설이 국가의 안전보장 또는 외교관계에 중대한 영향을 미치는 국가기밀 사항인 경우, 범죄 수사나 계속 중인 재판에 중대한 지장을 줄 우려가 있는 경우 중 어느 하나에 해당하면 그 사실을 위원회에 소명하고 자료나 물건의 제출 또는 그 자료, 물건, 시설에 대한 현장조사 또는 감정을 거부할 수 있다. 이 경우 위원회는 관계 국가기관의 장에게 필요한 사항의 확인을 요구할 수 있다.

위원회는 조사에 필요한 자료 등이 있는 곳 또는 관계인에 관하여 파악하려면 그 내용을 알고 있다고 믿을 만한 상당한 이유가 있는 사람에게 질문하거나 그 내용을 포함하고 있다고 믿을 만한 상당한 이유가 있는 서류와 그 밖의 물건을 검사할 수 있다(제37조).

(7) 위원의 제척과 진정 기각

위원 및 조정위원은 다음 조항 중 어느 하나에 해당하는 경우에는 진정의 심의·의결에서 제척된다(제38조). 이는 위원이나 그 배우자 또는 그 배우자이었던 사람이 해당 진정의 당사자이거나 그 진정에 관하여 당사자와 공동권리자 또는 공동의무자인 경우, 위원이 해당 진정의 당사자와 친족이거나 친족이었던 경우, 위원이 해당 진정에 관하여 증언이나 감정을 한 경우, 위원이 해당 진정에 관하여 당사자의 대리인으로 관여하거나 관여하였던 경우, 위원이 해당 진정에 관하여 수사·재판 또는 다른 법률에 따른 구제절차에 관여하였던 경우 등이다.

당사자는 위원에게 심의·의결의 공정을 기대하기 어려운 사정이 있는 경우에는 위원장에게 기피신청을 할 수 있으며 위원장은 당사자의 기피신청에 대하여 위원회의 의결을 거치지 아니하고 결정한다. 다만, 위원장이 결정하기에 타당하지 아니하는 경우에는 위원회의 의결로 결정한다.

위원회는 진정을 조사한 결과 진정의 내용이 사실이 아님이 명백하거나 사실이라고 인정할 만한 객관적인 증거가 없는 경우, 조사 결과 인권침해나 차별행위에 해당하지 않는 경우, 이미 피해 회복이 이루어지는 등 별도의 구제 조치가 필요하지 않다고 인정되는 경우 등에는 그 진정을 기각한다(제39조). 위원회는 진정을 기각하는 경우 진정의 당사자에게 그 결과와 이유를 통지하여야 한다.

(8) 조정위원회의 설치와 운영

① 조정위원회 구성 · 회의

조정의 신속하고 공정한 처리를 위하여 위원회에 성 · 장애 등의 분야별로 조정위원회를 둘 수 있다(제41조). 조정위원회의 위원은 위원회의 위원과 인권문제에 관하여 전문적인 지식과 경험을 가진 사람으로서 국가기관 또는 민간단체에서 인권과 관련된 분야에 10년 이상 종사한 사람, 판사 · 검사 · 군법무관 · 변호사로 10년 이상 종사한 사람, 대학 또는 공인된 연구기관에서 조교수 이상으로 10년 이상 재직한 사람 중 어느 하나에 해당하는 사람 중에서 성 · 장애 등의 분야별로 위원장이 위촉하는 사람이 된다.

조정위원회의 회의는 위원회의 위원인 조정위원 중 회의마다 위원장이 지명하는 1명, 분야별 조정위원 중 회의마다 위원장이 지명하는 2명의 사람으로 구성한다. 조정위원의 위촉 및 임기, 조정위원회의 구성 · 운영, 조정의 절차 등에 관하여 필요한 사항은 위원회 규칙으로 정한다.

② 조정 및 합의

조정위원회는 인권침해나 차별행위와 관련하여 당사자의 신청이나 위원회의 직권으로 조정위원회에 회부된 진정에 대하여 조정 절차를 시작할 수 있다(제42조).

조정은 조정 절차가 시작된 이후 당사자가 합의한 사항을 조정서에 적은 후 당사자가 기명날인하고 조정위원회가 이를 확인함으로써 성립한다. 조정위원회는 조정 절차 중에 당사자 사이에 합의가 이루어지지 아니하는 경우 사건의 공정한 해결을 위하여 조정을 갈음하는 결정을 할 수 있다.

조정을 갈음하는 결정에는 조사대상 인권침해나 차별행위의 중지, 원상회복, 손해배상, 그 밖에 필요한 구제조치가 포함될 수 있다. 또 동일하거나 유사한 인권침해 또는 차별행위의 재발을 방지하기 위하여 필요한 조치 등의 사항도 포함시킬 수 있다.

조정위원회는 조정을 갈음하는 결정을 한 경우에는 지체 없이 그 결정서를 당사자에게 송달하여야 한다. 당사자가 이 규정에 따라 결정서를 송달받은 날부터 14일 이내에 이의를 신청하지 아니하면 조정을 수락한 것으로 본다.

조정에 따라 혹은 이의신청하지 않은 경우의 조정에 갈음하는 결정은 재판상 화해와 같은 효력이 있다(제43조).

위원회는 조사 중이거나 조사가 끝난 진정에 대하여 사건의 공정한 해결을 위하여 필요한 구제 조치를 당사자에게 제시하고 합의를 권고할 수 있다(제40조).

③ 구제조치 등 권고

위원회가 진정을 조사한 결과 인권침해나 차별행위가 일어났다고 판단할 때에는 피진정인, 그 소속 기관·단체 또는 감독기관의 장에게 이 법에서 정하는 구제조치의 이행, 법령·제도·정책·관행의 시정 또는 개선 등의 사항을 권고할 수 있다(제44조).

④ 고발 및 징계

위원회는 진정을 조사한 결과 진정의 내용이 범죄행위에 해당하고 이에 대하여 형사처벌이 필요하다고 인정하면 검찰총장에게 그 내용을 고발할 수 있다(제45조). 다만, 피고발인이 군인이나 군무원인 경우에는 소속 군 참모총장 또는 국방부 장관에게 고발할 수 있다. 또 위원회가 진정을 조사한 결과 인권침해 및 차별행위가 있다고 인정하면 피진정인 또는 인권침해에 책임이 있는 사람을 징계할 것을 소속기관 등의 장에게 권고할 수 있다. 이 규정에 따라 위원회로부터 권고를 받은 소속기관 등의 장은 권고를 존중하여야 하며 그 결과를 위원회에 통지하여야 한다.

또 고발을 받은 검찰총장, 군 참모총장 또는 국방부 장관은 고발을 받은 날부터 3개월 이내에 수사를 마치고 그 결과를 위원회에 통지하여야 한다. 다만, 3개월 이내에 수사를 마치지 못할 때에는 그 사유를 밝혀야 한다.

⑤ 의견진술 기회

위원회는 이 법에 따른 권고 또는 조치를 하기 전에 피진정인에게 의견을 진술할 기회를 주어야 한다(제46조). 이 경우 당사자 또는 이해관계인은 구두 또는 서면으로 위원회에 의견을 진술하거나 필요한 자료를 제출할 수 있다.

⑥ 피해자 법률구조 및 긴급구제

위원회는 진정에 관한 위원회의 조사, 증거의 확보 또는 피해자의 권리구제를 위하여 필요하다고 인정하면 피해자를 위하여 대한법률구조공단 또는 그 밖의 기관에 법률구조를 요청할 수 있다(제47조). 법률구조 요청은 피해자의 명시한 의사에 반하여 할 수 없다.

위원회는 진정을 접수한 후 조사대상 인권침해나 차별행위가 계속되고 있다는 상당한 개연성이 있고, 이를 방치할 경우 회복하기 어려운 피해가 발생할 우려가 있다고 인정하면 그 진정에 대한 결정 이전에 진정인이나 피해자의 신청에 의하여 또는 직권으로 피진정인, 그 소속기관 등의 장에게 의료, 급식, 의복 등의 제공, 그리고 장소, 시설, 자료 등에 대한 현장조사 및 감정 또는 다른 기관이 하는 검증 및 감정에 대한 참여, 시설수용자의 구금 또는 수용 장소의 변경, 인권침해나 차별행위의 중지, 인권침해나 차별행위를 하고 있다고 판단되는 공무원 등을 그 직무에서 배제하는 조치, 그 밖에 피해자의 생명, 신체의 안전을 위하여 필요한 사항 중의 어느 하나의 조치를 이행하도록 권고할 수 있다(제48조).

⑦ 비공개와 불이익의 금지

위원회의 진정에 대한 조사·조정 및 심의는 비공개로 한다(제49조). 다만, 위원회의 의결이 있을 때에는 공개할 수 있다.

누구든지 이 법에 따라 위원회에 진정, 진술, 증언, 자료 등의 제출 또는 답변을 하였다는 이유만으로 해고, 전보, 징계, 부당한 대우, 그 밖에 신분이나 처우와 관련하여 불이익을 받지 아니한다. 또 위원회는 인권침해나 차별행위의 진상을 밝히거나 증거 또는 자료 등을 발견하거나 제출한 사람에게 필요한 지원 또는 보상을 할 수 있다(제55조).

6) 벌칙 및 과태료

(1) 인권옹호 업무 방해

다음 각 호의 어느 하나에 해당하는 사람은 5년 이하의 징역 또는 3천만 원 이하의 벌금에 처한다(제56조). 이는 위원회의 업무를 수행하는 위원 또는 직원을 폭행하거나 협박한 사람, 위원 또는 직원에게 그 업무상의 행위를 강요 또는 저지하거나 그 직을 사퇴하게 할 목적으로 폭행하거나 협박한 사람, 위계(僞計)로써 위원 또는 직원의 업무수행을 방해한 사람, 이 법에 따라 위원회의 조사대상이 되는 다른 사람의 인권침해나 차별행위 사건에 관한 증거를 인멸, 위조 또는 변조하거나 위조 또는 변조한 증거를 사용한 사람 등이다. 다만, 친족이 본인을 위하여 이러한 죄를 범한 때에는 처벌하지 아니한다.

(2) 진정서 작성 방해, 자격 사칭

진정을 허가하지 아니하거나 방해한 사람은 3년 이하의 징역 또는 3천만 원 이하의 벌금에 처한다(제57조). 위원회의 위원 또는 직원의 자격을 사칭하여 위원회의 권한을 행사한 사람은 2년 이하의 징역 또는 700만 원 이하의 벌금에 처한다(제58조).

(3) 비밀누설 및 긴급구제 방해

업무상 알게 된 비밀을 누설한 사람은 2년 이하의 징역, 5년 이하의 자격정지 또는 2천만 원 이하의 벌금에 처한다(제59조). 비밀을 침해한 사람은 1년 이하의 징역 또는 3천만 원 이하의 벌금에 처한다(제61조). 또 위원회가 하는 긴급구제 조치를 방해한 사람은 1년 이하의 징역 또는 500만 원 이하의 벌금에 처한다(제60조).

벌칙 적용 시, 위원회의 위원 중 공무원이 아닌 사람은 「형법」과 그 밖의 법률에 따른 벌칙을 적용할 때에는 공무원으로 본다(제62조).

(4) 과태료

정당한 이유 없이 규정에 의한 방문조사 또는 실지조사를 거부, 방해 또는 기피한 자, 정당한 이유 없이 위원회의 진술서 제출요구 또는 출석요구에 응하지 아니한 자, 정당한 이유 없이 규정에 의한 자료 등의 제출요구 및 사실조회에 응하지 아니하거나 거짓의 자료 등을 제출한 자 중 어느 하나에 해당하는 자는 1천만 원 이하의 과태료에 처한다(제63조).

2 UN의 세계인권선언(1948년 12월 10일 유엔총회 제정)

1) 세계인권선언의 채택과 적용

세계인권선언은 1948년 12월 10일에 파리 샤이오 궁에서 열린 정기총회에서, 유엔 58개 회원국 중 48개국의 동의로 공식 채택되었다. 세계인권선언이 될 문안을 작성하는 위원회 12인 중에 핵심적인 역할을 수행한 여섯 명이 있는데 그들은 프랑스인 스테판 에셀,[6] 르네 카셍, 캐나다인 존 피터스 험프리, 미국인 엘리너 루스벨트, 중국인 창 박사, 레바논인 샤를 하비브 말리크이다.

당시 스테판 에셀(Stephane Hessel)은 프랑스 외교관으로 유엔 부사무총장 앙리 로지에(Henry Laugier)의 보좌팀에서 최연소자이면서 팀장을 맡았다. 르네 카셍(René S. Cassin)은 인권문제에 관해 프랑스 외무부에서 자문을 구하는 일을 담당한 위원회의 위원장으로 세계 인권선언의 여러 조항을 직접 작성했다. 그는 인권에 대해 엄격하고 개입주의적인 입장에 있었다. 프랑스를 포함한 여러 국가들이 인권선언으로 인하여 그때까지 자기들이 식민지에 행사하던 주권이 위협받을까 염려하는 와중에도 과감하게 이 선언의 내용들을 썼다. 존 피터스 험프리(John Peters Humphrey)는 캐나다의 변호사 겸 외교관인데 인권선언의 초안을 작성했다. 엘리너 루스벨트(Eleanor Roosevelt)는 1945년 별세한 미국 대통령 루스벨트(Franklin D. Roosevelt)의 부인이며 참여적 여성운동가로서 이 위원회의 위원장을 맡았다. 창 박사는 당시 장제스(蔣介石)가 통치하는 대만사람인데 이 위원회의 부위원장으로, 세계인권선언에 서양적 사고만 반영되어서는

---

6) 스테판 에셀(1917, 독일출생)은 7세에 프랑스로 이주하여 20세에 프랑스 국적을 취득한다. 이후 드골이 이끄는 '자유 프랑스'에 합류해 레지스탕스의 일원으로 활약하다가 1944년 파리에 밀입국해 연합군의 상륙 작전을 돕던 중 체포되었다. 유대인 강제수용소에서 사형선고까지 받았으나 극적으로 탈출하여 전쟁이 끝난 후 외교관의 길을 걷는다. 1948년 유엔 세계인권선언문 초안 작성에 참여하고 유엔 주재 프랑스 대사, 유엔 인권위원회 프랑스 대표 등을 역임하였다. 2011년 출간한 『분노하라』의 한국어판 서문을 대신하여 이메일로 진행한 인터뷰에서 "1948년 세계인권선언문 작성에 동참해서 식민지 해방의 실현을 이끌어 낸 일에 다행스럽고도 감사한 마음을 가지며 살고 있지만 나는 이제 또 다른 전투에 나의 남은 삶을 바쳐야 하겠다고 절실하게 생각하고 있다. 그것은 불법체류자들과 이민자들의 권익을 수호하는 일, 그리고 이스라엘이라는 국가와 어깨를 나란히 하여 자신의 나라를 가질 권리가 있는 팔레스타인 사람들을 옹호하는 일이다"라고 하였다.

안 된다고 주장하였다. 샤를 하비브 말리크(Charles Habib Malik)는 위원회를 이끌어 가는 동력원으로 소개되며 이 위원회의 보고 책임을 맡았다.[7)]

당시 세계인권선언은 유엔 58개 회원국 중 48개국의 동의로 채택되었는데 이때 기권한 8개국은 다음과 같다. 남아프리카공화국(인종차별을 규탄하는 내용이 포함되어 있어서 기권), 사우디아라비아(남녀평등이 명시되어 있어서 기권), 소비에트연방(러시아, 우크라이나, 벨라루스), 폴란드, 체코슬로바키아, 유고슬라비아(이들 국가들은 이 인권선언이 경제적・사회적 권리 및 소수자들의 권리까지 다룰 만큼 진전된 내용이 아니라고 평가하여 기권). 유엔에 제출할 청원문을 검토하는 임무를 띤 '국제인권재판소'를 창설하자는 호주의 제안에, 특히 러시아가 반대하였다. 또 여기서 세계인권선언 제8조에 기본권 침해 시 개인이 국가에 맞서 문제제기를 할 수 있다는 원칙을 넣었다는 사실도 주목해야 한다. 1998년 유럽에서 개인의 권리를 8억여 명의 유럽인에게 보장해줄 상설 기관으로 유럽인권재판소가 창설되면서 세계인권선언의 원칙은 실제로 적용되었다.[8)]

2) 전문 및 본문

[전 문][9)]

모든 인류 구성원의 천부의 존엄성과 동등하고 양도할 수 없는 권리를 인정하는 것이 세계의 자유, 정의 및 평화의 기초이며,

인권에 대한 무시와 경멸이 인류의 양심을 격분시키는 만행을 초래하였으며, 인간이 언론과 신앙의 자유, 그리고 공포와 결핍으로부터의 자유를 누릴 수 있는 세계의 도래가 모든 사람들의 지고한 열망으로서 천명되어 왔으며,

인간이 폭정과 억압에 대항하는 마지막 수단으로서 반란을 일으키도록 강요받지 않으려면, 법에 의한 통치에 의하여 인권이 보호되어야 하는 것이 필수적이며, 국가 간에 우호관계의 발전을 증진하는 것이 필수적이며, 국제연합의 모든 사람들은 그 헌장에서 기본적 인권, 인간의 존엄과 가치, 그리고 남녀의 동등한 권리에 대한 신념을 재확인하

---

7) 스테판 에셀(2011: 48).
8) 스테판 에셀(2011: 42).
9) UN 인권최고대표사무소의 한글 번역본(국가인권위원회 홈페이지).

였으며,

보다 폭넓은 자유 속에서 사회적 진보와 보다 나은 생활수준을 증진하기로 다짐하였고, 회원국들은 국제연합과 협력하여 인권과 기본적 자유의 보편적 존중과 준수를 증진할 것을 스스로 서약하였으며,

이러한 권리와 자유에 대한 공통의 이해가 이 서약의 완전한 이행을 위하여 가장 중요하므로,

이에

국제연합총회는,

모든 개인과 사회 각 기관이 이 선언을 항상 유념하면서 학습 및 교육을 통하여 이러한 권리와 자유에 대한 존중을 증진하기 위하여 노력하며, 국내적, 그리고 국제적인 점진적 조치를 통하여 회원국 국민들 자신과 그 관할 영토의 국민들 사이에서 이러한 권리와 자유가 보편적이고 효과적으로 인식되고 준수되도록 노력하도록 하기 위하여, 모든 사람과 국가가 성취하여야 할 공통의 기준으로서 이 세계인권선언을 선포한다.

제1조

모든 인간은 태어날 때부터 자유로우며 그 존엄과 권리에 있어 동등하다. 인간은 천부적으로 이성과 양심을 부여받았으며 서로 형제애의 정신으로 행동하여야 한다.

제2조

모든 사람은 인종, 피부색, 성, 언어, 종교, 정치적 또는 기타의 견해, 민족적 또는 사회적 출신, 재산, 출생 또는 기타의 신분[10)]과 같은 어떠한 종류의 차별[11)]이 없이, 이 선언에 규정된 모든 권리와 자유를 향유할 자격이 있다. 더 나아가 개인이 속한 국가 또는 영토가 독립국, 신탁통치지역, 비자치지역이거나 또는 주권에 대한 여타의 제약을

10) 인종, 난민, 이주민 등 사회적 소수자들에 대한 혐오표현의 문제가 점차 크게 확산하는 경향에 따라 이를 방지하고 사회적 인식을 개선하기 위해 2019년 국가인권위원회는 '혐오차별대응특별추진위원회'를 구성하고 활동에 들어갔다.

11) 유엔은 1965년 12월 '모든 형태의 인종차별 철폐에 관한 국제협약'을 채택하였고, 대한민국은 1978년 이 협약을 비준하였다. 인종차별에 대한 정의는 인종차별의 이유, 행위, 한편 대한민국 국가인권위원회는 차별금지를 위해 2006년 차별금지법 제정을 권고하였고, 2016년 제3차 국가인권정책기본계획(2017~2021) 권고에서도 포괄적 파별금지법 제정을 권고하였다. 그러나 정부의 법 제정을 위한 구체적 이행 안은 현재까지 나오지 않았다.

받느냐에 관계없이, 그 국가 또는 영토의 정치적, 법적 또는 국제적 지위에 근거하여 차별이 있어서는 아니 된다.

제3조

모든 사람은 생명과 신체의 자유와 안전에 대한 권리를 가진다.

제4조

어느 누구도 노예상태 또는 예속상태에 놓여지지 아니한다. 모든 형태의 노예제도와 노예매매는 금지된다.

제5조

어느 누구도 고문, 또는 잔혹하거나 비인도적이거나 굴욕적인 처우 또는 형벌을 받지 아니한다.

제6조

모든 사람은 어디에서나 법 앞에 인간으로서 인정받을 권리를 가진다.

제7조

모든 사람은 법 앞에 평등하며 어떠한 차별도 없이 법의 동등한 보호를 받을 권리를 가진다. 모든 사람은 이 선언에 위반되는 어떠한 차별과 그러한 차별의 선동으로부터 동등한 보호를 받을 권리를 가진다.

제8조

모든 사람은 헌법 또는 법률이 부여한 기본적 권리를 침해하는 행위에 대하여 권한 있는 국내법정에서 실효성 있는 구제를 받을 권리를 가진다.

제9조

어느 누구도 자의적으로 체포, 구금[12] 또는 추방되지 아니한다.

제10조

모든 사람은 자신의 권리, 의무, 그리고 자신에 대한 형사상 혐의에 대한 결정에 있

12) 유엔 사회권규약위원회는 2019년 대한민국 정부에 출입국관리법 개정을 통해, 특히 이주아동의 구금을 금지할 것, 그리고 비구금형 대안을 보장할 것, 난민과 가족 재결합의 문제에서 아동의 이익을 최우선으로 고려할 것 등의 사항을 권고하였다.

어 독립적이며 공평한 법정에서 완전히 평등하게 공정하고 공개된 재판을 받을 권리를 가진다.

제11조

1. 모든 형사피의자는 자신의 변호에 필요한 모든 것이 보장된 공개 재판에서 법률에 따라 유죄로 입증될 때까지 무죄로 추정받을 권리를 가진다.
2. 어느 누구도 행위 시에 국내법 또는 국제법에 의하여 범죄를 구성하지 않는 작위 또는 부작위를 이유로 유죄가 되지 아니한다. 또한 범죄 행위 시에 적용될 수 있었던 형벌보다 무거운 형벌이 부과되지 아니한다.

제12조

어느 누구도 그의 사생활, 가정, 주거 또는 통신에 대하여 자의적인 간섭을 받거나 또는 그의 명예와 명성에 대한 비난을 받지 아니한다. 모든 사람은 이러한 간섭이나 비난에 대하여 법의 보호를 받을 권리를 가진다.

제13조

1. 모든 사람은 자국 내에서 이동 및 거주의 자유에 대한 권리를 가진다.
2. 모든 사람은 자국을 포함하여 어떠한 나라를 떠날 권리와 또한 자국으로 돌아올 권리를 가진다.

제14조

1. 모든 사람은 박해를 피하여 다른 나라에서 비호를 구하거나 비호를 받을 권리를 가진다.
2. 이러한 권리는 진실로 비정치적 범죄 또는 국제연합의 목적과 원칙에 위배되는 행위로 인하여 기소된 경우에는 주장될 수 없다.

제15조

1. 모든 사람은 국적을 가질 권리를 가진다.
2. 어느 누구도 자의적으로 자신의 국적을 박탈당하지 아니하며, 자신의 국적을 변경할 권리가 부인되지 아니한다.

제16조

1. 성인 남녀는 인종, 국적 또는 종교에 따른 어떠한 제한도 없이 혼인하고 가정을 이룰 권리를 가진다. 그들은 혼인에 대하여, 혼인기간 중, 그리고 혼인해소 시에 동등한 권리를 향유할 자격이 있다.
2. 혼인은 장래 배우자들의 자유롭고 완전한 동의 하에서만 성립된다.
3. 가정은 사회의 자연적이고 기초적인 단위이며, 사회와 국가의 보호를 받을 권리가 있다.

제17조

1. 모든 사람은 단독으로 뿐만 아니라 다른 사람과 공동으로 재산을 소유할 권리를 가진다.
2. 어느 누구도 자의적으로 자신의 재산을 박탈당하지 아니한다.

제18조

모든 사람은 사상, 양심 및 종교의 자유에 대한 권리를 가진다. 이러한 권리는 종교 또는 신념을 변경할 자유와, 단독으로 또는 다른 사람과 공동으로, 그리고 공적으로 또는 사적으로 선교, 행사, 예배 및 의식에 의하여 자신의 종교나 신념을 표명하는 자유를 포함한다.

제19조

모든 사람은 의견의 자유와 표현의 자유에 대한 권리를 가진다. 이러한 권리는 간섭 없이 의견을 가질 자유와 국경에 관계없이 어떠한 매체를 통해서도 정보와 사상을 추구하고, 얻으며, 전달하는 자유를 포함한다.

제20조

1. 모든 사람은 평화적인 집회 및 결사의 자유에 대한 권리를 가진다.
2. 어느 누구도 어떤 결사에 참여하도록 강요받지 아니한다.

제21조

1. 모든 사람은 직접 또는 자유로이 선출된 대표를 통하여 자국의 정부에 참여할 권리를 가진다.

2. 모든 사람은 자국에서 동등한 공무담임권을 가진다.
3. 국민의 의사가 정부 권능의 기반이다. 이러한 의사는 보통·평등 선거권에 따라 비밀 또는 그에 상당한 자유 투표 절차에 의한 정기적이고 진정한 선거에 의하여 표현된다.

제22조

모든 사람은 사회의 일원으로서 사회보장을 받을 권리를 가지며, 국가적 노력과 국제적 협력을 통하여, 그리고 각 국가의 조직과 자원에 따라서 자신의 존엄과 인격의 자유로운 발전에 불가결한 경제적, 사회적 및 문화적 권리들을 실현할 권리를 가진다.

제23조

1. 모든 사람은 일, 직업의 자유로운 선택, 정당하고 유리한 노동 조건, 그리고 실업에 대한 보호의 권리를 가진다.
2. 모든 사람은 아무런 차별 없이 동일한 노동에 대하여 동등한 보수를 받을 권리를 가진다.
3. 노동을 하는 모든 사람은 자신과 가족에게 인간의 존엄에 부합하는 생존을 보장하며, 필요한 경우에 다른 사회보장방법으로 보충되는 정당하고 유리한 보수에 대한 권리를 가진다.
4. 모든 사람은 자신의 이익을 보호하기 위하여 노동조합을 결성하고, 가입할 권리를 가진다.

제24조

모든 사람은 노동시간의 합리적 제한과 정기적인 유급휴가를 포함하여 휴식과 여가의 권리를 가진다.

제25조

1. 모든 사람은 의식주, 의료 및 필요한 사회복지를 포함하여 자신과 가족의 건강과 안녕에 적합한 생활수준을 누릴 권리와, 실업, 질병, 장애, 배우자 사망, 노령 또는 기타 불가항력의 상황으로 인한 생계 결핍의 경우에 보장을 받을 권리를 가진다.
2. 어머니와 아동은 특별한 보호와 지원을 받을 권리를 가진다. 모든 아동은 적서에[13] 관계없이 동일한 사회적 보호를 누린다.

제26조

1. 모든 사람은 교육을 받을 권리를 가진다. 교육은 최소한 초등 및 기초단계에서는 무상이어야 한다. 초등교육은 의무적이어야 한다. 기술 및 직업교육은 일반적으로 접근이 가능하여야 하며, 고등교육은 모든 사람에게 실력에 근거하여 동등하게 접근 가능하여야 한다.
2. 교육은 인격의 완전한 발전과 인권과 기본적 자유에 대한 존중의 강화를 목표로 한다. 교육은 모든 국가, 인종 또는 종교집단 간에 이해, 관용 및 우의를 증진하며, 평화의 유지를 위한 국제연합의 활동을 촉진하여야 한다.
3. 부모는 자녀에게 제공되는 교육의 종류를 선택할 우선권을 가진다.

제27조

1. 모든 사람은 공동체의 문화생활에 자유롭게 참여하며 예술을 향유하고 과학의 발전과 그 혜택을 공유할 권리를 가진다.
2. 모든 사람은 자신이 창작한 과학적, 문학적 또는 예술적 산물로부터 발생하는 정신적, 물질적 이익을 보호받을 권리를 가진다.

제28조

모든 사람은 이 선언에 규정된 권리와 자유가 완전히 실현될 수 있도록 사회적, 국제적 질서에 대한 권리를 가진다.

제29조

1. 모든 사람은 그 안에서만 자신의 인격이 자유롭고 완전하게 발전할 수 있는 공동체에 대하여 의무를 가진다.
2. 모든 사람은 자신의 권리와 자유를 행사함에 있어, 다른 사람의 권리와 자유를 당연히 인정하고 존중하도록 하기 위한 목적과, 민주사회의 도덕, 공공질서 및 일반적 복리에 대한 정당한 필요에 부응하기 위한 목적을 위해서만 법에 따라 정하여진 제한을 받는다.

---

13) 대한민국은 2015년 '국제연합 초국가적 조직범죄 방지협약을 보충하는 인신매매, 특히 여성과 아동의 인신매매 방지, 억제 및 처벌을 위한 의정서'에 비준하였다. 2014년에는 '아동학대범죄의 처벌 등에 관한 특례법'과 '학교 밖 청소년 지원에 관한 법률'을 제정하였다.

3. 이러한 권리와 자유는 어떠한 경우에도 국제연합의 목적과 원칙에 위배되어 행사되어서는 아니 된다.

제30조

이 선언의 어떠한 규정도 어떤 국가, 집단 또는 개인에게 이 선언에 규정된 어떠한 권리와 자유를 파괴하기 위한 활동에 가담하거나 또는 행위를 할 수 있는 권리가 있는 것으로 해석되어서는 아니 된다.

3) 원어 전문 및 본문

UNIVERSAL[14)] DECLARATION OF HUMAN RIGHTS

PREAMBLE

Whereas recognition of the inherent dignity and of the equal and inalienable rights of all members of the human family is the foundation of freedom, justice and peace in the world,

Whereas disregard and contempt for human rights have resulted in barbarous acts which have outraged the conscience of mankind, and the advent of a world in which human beings shall enjoy freedom of speech and belief and freedom from fear and want has been proclaimed as the highest aspiration of the common people,

Whereas it is essential, if man is not to be compelled to have recourse, as a last resort, to rebellion against tyranny and oppression, that human rights should be pro-

14) 세계인권선언은 초안 작성 당시 영어권 국가들에서 세계를 '국제적(international)'이라는 말로 사용하자는 제안을 받고 있었다. 그러나 총회 분과위원회 위원들과 르네 카셍(René S. Cassin) 등의 강력한 설득과 주장으로 국제적이라는 용어 대신 보편적(universal)이라는 말이 채택되었다. 보편적 인권선언이라는 말이 채택된 이유는 당시 제2차 세계대전이 막 끝나고 난 시점에 인류를 겁박하던 전체주의의 위협에서 해방되려면 유엔 회원국들로부터 이 선언에 나오는 보편적 권리들을 존중하겠다는 서약을 받아내기 위해서였다. 세계인권선언이 'INTERNATIONAL DECLARATION OF HUMAN RIGHTS'가 아니고, 'UNIVERSAL DECLARATION OF HUMAN RIGHTS'으로 된 것은 이러한 이유 때문이었다.

tected by the rule of law,

Whereas it is essential to promote the development of friendly relations between nations, Whereas the peoples of the United Nations have in the Charter reaffirmed their faith in fundamental human rights, in the dignity and worth of the human person and in the equal rights of men and women and have determined to promote social progress and better standards of life in larger freedom,

Whereas Member States have pledged themselves to achieve, in cooperation with the United Nations, the promotion of universal respect for and observance of human rights and fundamental freedoms,

Whereas a common understanding of these rights and freedoms is of the greatest importance for the full realization of this pledge,

Now, therefore,

The General Assembly,

Proclaims this Universal Declaration of Human Rights as a common standard of achievement for all peoples and all nations, to the end that every individual and every organ of society, keeping this Declaration constantly in mind, shall strive by teaching and education to promote respect for these rights and freedoms and by progressive measures, national and international, to secure their universal and effective recognition and observance, both among the peoples of Member States themselves and among the peoples of territories under their jurisdiction.

Article 1

All human beings are born free and equal in dignity and rights. They are endowed with reason and conscience and should act towards one another in a spirit of brotherhood.

Article 2

Everyone is entitled to all the rights and freedoms set forth in this Declaration, without distinction of any kind, such as race, colour, sex, language, religion, political or other opinion, national or social origin, property, birth or other status. Furthermore, no distinction shall be made on the basis of the political, jurisdictional or international status of the country or territory to which a person belongs, whether it be independent, trust, non-self-governing or under any other limitation of sovereignty.

Article 3

Everyone has the right to life, liberty and security of person.

Article 4

No one shall be held in slavery or servitude; slavery and the slave trade shall be prohibited in all their forms.

Article 5

No one shall be subjected to torture or to cruel, inhuman or degrading treatment or punishment.

Article 6

Everyone has the right to recognition everywhere as a person before the law.

Article 7

All are equal before the law and are entitled without any discrimination to equal protection of the law. All are entitled to equal protection against any discrimination in violation of this Declaration and against any incitement to such discrimination.

Article 8

Everyone has the right to an effective remedy by the competent national tribunals for acts violating the fundamental rights granted him by the constitution or by law.

Article 9

No one shall be subjected to arbitrary arrest, detention or exile.

Article 10

Everyone is entitled in full equality to a fair and public hearing by an independent and impartial tribunal, in the determination of his rights and obligations and of any criminal charge against him.

Article 11

1. Everyone charged with a penal offence has the right to be presumed innocent until proved guilty according to law in a public trial at which he has had all the guarantees necessary for his defence.
2. No one shall be held guilty of any penal offence on account of any act or omission which did not constitute a penal offence, under national or international law, at the time when it was committed. Nor shall a heavier penalty be imposed than the one that was applicable at the time the penal offence was committed.

Article 12

No one shall be subjected to arbitrary interference with his privacy, family, home or correspondence, nor to attacks upon his honour and reputation. Everyone has the right to the protection of the law against such interference or attacks.

Article 13

1. Everyone has the right to freedom of movement and residence within the borders of each State.
2. Everyone has the right to leave any country, including his own, and to return to his country.

Article 14

1. Everyone has the right to seek and to enjoy in other countries asylum from persecution.
2. This right may not be invoked in the case of prosecutions genuinely arising from non-political crimes or from acts contrary to the purposes and principles of the United Nations.

Article 15

1. Everyone has the right to a nationality.
2. No one shall be arbitrarily deprived of his nationality nor denied the right to change his nationality.

Article 16

1. Men and women of full age, without any limitation due to race, nationality or religion, have the right to marry and to found a family. They are entitled to equal rights as to marriage, during marriage and at its dissolution.
2. Marriage shall be entered into only with the free and full consent of the intending spouses.
3. The family is the natural and fundamental group unit of society and is entitled to protection by society and the State.

Article 17

1. Everyone has the right to own property alone as well as in association with others.
2. No one shall be arbitrarily deprived of his property.

Article 18

Everyone has the right to freedom of thought, conscience and religion; this right includes freedom to change his religion or belief, and freedom, either alone or in community with others and in public or private, to manifest his religion or belief in teaching, practice, worship and observance.

Article 19

Everyone has the right to freedom of opinion and expression; this right includes freedom to hold opinions without interference and to seek, receive and impart information and ideas through any media and regardless of frontiers.

Article 20

1. Everyone has the right to freedom of peaceful assembly and association.
2. No one may be compelled to belong to an association.

Article 21

1. Everyone has the right to take part in the government of his country, directly or through freely chosen representatives.
2. Everyone has the right to equal access to public service in his country.
3. The will of the people shall be the basis of the authority of government; this will shall be expressed in periodic and genuine elections which shall be by universal and equal suffrage and shall be held by secret vote or by equivalent free voting procedures.

Article 22

Everyone, as a member of society, has the right to social security and is entitled to realization, through national effort and international co-operation and in accordance with the organization and resources of each State, of the economic, social and cultural rights indispensable for his dignity and the free development of his personality.

Article 23

1. Everyone has the right to work, to free choice of employment, to just and favourable conditions of work and to protection against unemployment.
2. Everyone, without any discrimination, has the right to equal pay for equal work.
3. Everyone who works has the right to just and favourable remuneration ensuring for himself and his family an existence worthy of human dignity, and supplemented, if necessary, by other means of social protection.
4. Everyone has the right to form and to join trade unions for the protection of his interests.

Article 24

Everyone has the right to rest and leisure, including reasonable limitation of working hours and periodic holidays with pay.

Article 25

1. Everyone has the right to a standard of living adequate for the health and well-being of himself and of his family, including food, clothing, housing and medical care and necessary social services, and the right to security in the event of unemployment, sickness, disability, widowhood, old age or other lack of livelihood in circumstances beyond his control.
2. Motherhood and childhood are entitled to special care and assistance. All children, whether born in or out of wedlock, shall enjoy the same social protection.

Article 26

1. Everyone has the right to education. Education shall be free, at least in the elementary and fundamental stages. Elementary education shall be compulsory. Technical and professional education shall be made generally available and higher education shall be equally accessible to all on the basis of merit.
2. Education shall be directed to the full development of the human personality and to the strengthening of respect for human rights and fundamental freedoms. It shall promote understanding, tolerance and friendship among all nations, racial or religious groups, and shall further the activities of the United Nations for the maintenance of peace.
3. Parents have a prior right to choose the kind of education that shall be given to their children.

Article 27

1. Everyone has the right freely to participate in the cultural life of the community, to enjoy the arts and to share in scientific advancement and its benefits.
2. Everyone has the right to the protection of the moral and material interests resulting from any scientific, literary or artistic production of which he is the author.

Article 28

Everyone is entitled to a social and international order in which the rights and freedoms set forth in this Declaration can be fully realized.

Article 29

1. Everyone has duties to the community in which alone the free and full development of his personality is possible.
2. In the exercise of his rights and freedoms, everyone shall be subject only to such limitations as are determined by law solely for the purpose of securing due recognition and respect for the rights and freedoms of others and of meeting the just requirements of morality, public order and the general welfare in a democratic society.
3. These rights and freedoms may in no case be exercised contrary to the purposes and principles of the United Nations.

Article 30

Nothing in this Declaration may be interpreted as implying for any State, group or person any right to engage in any activity or to perform any act aimed at the destruction of any of the rights and freedoms set forth herein.

14

이민법제의 신동향

지구촌의 많은 국가들에게서 헌법과 법률 조항들은 국민과 사람을 다르게 해석한다. 그러나 국민과 구별하고 있는 이민자의 법적 지위와 기본권, 평등권은 국제조약과 국제인권법들의 규정들에서 차별 없이 보장해야 함을 분명하게 인정하고 있다. 이민자를 어떻게 규정하든, 해당 국가에서 삶을 시작하면서부터 이민자는 잠재적 국민이 된다.

14

이민법제의 신동향

1 이민법제의 안정적 제도화를 위한 새 움직임

1) 법제도 정착을 위한 '용어와 개념 재정의' 담론 확산

이민법제가 작동하고 점차 시간이 지나면서 우리 공동체의 시민사회와 여러 부문의 전문가들이 정부 현행 법제의 구성 내용과 운영 체제 등을 보다 자세하게 들여다보기 시작하였고, 이윽고 담론 수준을 벗어나 구체적 문제제기들을 하기 시작하였다. 최근 시민사회와 관련된 여러 부문의 전문가들에게서 이민법제의 새 패러다임 적용 요구가 거세지고 있는 것은 바로 다음의 이유들 때문이다.

첫째, 지금까지 관련 법제들의 여러 곳에서 살펴보았지만 우리가 확인할 수 있었던 것은 국민과 외국인이 엄격하게 분리되어 있다는 점이다. 이민자는 국제법이 인정하는 권리의 주체이기는 하지만 헌법 전문을 포함한 법제의 실제에서 이들은 관리의 대상 또는 일방적 동화의 대상에 그친다. 기본권의 주체, 의무의 주체는 국민에게만 주어진다. 이민자는 외국인으로 지칭되며 국민이 아니다. 따라서 법제의 구체 조항들에서 이민자는 국민이 누릴 수 있는 권리의 주체가 되지 못한다. 이민법제에서 이민자는 사회통합의 대상으로 규정하고 있지만 이는 선주민과 이주민의 공존과 공동번영을 위한 통합의 주체가 갖는 의미를 담고 있다고 보기 어렵다. 현 법제에서 사용하는 사회통합의 의미와 작동 기제는 안정적 공동체를 유지하기 위한 정책관리의 수준에 있다. 따라서 이민자를 대하는 시민사회는 국민과 이민자와의 구분과 경계를 허무는 통합의 대안을 어디에서부터 찾아야 하는가에 대한 근본적인 물음에 답을 찾기가 어렵다. 따라서 제도의 바탕을 구성하는 법제 체계와 내용들이 시대적 요구에 부응하여 실질적인 역할을 담당하기를 기대할 수밖에 없다.

둘째, 누가 이민자인가 또 이민자를 규정하는 법제의 용어는 적절하게 선택되어 사용되고 있는가와 관련한 문제 제기의 항목들이다.

이민법제들에서 규정하고 있는 이민·문화다양성사회와 이민자를 개념화하는 용어들은 관련 정부, 연구 분야의 전문가들도 개선이 필요하다고 요구하고 있는 상황이고, 시민사회의 일각에서도 지속적으로 이를 지적하고 있다. 법제정의 목적과 법률을 구성하는 용어의 의미와 개념은 그 법률에 강제성과 권위를 부여하며 정책집행을 위한 각 규정들의 운영체제를 지휘한다.

정부의 정책과 법 개념에서 이민자는 외국인, 결혼이민자, 다문화가족, 외국인근로자, 외국인유학생, 외국 국적동포 등으로 지칭된다. 문제는 이들 용어와 개념이 부처별로 구분되고 소관 영역으로 나뉘어진 상태에서 구체적 법률 용어로 규정·적용되고 있다는 것이다. 시민사회가 이민 및 이민자, 다문화사회, 문화다양성과 사회통합 등의 일반적 개념들과 상호 소통 및 공감의 영역을 찾지 못하고 있는 이유들이 여기에서도 찾아진다. 이민자를 규정하는 용어들이 국민 일반에게도 인정되고 합의되었을 때 그 정책과 법률이 가지는 순기능적 영향력이 증대될 수 있는데 현실은 이와 거리가 있다.

돌이켜 보면 용어의 문제는 정부 내에서 2008년 제1차 외국인정책 기본계획 수립 당시부터 노정되었다. 정부는 '이민'이라는 용어에 대해 국민들이 '해외이민'과 혼동할 우려가 있다며, '이민정책' 대신 '외국인정책'으로 호칭하기로 내부적 합의를 통해 사용하기 시작하였다. 그런데 이 용어의 사용은 2013년 제2차 외국인정책 기본계획에서 바로 지적되었는데, 정부는 이때 '외국인정책' 용어사용의 한계와 문제점을 다음과 같이 인정하였다. 외국인정책은 국제사회에서 통용되고 있는 이민정책, 즉 국경 및 출입국관리, 국적 부여 정책과 이민자 사회통합 정책을 포괄하는 개념과 같은 의미를 갖고 있다. 따라서 향후 외국인정책보다는 '이민정책의 용어사용이 더 적절할 수 있다'고 의미를 부여하였다.

한편, 이민법제에서 사용하는 '다문화'의 용어는 여성가족부의 소관 법인 다문화가족지원법에서 '가족'을 대상으로 사용하는 개념으로 주로 적용하여 그 의미가 확장성을 가지지 못하고 있다.

외국인근로자의 경우, 고용허가제의 법 규정에 의하면 외국인근로자는 국내에 들어와 일정기간 동안 체류하면 반드시 돌아가야 하는 사람이다. 다시 말해, 외국인근로자는 사회통합과 공존의 대상이 되어야 한다거나 또는 향후 영주권 또는 국적 취득을 할 수도 있는 잠재적 국민으로는 여겨지지 않는다.

북한이탈주민의 경우는 한편 더 특별한 지위를 갖고 있다. 그럼에도 정책 적용의 범주와 법의 적용 측면에서는 외국인을 대상으로 한 이민정책의 범주에서 다룰 수 있는 이주민이기도 하다. 즉, '국민에 속한 이주민'이다. 따라서 북한이탈주민은 정책의 거시적 의미에서는 개념상 명백한 이민법제의 범수에 속하지만, 정부는 북한이탈주민을 이민정책의 대상이 되는 이민자는 아니라는 태도를 강하게 견지하고 있다.

이렇게 이민 관련 용어는 법제에서 각각 그 본래 의미가 가지고 있는 모습과는 다른 의미와 형태로 나타난다. 그 이유는 현행법들의 제정과 시행, 추진체계 등이 이민자의 유입 양태에 따라 당면한 정책적 요구를 시급하게 해결하려는 의도에 따라 생성되고 제정되었기에 신중한 접근이 어려웠던 탓이기도 하다. 이러한 사유들로 인해 정부가 지금까지의 법제에서 외국인, 이민자, 다문화가족, 결혼이민자, 외국인근로자 등의 용어를 각각 부처별로 사용하고, 초기 단계에서 개념이 지닌 정책 목적을 명확하게 합의하지 못한 것이 결국 중앙행정기관의 정책 혼선과 경쟁·중복을 심화시키고, 부처 간 갈등, 중앙과 지방의 정책갈등 현상을 증폭시키는 요인이 되었다.

2) 정책 총괄 운영·전달체계 새 구축 위한 통합 이민법 논의 본격화

이러한 이유들로 인해 정부의 법제 운영체계 정비와 통합을 위한 새 방향 모색의 필요성 요구가 커지고 있다.

현행 이민법제는 「재한외국인 처우 기본법」에서 재한외국인에 대해서, 「다문화가족지원법」에서 결혼이민자와 가정을 이룬 다문화가족에 대해서, 「문화다양성의 보호와 증진에 관한 법률」에서 문화다양성에 기초한 사회통합정책에 대하여, 「북한이탈주민의 보호 및 정착지원에 관한 법률」에서 이들에 대한 보호와 지원의 근거규정을 두고 이에 따라 각각 세부정책을 시행하고 있다. 또 「국적법」에서 국민이 되는 요건에 대해서, 「출입국관리법」에서 국민 및 외국인의 출입국관리와 체류관리에 대해서, 「난민법」에서 난민의 지위와 처우에 대해서, 「외국인근로자의 고용 등에 관한 법률」에서 외국인근로자의 보호 및 고용관리에 대해서 각각 정책을 시행하고 있다.

이민법제가 이러한 근거법률에 의해 중앙행정기관별 소관법률을 개별적으로 시행하는 것은 당연하면서 또 그만의 많은 장점들을 가지고 있다. 그러나 한편으로는 각각의 법률을 적용한 정책이 선주민인 국민과 이주민의 사회통합과 공존을 추구하는 통합적인 관점에서 균형적으로 시행되지 못하고 있다는 지적을 계속해서 받고 있기도 하다. 이를 해결하기 정부는 외국인정책위원회, 다문화가족정책위원회, 외국인인력정책위원회 등도 만들어서 운용하고 있지만, 아직까지 정책이 중복적으로 시행되거나 또는 과도한 지원 혹은 과도한 통제정책으로 시행되는 등의 문제점을 개선하는데 도움을 주고 있지 못하다는 평가가 지배적이다.

2 국가 목표와 이민법제

1) 제10차 헌법 개정안에서 나타난 외국인의 지위[1)]

정부는 2018년 3월에 대한민국의 제10차 헌법 개정안을 의회에 제출하였다. 개정안의 주요 내용은 “헌법 전문에 헌법적 의미를 갖는 역사적 사건과 사회적 가치를 추가 명시하는 것”, “지방 분권 국가로의 지향, 세계화가 진전된 상황에서 우리 사회가 천부인권적 성격을 가진 기본권의 주체를 국민에서 사람으로 확대할 필요가 있다는 것”, “모든 국민은 일할 권리를 가지며 그동안 우리의 법 용어로 사용해왔던 ‘근로’의 용어를 ‘노동’의 용어로 바꾸는 것” 등이다. 여기에서, 특히 저자가 주목하는 것은 헌법 개정안이 ‘국민’에서 ‘사람’으로 기본권 주체의 용어를 바꾸고자 하는 것이다. 정부는 이 헌법 개정안에서 인간의 존엄성, 행복추구권, 평등권, 신체의 자유, 이중처벌 및 연좌제의 금지, 사생활의 자유, 양심의 자유, 종교의 자유, 학문 · 예술의 자유, 청원권, 재판 청구권

---

1) 김태환(2018).

등의 주체를 '국민'에서 '사람'으로 변경한다고 하였다. 새로 제시하는 개정안에서 이와 같은 변화의 의지를 확인하게 되어 매우 늦었다고 생각하고 있지만 그나마 다행스러운 진전이라고 생각한다. 그럼에도 불구하고 이러한 변화에의 의지가 선언적 의미에 머물 수 있다는 우려는 감출 수가 없다. 개정안은 제23조에서 모든 사람은 학문과 예술의 자유를 가진다고 하였고 모든 사람은 국가기관에 청원할 권리를 가지며, 헌법과 법률에 따라서 법원의 재판을 받을 권리를 가진다고 하였다. 그러나 제24조 등 여러 조항의 개정안에서도 국민과 사람이 여전히 차별적으로 구분되는 내용으로 명기되고 있다. 예를 들어, 개정하고자 하는 헌법에서 사람과 국민이 구분되고 있는데, 이를테면 "모든 국민의 재산권은 보장된다", "모든 국민은 능력과 적성에 따라 균등하게 교육받을 권리를 가진다", "모든 국민은 일할 권리를 가지며, 국가는 고용의 안정과 증진을 위한 정책을 시행해야 한다"며, 국민의 권리와 사람의 권리가 여러 조항들에서 구분되고 있다.

실제 한국뿐만 아니라 지구촌의 많은 국가들에게서 헌법과 법률 조항들은 국민과 사람을 이렇게 다르게 해석한다. 그러나 국민과 구별되고 있는 이민자의 법적 지위와 기본권은 국제조약과 국제인권법, 선진국의 헌법 규정들에서 더 이상 회피할 수 없이 받아들여지고 있는 중요한 의미를 가지는 권리가 되고 있다. 이민자는 엄밀하게 규정한다면 해당 국가에서 삶을 시작하면서 잠재적 국민이 된다. 다만, 아직도 이민자의 기본권리 보장을 위한 국가 간의 이견과 다양성 때문에 상호주의를 적용하기도 한다. 이는 기본권을 해석하는 방법이나 당면한 서로 다른 입장의 차이가 선주민의 이익과 권리를 먼저 생각하는 데 익숙해져 있기 때문이기도 하다. 그럼에도 불구하고 대한민국 정부가 2018년 제10차 헌법개정안을 내면서 헌법적 차원에서 이민자의 지위와 기본권 보장을 구현하기 위한 단초를 확보할 수 있는 새 개념을 제시한 것은 대한민국의 이민법제가 나아가야 할 새 방향을 의미있게 제시하고 있다고 평가할 수 있다.

3 이민자의 인권보호와 이의신청제도 변화 동향[2)]

1) 인권보호와 이의신청의 쟁점 분야

(1) 체류자격과 국적

'체류자격'과 '국적' 분야의 인권보호를 위한 이의신청에 있어서 고려할 부분은 세 가지이며, 이와 같은 고려는 대안 마련의 필요성과 연계되어 논의되고 있다.

첫째, 이민정책에 관한 재량 범위의 논의다. 전통적으로 정책당국은 "출입국관리행정은 국가 주권 영역에 속한 것으로서 폭넓은 재량을 가지고 있고, 외국인의 입국 · 체류에 대한 적절한 규제와 관리를 통해 공공안전과 국가발전을 위한 것"이라고 하여 '출입국행정'에는 그 특수성상 광범위한 행정청의 재량이 인정된다고 한다. 그러나 최근에는 점차 출입국정책과 관계된 이러한 광범위한 재량이 무엇인가에 대하여 행정청의 '적용'에 있어서 자유로운 재량이 인정되는 것은 아니고 입법자의 입법재량을 의미하는 것이며, 사법적 판단 또는 출입국관리행정도 법치주의의 적용에 있어서 타 규율 영역과 별다른 차이가 없다는 학술적 논의가 점차 증가하고 있다(최계영, 2017). 전통적인 입장에 설 때, 이민정책에 관계된 영역의 1차 행정청의 판단을 가급적 존중할 필요가 있다는 고려가 이의신청 및 후속 사법 절차에 얼마나 반영되어야 하는지에 대한 법률적 고민이 필요하다.

둘째, 독립성의 요청이다. 출입국관리행정은 앞에서 본 것처럼 소위 '광범위한 재량'이란 전통적인 논리로 인해 유연한 처분이 가능한 부분도 있지만, 한편으로 처분의 당사자인 외국인에게 있어서는 위법, 부당한 처분에 의한 권리 침해의 여지도 그만큼 더 많다. 체류, 국적 등의 불이익 처분은 개인에게는 경제적으로 환산할 수 없는 정도의 큰 불이익일 수 있고, 더욱이 체류자격 변경, 체류기간 연장과 관계된 처분은 불허결정에 따라 출국권고, 출국명령, 강제퇴거명령 등 후속 처분이 연속될 수 있다. 따라서 이에 관하여 처분청과 독립된 기관에 의해 위법 · 부당한지 여부를 엄밀히 심사받을 행정

2) 김태환 · 조경훈 · 이일 · 임다희(2018: 40-41, 49-50, 54-58, 246-248)의 글을 일부 전제, 발췌, 수정하여 수록하였다.

심판의 필요성이 요청된다. 실제로, 중앙행정심판위원회에서 체류자격 변경이나 체류기간 연장에 관해서 전향적인 판단들이 내려진 경우가 상당수 있다.

셋째, 성격상 구제를 위해서는 매우 신속한 판단이 필요한 경우들이 있는데, 이 경우엔 중앙행정심판위원회의 판단이 적절한 구제 절차가 되기 어렵다. 예를 들어, 공항에서의 신속한 판단이 필요한 입국허가와 관계된 쟁송 및 난민인정심사불회부결정에 관한 쟁송의 경우 이의신청기간의 지연은 공항대기 혹은 구금기간의 장기화와 직결된다. 중앙행정심판위원회에서의 처리기간의 평균은 2015년 66.59일에서 점점 증가하여 2017년은 77.16일에 달하는 것으로 나타나 있고, 법정처리기간인 90일을 도과한 경우도 상당수 존재한다. 이 정도의 기간은 이민행정에서의 이의신청기구 중 하나인 난민위원회의 심의기간에 비하면 상당히 단축되어 있지만, 통상적인 행정 영역과 달리 극도로 신속한 판단이 필요한 위와 같은 이민행정 영역에서의 특수한 판단에 대해서는 중앙행정심판위원회를 활용하기가 어렵다는 단점이 있다.

넷째, 행정당국에서 출입국관리와 연계한 고려 사항인데, 체류자격을 위한 이의신청 및 소송과 같은 쟁송을 제기하는 것만으로 체류에 관한 목적을 일부 달성할 수 있어 제도의 건강성을 확보하기 위해서라도, 특히 더욱 신속한 판단이 요구된다는 것이다. 예를 들어, 행정심판 또는 행정소송을 제기한 경우에 그 자체로 기타(G-1) 체류자격을 부여받을 수 있어(출입국외국인정책본부, 2018) 체류자격연장허가의 적부판단을 받기도 전에 단행적으로 효과를 향유할 수 있고, 그와 같은 목적을 위해 이용될 여지가 있기 때문이다. 중앙행정심판위원회에 하는 이의신청 역시 이러한 여지가 있다.

(2) 출입국관리법

출입국관리법상의 이의신청제도에 관하여 공통적으로 지적되는 문제는 다음과 같이 정리할 수 있다. 불이익의 정도가 높음에도 불구하고 신속한 행정심판의 구조로 이를 다툴 방법이 거의 없다는 것이다.

첫째, 사실상 실질적인 권리구제 절차로 기능하고 있지 않다. 출국금지에 관하여 다투는 경우 인용률이 매우 낮은 것을 확인할 수 있으며, 보호명령과 강제퇴거명령의 경우 이의신청에 대한 인용도 지난 5년 간 이루어지지 않았다.

둘째, 독립성의 요청이 반영되어 있지 않은 한계가 있다. 예를 들어, 특별행정심판으로 보기 어려운 강제퇴거명령, 보호명령은 신체의 자유를 직·간접적으로 침해하는 정도가 매우 높아서 사실상 처분 자체에 영장주의의 도입이 입법론적으로 논의되고 있다. 또 명령 발동, 연장 등의 개별 단계에 법관의 개입까지도 고려되고 있다. 그러나 현재는 합의제 심의가 요청되는 행정심판과 달리 이의신청이 사실상 상급행정청에 의한 재판단의 형태를 띠고 있기에, 하급행정청과 근무지와 결재권자가 다를 뿐 독립성이 확보되어 있지 않은 것이 현실이다. 사실상 법령상 근거는 없지만 운영되고 있는 입국불허결정에 대한 합심과 유사한 논리구조로 운영되고 있다. 이와 같이 독립성의 요청이 반영되어 있지 않기 때문에 실질적으로 권리구제로 작동하지 않는 것이라고 이해할 수도 있는 것이다.

특히, '보호명령과 강제퇴거명령'은 지방출입국·외국인관서의장(출입국관리법 제46조, 제51조)이 내리게 되고, 이에 대한 이의신청은 '법무부장관'에게 하게 되어 기실 상급관청에 의한 재판단의 형태를 띠게 되어 독립성의 요청이 보장되지 않았는데, '출국정지명령'의 경우는 더하다. '출국정지명령'은 '중앙행정기관의 장 기타 관계기관의 장'의 요청을 받으면 이를 '법무부 장관'이 내리며, 기간 연장 여부의 결정 역시 마찬가지다(외국인출국정지업무처리규칙 제8조, 제9조). 그런데 출국정지명령에 대한 이의신청 역시 '법무부 장관'(출입국관리법 제4조의5, 외국인출국정지업무처리규칙 제11조)에게 하게 된다. 결국 동일한 처분청에게 '재판단'을 구하는 것일 뿐 독립적 의미가 있는 이의신청제도라고 볼 수 없는 상황이다.

행정심판법이 규정하고 있는 정도의 준사법 절차로 보기 어려운 현행 이의신청제도는 행정청으로서도 이와 같은 독립된 절차에 따른 결정을 통해 위법·부당한 처분을 사후에 시정하고, 적법한 행정기준을 수립해나갈 기회로서도 작동하기 어려운 한계가 있다. 더욱이 하급행정청의 처분을 취소하는 결정을 내리는 행정적 부담(이의신청 사건처리의 양적 부담과 하급행정청의 결정을 번복해야 하는 실질적 부담)도 상당하여 이의신청을 심의하는 출입국외국인정책본부의 그와 같은 부담 자체도 덜어줄 필요가 있다.

정리하자면, 출입국관리법상의 이의신청제도는 특별행정심판으로 보기 어렵다고 할 수 있다. 특히, 현재의 규정에서는 출국정지 및 강제퇴거에 대한 이의신청을 청구하고, 이후에 일반행정심판제도를 활용할 수 있는지에 대한 명시적인 규정이 존재하지 않으므로, 출입국관리법상 이의신청제도를 특별행정심판으로 보기 어렵다고 할 수 있다.

그럼에도 불구하고 출국정지 및 강제퇴거와 관련하여 외국인의 국내 체류에 대한 문제점을 조사·심리할 수 있는 전문성이 필요한 분야이므로, 관련된 기관의 구조적 한계와 절차의 문제를 충족시킬 필요가 있다. 이와 관련하여, 처분자인 법무부 장관에게 다시 이의신청을 청구해야 하는 독립성의 한계가 있으며, 그 이전에 출국정지 및 강제퇴거에 대한 이의신청을 담당하는 별도의 기관이 존재하지 않는 한계가 있다.

(3) 난민법

난민법에서 이의신청제도의 문제는 지속적으로 제기되어 왔는데, 출입국관리법에서 일부 조항을 두어 난민인정 절차 중 이의신청 절차를 두었던 난민법 시행 전에는 이의신청을 법무부 장관에게 하되(구 출입국관리법 시행규칙 제67조의2), 그 심사·결정권한을 법무부 산하의 난민인정협의회에 두고 있었다(구 출입국관리법 시행령 제88조의4 제3항). 당연하게도 1차 심사와의 독립성이 사실상 확보되지 않고, 이의신청자가 출석하여 소명할 기회를 부여하지 않는다는 비판[3)]이 많았다.

난민법이 2013년 7월 1일부터 시행되면서는 위와 같은 비판에 대한 고려로 '난민위원회'를 법무부 장관의 산하가 아닌 독립된 난민위원회에서 '심의'를 할 수 있도록 하고, 종전의 이의신청 기한인 14일을 30일로 늘리는 형태로 일부 수정되었음에도 불구하고 기존의 문제점들이 크게 바뀌지는 않은 것으로 평가할 수 있는데,[4)] 그 구체적인 사항은 다음과 같이 제시할 수 있다.

첫째, 난민인정 절차의 일환으로서 행정부와의 독립성 부족에 대한 문제가 존재한다. 난민인정 절차(Refugee Status Determination Procedure: RSD)는 행정청과 사법부가 모두 관여하는 것으로 난민이 난민신청에서 이를 불복하고 사법적 구제에 이르기까지의 모든 단계를 통칭하는 개념이다. 유엔난민기구에서 오랫동안 난민인정 심사를 관장해 온 에리카 펠러(Erika Feller)[5)]에 따르면, 유엔난민기구 각국의 난민인정 절차에 대한

---

3) 국가인권위원회(2006.6.12), 결정 주문 1. (6), 이유 III, 2. 다.

4) 난민법 제정 후 시행 전, 주로 이의신청 절차의 구술 진술 기회 보장규정의 삭제 후 대통령령으로의 위임, 난민위원장을 대통령이 아닌 법무부장관이 임명하는 것, 위원장과 상무위원을 정무직으로 하는 시민사회의 안을 삭제한 것을 비판한 글이다(김종철·김재원, 2012: 158).

5) 유엔난민기구의 Assistant High commissioner로서 오랫동안 난민보호(protection) 업무를 전담하며 난민인정 절차(RSD procedure)를 연구해왔다.

경험은 1차 심사 이후의 재심사는 사법적, 준사법적 절차에 있는 전문화된 행정법원 또는 심판소에서 이뤄져야 하고, 그 법원 또는 심판소에 충분한 자원이 배분되고, 공평하게 독립하여 기능하는 것이 가능해야 한다고 하였다. 이 중 세 번째 요체인 독립성은 1차 결정기관과 다른 형태를 갖고 독립되어 있는 기관에 대한 불복 절차라 할 수 있다.[6] 난민인정 절차의 일부는 당연히 행정청에서 담당하게 되지만 행정청 자체가 부당한 결정을 내릴 경우가 상존하게 된다. 특히, 통상적인 행정과 달리 난민지위의 부여 여부를 결정하는 행정의 경우에는 법리적 판단과 달리 정책적 판단 등의 다양한 이유로 위법하거나 부당한 결정이 나올 수 있는 여지가 크므로 건강한 불복 절차를 담보하기 위해서는 행정부와 실질적으로 독립되어 있는 기관의 판단이 필요한 것이다.

그러나 현재의 이의신청 절차는 독립성이 충분하다고 보기 어려운 한계가 있다. 난민위원회의 위원장이 '법무부 차관'이며, 현행 위원들 중 다수가 사실상 정부 각 부처 공무원이므로 행정부의 정무적 판단이 이의신청의 심의에도 개입되는 구조일 수밖에 없는 것이다.[7]

둘째, 비상설 심의기관으로서의 효율성의 한계가 있다. 비상설 심의기관으로서 현업이 따로 있는 위원들이 최근 급격히 증가한 이의신청 사건 심의 건수를 분과위원회와 전원위원회에서의 심의 및 표결하는 것만으로는 실질적인 심의를 한다고 보기가 어렵기 때문이다.

셋째, 난민위원들의 전문성 역량에 한계도 지적된다. 난민위원들의 선정 과정에서 민간위원의 경우 일부 전문성을 담보하기 위한 장치들이 있지만, 정부위원들의 경우 해당 직위에 보임되어 있다는 것 외에 전문성을 위한 담보 장치가 없다. 결국 1차 심사 혹은 난민재판 단계에서의 절차와 마찬가지로 교육, 훈련과 같은 절차가 없어 이의신청 심의에 관한 전문성이 담보되었다고 보기 어렵다.

---

6) Erika Feller(2008: 5-6).

7) 난민위원회 운영세칙[법무부훈령 제1091호, 2017.2.3., 일부개정] 제2조(위원회의 구성) ② 임명 또는 위촉되는 위원은 다음 각 호와 같다. 1. 법무부 출입국・외국인정책본부장, 2. 법무부 인권국장, 3. 국가정보원 방첩단장, 4. 외교부 국제기구국장, 5. 보건복지부 사회복지정책실 복지정책관, 6. 대법원 추천 법관, 7. 대한변호사협회 추천 변호사, 8. 대한적십자사 추천 난민전문가, 9. 대한국제법학회 추천 난민전문가, 10. 인권 관련 시민단체 추천 난민전문가, 11. 4급 이상 공무원으로 2년 이상 난민 관련 업무를 담당하였던 사람, 12. 기타 난민 관련 분야에 3년 이상 근무하였거나 전문지식을 구비한 교수 등 난민전문가.

넷째, 결과적으로 신속하고 공정한 난민들에 대한 권리구제 절차로 정상적 작동이 어렵다. 앞서 제기된 한계점들이 복합되어 난민들의 권리구제 절차로서는 정상적 작동이 불가능한 상황이며, 이는 현재 낮은 난민 인정률로 간접적으로 확인된다.

다섯째, 난민행정과 관련된 다양한 이의신청들에 대응하기 어렵다. 난민위원회는 비상설기관으로 난민과 유관된 다양한 이의신청을 일반행정심판과 구별되는 절차를 거치며, 위원들의 전문성과 해당 분야의 특수성을 고려하여 심의를 하는 것이 필요하다. 하지만 비상임위원들로 구성된 난민위원회는 계속해서 생겨나는 새로운 난민에 관한 특수한 필요들에 지속적이고 안정적으로 대응하기 어려운 한계가 존재한다. 예컨대, 출입국시 난민신청 절차에 관해 현재로서는 처분성이 인성되어 다툴 필요가 있다고 하더라도 이의신청에 관한 규정이 없으며, 규정을 신설하려 해도 이를 담당할 기구가 없는 문세가 있다. 결과적으로 가장 신속한 판단이 필요한 이의신청 영역에서 정책적 공백이 남아 있다고 할 수 있다.

(4) 행정심판

이민행정의 이의신청제도는 별도의 규정이 없는 처분의 경우 일반법원리로 돌아가 행정심판법에 따른 중앙행정심판위원회의 심판을, 특수한 규정이 있는 경우에는 그 규정에 따른 이의신청을 하는 형태로 행정심판을 이용할 수 있다. 후자의 경우 특별행정심판으로 해석될 수 있거나 별도의 규정이 없는 한 그 절차를 거치고도 행정심판법에 따른 중앙행정심판위원회의 심판을 청구할 수 있다. 다시 말하면, 후자와 같이 이의신청절차가 재판단에 준하거나 실질적인 행정심판의 기능을 한다고 보기 어려울 경우 보다 고도화된 행정심판을 받을 수 있게 된다는 뜻이다.

그러나 ① 이민행정에서의 이의신청이 사안의 전문성 및 특수성이 고려되어 함께 범주화될 수 있는 특수한 유형임에도 불구하고, 이에 대한 통일적인 행정심판제도가 마련되어 있지 않은 점, ② 다수의 처분이 일반행정심판의 형태로 처리되고 있어 국어를 이해하지 못하고, 법률전문가가 아니어서 절차의 존재 자체를 모르는 외국인의 절차 이용이 현저하게 어려운 점 등을 고려하면 일반적으로 이의신청제도가 범주로서 존재한다고 보기 어렵다. 우선, 이와 같이 별도의 행정처분을 구성하는 범주로서의 이해가 없을 경우, 이민행정의 독자적인 영역을 새롭게 언급하기는 쉽지 않다.

한편, 개별 제도에 대해서도 간략히 보면 일반행정심판으로 다뤄지는 처분들에 대해서는 이민행정에 관한 재량에 대한 논의, 보다 고도로 요청되는 독립성, 신속성의 고려 등에서 한계가 있으며, 일부 전향적인 재결에도 불구하고 일반행정심판이 충실한 권리구제로 고려되기 어렵다는 것을 알 수 있다.

출입국관리법상 이의신청제도 중 출국정지, 보호명령 및 강제퇴거명령에 대한 이의의 경우 모두 실질적인 권리구제 절차로 기능하고 있지 않은 점, 보호명령 및 강제퇴거명령에 대해서는 상급관청에의 재판단에 불과한 점, 출국정지에 대한 이의신청이 그 자체로 법무부 장관이 다시 판단하게 되어 독립성의 요청이 반영되어 있지 않은 점 등이 한계라 할 수 있다.

또한 출입국관리법 및 난민법상 이루어지고 있는 행정처분임에도 불구하고, 별도의 명문화된 이의신청제도가 마련되어 있지 않아 처분대상자의 권리구제가 어려운 경우가 존재한다. 이러한 경우에 대하여 물론 행정심판법상 일반행정심판이나 행정소송을 통해 구제가 가능할 것이나 관련 처분의 사무에 대해 전문성을 보유한 법무부에서 자체적으로 운영이 가능한 이의신청제도를 마련함으로써 신속하고 적실한 권리구제가 가능할 수 있다. 그러므로 이에 대한 제도적인 보완에 대해서도 고려해 볼 필요가 충분하다고 할 수 있다.

난민법상 이의신청제도의 경우 그나마 이민행정 영역에서 독보적인 형태와 규모로 이의신청 심의를 위한 제도가 갖추어져 있으나 위원들의 전문성 및 독립성이 확보되지 않았고 재결 권한도 없으며, 상임위원이 없어 현재와 같이 폭주하는 난민신청 이의신청 사건을 정상적으로 심의하는 것이 불가능한 점 등이 문제라 할 수 있다.

국적법 등 수년을 기다려서 심사를 받아야 하는 중대한 처분과 같이 아예 이의신청에 대한 언급이 없으나 그 의미가 특수한 경우도 현재는 별도의 절차가 없어 중앙행정위원회의 행정심판만을 매우 제한적으로 법률가나 행정사의 도움을 받을 경우에만 이용이 가능한 역설적인 형태로 운영되고 있는 점 등이 문제라 할 수 있다. 이렇게 우리나라 이민행정 이의신청제도는 지금까지는 이민자들의 기본적인 권리를 실질적으로 보장해주지 못하는 형식적 권리구제 규정 수준에 머물러 있다고 할 수 있다.

2) 인권보호를 위해 제시하는 법제 개편 방안

(1) '이민 · 난민심판원' 설립하여 독립성과 신속성 확보

이민 · 난민심판원 혹은 이민심판원을 특별행정심판으로 기능하는 별도의 기관으로 설립하여 일련의 이민행정처분에 관한 이의신청을 전담하여 담당하게 하는 것이다. ① 다수의 행정처분에 관한 이의신청이 다뤄지고 있는 행정심판법에 따른 일반행정심판, ② 출입국관리법, 난민법의 이의신청 등 산재된 일부 이의신청제도, ③ 이의신청제도 운용의 필요가 있지만 별다른 제도가 없어 일반행정심판을 이용해야 하지만 현실적으로 이용이 간단치 않았거나 재신청이 불가피했던 귀화불허결정, 난민인정심사불회부결정에 대한 이의신청과 같은 유형을 모두 모아서 전문성이 구비된 독립적인 심판관을 통해 심사하고, 신속히 결정하게 하는 방안을 뜻한다.

첫째, 이민 · 난민심판원 자체를 설립할 경우, 소위 행정심판전치주의의 예외로 둘 것인지 여부를 차치하고, 우선 처분청과 독립하기 위해 국무총리 산하, 즉 국무조정실 산하에 설립(예: 조세심판원)하거나 현재와 마찬가지로 소관부서를 고려하여 법무부 산하(예: 특허심판원)에 설립하는 것을 고려할 수 있다. 다만, 법무부 산하에 둘 경우 설령 이민 · 난민심판원을 설립하게 되더라도 현재의 난민위원회의 이의신청 심의가 독립성을 가지지 못하고 있다는 비판과 동일한 지적을 피하기는 어렵다. 이는 특허청에서 기초조사업무가 모두 담당되기에 특허심판원이 독립적이지 않다는 비판과 마찬가지의 문제점으로 존재한다.

둘째, 설치근거는 이민행정 중 이의신청에 관한 법률만이 아니라 이민행정 자체에 관한 법률이 산재되어 통합적으로 관리되지 못하고 그 범위도 상당히 다양한 점, 이민 · 난민심판원이 설립될 경우 이의신청 업무의 중핵을 맡게 될 난민 이의신청의 경우 현행 난민위원회에 관한 규정이 이민행정 전체를 포괄할 수 없는 난민법 안에 규정된 점 등이 십분 고려되어야 설치되어야 한다. 이러한 문제들을 인정하고 중 · 장기적으로 개선하려 한다면 장차 이민 · 난민심판원법과 같은 독립적인 법률을 제정하여 심판범위, 심판관의 구성, 조직 등을 포괄적으로 새로 정하여 시행하는 것이 불가피하다.

셋째, 조직의 구성은 심판관과 행정기능을 담당할 사무국, 기초조사를 담당할 연구진을 새로 구성해야한다. 심판관은 임기를 정하여 지위가 독립적인 상임심판관으로 보하는 것이 타당하다. 다만, 차후 이민·난민심판원에서의 심판 범위의 확정에 따른 담당 업무 분량의 확대, 설립 초기에 여러 부문의 조직신설이 있을 수 있다는 점 등을 고려하여 비상임심판관 역시 둘 수 있을 것이다.

넷째, 심판관은 행정청과의 독립성, 심사에서의 전문성의 요청을 만족시키기 위하여 심판관의 자격요건을 검증하고 강화할 필요가 있다.

실무상 일반행정심판에서 상임위원은 "일반직공무원으로서 임기제공무원으로 임명하되 3급 이상 공무원 또는 고위공무원단에 속하는 일반직공무원으로 3년 이상 근무한 사람이나, 그밖에 행정심판에 관한 지식과 경험이 풍부한 사람 중에서 중앙행정심판위원회 위원장의 제청으로 국무총리를 거쳐 대통령이 임명"(행정심판법 제8조제3항)한다. 비상임위원은 "변호사 자격을 취득한 후 5년 이상의 실무 경험이 있는 사람, 고등교육기관(각종학교 제외)에서 조교수 이상으로 재직하거나 재직하였던 사람, 행정기관의 4급 이상 공무원이었거나 고위공무원단에 속하는 공무원이었던 사람, 박사학위를 취득한 후 해당 분야에서 5년 이상 근무한 경험이 있는 사람, 그 밖에 행정심판과 관련된 분야의 지식과 경험이 풍부한 사람" 중에서 중앙행정심판위원회 위원장의 제청으로 국무총리가 성별을 고려하여 위촉하고 임기를 2년으로 하여 2차에 한하여 연임할 수 있도록 되어 있다.

특별행정심판은 아니지만, 중앙행정심판위원회에서 담당하는 일반행정심판과의 관계에서 특수성을 가장 고도로 강조할 수 있는 난민법상 난민위원회의 경우 위원장 1명을 포함한 15명 이하의 비상임위원으로 하되, 그 위원은 1. 변호사 자격이 있는 사람, 2.「고등교육법」제2조제1호 또는 제3호에 따른 학교에서 법률학 등을 가르치는 부교수 이상의 직에 있거나 있었던 사람, 3. 난민 관련 업무를 담당하는 4급 이상 공무원이거나 이었던 사람, 4. 그 밖에 난민에 관하여 전문적인 지식과 경험이 있는 사람 중에서 법무부 장관이 임명하는 것(난민법 제26조)으로 되어 있다. 난민위원회의 위원의 경우 전문성을 강조하고 있는 난민법 제26조제4호를 제외하고는 중앙행정심판위원회의 위원보다 오히려 자격이 완화된 것처럼 보이는 측면도 있다.

향후 이민·난민심판원을 설립할 경우의 심판관은 난민법 제26조제4호의 요소, 즉 '이민·난민 분야에 관한 전문성'을 최대한 살리기 위해서 실무경험을 충분하게 가지고 있고 또 오랫동안 축적한 이론과 실무의 양쪽 지표를 잘 적용할 수 있는 전문가로 구성해야 할 필요가 있다. 심판관은 공무원으로 보임하게 될 것이지만 판사의 독립성에 준하여 임명과 임기를 보장할 필요가 있다. 자격요건의 검증이 미흡할 수 있는 임명권자의 단순한 임명이 아니라 법관의 선발 절차에 준하는 자격시험 또는 이에 준하는 능력을 확인할 수 있는 객관적 자료 등을 토대로 선발한다. 또 심판관으로서의 직무수행에 우수한 능력을 발휘할 수 있다고 판단되는 전문가를 영입하기 위해 필요시 인센티브를 부여할 수도 있다.

다만, 이때 유의할 점은 한국의 이민행정 분야가 다른 행정 분야와 달리 실무행정청과 학계, 시민단체 간의 신뢰가 높지 않은 상태에 있으므로, 심판관의 경우 가급적 행정청 내부의 공무원이 심판관으로 임명되는 것은 지양해야 할 필요가 있다. 특히, 난민이의신청의 경우 사실상 심판업무 수행 이후 다시 일선행정청으로 돌아갈 여지가 없는 민간위원들의 선임과 그 비중확대가 가칭 이민·난민심판원의 진정한 독립성 확보에 중요한 역할을 할 수 있다고 평가하고 있다. 따라서 이민·난민심판원의 심판관 임명에 있어서 출입국관리 직렬의 공무원을 참여시킬 경우 그 참여를 매우 제한적으로 인정해야 할 필요가 있다.

다섯째, 재결을 합의제로서 할 것인가, 독임제로 할 것인가의 문제이다. 준사법기관적 요청을 고도로 높일 경우 이민·난민심판원의 결정에서 심판관은 고도의 전문성을 가지고, 직책이 보장된 심판관 1인의 독임제 재결이 가능한 형태로 하는 것을 고려할 수 있다. 이민·난민심판원 전원의 표결로서 합의제 형태의 결정만 할 수 있다면 실제로 새로운 조직을 만들어 현재의 문제점을 해결하는 형태로 문제를 제기하는 데에 여러 어려움이 있다. 이러한 관점에서도 독임제 재결이 가능한 관청형태를 상정할 경우 심판관의 자격요건이 실제 1차 처분을 내리는 행정청장의 자격을 상회하는 형태 및 혼자서 판결을 선고할 수 있는 단독판사에 순하는 형태의 자격 요건이 규정되어야 함을 알 수 있다. 합의제로 할 경우 소부를 구성해서 합의제 형태의 결정을 하는 형태로 재결이 가능하도록 해야 하며(예: 특허심판원의 경우 3명 또는 5명의 심판관으로 구성되는 합의체에서 심판을 한다)(특허법 제146조), 전원의 표결에 의한 심판은 조직을 새로 신설하는 형태의 구성에서는 바람직한 결정이 될 수 없다.

이민·난민심판원이 설립될 경우 이미 일선 출입국관리행정의 행정심판을 일부 담당하고 있는 중앙행정심판위원회의 소위원회가 구비하고 있는 것보다 '전문성'을 명확히 구비한 상태로서의 심판관 임명이 전제될 것이 요청되어야 한다. 특히, 난민 분야의 경우 현재의 행정심판법에 따른 행정심판의 법적 가능성에도 불구하고 행정심판을 이용할 수 없고, 난민위원회의 심의를 기대하며 법무부 장관에게 이의신청을 하게 되는 것이 통상적인 출입국관리 업무보다 고도의 전문성을 요하는 면이 있기 때문인데, '사안의 전문성'은 충족하기가 어렵지 않다.

'신속성'에 해당하는 '사안의 특수성'의 경우도 충족한다. 이민행정심판에는 고도의 신속성을 요하는 이유가 있다. 통상적인 처분의 경우, 예를 들어 체류기간연장거부처분 또는 체류자격변경거부처분의 경우 위법, 부당한 처분이 존재할 것을 전제하면, 비록 행정심판을 청구하여 결과를 받는 동안 '기타(G-1)' 체류자격을 얻어 체류할 수는 있지만, 심판기간이 길어지는 동안 종래의 또는 변경을 요구하는 체류자격과 활동범위를 유지할 수 없는 불이익이 심대하다. 특수한 처분의 경우, 예를 들어 공항에서 신속하게 결정이 되어야 하는 난민인정심사불회부결정에 대한 이의나, 현재 상급기관의 재판단 형태로 되어 있는 강제퇴거명령, 보호명령에 대한 이의의 경우도 신체의 자유를 제약하는 구금에 관한 것이어서 고도의 신속성이 요청된다. 난민제도에서 보듯 행정심판 단계가 길어지는 것 자체가 제도의 취지에 부합하지 않는 남용 가능성을 키우기에 신속성의 필요는 제도의 건강성의 측면에서도 고려된다. 절차적 측면에서도 특수성이 존재한다. 더욱이 행정처분의 위법, 적정성의 서면심리만으로 종결이 가능한 일반행정처분과 달리, 이민행정은 모두 처분을 받는 사람이 모두 '외국인'인 점, 이와 관련하여 생산되는 자료, 제출되는 자료, 대심적 구조를 전제했을 때 본인의 출석권이 확보될 경우의 진술 등은 모두 국어가 아닌 외국어로 작성되어 제출된다는 것 역시 '특수성'의 일환으로 고려될 수 있다.

이민 · 난민심판원이 이와 같은 요건을 전제하는 형태로 신설될 경우, 특히 1심 재판을 생략하는 형태가 아닌 경우, 독립적이고 공정하며, 전문적이고, 신속한 심판을 통해 이민행정 과정의 일련의 위법, 부당한 처분을 시정하는 간소한 절차로서 '외국인'의 권익을 보장하여 한국의 이민행정의 적법성 및 공정성 확보에는 매우 크게 기여할 수 있을 것이다. 그 결과로 위법, 부당한 처분을 통해 한국에로의 '입국과 출국'에 제한, 적법한 체류자격과 활동범위에 따른 '체류'의 제한, 한국 사회의 구성원으로서의 '국적의 취득'에 관한 제한, 공항이나 국내에서의 부당한 난민인정 심사로 인해 '난민'이 강제송환을 당하게 될 수 있는 제한 등이 해소될 수 있을 것이다.

특히, 이민행정에 있어서 현재의 이의신청제도를 보면 그나마 일정 제도가 구성되어 있는 난민위원회의 경우에도 사건 수를 감당할 수 없는 현실에서 적정한 심의가 불가능한 구조로 되어 있음을 알 수 있다. 이의신청 처리 현황을 보면 난민의 이의신청이 아닌 통상적인 출입국관리법상 처분들에 대한 일부 이의 규정들은 거의 작동하지 않고 있다. 강제퇴거명령이나 보호명령에 대한 이의신청의 기각율은 거의 100%에 가깝다. 외국인들이 받을 위법, 부당한 처분에 대한 행정심판은, 외국인의 한국 법제도, 문화, 질서, 언어 등의 거리감 및 통상적으로 경제적 사정이 열악할 여지 등의 이유들로 인해 재판 절차 이용에 심각한 어려움이 있을 수 있다. 행정심판제도도 원칙적으로 '국민'을 대상으로 설계된 것이기에 이를 다 담을 수 없으므로, 장차 이민 · 난민심판원이 설립은 이를 일거에 해결할 수 있는 바람직한 방법이다. 특히, 200만 명을 상회하는 재한 외국인들, 그리고 계속 급속도로 증가하고 있는 난민신청자들의 현황을 보면 앞으로 신속, 정확한 난민인정 심사의 필요성이 지금보다 더 강조될 수밖에 없는 상황인 것이다.

뿐만 아니라 이민 · 난민심판원의 설립은 한편으로 '절차의 신속성'에 기여할 수 있다. 현재의 중앙행정심판위원회에서 심사하는 이민행정불복 이의사건이나 난민위원회에서의 심의기간은 반년을 상회하는 수준이기에, 신속한 심판을 통한 결정은 이민 분야, 난민 분야 모든 곳에 있어서 외국인들에게 직접적인 혜택으로 돌아올 수 있다. 또 구금, 송환에 관계된 처분에 있어서는 그와 같은 신속성의 요청이 더욱 크고, 이의신청에 관계된 행정심판기간도 외국인들에게는 '재판 등으로 쟁송중인 경우' 기타(G-1) 체류자격을 받아 한국에 체류할 수도 있다. 다만, 상황에 따라 행정심판기간 자체가 '기타 체류자격'을 받아 한국에 장기체류코자 하는 외국인들에 의해 오용될 수 있는 여지도 있기 때문에 제도의 진정성 확보 측면에서도 이민 · 난민심판원 설립은 기여하는 바가 클 수 있다.

(2) 난민위원회를 '이민 · 난민위원회'로 전환하여 전문성 강화

이민행정 분야에서 이의신청 심의는 다음과 같은 필요, 즉 다수의 행정처분에 관한 이의신청이 다뤄지고 있는 행정심판법에 따른 일반행정심판, 그리고 출입국관리법, 난민법의 이의신청 등 산재된 일부 이의신청제도, 이의신청제도 운용의 필요가 있지만 별

다른 제도가 없어 일반행정심판을 이용해야 하나 현실적으로 이용이 쉽지 않았던 사안들을 상정한다. 이와 관련하여 재신청이 불가피했던 귀화불허결정, 난민인정심사불회부결정에 대한 이의신청과 같이 가장 시급한 개선 필요가 있는 안들을 향후 확대 강화하려고 하는 이민·난민위원회의 이의신청 심사대상으로 설정하여, 상임위원의 추가 확보, 구조적 독립성의 강화 등을 통해서 특정한 이민 분야의 이의신청 심의가 더 전문적으로 기능하도록 하는 것이다.

한국의 이민행정 이의신청제도는 그동안 실제로 난민위원회와 일부 제한된 규정들에 의해서만 집중적으로 시행되어 왔으며, 이는 사실상 이민자들을 사전에 통제하는 정책들로 인식되어져 왔다.

이에 따라 현행 이의신청제도는 사실상 이민자들의 권리를 보호하지 못하고 있으며, 또한 실질적인 행정 구제의 절차로서 기능하고 있지 못하다는 평가를 받고 있다.

이러한 문제점을 극복하기 위한 대안으로 실무상 가능한 방법은 "2-1안: 현재의 난민위원회의 위원 중 상임위원을 임명하는 것, 민간위원들을 과반수 이상으로 충원하는 것"(상설화안), "2-2안: 현재의 난민위원회를 법무부 산하가 아니라 국무조정실 산하로 옮기는 것 및 위원회에서 재결이 가능하게 하는 것"(독립화안) 또는 "난민위원회의 상임위원 임명을 고려하여 이의신청 규정들이 출입국관리법 등에 산재되어 있거나, 이의신청 절차가 존재하지 않았던 입국 분야·국적 분야 등에 대한 일부 기능을 통합하여 가져오는 것"(이민·난민위원회회 안) 등이다.

현재 난민위원회는 법무부에 두고 있다(난민법 제25조). 난민법 제21조는 난민불인정 결정을 받았거나 난민인정 결정의 취소 또는 철회된 사람은 그 통지를 받은 날부터 30일 이내에 법무부 장관에게 이의신청을 할 수 있다. 또 난민위원회는 난민법 제25조를 근거로 설치하는데, 위원장 1명을 포함한 15명 이하의 위원으로 구성한다. 여기에서 난민위원회의 위원장은 법무부 차관으로 정하고 있어서 명시적으로도 그 업무가 법무부에 속해 있다. 소관 업무의 특성상 일정부분 수긍하는 면도 많이 있지만, 반면에 위원회의 독립성과 공정성에 이의를 제기하는 사람들도 적지 않다.

난민법의 제정 당시의 여러 논의에서도 전문가들은 난민위원회를 국무총리실 산하(현재는 국무조정실)에 두어 처분청을 관할하는 법무부로부터 독립하게 하는 것이 더 좋겠다는 의견을 개진한 바가 있다.

여기에서 1차 행정청의 독립된 결정은 사법부의 재판을 통해서도 담당할 수 있다. 그러나 난민인정 절차의 공정성 확보를 위한 전반적이면서도 바람직한 제도의 체계는 단순성과 전문성으로부터 만들어가야 한다. 사실적인 다툼은 주로 행정청 단계에서 수행해서 신속히 난민 여부를 결정하고, 법원은 법률적 쟁송을 주로 담당하는 것으로 하는 것이 좋다.

이와 더불어 가능하다면 1차 행정청의 이의신청을 심의하는 행정심판 단계에서도 독립성이 확보되어 적법하고도 정당한 재결을 확보할 수 있다면, 난민보호는 물론 제도의 건강성 확보에도 많은 기여를 할 수 있다.

현재 난민위원회의 운영구조는 법무부 산하 출입국외국인정책본부에 1차 조사를 담당하는 난민전담 공무원들이 사실상의 사무국 역할을 맡고, 비상임위원들이 소위원회, 전원위원회를 위해 출석하는 형태로 되어 있다. 그러나 이러한 현재의 위원회 운영구조는 이미 많은 문제점을 노정시키고 있다. 현 난민위원회는 상설기관이 아니다. 따라서 비상설 심의 기관으로서 현업이나 본업이 따로 있는 위원들이 매우 심대한 전문성을 요구하는 많은 양의 이의신청 심사를 적절하게 심의하고 또 결정하는 것은 한계가 있을 수밖에 없다. 따라서 대안적 방법으로 먼저 현재의 난민위원회를 국무조정실 산하로 옮기는 것(2-1안), 그리고 상임위원을 보강하여(2-2안) 위원회를 독립적이고, 상설화하는 것 등을 고려할 수 있다.

또 향후 이와 같은 조직변경이 가능할 경우 그 조직의 이름을 '이민·난민위원회'라고 바꾸는 것이다. 이를 통해 '난민불인정결정에 대한 심의' 외에 현재의 출입국관리법 및 기타 법률에 규정된 일부 이의신청에 관한 행정심판을 기술적으로 모두 수용하는 것이다.

이에 더불어, 현재 특별규정이 없는 경우 일반론으로 돌아가 중앙행정심판위원회에서 담당했던 출입국관리법상의 처분에 관한 행정심판 등을 마찬가지로 기술적으로 수용하여 이것들을 '이민·난민위원회'가 담당하게 하는 방안도 고려할 수 있다.

4 법제 개정을 위한 제안과 국회에서의 발의

1) 이민통합기금 설치를 위한 제안[8)]

(1) 제안 이유

국내 거주 외국인의 수가 빠르게 증가하고 있고 결혼, 유학, 취업, 관광 등 체류목적도 점차 다양화되고 있는 상황에서 재한외국인을 단순히 지원이 필요한 대상으로 간주하여 수혜 일관도의 정책을 시행함으로써 국민들 사이에 반외국인 정서가 대두되는 등 여러 사회문제가 발생하였다.

더군다나 재한외국인에 대한 현실적이고 통합적인 지원정책이 마련되지 못할 경우 내국인과 외국인 간의 갈등이 심화될 뿐만 아니라 국민의 조세부담도 크게 증가하는 등 심각한 사회문제로 이어질 수 있다.

내국인과 외국인 간의 갈등해소와 사회통합의 필요성이 대두되고 있는 현시점에서 지금까지 실행해 왔던 정책의 기조 전환을 통해 향후 내국인과 외국인 간의 통합비용에 대한 국민의 조세부담을 최소화하고 외국인의 원활한 국내 적응을 지원할 수 있는 안정적인 재원의 확보가 시급하였다.

미국・캐나다・영국 등 선진국에서는 내국인과 외국인 간의 갈등해소, 역차별해소, 그리고 안정적인 사회통합 재원을 마련하기 위해 이민자 등에게 부과한 수수료 등을 활용하여 기금을 조성하고 있다.

이에 우리도 외국인이 부담한 각종 비용을 이들의 사회통합에 직접 활용함으로써 국민의 반감해소를 도모하고 국내 거주 외국인의 효율적인 사회통합에 필요한 재원을 효과적이고 안정적으로 확보함으로써 대한민국의 발전과 사회통합에 이바지하려는 것이다.

---

8) 재한외국인처우기본법 일부개정 법률안, <이민통합기금 설치>, 정성호 의원 등 10인 대표발의 2018.8.24(의안번호 제15038호). 2018.11. 법제사법위원회 전문위원 정연호 검토보고, 법무부의 해외사례 자료들과 함께 여기에 수록한다.

(2) 주요 내용

가. 법무부장관은 외국인정책의 원활한 수행에 필요한 재원 확보를 위하여 이민·통합기금을 설치한다(안 제20조 신설).

나. 이민·통합기금은 정부의 출연금과 보조금, 「출입국관리법」에 따른 수수료, 과태료 및 범칙금 등으로 조성한다(안 제21조 신설).

다. 이민·통합기금은 법무부 장관이 관리·운용한다(안 제22조 신설).

라. 이민·통합기금은 재한외국인 인권옹호 및 사회적응 지원 등의 사업에 사용한다(안 제23조 신설).

마. 법무부에 기금 관리·운용에 관한 주요 사항 심의기구로 이민·통합기금 운용위원회를 두고, 위원회의 구성 등에 관한 세부사항은 대통령령으로 위임한다(안 제24조 신설).

바. 법무부 장관은 기금의 수입·지출과 관련한 출납사무를 수행하기 위해 법무부 소속 출입국관리공무원을 임명한다(안 제25조 신설).

사. 기금 업무를 명확히 처리하기 위해 한국은행에 이민·통합기금 계정을 설치한다(안 제26조 신설).

아. 결산 시 발생한 이익금은 적립하고, 손실금은 적립금 및 정부 보전금으로 충당한다(안 제27조 신설).

자. 기금 지원을 받은 자에 대하여 업무·회계 및 재산 사항을 보고하게 하거나 장부, 서류 등의 물건을 검사한다(안 제28조 신설).

(3) 검토의견

① 이민·통합기금의 설치 및 기금의 조성(안 제20조)

현 행	개정안
〈신설〉	제5장 이민·통합기금
〈신설〉	제20조(기금의 설치) 법무부 장관은 외국인정책의 원활한 수행에 필요한 재원을 확보하기 위하여 이민·통합기금(이하 "기금"이라 한다)을 설치한다.

〈신설〉	제21조(기금의 조성) ① 기금은 다음 각 호의 재원으로 조성한다. 1. 정부의 출연금과 보조금 2. 「출입국관리법」 제87조에 따른 수수료. 다만, 재외공관에 납입하는 수수료는 제외한다. 3. 「출입국관리법」 제100조에 따른 과태료 및 제102조에 따른 범칙금 4. 「국적법」에 따른 허가신청, 신고 및 증명서 등의 발급과 관련된 수수료 5. 제2항에 따른 이민·통합 기여금 6. 정부 외의 자가 출연 또는 기부하는 현금, 물품 및 그 밖의 재산 7. 기금 운용수익금 및 그 밖에 대통령령으로 정하는 수입 ② 법무부 장관은 「출입국관리법」 제31조에 따라 외국인등록을 하는 사람에게 법무부령으로 정하는 이민·통합 기여금을 부과할 수 있다. ③ 제1항제6호에 따라 정부 외의 자가 출연 또는 기부하는 경우 그 용도를 지정하여 출연 또는 기부할 수 있다.

- 개정안 제20조는 외국인정책의 원활한 수행에 필요한 재원을 확보하기 위하여 이민·통합기금을 설치하려는 것으로, 기금은 국가가 ① 특정한 목적을 위해서, ② 특정한 자금을 신축적으로 운용할 필요가 있는 경우 법률로 설치하되, ③ 정부의 출연금 또는 민간부담금을 재원으로 하는 경우에는 「국가재정법」 [별표 2] 의 개정이 함께 이루어져야 한다.[9)]
- 「국가재정법」 제5조에 따라 기금의 설치 필요성을 살펴보면, 먼저 기금의 목적을 '외국인정책의 원활한 수행에 필요한 재원'을 확보하기 위한 것으로 규정하고 있어 사업의 목적이 특정되어 있다고 볼 수가 있다.
- 또한 재한외국인의 증가와 더불어 외국인과 내국인 간 통합을 위한 정책 수요가

9) 「국가재정법」
제5조(기금의 설치) ① 기금은 국가가 특정한 목적을 위하여 특정한 자금을 신축적으로 운용할 필요가 있을 때에 한하여 법률로써 설치하되, 정부의 출연금 또는 법률에 따른 민간부담금을 재원으로 하는 기금은 [별표 2]에 규정된 법률에 의하지 아니하고는 이를 설치할 수 없다.
② 제1항의 규정에 따른 기금은 세입세출예산에 의하지 아니하고 운용할 수 있다.

증대하면서 이에 소요되는 재원을 마련하기 위한 국민의 조세부담이 늘어나 외국인 정책 전반에 대한 반감이 발생할 수 있어 외국인정책의 수행에 필요한 재원은 특정한 자금으로 신축적으로 운영할 필요가 있다고 하겠으므로 기금 설치의 타당성은 일응 인정된다고 하겠다.

- 참고로, 뉴질랜드 · 미국 · 영국 · 캐나다 등에서는 이민자를 위한 통역서비스 제공 및 이민 관련 서비스에 사용되는 재원에 충당하기 위한 별도의 기금을 운영하고 있다.
- 다만, 최근 사회적인 쟁점이 된 이른바 '예멘 난민 수용' 논란과 결부되어 외국인에 대한 지원을 목적으로 하는 새로운 기금 설치에 대한 찬반 논란이 있을 수 있고, 국가재정의 건전화를 위하여 기금 설치를 자제하는 정부의 재정 기조도 고려할 필요가 있다고 하겠다.
- 참고로, 법무부는 이민 · 통합기금의 도입 취지는 수익자 부담원칙에 따라 외국인이 부담하는 각종 수수료 및 비용 등을 재원으로 하여 국내 거주 외국인의 사회통합 지원사업에 직접 활용하는 것으로, 외국인에 대한 국민들의 반감을 완화하는 효과가 있으며, 국민의 조세로 외국인을 지원하는 것이 사회적으로 쟁점화되는 상황에서 이러한 쟁점을 해소하기 위해서라도 수익자 부담을 원칙으로 하는 기금 도입이 필요하다는 입장이다.
- 한편, 개정안 제21조에 따른 기금의 조성 재원을 살펴보면 정부의 출연과 보조, 외국인에게 부과되는 각종 수수료, 기타 자체 수입 등으로 크게 분류할 수 있으며, 기금의 주된 재원은 외국인에게 부과되는 수수료, 과태료, 이민 · 통합기여금 등이 될 것이다.

[개정안에 따른 이민 · 통합기금의 조성 재원]

재 원	비 고
• 정부의 출연금과 보조금	정부 보조
• 「출입국관리법」 제87조에 따른 수수료	외국인에게 부과
• 「출입국관리법」 제100조에 따른 과태료 및 같은 법 제102조에 따른 범칙금	
• 「국적법」에 따른 허가 신청, 신고 및 증명 등의 발급과 관련된 수수료	

• 제2항에 따른 이민 · 통합기여금(「출입국관리법」 제31조에 따라 외국인등록을 하는 사람에게 부과되는 기여금)	
• 정부 외의 자가 출연 또는 기부하는 현금, 물품, 그 밖의 재산	자체 수입 등
• 기금 운용수익금 및 그 밖에 대통령령으로 정하는 수입	

• 개정안에 따른 기금의 세입규모를 2017년 기준으로 추산하면 1,153억 원이고, 세출규모는 2019년 정부 제출 예산안 기준으로 법무부 449억 원, 2018년 '외국인정책 시행계획'에 따른 9개 관계부처 368억 원을 포함하여 총 819억 원에 이를 것으로 추산된다.

• 「국가재정법」 제14조제2항[10]에 규정되어 있는 기금 신설에 관한 심사기준에 부합하는지 여부와 관련하여 법무부는 신설되는 기금의 세입(2017년 1,153억 원)과 세출규모(총 819억 원)를 비교하면 안정적인 재원조달 및 사업추진이 가능하다는 입장인 반면, 기획재정부는 세입규모(2017년 실적 1,048억 원)와 세출규모(2015년 기준 1,203억 원) 등을 고려하면 일반회계 전입금에 의존할 가능성이 높아 기금 신설을 위한 심사기준에 부합하지 않는다는 입장으로, 기금 조성을 위한 재원 및 세입 · 세출규모에 대한 보다 정확한 추계가 선행될 필요가 있을 것이다.

• 참고로, 법무부는 기금의 원활한 설치 및 운용을 위한 재원 확보를 위해 개정안 제21조제1항제2호에 규정된 「출입국관리법」 제87조에 따른 수수료[11]에 추가하여

---

10) 「국가재정법」

제14조(특별회계 및 기금의 신설에 관한 심사) ② 기획재정부 장관은 제1항의 규정에 따라 심사를 요청받은 경우 기금에 대하여는 제1호부터 제4호까지의 기준에 적합한지 여부를 심사하고, 특별회계에 대하여는 제4호 및 제5호의 기준에 적합한지 여부를 심사하여야 한다. 이 경우 미리 자문회의에 자문하여야 한다.

1. 부담금 등 기금의 재원이 목적사업과 긴밀하게 연계되어 있을 것
2. 사업의 특성으로 인하여 신축적인 사업추진이 필요할 것
3. 중 · 장기적으로 안정적인 재원조달과 사업추진이 가능할 것
4. 일반회계나 기존의 특별회계 · 기금보다 새로운 특별회계나 기금으로 사업을 수행하는 것이 더 효과적일 것
5. 특정한 사업을 운영하거나 특정한 세입으로 특정한 세출에 충당함으로써 일반회계와 구분하여 회계처리할 필요가 있을 것

11) 「출입국관리법」

제87조(출입국관리 수수료) ① 이 법에 따라 허가 등을 받는 사람은 법무부령으로 정하는 수수료

국내거소신고증 발급수수료 등 국내거소신고 관련 수수료[12)]를 기금재원에 포함시킬 필요가 있고, 개정안 제21조제1항제4호의 「국적법」에 따른 수수료 중 재외공관에 납입하는 수수료는 제외할 필요가 있다는 의견을 제시함.[13)14)]

② 이민·통합기금의 관리 및 운용(안 제22조 및 제24조)

현 행	개정안
〈신설〉	제22조(기금의 관리·운용) ① 기금은 법무부 장관이 관리·운용한다. ② 법무부 장관은 「국가재정법」 제66조에 따라 작성하는 중기사업계획서 및 다음 연도의 기금운용계획안을 이 법의 목적과 기본계획의 방향과 내용에 최대한 부합하도록 수립하여야 한다. ③ 기금의 관리·운용에 관하여 그 밖에 필요한 사항은 대통령령으로 정한다.
〈신설〉	제24조(이민·통합기금 운용위원회) ① 기금의 관리·운용에 관한 다음 각 호의 사항을 심의하기 위하여 법무부에 이민·통합기금 운용위원회(이하 "기금운용위원회"라 한다)를 둔다. 1. 기금의 관리 및 운용에 관한 주요 정책 2. 「국가재정법」 제66조에 따른 기금운용계획안의 수립 3. 「국가재정법」 제70조제2항에 따른 기금운용계획 중 주요 항목 지출금액의 변경

를 내야 한다.
- 「출입국관리법 시행규칙」에 출입국관리 수수료로 '사증 등 발급신청 심사수수료(동 시행규칙 제71조)', '외국인의 입국 및 체류와 관련된 각종 허가 등에 관한 수수료(동 시행규칙 제72조)'가 포함되어 있다.

12) 「재외동포의 출입국과 법적 지위에 관한 법률」
제7조(국내거소신고증의 발급 등) ①~⑤ (생략)
⑥ 제1항과 제4항에 따른 국내거소신고증의 발급·재발급 및 제5항에 따른 국내거소신고 사실증명의 발급을 신청하는 자는 법무부령으로 정하는 수수료를 내야 한다.

13) 재외공관에서 국적이탈신고 및 일부 귀화허가신청 등의 접수를 받고 있으며, 수수료 총액은 2017년 기준 약 6,900만 원 정도이다(법무부 제출의견).

14) 제19대 국회에서 발의된 「재한외국인 처우 기본법 일부개정법률안」(김회선 의원 대표발의)에서도 외국인 사회통합기금의 재원에 「국적법」에 따른 수수료를 포함하면서 이 중 재외공관에 납부하는 수수료는 조성 재원에서 제외하였다.

	4. 「국가재정법」 제8조제3항에 따른 성과보고서 및 제73조에 따른 결산보고서의 작성 5. 「국가재정법」 제79조에 따른 자산운용지침의 제정 ② 기금운용위원회가 제1항제2호에 따라 기금운용계획안을 심의하는 경우 제8조에 따른 위원회의 의견을 들을 수 있다. ③ 기금운용위원회의 구성 및 운영, 그 밖에 필요한 사항은 대통령령으로 정한다.

- 개정안 제22조는 법무부 장관이 이민 · 통합기금을 관리 · 운용하도록 하고, 개정안 제24조는 이민 · 통합기금의 안정적 관리 · 운용을 위한 주요 사항에 대한 심의기구로 법무부에 '이민 · 통합기금 운용위원회'를 설치하도록 규정하고 있다.
- 이러한 개정안은 「재한외국인 처우 기본법」과 「출입국관리법」에 따라 외국인정책에 관한 기본계획을 법무부 장관이 수립하고 있으며, 외국인에 관한 주요 정책을 법무부 장관이 시행하고 있다는 점을 고려할 때, 이민 · 통합기금 관리 · 운용 주체를 법무부 장관으로 규정하는 것은 타당성이 있다고 보여진다.
- 다만, 법무부에 기금을 설치하고, 이민 · 통합기금 운용위원회를 두는 것은 법무부가 다른 부처의 사업예산을 관리 · 운용하는 결과가 되어 다른 부처의 외국인을 위한 사업 시행에 장애가 될 수 있다는 의견이 있다.[15)]

③ 이민 · 통합기금의 용도(안 제23조)

현 행	개정안
〈신설〉	제23조(기금의 용도) 기금은 다음 각 호의 용도에 사용한다. 1. 기본계획의 추진과제로 포함된 사업의 지원 2. 제9조에 따른 정책연구 · 실태조사 등 효율적인 기본계획 수립 등을 위한 업무수행 지원 3. 제30조에 따른 비영리법인 또는 비영리단체에 대한 지원 4. 제31조에 따른 국제교류 활성화를 위한 지원 5. 기금의 조성, 관리 · 운용을 위한 경비

15) 여성가족부의 의견이다.

	6. 그 밖에 이 법의 목적을 실현하기 위한 것으로서 대통령령으로 정하는 사업이나 활동

- 개정안 제23조제1호에서는 기금의 용도로 '외국인정책에 관한 기본계획(이하 "외국인정책 기본계획"이라 한다)의 추진과제로 포함된 사업의 지원'을 규정하고 있다.
- 외국인정책 기본계획의 추진과제에는 법무부에서 추진하는 사업 외에도 '외국인근로자 산재 예방을 위한 맞춤형 지원', '폭력피해 이주여성 보호시설 운영 지원 내실화'와 같이 다른 부처에서 이 법이 아닌 다른 법률에 근거하여 추진하는 사업까지 포함되어 있다.
- 이에 대하여 이민・통합기금의 용도에 다른 법률에 근거하여 추진하는 사업까지 포함되어 각 부처의 재원과 이민・통합기금의 재원으로 특정 사업을 중복 지원하게 됨으로써 정부예산의 비효율을 초래할 수 있다는 의견이 제기되고 있다.[16)]
- 이러한 점을 고려하여 외국인정책 기본계획의 추진과제로 포함된 사업 중에 다른 법률에 근거하여 법무부 외의 다른 부처에서 추진하는 사업까지 이민・통합기금의 용도에 포함시킬 것인지에 대한 검토가 필요할 것으로 보인다.

④ 기금의 회계기관 및 계정의 설치 등(안 제25조부터 제28조까지)

현 행	개정안
〈신설〉	제25조(기금의 회계기관) 법무부 장관은 기금의 수입과 지출에 관한 사무를 수행하기 위하여 소속 출입국관리 공무원 중에서 기금수입징수관, 기금재무관, 기금지출관 및 기금출납공무원을 임명한다.
〈신설〉	제26조(기금계정의 설치) 법무부 장관은 한국은행에 기금계정을 설치하여야 한다.
〈신설〉	제27조(이익 및 결손의 처리) ① 기금의 결산상 이익금이 생겼을 때에는 이를 전액 적립하여야 한다. ② 기금의 결산상 손실금이 생겼을 때에는 제1항에 따른 적립금으로 보전할 수 있고, 그 적립금으로 보존하고도 부족할 때에는 정부가 예산의 범위에서 보전할 수 있다.

16) 여성가족부 및 고용노동부의 의견이다.

〈신설〉	제28조(감독) 법무부 장관은 필요하다고 인정하면 기금을 지원받은 자에 대하여 그 업무, 회계 및 재산에 관한 사항을 보고하게 하거나 소속 출입국관리공무원으로 하여금 기금을 지원받은 자의 장부, 서류 등의 물건을 검사하게 할 수 있다.

- 개정안 제25조부터 제28조까지는 기금의 운용과 관련한 일반적인 규정으로서 필요한 입법조치로 보여진다.

참고

이민 · 통합기금 관련 해외 사례(법무부 제출자료)

1. 뉴질랜드

- 정부 조성 자금(17%), 사증 수수료(73%), 이민자 부담금(10%)을 재원으로 이민 관련 서비스를 제공하였다.[17]
  외국인이 이민청에서 사증을 받으려면 사증 신청수수료와 이민자 부담금을 납부해야 한다.
- 사증 수수료 수익은 비자 처리 비용과 규제 활동, 국경 강화, 마케팅 및 이민자 유치 관련 비용을 충당하였다.[18]
- 이민자 부담금(migrant levy): 이민자의 성공적 정착을 지원하기 위한 프로그램을 제공하고 이민 관련 연구를 수행하기 위해 도입하였고,[19] 이민자는 사증 신청 시 310달러(약 23만 원, 5세 이하 155달러, 약 11만 원)를 이민자 부담금으로 납부해야 한다.[20]
  - 영어교육 서비스 및 이민자 취업 지원서비스 등 제공
  - 부담금 사용처, 부담 금액 등 이민자 부담금 관련 내용 변경을 위해서는 내각 결정 필요[21]
  - 1998.5.23. 「이민개정법 1998」에 따라 이민자 부담금 도입

17) Office of the Minister of Immigration(2015: 3, 11).
18) ibid, p.3.
19) 「이민법 2009」 제399조.
20) Office of the Minister of Immigration(2015: 12).
21) ibid, p.4.

- 2010.11.29.「이민개정법 1998」이 폐지되고,「이민법 2009」 제399조에서 이민자 부담금을 규정
- 2015.12.7.「이민개정법 2015」에 따라 이민자 부담금은 이민부담금(immigration levy)으로 대체

※ 2016.1.1. 국경통과세 도입
- 항공권, 크루즈 요금에 포함되어 출입국 승객에게 부과하는 세금으로 1차 산업부(MPI)와 관세청의 국경강화 활동에 사용되며, 이민성 활동과 관련이 없다.[22)]
- 항공 이용객: 입국 NZ$15.79(약 11,600원), 출국 NZ$2.94(약 2,000원)
- 크루즈 이용객: 입국 NZ$18.10(약 13,300원), 출국 NZ$4.72(약 3,500원)

- 이민자 부담금과 이민부담금(immigration levy) 비교

		이민자 부담금	이민부담금
공통점		이민자 서비스 지원 및 이민 관련 연구비 지원 등의 목적	
차이점	대상	성공적으로 정착한 이민자	대부분의 비자신청자 (학생, 방문비자신청자 포함)
	횟수	단 1회(평생) 부과	비자신청서 제출 시마다 부과
	비용	310달러(약 23만 원)	이용 서비스에 따라 다름

붙임 1 「뉴질랜드 이민개정법 1998」 제149B조 이민자 부담금

(1) 제150조 이하의 모든 조항은 사증 또는 체류허가를 받은 사람에 대한 이민자 부담금 부과와 징수에 관하여 규율한다.

(2) 이민자 부담금의 목적은 다음과 같은 용도의 기금을 조성하거나 자금 조달에 기여하는 데 있다.
  (a) 이민자의 성공적 정착지원을 위한 프로그램 제공
  (b) 정착 문제와 이민의 영향에 관한 연구 수행

(3) 본 소항의 목적은 다음과 같은 사항을 규율하는 데 있다.
  (a) 이민자 부담금을 납부해야 할 이민자 범주 또는 이민자 집단 구체화
  (b) 이민자 부담금액 또는 부담금 계산 방법 제시
  (c) 이민자 범주별 또는 이민자 집단별로 차등적인 부담금액 또는 부담금 계산 방법 제시

22) https://www.businessmigrationnz.co.nz/images/ebook/20151109QuestionAnswersNewFees.pdf

(d) 이민자 집단별로 부담금의 전부 또는 일부를 면제하거나 환불하는 규정 제공

(e) 사증발급 신청 중 관련 부담금액 예치 규정 등 부담금 징수 방법 제공

(4) 사증발급에 대해 이민자 부담금을 지불한 사람은 해당 사증을 근거로 체류허가를 받을 때 이민자 부담금을 지불할 의무가 없다.

(5) 매년 10월 1일 이전에, 최고관리자는 당해 장관에게 6월 30일에 종료한 회계연도 보고서를 제출하여야 한다. 그 보고서는 다음 사항을 포함하여야 한다.

(a) 이주자 부담금을 통해 징수한 금액

(b) 이주자 부담금 지출 내역

(6) 당해 장관은 접수 후 15일 내에 하원에 보고서를 제출하여야 한다.

붙임 2 「뉴질랜드 이민법 2009」 제399조 이민자 부담금

(1) 제400조 이하의 모든 조항은 사증 또는 체류허가를 받은 사람에 대한 이민자 부담금 부과와 징수에 관하여 규율한다.

(2) 이민자 부담금의 목적은 다음과 같은 용도의 기금을 조성하거나 자금 조달에 기여하는 데 있다.

(a) 이민자의 성공적 정착지원을 위한 프로그램 제공

(b) 정착 문제와 이민의 영향에 관한 연구 수행

(3) 본 조항의 목적은 다음과 같은 사항을 규율하는 데 있다.

(a) 이민자 부담금을 납부해야 할 이민자 범주 또는 이민자 집단 구체화

(b) 이민자 부담금액 또는 부담금 계산 방법 제시

(c) 이민자 범주별 또는 이민자 집단별로 차등적인 부담금액 또는 부담금 계산 방법 제시

(d) 이민자 집단별로 부담금의 전부 또는 일부를 면제하거나 환불하는 규정 제공

(e) 사증발급 신청 중 관련 부담금액 예치 규정 등 부담금 징수 방법 제공

(4) 본 조항에 의거하여 징수된 모든 부담금은 왕립은행계정에 납부하여야 한다.

(5) 매년 10월 1일 이전에, 최고관리자는 당해 장관에게 6월 30일에 종료한 회계연도 보고서를 제출하여야 한다. 그 보고서는 다음 사항을 포함하여야 한다.

(a) 이주자 부담금을 통해 징수한 금액

(b) 이주자 부담금 지출 내역

(6) 당해 장관은 접수 후 15일 내에 하원에 보고서를 제출하여야 한다.

붙임 3 뉴질랜드 이민자 부담금 사용처(2008/09~2012/13)[23]

(단위: 억 원)

부 처	프로그램	2008/09	2009/10	2010/11	2011/12	2012/13
이민청	이민자 리서치 프로그램	18.3	18.3	17.9	16.6	18.1
	정착지원서비스	13.1	13.1	13.1	13.1	13.1
	부담금 관리/행정	4.6	4.6	3.1	3.1	2.3
	뉴질랜드 이민자 추적조시 설문조사 및 연구	5.2	5.1	5.3	1.5	–
소계		41.3	41.2	38.6	34.4	33.6
통계청	뉴질랜드 이민자 추적조사 설문조사 및 연구	4.8	1.8	1.1	–	–
내무부	언어 라인	4.9	5.5	5.8	5.8	6.1
교육부	성인 ESOL 교육	3.1	3.1	3.1	3.1	3.1
	학교 ESOL 교육	18.2	18.2	18.2	18.2	18.2
	ESOL 전문성 개발	3.0	3.0	3.0	3.0	1.6
	ESOL 자원	–	–	–	–	1.3
사회개발부	이민자 취업 지원	5.8	5.8	5.8	5.8	4.3
소계		39.8	37.4	37.0	35.9	34.8
기타 이니셔티브		12.2	4.6	4.2	5.7	–
합계		93.2	83.1	79.8	75.9	69.3

2. 미 국

• 이민심사수수료 계정(Immigration Examinations Fee Account)

– 이민국적법 제286조에 따라 만들어진 계정으로 미국 연방이민국(USCIS)의 주요 자금원[24]

23) Appendix 5: How the Migrant Levy is Used(2012: 123–124).

24) CIS–IEFA–4, https://www.dhs.gov/sites/default/files/publications/USCIS%20FY19%20CJ.pdf

※ 전체 예산 중 이민심사수수료계정 재원이 95% 이상 차지

- 이민 관련 신청서 제출 시 부과한 수수료는 이민심사수수료 계정에 예치되어 신청서 처리 등 이민 관련 서비스 비용으로 사용[25)]
- 이민시스템 강화 및 관리, 국가안보 강화 및 사기 방지, 이민혜택 관리 품질 향상 및 일관성 유지 목적[26)]
- 2016년 수수료 인상을 통해 추가 직원 고용 및 정보기술 시스템 개선 등에 투자
- 이민심사수수료 계정에 포함되는 프로그램 및 활동: 지역 운영, 서비스센터 운영, 난민 지원 및 국제활동, 기록활동, 프리미엄 처리, 안내 및 고객 서비스, 행정, 체계적 외국인 자격 확인[27)]

• 미국 국토안보부 소속 이민서비스국(USCIS) 2019년 예산안[28)]

(단위: 1,000$, 억 원)

	2017 회계연도	2018 예산	2019 예산
운영지원비	$103,912	$108,856	$109,081
	1,169	1,225	1,227
조달 · 시설비	$15,227	$22,657	$22,838
	171	255	257
이민심사수수료 계정	$3,998,497	$4,228,339	$4,525,350
	44,983	40,757	50,910
비이민비자(H-1B) 수수료 계정	$15,000	$15,000	$15,000
	169	169	169
사기방지 및 조사 계정	$46,728	$67,187	$47,301
	526	756	532
합계	$4,719,364	$4,442,039	$4,719,570
	53,093	49,973	53,095

3. 영 국

• 이민영향기금(MIF)

- 2009년부터 2010년까지 비유럽경제지역(EEA) 출신에게 부과한 수수료(50파운드, 약 72,500원) 등을 활용하여 이민영향기금 조성[29)]

25) ibid.
26) ibid.
27) CIS-IEFA-5, https://www.dhs.gov/sites/default/files/publications/USCIS%20FY19%20CJ.pdf
28) ibid, slide 4.
29) Melanie Gower(2017: 11).

- 이민자 유입 증가로 인해 병원, 학교 등 공공서비스 제공 주체에게 발생하는 부담 완화 및 지방정부 재정 지원 목적으로 기금 운영[30)]
- 미미한 기금 효과와 재정적자 등 정부 재정상태 고려하여 2010년 폐지[31)]

• 이민 보건 추가수수료
- 2015년 4월 6일 도입되어 현재까지 지속되는 제도
- 6개월 이상 체류하는 비유럽경제지역 출신 외국인은 비자신청 시 국가보건서비스(NHS)를 이용하기 위해 신청하는 사증 종류에 따라 수수료를 납부해야 한다.[32)]
- 1년 미만 : 75파운드(약 108,750원)
- 1년 단수 학생 및 tier 5비자: 150파운드(약 217,500원)
- 1년용 기타 모든 다른 비자 및 이민신청서: 200파운드(약 290,000원)
- 2년 복수 학생 및 tier 5비자: 300파운드(약 435,000원)
- 5년용 비자: 1,000파운드(약 1,450,000원)

• 이민조정기금(CMF)
- 보수당의 총선 공약으로 2016년 11월 이민자로 인해 발생하는 부담을 완화하기 위하여 이민조정기금을 도입하였다.[33)]
- 영어교육 지원보다는 통역서비스 제공에 기금을 사용하는 등 이민자 지원에 중점을 두고 운영된 이민영향기금과 차이가 있다.[34)]
- 이민조정기금은 지역서비스 영향 부문과 이민 규제 및 집행 부문으로 구성되어 각각 지역사회 · 지방정부부(DCLG)와 내무부에서 구분하여 운영하였다.[35)]
- 이민조정기금의 지원을 받기 위해서는 지역 거주민에게 돌아가는 혜택을 확실하게 증명해야 한다.[36)]
- 4년 간 총 1억 4천만 파운드(약 2,030억 원)의 정부예산으로 운영[37)]

---

30) ibid.
31) ibid, p.12.
32) https://www.gov.uk/healthcare-immigration-application
33) Melanie Gower(2017: 4).
34) https://www.ibtimes.co.uk/amber-rudd-promises-140m-migration-impact-fund-help-public-services-1584765
35) Melanie Gower(2017: 5).
36) Ministry of Housing(2018: 8).
37) Melanie Gower(2017: 5).

- 기금 사용처: 총 7,360만 파운드(약 1,067억 원) 지방정부에 지급[38]
  ① 영어 교육 제공, 악덕 고용주 단속 및 관리, 외국인 노숙자 관리 등의 126개 프로젝트에 5,070만 파운드(약 735억 원) 지원
  ② 비동반 소아 난민신청자에 대한 돌봄 서비스 등 32개 프로젝트에 890만 파운드(약 129억 원) 지원
  ③ 노동 착취 희생자 지원 등의 프로그램에 280만 파운드(약 40억 원) 지원
  ④ 지방정부의 역량강화를 위해 약 1,120만 파운드(약 162억 원) 지원

4. 캐나다

• 이민 비용 충당(Immigration Cost Recovery)

- 이민 관련 서비스에 요금을 부과하여 수익을 창출하고 비용을 충당하는 시스템이다.[39]
- 일반 납세자 부담이 아닌 사용자 부담을 원칙으로 한다.[40]
- 정부정책이나 국제 관행에 따라 면제하는 특별한 경우 제외하고 모든 사람에게 부과이다.[41]
- 수수료 수익은 통합수입기금(Consolidated Revenue Fund)에 예치되어 바로 이민청 전용으로 사용되는 것은 아니다.[42]

2) 이민 및 다문화 사회통합기본법 제정을 위한 제안[43]

(1) 제안 이유

정부의 정책과 법 개념에서 이민 및 이민자, 다문화, 다문화가족, 다문화사회, 이민

38) Ministry of Housing(2018: 5). https://assets.publishing.service.gov.uk/government/uploads/system/uploads/attachment_data/file/733160/CMF_Prospectus_2018_-_2020.pdf

39) IR5 Immigration Cost Recovery, p.3. http://www.cic.gc.ca/english/resources/manuals/ir/ir05-eng.pdf

40) ibid.

41) ibid.

42) ibid.

43) 저자는 2016년 국회의 공청회에서 사회통합법안 필요성을 제기하고 통합법안의 발제를 하였다. 이후 통합법안 관련 후속 논의와 연구를 계속하여 왔고, 최근 논의들을 모아 발제문을 다시 재구성하였다.

및 다문화 사회통합 등의 개념과 용어가 명확하게 정의되지 않고 또 합의되지 못하고 있다.

이는 정부 내에서 2008년 제1차 외국인정책 기본계획 수립 당시 '이민'이라는 용어에 대해 국민들이 '해외이민'과 혼동할 우려가 있다며, '이민정책' 대신 '외국인정책'으로 호칭하기로 합의하며 사용한 것에서도 기인한다.

그 결과 2013년 제2차 외국인정책 기본계획에서 이미 정부의 '외국인정책' 용어 사용의 한계와 문제점을 분명하게 인정한 바 있다. 이때 정부는 외국인정책은 국제사회에서 통용되고 있는 이민정책, 즉 국경 및 출입국관리, 국적 부여 정책과 이민자 사회통합 정책을 포괄하는 개념과 같은 의미를 갖고 있다고 말하며, 향후 '이민정책'의 용어 사용이 더 적절할 수 있다는 의미를 부여한다.

현재 한국에서 '다문화'의 용어는 결혼이민자정책에서 주로 다문화가족의 개념을 적용하여 사용하고 있지만 이민정책의 범주와는 다른 북한이탈주민의 경우에도 '다문화'의 개념이 수용되는 정책 용어의 사용이 필요하다.

북한이탈주민의 경우, 그 정책 적용의 범주와 법의 적용이 외국인을 대상으로 한 이민정책의 범주에서는 다룰 수 없는 '국민에 속한 이주민'이기 때문이다. 북한이탈주민은 정책 개념상 다문화의 범주에 속하며 이민정책의 대상이 되는 이민자는 아니다.

정부가 지금까지 외국인정책, 다문화정책, 다문화가족정책, 결혼이민자정책 등의 용어를 혼용하며 사용하고, 초기 단계에서 개념적용을 명확하게 하지 못한 것이 결국 중앙행정기관의 정책 혼선과 경쟁, 중복을 심화시키고 정부부처 간 갈등을 증폭시키는 요인이 되었다. 이민과 다문화 관련 현행법들의 제정과 시행, 추진체계 등도 이러한 추이의 연장선상에 있다.

따라서 지금까지 정부가 사용해 오고 있는 '외국인정책'의 개념으로는 이민정책의 총괄 업무와 중앙부처 간 이견의 조정, 정책의 균형, 외국인과 내국인을 모두 포괄하는 사회통합정책과 법제도의 통일성, 지방자치단체의 역할 강화 등에서 한계를 가질 수밖에 없다.

이에 지금까지 사용해 온 '다문화' 용어의 국민적 범용성과 친근성을 지속하면서도 본래 의미의 이민정책이 제자리를 찾기 위해서는, 이들 개념을 포괄하고 더 이상 정책의 혼선을 유발하지 않을 수 있도록 '이민 및 다문화 사회통합정책'으로 통합하여 사용하여야 한다.

'이민 및 다문화 사회통합정책'은 국적을 달리하는 외국인과 재외동포에 대한 정부의 입국이민정책이며, 동시에 외국으로 이민 가는 국민에 대한 출국이민정책이기도 하다. 또 이민자와 대한민국 국민 모두의 사회통합을 위해 문화다양성을 인정하고 수용하는 정책이다.

한편, '이민 및 다문화 사회통합정책'에서 정책수행과 집행의 일선에 있는 지방자치단체의 의지와 역할이 무엇보다 중요하기 때문에 지방자치단체의 주도적 정책계획 수립과 시행방안의 전략도 기본법안에서 더 구체적으로 강화되어야 한다.

지금 대한민국의 이민 및 다문화정책은 통합 패러다임으로의 전환을 강하게 요구하고 있다.

(2) 제안 배경

통합법 제정과 사회통합 관련 정부의 최근 정책동향을 살펴보면 2019년 영주권제도 개선을 추진하면서 재외동포법상 외국 국적동포로서 국적법에 따른 국적 취득 요건을 갖춘 경우 영주권을 받을 수 있도록 하였다. 동포들이 국적을 취득하는 대신 영주권을 취득함으로써 재산권 등 법률상의 권리를 보전할 수 있도록 하였다. 영주권은 일반 체류외국인들과 달리 강제추방이 제한되고, 국민과 같이 영구적으로 거주가 보장되는 제도이다. 대한민국은 2005년부터 영주권자에게 지방참정권을 부여하고 있는데, 영주권자는 영주 체류자격 취득 후 3년이 경과되면 지방선거에서 선거권을 행사할 수 있다.

정부는 대한민국 국적을 다시 취득하는 국적회복제도를 2011년 개정하여 외국 국적을 포기하지 않고도 대한민국 국적을 선택할 수 있도록 하였다. 이로 인해 국적회복자는 2010년까지는 연 평균 500명이 되지 않았으나 2011년부터 2019년까지 연평균 2,566명으로 크게 증가하였다.

정부는 또 1999년 재외동포법 시행 후 거주국 동포 사이의 차별적 요소를 최소화하는 차원에서 방문취업제(H-2)를 도입하였고, 동시에 재외동포의 체류자격을 확대하면서 중국과 구소련지역 등에서의 재외동포들이 국내에 어렵지 않게 체류할 수 있도록 제도를 개선하였다. 그 결과 2021년 8월 말 현재 국내 체류 재외동포는 약 78만 4천 명으로 전체 외국인 체류자의 약 40% 수준을 차지하고 있다. 이는 정부의 이민법제 운영과 관리에 재외동포가 매우 큰 지위를 차지하고 있음을 증거하고 있다.

정부는 영주자격 소지자의 국내출생 자녀에 대해 2021년부터 간이 국적 취득이 가능하도록 제도를 새로 도입하려고 개정안을 준비하고 있다. 그동안 영주자의 자녀는 국내에서 출생하고 정규 교육과정을 이수하여 국민에 준하는 유대감과 정체성을 갖고 있다고 하더라도 본인이 성년이 되어 귀화허가를 받기 전까지는 부모가 대한민국 국적을 취득하지 않는 한 국적을 취득할 수 없었다. 이 제도는 영주자 자녀가 조기에 대한민국 국적을 취득할 수 있도록 기회를 줌으로써 보다 안정적으로 정착할 수 있는 계기를 줄 것으로 기대할 수 있다.

정부는 2013년 난민법 시행 이후 지속적으로 증가한 난민인정 신청에 대비하기 위해 난민심사제도와 난민통역의 전문성 강화 등을 위한 제도 개선 노력을 하여 2019년 난민업무 전담인력을 시행 초기 18명의 인원에서 39명으로 충원하였다. 난민 심사를 위한 통역에는 24개 언어 173명의 전문 통역인이 난민 면접과정에서 통역하고 있으나 국적과 사용하는 언어가 더 다양해지면서 통역 수요는 훨씬 더 많아지고 있는데, 정부의 대응이 실제로는 매우 느리다는 지적이 있다. 1994년 난민업무를 시행한 이후 2019년까지 총 64,357건의 난민인정 신청이 있었고 심사결과 1,222명에게만 난민의 지위를 부여하였다. 난민신청자에 비해 인정자의 수가 매우 적다는 평가를 받고 있는 현실을 고려하여 법무부는 새로이 난민심의과를 신설하여 심사의 공정성과 전문성을 강화할 예정이다.

정부는 2009년부터 운영하고 있는 사회통합프로그램의 참여 인원과 운영기관이 지속적으로 증가하고 있어서 향후 교육 인프라 구축과 내실 있는 기관 운영을 위해 기존의 사회통합 관련 교육에 재난 및 질병 안전 교육 등의 내용의 확대하기로 하였다. 사회통합프로그램이 시행 첫해에는 참여자가 1,331명이었으나 매년 점차 증가하여 2019년에는 56,535명으로 크게 증가하였고, 프로그램 운영기관도 2009년 20개에서 2020년에는 348개로 증가하였다.

[표 14-1] 연도별 사회통합프로그램 운영기관 및 참여자 현황

(단위: 개, 명)

연도별	2015년	2016년	2017년	2018년	2019년	2020년
운영기관 수(개)	308	300	309	309	308	348
교육참여자(명)	25,795	30,515	41,500	50,639	56,535	36,620
전년 대비	15.4%	18.3%	36.0%	22.0%	11.6%	-35.2%

[표 14-2] 지역별 · 이민자별 사회통합프로그램 참여 현황

(단위: 명)

구 분	총참여자		결혼이민자		일반이민자	
	합계	구성비율	인원	구성비율	인원	구성비율
계	36,620	100%	13,828	100%	22,792	100%
수도권	20,990	57.3%	6,479	46.8%	14,511	63.7%
비수도권	15,630	42.7%	7,349	53.2%	8,281	36.3%

(3) 주요 내용

가. 이민 및 다문화 사회통합정책에 대하여 국가와 지방자치단체의 책무 등에 관한 기본적인 사항을 규정함으로써 사회통합을 이룩하는 데 이바지함을 이 법의 목적으로 하고, 이민 및 다문화 사회통합정책 등 관련 용어를 정의한다(안 제1조 및 제2조).

나. 이민 및 다문화 사회통합정책의 기본이념을 이민자 및 북한이탈주민이 불합리한 차별을 받지 아니하고, 인간의 존엄성을 보장받으며 평등한 대우와 인권이 보호될 수 있도록 하며, 사회가 이들을 관용으로 포용해야 한다고 규정한다(안 제3조).

다. 정부는 이민 및 다문화 사회통합정책과 관련한 기본계획을 5년마다 수립하고, 이민 및 다문화 사회통합정책위원회의 심의를 거쳐 이를 확정하도록 한다(안 제6조).

라. 관계 중앙행정기관의 장은 기본계획에 따라 소관 업무에 관하여 연도별 시행계획을 수립 · 시행하도록 하고, 지방자치단체의 장은 중앙행정기관의 장이 위임한

사무에 관하여 매년 기본계획에 따라 연도별 시행계획을 수립하고 시행해야 한다(안 제7조).

마. 관계 중앙행정기관의 장은 다른 중앙행정기관의 기본계획 또는 시행계획이 그 중앙행정기관 이행계획의 시행에 지장을 초래하거나 초래할 우려가 있다고 인정할 때에는 대통령령으로 정하는 바에 따라 상호 협의하고 조정하도록 하고, 이 경우 중앙행정기관의 장은 그 협의와 조정 사항에 관하여 위원회의 의견을 들을 수 있도록 한다(안 제8조).

바. 국가와 지방자치단체의 장은 이민 및 다문화 사회통합정책에 관련된 법률을 제정·개정 및 중·장기 정책계획을 변경하거나 수정하려는 때에는 위원회에 그 내용을 통보하고, 위원회는 이 내용을 검토한 후 그 검토 결과를 관계기관이 장에게 통보하도록 한다. 또 관계기관의 장은 위원회로부터 검토 결과를 통보받은 때에는 타당하다고 인정되는 경우, 해당 법률의 제정과 개정 또는 정책계획의 수립·변경에 그 검토내용을 적절하게 반영하도록 한다(안 제10조).

사. 이민 및 다문화 사회통합정책에 관한 중요 사항을 심의하기 위하여 대통령 소속으로 이민 및 다문화 사회통합 정책위원회를 두며, 정책위원회에서 기본계획의 수립 및 추진, 관계기관 간의 이민 및 다문화 사회통합정책의 조정 및 지원에 관한 사항들을 심의하도록 한다(안 제12조).

아. 위원회는 위원장 1명을 포함하여 30명 이내의 위원으로 구성하고, 위원은 당연직위원과 위촉위원으로 하며 당연직위원은 대통령령으로 정하는 중앙행정기관의 장과 특별시장, 광역시장, 도지사, 특별자치도지사 등으로 하며, 위촉위원은 학계, 언론계, 시민사회단체 등에서 이민 및 다문화 사회통합정책에 관한 지식과 경험이 풍부한 자 중에서 대통령이 위촉하는 자로 한다(안 제13조).

자. 위원회는 이민 및 다문화 사회통합정책을 총괄하는 사무처를 두고, 사무처에는 사무총장 등 공무원을 둘 수 있도록 하며, 위원회는 관계 행정기관 등에 임직원의 파견 또는 겸임을 요청할 수 있도록 한다(안 제14조).

차. 정부는 이민자와 북한이탈주민, 국민에게 이민사회와 다문화사회에 관한 지식과 정보를 보급하도록 하고, 이들 지식과 정보가 정보통신망과 국립도서관 등에서 보다 쉽게 접근할 수 있도록 하며 관계 행정기관과 국립도서관 등에서 활용 중

인 정보망의 일부를 연계 · 통합한 이민 및 다문화 사회통합정보망을 구축 · 운영할 수 있도록 한다(안 제15조).

カ. 위원회의 사무처는 국가와 지방자치단체에 이민 및 다문화 사회통합지원센터를 설치 · 운영할 수 있으며, 국가 및 지방자치단체는 초 · 중등교육법 제2조 또는 고등교육법 제2조에 따른, 학교에서 이민사회와 다문화사회에 대한 이해를 돕는 교육을 실시하기 위한 프로그램과 시책을 개발 · 수립 · 시행하도록 한다(안 제16조, 제17조).

제1장 총 칙

제1조(목적) 이 법은 이민 및 다문화 사회통합정책 대하여 대한민국이 법률로 기본적인 사항들을 정하여 지원하고 있는 사항들을 통합 · 운영 · 관리하기 위하여 국가와 지방자치단체의 책무 등에 관한 기본적인 사항을 규정함으로써 대한민국으로 이민해 온 이민자와 북한이탈주민 등의 문화다양성이 인정되고 존중되는 사회로 만드는 데 기여하는 것을 목적으로 한다.

제2조(정의) 이 법에서 사용하는 용어의 정의는 다음과 같다.

1. "이민"이란 국가의 경계를 넘어서 다른 국가로 이주하여 사는 것을 말하며 입국이민과 출국이민으로 구분한다.
2. "이민자"(재한외국인)란 국가의 경계를 넘어서 대한민국으로 이주하여 거주하는 재한외국인과 결혼이민자를 말하며, 「재한외국인처우기본법」 제2조제1호와 제3호에 따른 사람을 말한다.
3. "다문화사회"란 다양한 문화와 유형의 서로 다른 인종, 종교, 피부색, 이념, 정체성을 가지고 있는 공동체가 서로 다른 차이 등을 인정하고 공유하는 사회를 말한다.
4. 다문화가족이란 결혼이민자와 이룬 가족을 말하며, 재한외국인 처우 기본법 제2조 제3호, 다문화가족지원법 제2조제1호에 따른 사람을 말한다.
5. 북한이탈주민이란 대한민국 헌법에 의해 국민에 속하는 사람이지만 군사분계선 이북지역에서 벗어나 대한민국의 보호를 받으려는 의사를 표시하거나, 대한민국으로 이주하여 사는 이북지역의 주민을 말하며, 「북한이탈주민의 보호 및 정착지

원에 관한 법률」 제2조제1호에 따른 사람을 말한다.

6. 이민정책이란 국가의 경계를 넘어 이주한 이민자를 대상으로 송출국가 또는 유입국가가 바람직한 정부정책을 선택하는 행정행위를 말한다.
7. 다문화정책이란 국가의 경계를 넘어 이주한 이민자와 북한이탈주민을 포함하여 바람직한 정부정책을 선택하는 행정행위를 말한다.
8. 이민 및 다문화 사회통합정책이란 이민자와 북한이탈주민, 그리고 대한민국 국민을 대상으로 국가가 공동체의 사회통합과 발전, 문화역량 강화 등을 이루기 위해 시행하는 정책을 말한다. 이는 「재한외국인 처우 기본법」, 「다문화가족지원법」, 「외국인근로자의 고용 등에 관한 법률」, 「난민법」에 따른 이민자의 보호와 지원·처우 등에 관한 정책, 「국적법」, 「출입국관리법」에 따른 외국인의 입국·체류·출국 등에 대한 정책, 「북한이탈주민의 보호 및 정착지원에 관한 법률」, 「문화다양성의 보호와 증진에 관한 법률」에 따른 문화다양성과 정체성의 부호, 상호 인정을 통해 사회통합에 기여하고자 하는 정책이다.

제3조(이민 및 다문화 사회통합정책의 기본이념) ① 국가와 지방자치단체는 대한민국에 거주하는 이민자와 북한이탈주민이 대한민국 사회에 더 빨리 적응하고, 그들 스스로를 위해 정책결정 등에 효과적으로 참여할 수 있도록 관련 제도를 개선하고 정비하기 위하여 노력하여야 한다.

② 국가와 지방자치단체는 국가, 민족, 인종, 종교, 피부색 등에 따른 이민자 고유의 문화와 가치를 존중해야 하며 그들의 문화와 대한민국의 가치, 공통의 신념, 전통문화가 함께 발전되도록 하기 위하여 노력하여야 한다.

③ 국가와 지방자치단체는 이민자 및 북한이탈주민이 불합리한 차별을 받지 아니하고, 인간의 존엄성을 보장받으며 평등한 대우와 인권이 보호될 수 있도록 해야 하며 사회가 이들을 관용으로 포용할 수 있도록 노력하여야 한다.

제4조(국가와 지방자치단체의 책무) ① 국가와 지방자치단체는 대한민국으로 이민해 온 이민자와 북한이탈주민 등이 안정적인 생활을 영위할 수 있도록 필요한 여건을 조성하고 이를 위한 정책을 수립하고 시행해야 한다.

② 특별시·광역시·도·특별자치도 및 시·군·구(자치구를 말한다. 이하 같다)에는 이민 및 다문화 사회통합정책 지원을 담당할 기구와 공무원을 두어야 한다.

③ 국가와 지방자치단체는 이 법에 따른 시책 중 외국인정책 관련 사항에 대해서는 「재한외국인 처우 기본법」 제5조부터 제9조까지의 규정을 따르고, 다문화가족정책 관련 사항에 대해서는 「다문화가족지원법」 제3조부터 제11조의 규정을 따르고, 북한이탈주민정책 관련 사항에 대해서는 「북한이탈주민의 보호 및 정착지원에 관한 법률」 제4조부터 26조까지의 규정에 따른다.

제5조(다른 법률과의 관계) 국가는 대한민국으로 이민해 온 재한외국인과 북한이탈주민 등과 관련되는 다른 법률을 제정 또는 개정하는 경우에는 이 법에 부합되도록 하여야 한다.

제2장 이민 및 다문화 사회통합정책의 기본계획

제6조(이민 및 다문화 사회통합정책의 기본계획) ① 국가는 관계 중앙행정기관의 장과 협의하여 5년마다 이민 및 다문화 사회통합정책에 관한 기본계획(이하 "기본계획"이라 한다)을 수립하여야 한다.

② 기본계획에는 다음 각 호의 사항이 포함되어야 한다.

1. 이민 및 다문화 사회통합정책의 기본목표와 추진방향
2. 이민 및 다문화 사회통합정책의 추진과제, 그 추진방법과 추진시기
3. 이민 및 다문화 사회통합정책에 관계된 중앙행정기관 간의 업무조정
4. 이민 및 다문화 사회통합정책에 관계된 지방자치단체 정책의 기본방향
5. 이민 및 다문화 사회통합정책과 관련된 조사·연구
5. 필요한 재원의 확보와 배분에 관한 사항
6. 이민 및 다문화 사회통합정책의 지원을 위한 제도 개선에 관한 사항
7. 그 밖에 이민 및 다문화 사회통합정책 수립 등을 위하여 필요하다고 인정되는 사항

③ 국가는 제1항에 따라 수립된 기본계획을 제11조에 따른 이민 및 다문화 사회통합정책위원회(이하 "위원회"라 한다)의 심의를 거쳐 확정한다. 이 경우 확정된 기본계획은 관계 중앙행정기관의 장과 특별시장, 광역시장, 도지사, 특별자치도지사(이하 "시·도지사"라 한다)에게 알려야 한다.

④ 기본계획의 수립 절차 등에 관하여 필요한 사항은 대통령령으로 한다.

제7조(연도별 시행계획의 수립 · 시행) ① 관계 중앙행정기관의 장은 매년 기본계획에 따라 이민 및 다문화 사회통합정책에 관한 시행계획(이하 "시행계획"이라 한다)을 수립하고 시행해야 한다.

② 지방자치단체의 장은 매년 기본계획에 따라 이민 및 다문화 사회통합정책에 관한 시행계획을 수립하고 시행해야 한다.

③ 관계 중앙행정기관의 장과 시 · 도지사는 전년도의 시행계획에 따른 추진실적 및 평가와 다음 연도의 시행계획을 대통령령으로 정하는 바에 따라 매년 국무총리에게 제출해야 한다. 이 경우 국무총리는 추진실적 및 평가의 절차 기준 등에 대하여 위원회와 협의 하여야 한다.

④ 그 밖의 시행계획의 수립과 추진실적의 평가 등에 관하여 필요한 사항은 대통령령으로 정한다.

제8조(기본계획과 시행계획의 협의 · 조정) 관계 중앙행정기관의 장은 다른 중앙행정기관의 기본계획 또는 시행계획이 이민 및 다문화 사회통합정책의 균형적 시행에 지장을 초래하거나 초래할 우려가 있다고 인정할 때에는 대통령령으로 정하는 바에 따라 상호 협의하고 조정해야 한다. 이 경우 위원회는 중앙행정기관의 장에게 그 협의와 조정 사항에 관하여 의견을 제시할 수 있다.

제9조(다른 법령에 따른 기본계획 · 시행계획과의 연계) 국가와 지방자치단체는 다른 법령에 따라 수립하는 기본계획과 정책이 제3조에 따른 기본이념과 조화를 이루도록 노력하여야 한다.

제10조(법률 제정 · 개정에 따른 통보 등) ① 중앙행정기관의 장은 이민 및 다문화 사회통합정책에 관련된 내용을 포함하는 법률을 제정하거나 개정하려는 때는 위원회에 그 내용을 통보하여야 한다.

② 중앙행정기관의 장은 기본계획과 관련이 있는 중 · 장기 정책계획을 변경하거나 수정하려는 때에는 위원회에 그 내용을 알려야 한다.

③ 제1항과 제2항에 따른 통보기간과 통보 절차 등에 관하여 필요한 사항은 대통령령으로 정한다.

④ 위원회는 제1항과 제2항의 규정에 따라 통보받은 법률이나 정책계획의 내용을 검토하기 위하여, 필요하다고 인정하면 중앙행정기관의 장 또는 관계 지방자치단체의

장(이하 “관계기관의 장”이라 한다)에게 관련 자료의 제출을 요청할 수 있다. 이 경우 관계기관의 장은 특별한 사유가 없으면 이 요청에 따라야 한다.

⑤ 위원회는 제1항과 제2항의 규정에 따라 통보받은 법령 또는 정책계획의 내용을 검토한 후 그 검토 결과를 관계기관의 장에게 통보하여야 한다.

⑥ 관계기관의 장은 제5항에 따라 위원회로부터 검토 결과를 통보받은 때에는 타당하다고 인정되는 경우, 해당 법률의 제정과 개정 또는 정책계획의 수립변경에 그 검토내용을 적절하게 반영하여야 한다.

⑦ 제5항에 따른 위원회의 검토 및 통보 절차 등에 관하여 필요한 사항은 대통령령으로 정한다.

제11조(정책에 관한 의견의 제시) ① 위원회는 이민 및 다문화 사회통합정책을 위하여 필요하다고 인정하면 관계 중앙행정기관 또는 지방자치단체의 정책에 관하여 의견을 제시할 수 있다.

② 제1항에 따라 의견을 제시받은 관계기관의 장은 그 의견을 존중하고 이를 관계 법률의 제정 개정이나 기본계획의 수립과 변경에 반영하기 위해 노력하여야 한다.

제3장 이민 및 다문화 사회통합정책의 추진체계

제12조(이민 및 다문화 사회통합정책위원회) ① 이민 및 다문화 사회통합정책에 관한 중요 사항을 심의·조정하기 위하여 대통령 소속으로 이민 및 다문화 사회통합정책위원회(이하 “정책위원회”라 한다)를 둔다.

② 정책위원회는 다음 각 호의 사항을 심의·조정한다.

1. 제6조에 따른 이민 및 다문화 사회통합정책에 관한 기본계획의 수립 및 추진에 관한 사항
2. 제7조에 따른 이민 및 다문화 사회통합정책의 연도별 시행계획의 수립, 추진실적 점검 및 평가에 관한 사항
3. 제8조에 따른 이민 및 다문화 사회통합 정책에 따른 중앙행정기관 간 이행계획의 협의·조정에 관한 사항
4. 제9조에 따른 이민 및 다문화 사회통합 정책에 따른 중앙행정기관과 지방자치단

체 간 이행계획의 협의·조정에 관한 사항

5. 제6조, 제16조에 따른 이민 및 다문화 사회통합정책과 관련한 각종 조사·연구·교육 프로그램의 개발과 홍보에 관한 사항
6. 이민 및 다문화 사회통합정책과 관련한 국가 간 협력에 관한 사항
7. 이민 및 다문화 사회통합정책에 따른 국민의 역량 강화 교육에 관한 사항
8. 그 밖에 이민 및 다문화 사회통합정책에 관하여 중요한 사항으로서 위원회의 위원장이 필요하다고 인정하는 사항

제13조(정책위원회의 구성 등) ① 정책 위원회는 위원장 1명을 포함한 30인 이내의 위원으로 구성하고 위원장은 대통령이 위촉한다. 위원은 다음 각 호의 사람이 된다.

1. 당연직위원은 대통령령으로 정하는 중앙행정기관의 장
2. 당연직위원은 특별시장, 광역시장, 도지사, 특별자치도지사
3. 위촉위원은 학계, 언론계, 시민사회단체 등에서 이민 및 다문하 사회통합정책에 관한 지식과 경험이 풍부한 자 중에서 대통령이 위촉하는 사람

② 위촉위원의 임기는 2년으로 한다.

③ 그 밖에 위원회의 구성과 운영 등에 관하여 필요한 사항은 대통령령으로 정한다.

제14조(사무처의 설치·운영) ① 위원회는 이민 및 다문화 사회통합정책을 총괄하며 관계 중앙행정기관의 시행계획과 지방자치단체의 시행계획 추진사항을 점검, 조정, 평가하는 등의 업무를 하는 이민 및 다문화 사회통합지원 사무처(이하 "사무처"라 한다)를 둔다.

② 사무처에는 1명의 사무총장을 둔다. 사무총장은 위원회의 심의를 거쳐 위원장의 제청으로 대통령이 임명한다.

③ 사무총장은 위원장의 지휘를 받아 국가의 이민 및 다문화 사회통합정책과 관련한 업무를 총괄하여 관장하고, 소속 직원을 지휘·감독한다.

④ 사무처의 소속직원 중 5급 이상의 공무원 또는 고위 공무원단에 속하는 일반직공무원은 위원장의 제청으로 대통령이 임명하며 6급 이하의 공무원은 위원장이 임명한다.

⑤ 위원회는 그 업무수행을 위하여 필요하면 행정안전부, 법무부, 외교부, 여성가족부, 통일부, 교육부, 문화체육관광부, 고용노동부 등의 관계 행정기관이나 지방자치

단체, 법인 · 단체 등의 장에게 그 소속 공무원이나 임직원의 파견 또는 겸임을 요청할 수 있다.

⑥ 위원회는 그 업무수행을 위하여 필요하면 관련 분야의 전문가를 계약직공무원으로 채용할 수 있다.

제4장 보 칙

제15조(이민사회 · 다문화사회의 지식, 정보의 보급) ① 국가 및 지방자치단체는 재한외국인 처우 기본법의 제4장제18조의 정책을 이행하고, 국민이 이민자와 북한이탈주민 및 사회적 소수자의 문화를 이해하고 상호 평등하게 공존할 수 있도록 필요한 조치를 하여야 한다.

② 국가 및 지방자치단체는 이민자와 북한이탈주민, 국민에게 이민사회와 다문화사회에 관한 지식과 정보를 보급하고, 이들 지식과 정보가 정보통신망과 국립도서관 등에서 보다 쉽게 접근할 수 있도록 노력하여야 한다.

③ 위원회의 사무처는 제1항과 제2항에 따른 지식과 정보의 원활한 보급 및 생산 등을 위하여 행정안전부, 법무부, 여성가족부, 교육부, 외교부, 통일부, 문화체육관광부, 고용노동부 등의 관계 행정기관과 국립도서관 등에서 활용 중인 정보망의 일부를 연계 · 통합한 이민 및 다문화 사회통합정보망을 구축 · 운영할 수 있다.

제16조(이민 및 다문화 사회통합지원센터의 설치 · 운영) 위원회의 사무처는 국가와 지방자치단체에 이민 및 다문화 사회통합지원센터를 설치 · 운영할 수 있다.

제17조(교육) ① 국가 및 지방자치단체는 초중등교육법 제2조 또는 고등교육법 제2조에 따른 학교에서 이민사회와 다문화사회에 대한 이해를 돕는 교육을 실시하기 위한 프로그램과 시책을 개발 · 수립 · 시행하여야 한다.

제18조(국제교류의 활성화) 「재한외국인 처우 기본법」의 제22조에 따른 국제기구 참여와 국제협력 사업을 추진하면서 먼저 대한민국에 이민자를 많이 송출하는 아시아 국가들과의 협력과 교류 활성화를 위해 노력한다.

제19조(정책의 홍보 및 환경조성) 국가 및 지방자치단체는 기본계획의 수립 · 이행 · 평가와 함께 이민 및 다문화 사회통합의 공동체를 실현하기 위하여 이와 관련한 홍보

의 업무를 수행할 수 있다. 또 「재한외국인 처우 기본법」 제19조와 『문화다양성의 보호와 증진에 관한 법률』 제11조의 세계시민의 날과 문화다양성의 날을 유지하고 기념한다.

제20조(민간과의 협력과 지원) 국가와 지방자치단체는 이민 및 다문화 사회통합정책과 관련한 민간단체의 구성·운영 들을 지원할 수 있고, 사업 중의 일부를 비영리법인 또는 비영리단체에 위탁할 수 있다.

부 칙

이 법은 공포 후 6개월이 경과한 날부터 시행한다.

3) 이주민 집중거주지역 다문화 공간 균형 발전을 위한 제안[44)]

(1) 제안 이유

현재 우리나라에 거주하는 외국인주민은 약 200만여 명으로 우리나라 전체 주민등록 인구 대비 약 3.9%를 차지하고 있다.

최근 몇 년 간 외국인주민이 빠르게 증가하면서 문화적 충돌뿐만 아니라 이들을 수용할 수 있는 사회기반시설이 미처 뒤따르지 못해 외국인주민이 집중 거주하는 일부 지역의 경우 매우 어려운 처지에 놓여 있다.

이들 지역에서는 외국인주민에 대한 사회적응 교육이나 여가선용의 기회가 제한적이며, 치안과 거주환경 등 신규 행정수요 발생이 내국인이 손해보고 있다는 의식으로 사회통합에 부정적인 영향을 주고 있다.

또한 외국인주민에 대한 실태 파악이 부처별로 각기 다름에 따라 일관적인 정책 마련이 어렵고, 지방정부에 대한 국가의 행정적·재정적 지원 비용 추계에 있어 외국인주민 관련 특별 수요를 반영하지 못하는 문제가 있다.

이에 이 법을 제정하여 외국인주민에 대한 행정수요 현실과 외국인주민이 집중 거주하는 지역의 정주여건을 개선함으로써 사회통합과 국가 발전을 도모하려는 것이다.

---

44) 2016.9. 김명연 의원 발의: 이주민 집중거주지역 지원 특별법안.

(2) 주요 내용

가. 이 법은 외국인주민에 대한 실태를 파악하고 외국인주민이 집중 거주하는 지역의 정주여건(定住與件)을 개선하는 데 필요한 사항을 규정하여 외국인주민과 대한민국주민이 조화롭게 생활할 수 있도록 함으로써 사회통합과 나라 발전에 이바지함을 목적으로 한다(안 제1조).

나. 외국인근로자, 다문화가족, 외국 국적 동포 등에 대한 통계의 통일성과 행정수요를 반영한 내실 있는 지원이 가능하도록, 행정안전부 장관은 매년 외국인주민에 대한 실태조사를 실시하고 이를 바탕으로 5년마다 외국인주민 집중거주지역 지원계획을 수립한다(안 제5조 및 제6조).

다. 국가와 지방자치단체는 외국인주민 집중거주지역의 정주여건을 개선하기 위하여 주민 지원시설과 편의시설을 직접 또는 위탁 방식으로 설치·운영할 수 있되, 「재한외국인 처우 기본법」과 「다문화가족지원법」에 따른 지원시설과 연계할 수 있으며, 위탁사업자에게 필요한 자금을 보조·융자 또는 알선하거나 그 밖에 필요한 조치를 할 수 있다(안 제8조).

라. 경찰서장은 외국인 집중거주지역에는 외국인주민을 전담으로 하는 지구대, 파출소 또는 출장소를 둘 수 있다(안 제9조).

마. 국가와 지방자치단체는 외국인주민 집중거주지역에 특별 행정·재정수요가 발생하는 경우 「지방교부세법」, 「지방자치법」, 그 밖의 관련 법률에서 정하는 바에 따라 특별교부세나 행정기구 및 행정인력 등을 추가로 지원할 수 있도록 한다(안 제10조).

(3) 제안 법안

제1조(목적) 이 법은 외국인주민에 대한 실태를 파악하고 외국인주민이 집중 거주하는 지역의 정주여건(定住與件)을 개선하는 데 필요한 사항을 규정하여 외국인주민과 대한민국주민이 조화롭게 생활할 수 있도록 함으로써 사회통합과 나라 발전에 이바지함을 목적으로 한다.

제2조(정의) 이 법에서 사용하는 용어의 뜻은 다음과 같다.

1. “외국인주민”이란 「재한외국인 처우 기본법」 제2조제1호에 따른 재한외국인으로서 대한민국에 90일 이상 거주하고 있는 사람을 말한다.
2. “외국인주민 집중거주지역”이란 외국인주민이 집중거주하는 시(특별자치시와 「제주특별자치도 설치 및 국제자유도시 조성을 위한 특별법」 제10조제2항에 따른 행정시를 포함한다)·군·자치구의 관할구역 중 대통령령으로 정하는 지역을 말한다.

제3조(국가와 지방자치단체의 책무) ① 국가와 지방자치단체는 외국인주민이 지역사회에 성공적으로 정착하여 대한민국 사회의 일원으로서 자신의 생활을 영위할 수 있도록 필요한 지원을 하여야 한다.

② 국가와 지방자치단체는 외국인주민 집중거주지역(이하 “집중거주지역”이라 한다)의 생활환경 개선 등 해당 지역의 특수성을 반영한 종합적인 시책을 수립·추진하고 필요한 지원을 하여야 한다.

③ 국가와 지방자치단체는 제5조의 집중거주지역 지원계획이 효율적으로 시행될 수 있도록 행정적·재정적 지원을 하여야 한다.

제4조(다른 법률과의 관계 등) ① 이 법은 집중거주지역 지원에 관하여 다른 법률에 우선하여 적용한다.

② 제5조에 따른 지원계획은 「재한외국인 처우 기본법」 및 「다문화가족지원법」 등 다른 법률에 따른 계획을 충분히 고려하여 수립·시행하여야 한다.

제5조(집중거주지역 지원계획의 수립과 확정) ① 행정안전부 장관은 집중거주지역의 생활환경을 개선하고 정주여건을 향상시키기 위한 지원계획(이하 “집중거주지역 지원계획”이라 한다)을 5년마다 수립·시행하여야 한다.

② 집중거주지역 지원계획에는 다음 각 호의 사항이 포함되어야 한다.

1. 집중거주지역 지원계획의 목표 및 기본방향
2. 제8조에 따른 집중거주지역의 생활환경 개선에 관한 사항
3. 외국인주민과 대한민국주민 간의 소통과 화합의 강화에 관한 사항
4. 집중거주지역 지원계획의 시행을 위한 재원 조달 방안
5. 그 밖에 집중거주지역 지원계획의 목적을 달성하기 위하여 필요하다고 인정되는 사항

③ 행정안전부 장관은 관계 중앙행정기관의 장과 협의를 거쳐 집중거주지역 지원계

획의 수립을 위한 지침(이하 이 조에서 "지침"이라 한다)을 작성하고, 이를 해당 특별자치시장 · 특별자치도지사에게 통보하거나 특별시장 · 광역시장 · 도지사(이하 "시 · 도지사"라 한다)를 거쳐 시장 · 군수 · 구청장(자치구의 구청장을 말한다. 이하 같다)에게 통보하여야 한다.

④ 특별자치시장 · 특별자치도지사 · 시장 · 군수 · 구청장(이하 "시장 · 군수 · 구청장 등"이라 한다)은 제3항에 따라 통보받은 지침에 따라 관할 집중거주지역에 대한 지원계획안(이하 "지원계획안"이라 한다)을 작성하여 행정안전부 장관에게 제출한다. 이 경우 시장 · 군수 · 구청장은 시 · 도지사를 거쳐 행정안전부 장관에게 제출한다.

⑤ 시장 · 군수 · 구청장 등이 제4항에 따라 지원계획안을 작성할 때에는 공청회를 열어 외국인주민과 관계 전문가 등으로부터 의견을 들을 수 있다.

⑥ 행정안전부 장관은 제4항에 따라 제출받은 지원계획안을 기초로 하여 집중거주지역 지원계획안을 수립하고, 관계 중앙행정기관의 장과 협의를 거쳐 집중거주지역 지원계획을 확정한다.

⑦ 행정안전부 장관은 제6항에 따라 확정된 집중거주지역 지원계획을 관계 중앙행정기관의 장 및 해당 시장 · 군수 · 구청장 등에게 통보한다.

⑧ 집중거주지역 지원계획의 변경에 관하여는 제3항부터 제7항까지의 규정을 준용한다. 다만, 대통령령으로 정하는 경미한 사항을 변경하는 경우에는 이를 적용하지 아니한다.

제6조(집중거주지역 지원계획의 수립 등을 위한 실태조사) ① 행정안전부 장관은 집중거주지역 지원계획의 수립 · 변경, 외국인주민의 현황 및 행정수요 파악 등을 위하여 관계 중앙행정기관의 장과 협의하여 매년 외국인주민에 대한 실태조사를 실시하여야 한다.

② 행정안전부 장관은 관계 중앙행정기관의 장 또는 지방자치단체의 장에게 실태조사에 필요한 자료의 제출을 요청할 수 있다. 이 경우 요청을 받은 관계 중앙행정기관의 장 또는 지방자치단체의 장은 특별한 사유가 없으면 요청에 따라야 한다.

③ 행정안전부 장관은 효율적인 조사를 위하여 필요한 경우에는 실태조사를 전문기관에 위탁할 수 있다.

④ 실태조사의 방법, 외국인주민에 대한 정보 관리 및 관련 시스템의 구축 · 운영 등

에 필요한 사항은 대통령령으로 정한다.

제7조(연도별 시행계획의 수립 · 시행) ① 시장 · 군수 · 구청장 등은 매년 집중거주지역 지원계획에 따라 집중거주지역에 관한 시행계획(이하 "시행계획"이라 한다)을 수립 · 시행하여야 한다. 이 경우 시장 · 군수 · 구청장은 시 · 도지사를 거쳐 시행계획을 수립 · 시행한다.

② 시장 · 군수 · 구청장 등은 전년도 시행계획에 따른 추진실적 및 다음 연도의 시행계획을 매년 행정안전부 장관에게 제출하여야 한다. 이 경우 시장 · 군수 · 구청장은 시 · 도지사를 거쳐 행정안전부 장관에게 제출한다.

③ 시행계획의 수립 · 시행 및 추진실적의 평가 등에 필요한 사항은 대통령령으로 정한다.

제8조(생활환경 개선사업) ① 국가와 지방자치단체는 집중거주지역 주민의 정주여건을 개선하기 위하여 대통령령으로 정하는 바에 따라 외국인주민지원센터, 쉼터, 다문화홍보관 등 지원시설과 공원, 공중화장실, 교육 · 의료 · 복지 · 문화 · 체육시설 등 편의시설을 직접 또는 위탁 방식으로 설치 · 운영할 수 있다.

② 제1항에 따른 시설은 「재한외국인 처우 기본법」과 「다문화가족지원법」에 따른 지원시설과 연계하여 설치 · 운영할 수 있다.

③ 국가와 지방자치단체는 제1항에 따른 위탁사업자에게 필요한 자금을 보조 · 융자 또는 알선하거나 그 밖에 필요한 조치를 할 수 있다.

제9조(전담 지구대 등의 운영) 경찰서장은 「경찰법」 제17조제3항에도 불구하고 집중거주지역에는 외국인주민을 전담으로 하는 지구대, 파출소 또는 출장소를 둘 수 있다.

제10조(특별 행정 · 재정수요 지원) 국가와 지방자치단체는 집중거주지역에 정주여건 개선 등 예상하지 못한 특별한 행정 · 재정수요가 발생하는 경우에는 해당 지방자치단체에 대하여 「지방교부세법」, 「지방자치법」, 그 밖의 관련 법률에서 정하는 바에 따라 특별교부세나 행정기구 및 행정인력 등을 추가로 지원할 수 있다.

부 칙

이 법은 공포 후 1년이 경과한 날부터 시행한다.

(4) 제안 법안에 대한 검토와 향후 과제[45)]

① 이주민 집중거주지역의 증대

이주민은, 특히 이주 초기에 생활 터전으로서의 지역 의존성, 거주지 의존성, 거주지 커뮤니티 의존성으로 인하여 집촌지를 형성하거나 혹은 집단 네트워크를 형성하는 성향이 크다.

따라서 이주민은 지역사회에 거주하면서, 특히 언어가 잘 통하는 모국으로부터 온 이주민들 중심으로 커뮤니티를 자연스럽게 형성한다(동일 언어, 동일 문화, 동일 음식 등의 영향). 이는 단기적으로는 점차 더 많은 모국 사람들이 모이는 집촌의 형태를 보인다.

이주민이 갖는 이와 같은 성향을 지나치게 방임하거나 방치하면, 이주 초기의 경제적 어려움과 주택 등 거주지 환경의 어려움, 언어 소통과 문화 차이의 소외감 증대 등이 증폭될 수 있다.

이주민에 대한 생활권과 주거지역 주민들과의 적극적 소통을 위한 지리적 · 공간적 담론의 배제와 무관심 등은 다문화 사회의 문화적 · 인종적 · 종교적 다양성과 역동성을 가로막게 한다.

이는 정책의 쇠퇴와 실패로 이어질 수 있으며, 지역주민과 이주민을 차별 분리하는 심각한 부정적 문제를 발생시킬 수 있다.

2021년 8월 말 현재 체류외국인 200만 명 중에서 외국 국적동포는 77만 명으로 체류외국인 대비 약 40%를 차지하였다(재외동포 F-4, 34만 4천 명, 방문취업 H-2, 27만 3천 명).

전체 체류외국인은 국적별로 중국 98만 명(50%), 미국 15만 명(8%), 베트남 14만 명(7%), 태국 9만 1천 명(4.7%), 필리핀 5만 5천 명(2.8%) 수준이다.

체류외국인의 연령별 분포를 보면 20대가 25%, 30대가 25%, 40대가 17%의 비중을 차지하고 있다.

---

45) 김명연 국회의원이 제안한 법안에 대해 당시 저자가 검토하고 밝힌 의견 수정 · 보완하여 여기에 수록한다.

② 등록외국인 현황

• 등록외국인 연도별 증감 추이

구 분	2014년	2015년	2016년	2017년	2018년	2019년	2020년 2월
인원	1,091,531	1,143,087	1,161,677	1,171,762	1,246,626	1,271,807	1,145,540
전년 대비 증감률	10.7%	4.7%	1.6%	0.9%	6.4%	2.0%	+9.9%

• 등록외국인 거주지역별 현황

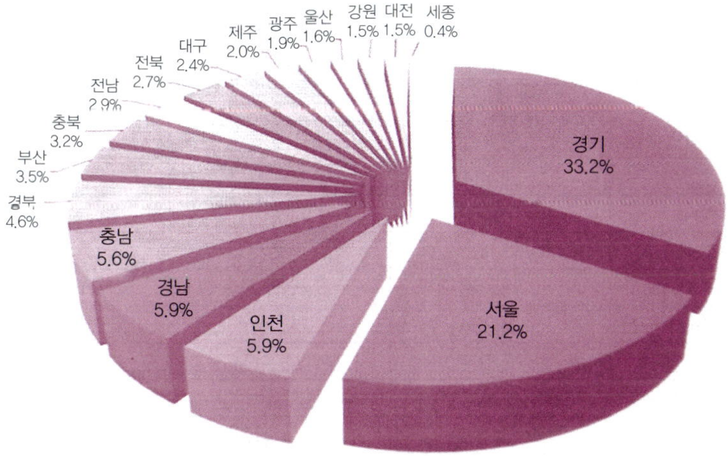

(2020.12.31. 현재, 단위: 명)

계	경기	서울	인천	충남[46)	경남	경북	부산	충북
1,145,450	380,144	242,623	67,648	69,622	67,239	52,469	40,366	37,060
	전남	전북	대구	제주	광주	울산	강원	대전
	32,906	31,288	27,798	22,943	21,323	17,884	17,332	16,895

• 등록외국인 국적(지역)별 현황

(2020.12.31. 현재, 단위: 명)

국적별	계	중국	베트남	우즈베키스탄	필리핀	캄보디아	네팔	기타
인원	1,145,540	465,843	181,415	48,370	40,686	40,222	38,527	330,477
비율	100%	40.7%	15.8%	4.2%	3.6%	3.5%	3.4%	28.8%

46) 세종특별자치시 5,076명 포함.

• 등록외국인 시 · 군 · 구별 거주현황

광역시 · 도	시 · 군 · 구	등록외국인	시 · 군 · 구	등록외국인
강원도	소계	17,332	강릉시	2,282
	고성군	1,112	동해시	899
	삼척시	696	속초시	1,009
	양구군	248	양양군	296
	영월군	240	원주시	3,334
	인제군	265	정선군	265
	철원군	626	춘천시	3,724
	태백시	226	평창군	451
	홍천군	810	화천군	224
	횡성군	625		
경기도	소계	380,144	가평군	1,003
	고양시 덕양구	4,439	고양시 일산동구	3,972
	고양시 일산서구	3,111	과천시	166
	광명시	4,469	광주시	11,900
	구리시	1,402	군포시	6,248
	김포시	18,796	남양주시	7,141
	동두천시	3,334	부천시	24,405
	성남시 분당구	2,669	성남시 수정구	9,670
	성남시 중원구	2,845	수원시 권선구	9,508
	수원시 영통구	6,970	수원시 장안구	6,548
	수원시 팔달구	12,809	시흥시	32,410
	안산시 단원구	39,090	안산시 상록구	12,180
	안성시	11,222	안양시 동안구	1,552
	안양시 만안구	4,991	양주시	7,011
	양평군	1,364	여주시	3,461
	연천군	917	오산시	9,231
	용인시 기흥구	4,485	용인시 수지구	2,592
	용인시 처인구	9,654	의왕시	1,062
	의정부시	4,745	이천시	7,030
	파주시	10,655	평택시	23,168
	포천시	12,115	하남시	2,168
	화성시	37,636		
경상남도	소계	67,239	거제시	6,641
	거창군	503	고성군	1,137
	김해시	16,904	남해군	780

	밀양시	2,588	사천시	2,927
	산청군	573	양산시	5,776
	의령군	718	진주시	4,658
	창녕군	2,333	창원시 마산합포구	2,042
	창원시 마산회원구	1,841	창원시 성산구	3,169
	창원시 의창구	3,294	창원시 진해구	3,123
	통영시	3,681	하동군	470
	함안군	3,079	함양군	426
	합천군	576		
경상북도	소계	52,469	경산시	10,389
	경주시	10,202	고령군	1,530
	구미시	4,659	군위군	492
	김천시	2,209	문경시	661
	봉화군	318	상주시	910
	성주군	1,556	안동시	1,310
	영덕군	936	영양군	192
	영주시	893	영천시	2,860
	예천군	552	울릉군	150
	울진군	1,388	의성군	570
	청도군	966	청송군	179
	칠곡군	3,672	포항시 남구	3,077
	포항시 북구	2,798		
광주시	소계	21,323	광산구	11,978
	남구	1,453	동구	1,613
	북구	4,632	서구	1,647
대구시	소계	27,798	남구	1,615
	달서구	9,850	달성군	5,341
	동구	1,765	북구	4,660
	서구	2,179	수성구	1,873
	중구	715		
대전시	소계	16,895	대덕구	2,122
	동구	4,405	서구	3,227
	유성구	5,601	중구	1,450
부산시	소계	40,366	강서구	4,425
	금정구	3,541	기장군	1,832
	남구	5,023	동구	1,673
	동래구	931	부산진구	2,330

	북구	2,050	사상구	4,119
	사하구	3,818	서구	1,691
	수영구	1,230	연제구	767
	영도구	1,571	중구	1,870
	해운대구	3,495		
서울시	소계	242,623	강남구	4,824
	강동구	4,028	강북구	3,514
	강서구	5,716	관악구	14,743
	광진구	13,427	구로구	28,080
	금천구	16,102	노원구	3,995
	도봉구	2,104	동대문구	14,177
	동작구	10,352	마포구	9,968
	서대문구	10,779	서초구	3,899
	성동구	6,949	성북구	9,903
	송파구	5,966	양천구	3,530
	영등포구	27,887	용산구	14,605
	은평구	4,208	종로구	9,612
	중구	9,395	중랑구	4,860
세종시	소계	5,076		
울산시	소계	17,884	남구	4,463
	동구	3,133	북구	2,311
	울주군	6,144	중구	1,833
인천시	소계	67,648	강화군	822
	계양구	3,154	남동구	11,584
	동구	855	미추홀구	8,903
	부평구	13,919	서구	11,850
	연수구	12,419	옹진군	215
	중구	3,927		
전라남도	소계	32,906	강진군	445
	고흥군	1,001	곡성군	475
	광양시	1,563	구례군	206
	나주시	2,638	담양군	919
	목포시	3,134	무안군	1,498
	보성군	439	순천시	2,049
	신안군	764	여수시	4,624
	영광군	927	영암군	4,169

	완도군	2,212	장성군	993
	장흥군	534	진도군	1,432
	함평군	635	해남군	1,412
	화순군	837		
전라북도	소계	31,288	고창군	895
	군산시	5,792	김제시	1,876
	남원시	953	무주군	216
	부안군	809	순창군	354
	완주군	3,226	익산시	4,714
	임실군	290	장수군	351
	전주시 덕진구	4,548	전주시 완산구	4,197
	정읍시	2,731	진안군	336
제주도	소계	22,943	서귀포시	8,051
	제주시	14,892		
충청남도	소계	64,564	계룡시	209
	공주시	1,091	금산군	2,148
	논산시	3,865	당진시	5,450
	보령시	2,859	부여군	1,118
	서산시	4,078	서천군	1,277
	아산시	16,972	예산군	2,028
	천안시 동남구	7,908	천안시 서북구	10,280
	청양군	623	태안군	1,384
	홍성군	2,356		
충청북도	소계	37,060	괴산군	957
	단양군	183	보은군	500
	영동군	772	옥천군	678
	음성군	8,691	제천시	1,502
	증평군	822	진천군	5,646
	청주시 상당구	1,129	청주시 서원구	2,557
	청주시 청원구	3,867	청주시 흥덕구	4,981
	충주시	4,775		

4) 거주의 지리적 · 공간적 관점을 법제에 반영할 필요

외국인정책기본계획, 다문화가족정책 기본계획 등에서 정책목표와 중점과제의 내용 등에 구체적인 다문화 공간과 관련한 외국인주민 밀집지역에 대한 내용은 미미하다.

다만, 제2차 외국인정책 기본계획에 '외국인 집중거주지 생활환경 개선사업'을 행정안전부의 추진과제로 포함한 것과 정책목표의 인권 부문에 중점과제로서 '국민과 이민자가 소통하는 글로벌 환경조성' 등이 관련 사항으로 일부 제시되고 있다.

외국인의 한국으로의 이주가 점차 더 늘어나면서 다양한 인종과 문화 · 국적 · 종교를 가진 사람들이 함께 사는 다문화 공간들이 형성되고 확산될 것이다. 따라서 다문화 공간의 균형 발전을 위한 정책의 필요성이 요구되고 있다.

(1) 입법추진 경위

이 법안은 제안 이유에서 외국인주민에 대한 실태 파악이 부처별로 다름에 따라 일관적인 정책 마련이 어렵고, 지방정부에 대한 국가의 행정적 · 재정적 지원 비용 추계에 있어서 외국인주민에 대한 특별 수요 등을 반영하지 못하는 문제를 제기하였다.

법안은 외국인주민에 대한 사회적응 교육이나 치안, 거주환경 개선 등의 수요가 증가함에 따라 이에 대한 대책을 세우고 사회통합과 발전에 기여하고자 법안을 발의하였다고 밝혔다.

주요 내용은 외국인주민에 대한 실태조사와 실태 파악에 따른 지원 계획의 수립, 외국인주민 정주여건 개선을 위한 지원시설의 설치 및 운영(위탁 운영도 가능), 외국인주민 전담 파출소 또는 출장소 설치, 외국인주민 집중거주지역 특별 행정 · 재정수요 발생 시 지방교부세법, 지방자치법 등의 관련 법에서 정하는 데에 따라 기구 및 행정인력과 예산 등을 지원할 수 있도록 하였다.

이 법안은 2015년 9월 15일 먼저 부좌현 의원(제19대)에 의해 같은 제목의 법안으로 발의된 바 있으나 이때는 각 부처의 부정적 의견들이 많아서 상임위 법안소위에서 심의되지는 못하였다.

(2) 주요 조항의 내용

이 법은 제5조, 집중거주지역 지원계획의 수립과 확정에서 지원계획을 5년마다 수립하고 시행해야 한다고 하였으며, 제6조, 집중거주지역 지원계획의 수립 등을 위한 실태조사에서 행정안전부 장관은 관계기관의 장고 협의하여 매년 외국인주민에 대한 실태조사를 실시해야 한다고 하였다.

제7조, 시장, 군수, 구청장 등은 매년 이 계획에 따라 시행계획을 수립하고 시행해야 한다고 하였다. 제9조, 전담 지구대의 운영에서 경찰서장은 외국인주민을 전담으로 하는 지구대, 파출소 또는 출장소를 둘 수 있다고 하였다.

제10조, 특별 행정・재정수요 지원에서 국가 및 지방자치 단체는 특별한 수요가 발생하는 경우 지방교부세법, 지방자치법 등에서 정하는 바에 따라 추가 지원할 수 있다고 하였다.

이 법안은 외국인 이주민 밀집지역의 환경 개선 및 사회통합을 위한 사업이 지원을 위해 법률상의 근거를 마련하고 관련 예산을 확보하고자 하는 취지를 밝혔다.

(3) 법제 개선을 위한 권고

가. 이 법안의 제안이 요구하는 당위성이 수용되기 위해서는 이민정책에서 이주민 집중거주지역을 보는 관점이 매우 중대하다는 배경 이론, 실태조사 등의 결과 등을 분석하는 연구를 더 많이 진행할 필요가 있다. 또한 집중거주지역에 대한 논의 결과와 합의 내용, 정책목표와 철학에 대한 이해관계자들의 가치 공유도 필요할 것이다.

나. 이민 관련 법과 기본법들이 소관 부처별로 다양하게 운영되고 있는 현실에서 새로운 이민 관련 법률안이 제정되는 것이 바람직한 것인지에 대해 종합적 전문가들의 논의가 필요하다.

다. 이민정책의 시행과 운영에 있어서 국민 일반의 인식을 고려하여 시혜나 특혜의 의미가 연상되는 '지원'이라는 용어는 가능하면 사용하지 않는 것이 바람직하다. 현재 관련 법에 '다문화가족지원법', '북한이탈주민의 보호 및 정착지원에 관한 법률'이 있다. 이들 법들도 향후 개정 등 논의 시 검토가 필요하다.

라. '특별법'이라는 용어는 매우 특별하게 중시하거나 지나치게 중요하게 생각하여 차별적으로 처우한다는 인식을 줄 수 있다. 이 용어는 또 한시적인 의미 등을 연상하게 하여서 바람직한 입법 제정의 용어는 아니라고 판단하였다.

마. 따라서 저자는 김명연 의원이 대표 발의한 '이주민 집중거주지역 특별법안'을 매우 중·장기적인 관점에서 심도 있게 준비해야 한다고 생각한다. 그럼에도 불구하고 지금 법안의 제정 검토가 필요하다면 발의하는 법안의 이름을 '이주민 집중거주지역 다문화 공간 균형 발전을 위한 법안'으로 수정하여 검토하고 연구하는 것이 더 적절하다고 생각한다.

5) 문화다양성 공간에 공존의 도시 디자인 유도

2014년 실시한 외국인밀집지역 실태조사를 보면, 특히 공단주변 및 배후지역의 외국인노동자 밀집지역, 중국국적의 동포 밀집지역과 외국인유학생이 많이 거주하는 대학교 인접지역의 다문화 공간에 대한 현황이 비교적 구체적으로 파악되고 있다.

조사에 의하면, 밀집지역 외국인은 184,384명이고, 밀집지역의 유형은 공단주변, 도시내 저가주택지, 외국관련시설 및 기업주변, 전문인력주거지, 대학주변 등으로 구분할 수 있다(외국인밀집지역실태조사, 2014).

많은 경우 외국인주민 거주지역은 공단지역과 도시의 노후 다가구 주택지역에 밀집하고 있다. 따라서 특히, 이들 거주지에 대한 지리적 공간적 관심과 대책이 필요하다.

예를 들어, 안산시의 경우 거주민의 10.1%가 외국인 이주민(이 중 70%가 재중동포)이다. 서울의 구로구, 가리봉동, 연희동 등에도 이주민이 밀집하여 거주하고 있다.

6) 거주 과정에서의 공간적 치우침: '게토화' 예방, 다양성 공존지역으로 유도 (주변화–적응, 그리고 동화 또는 통합의 단계로 거주의 사회화 과정 밟음)

이주민은 지역 거주지에서 삶을 사는 생활인이다. 따라서 자신이 속한 거주지인 지방정부의 정책이 더 많은 영향을 주었다. 이주민은 이주한 사회에 성공적으로 안착 또는 정착하기 위해 중·장기적으로는 공동체에 동화 또는 동화 수준의 적응을 하기 위해 노력하였다.

물론 집촌의 형태는 시간이 지나면서 약화되거나 혹은 다변화하였다. 많은 시간이 경과하면서 일부 이주민 집단은 그 집촌의 형태가 타운 등의 형태로 발전·강화되는 모습을 보이기도 하였다.

한국의 경우 최근 실태조사 등에 의하면, 외국인노동자 밀집지역이나 공단 배후 도시의 중국 동포 및 고려인 동포 밀집지역의 경우, 문화적 차이에 따른 마찰과 주거지 주변의 거주 환경이 열악하다고 보고되고 있다. 또한 쓰레기 분리수거의 미흡으로 지저분한 거리 등이 큰 문제점으로 지적되고 있다.

이에 특히, 지방정부의 정책부재와 무관심 등이 장기화하면, 이주민의 거주지 밀집 현상이 부정적으로 해석되고 방치되어 시간이 지나면서 게토화될 수도 있다. 만일 이렇게 되면 지역주민들과의 공존과 소통이 더 어려워지는 상황이 현실화될 수 있다.

7) 문화다양성 공간에 대한 정책 가치, 정책목표의 재정립

외국인의 국제이주와 지역사회에서의 거주 지방화 과정은 필연적으로 다문화사회라는 담론을 확산하였다. 그런데 외국인 이주민이 늘어남에 따라 지역 공동체는 경제·사회·정치·문화적 역동성, 다양성과 마주하였다.

외국인 이주민은 처음에는 모두에게 낯설지만 점차 거주지역 사람들에게 이주민도 삶의 공간을 함께 영유하며 사는 공동체의 일원이며 이웃임을 수용하였다.

이주노동자로 유입된 이주민들과 재중 동포, 결혼이주민, 유학생 등은 서로 정도의 차이는 있지만 국경을 넘어 한국 사회로 이주하여 온 이상, 삶의 조건 등이 좋다면 영주 또는 한국 국적 취득 등을 통하여 장차 대한민국 국민의 일원이 되려고 하였다.

이주민이 거주하는 지역 공동체의 거주 환경과 상황은 이주민에게 매우 큰 영향을 줄 수밖에 없다. 따라서 이민정책은 정책목표의 수립을 위한 이론과 가치 및 정책철학 등에서 이주민 거주지역의 환경과 그 지역의 거주 공간, 즉 다문화 공간에 대해 새롭게 인식하고 이를 정책에 반영해야 한다. 중앙정부의 이민정책이 지방정부의 이민정책과 상호 교감하고 조율하는 정책으로 전환되어야 한다.

8) '집중거주지역' 및 '다문화 공간(multicultural space)'에 대한 용어의 정의

외국인 이주민 집중거주지역의 정책과 법제를 제안하기 위해서는, 먼저 '집중거주지역' 용어에 대한 이해관계자(국민-지방정부-중앙정부 등)들 간 논의와 합의가 필요하다. 이는 지방정부에 이주민이 거주하는 기준에 대한 합의와 시와 도·군·구 등에서의 밀집지역에 대한 인구 기준 등을 포함한다.

또한 도와 시, 광역시 등에서 30만 명 수준, 50만 명 수준, 100만 명 수준, 100만 명 이상의 지역 이주민이 어떻게 분포하여 거주하고 있는가를 조사, 평가하고 정책대안 제시를 위해 '집중거주지역'에 대해 정의해야 한다.

국가의 이주민은 2019년 현재 250만 명 수준으로 전체 인구의 5%이다.

다문화사회를 말하는 학자들의 일반적 견해는 7%수준의 이주민이 거주하는 공동체를 말한다.

저자는 시와 도·군·구 단위 지방자치단체 거주인구가 약 7% 수준이면 '집중거주지역 다문화 공간 균형 발전 정책'을 위한 관련 예산의 배정이 있어야 한다고 생각한다.

2017년 1월 말 기준 안산시의 경우 전체 인구 767,113명 중 외국인 이주민은 77,254명(등록외국인 5만 5천 명과 방문취업 등 거소신고 포함)으로 10.1%가 외국인 이주민(이 중 70%가 재중동포이며, 국적은 92개국에 달함)이다.

참고로, 이 지역 외국인 이주민의 연간 경제활동 규모는 약 7조 원이며, 안산시의 이주민 7천여 명이 그들의 모국에 매월 송금하는 금액은 약 540억 원 수준으로 보고되고 있다.

이민정책에서 이주민 거주지역이나 이주민 집중거주지역 등에 대한 논의들은 비교적 자연스럽게 있어져 왔다. 그러나 이러한 논의가 비록 산발적으로는 진행되어 왔음에도 불구하고, 이것이 정책이나 법제도의 영역에서 적극적으로 다루어지지는 않고 있다.

이에 거주와 관련하여 이주민이 실제로 살고 있는 지역의 지리적·공간적 의미를 환기시키는 '다문화 공간'에 대한 용어는 다소 생소하다고 여겨질 수 있다. '다문화 공간'의 용어는 지리학자 최병두(2011)가 다문화사회의 사회 공간적 접근을 이론적으로 체계화하려는 노력에서 사용한 용어이다.

저자는 이주민 집중거주지역이라는 개념이 거주의 개인 공간, 거주지역사회의 공동공간, 선주민과 이주민 간 주거 공간, 선주민과 이주민 간 집촌 공간, 이주민들만의 집촌 공간 등과 맥락이 연결된 공간 개념으로 보고 있다.

이렇게 거주지역은 지리적 공간의 의미를 가진다. 이주민이 거주하는 집중거주지역은 경제·사회·인종·문화 등의 다양성으로 인해 다문화 공간으로, 그리고 다문화·다양성 거주지역으로 변화하고 발전하였다. 이러한 관점에서 이주민 집중거주지역 정책을 다문화·다양성 거주 공간 정책으로 재해석하여 정책과 법률에 적극 반영해야 한다.

9) 기존 이민 관련 법들과의 상충·중복 등 고려한 법제 개선 방향 및 대안

여러 근거법률에 의해 관계 중앙행정기관별로 이민 및 다문화정책을 독자적으로 시행하고 있는 현실에서 이주민 집중거주지역 다문화·다양성 공간정책도 향후 통합적인 관점에서 균형적으로 시행하지 못하게 되는 우려가 있다. 이를 불식할 방안이 모색되어야 한다.

또 이주민 집중거주지역 다문화 공간과 관련한 사업의 주요 내용과 규모, 그리고 우선순위가 무엇인지가 중요하다.

김명연 의원 발제의 법안 내용을 보면, 이주민 밀집지역의 주거환경 개선사업, 이주민 밀집지역 안전 및 치안 유지사업, 지역주민과 밀집지역 이주민 간 교류사업 등에 초점이 맞추어 있는 것으로 보인다.

그러나 보다 근본적으로 중요한 사업내용이 되어야 하는 것은 다문화 공간의 지역 특성화 사업, 다문화 공간 균형 발전, 지역 거주민과 주민들 간 커뮤니티 활성화 공간 사업 등과 이를 실현시킬 수 있는 지방자치단체의 중·장기적인 예산 확보 방안이다.

예산의 경우 교부세의 증액, 지방자치단체의 자체 예산 증액 등의 방법이 제시되고 있지만 이는 근본적인 해결 방안이 될 수 없다.

예산은 지방정부가 안정적이면서도 체계적인 계획을 세울 수 있는 기반이 되어야 한다. 이에 중·장기적으로 이주민을 위한 사업에 지역 공동체 또는 이주민이 일정 부분을 부담할 수 있도록 기능하는 사회통합기금 등의 신설 등이 적극 검토되어야 한다.

관련 법의 상충 관계 등을 고려하여 현행 법 내에서의 법제 개선 및 신설 방향은 제시한다면 크게 다음의 다섯 가지 안을 검토할 수 있다.

(1) 재한외국인 처우 기본법

제2장 외국인 정책의 수립 및 추진체계에서는 제5조제2항의2에서 추진과제, 방법 및 시기, 제3항의 필요한 재원의 규모와 조달 방안, 제4항의 그 밖에 필요하다고 인정되는

사항을 신설하였다. 제6조 연도별 시행계획에서 제2항 지방자치단체의 장의 역할과 제5항의 필요한 사항을 신설하였고, 제8조 외국인정책위원회의 제1항 기본계획의 수립, 제2항 사회적응에 관한 주요 사항에 외국인 집중거주지역과 관련한 내용을 신설하였다. 제9조제6항 정책의 연구 추진에서 집중거주지역 다문화 균형 발전 정책 수립에 필요한 사항을 신설하였다.

제4장 국민과 외국인이 더불어 살아가는 환경 조성에서는 제18조 다문화에 대한 이해 증진을 개정하였다.

제5장 보칙에서는 제20조(외국인에 대한 민원 안내 및 상담)제2항에 외국인 종합 안내센터 설치와 제3항의 신설이 가능하다고 판단하였다.

(2) 다문화가족지원법

제12조 다문화가족지원센터의 설치 운영 등에서 개별 항목에 관련 내용 개정 및 신설하였다. 이들 항목에서, 특히 이주민 집중거주지역 다문화 공간 지원을 위한 이주민 지원센터로 기능 확대 개정 등이 가능하다고 보인다.

(3) 외국인근로자의 고용 등에 관한 법률

총칙에서는 제4조 외국인력정책위원회 제3항에 외국인근로자 집중거주지역 다문화 공간 균형 발전 정책 수립에 관한 사항을 심의 · 의결하고 신설하였다.

제21조 외국인근로자 관련 사업의 개별 항목에 외국인근로자 거주실태 및 현황조사 신설, 외국인근로자거주지역 커뮤니티 참여 현황조사 신설, 외국인 거주지역 다문화 공간 정비사업 및 주거 공간 관련 사업 신설이 가능하다고 판단하였다.

(4) 문화다양성의 보호와 증진에 관한 법률

제6조 기본계획 등의 수립 및 시행에서는 이주민 집중거주지역 다문화 공간 균형 발전, 지역의 문화다양성 증진을 위한 사업 신설이 가능하다고 판단하였다.

(5) 독자적인 '이주민 집중거주지역 다문화 공간 균형발전 법안' 제정

지금까지 관련 법에서 살펴본 것과 같이 현행 법제의 개정 등을 통해서도 관련 내용을 포함할 수는 있다. 이 경우 기존 이민정책 추진 관련 부처 간의 갈등요소 해결과 합의가 가능하다면 정책추진이 용이할 수 있다는 장점이 있다.

그러나 이주민 집중지역 다문화 공간과 관련한 내용들이 다양한 법률에 분산되어 있을 경우, 유사 중복사업으로 인한 예산배정의 비효율 등이 발생할 수 있다. 이렇게 되면 새 법제 도입의 효과를 담보하기 힘들고, 또 주관부처의 분산으로 인한 책임성 소재 등 다수의 문제가 발생할 수 있다. 이에 원칙적으로는 이주민 집중거주지역 다문화 공간 균형 발전을 위한 법안은 통합된 형태의 기본법 제정 등을 통하여 추진하는 것이 바람직할 것이다.

그럼에도 불구하고 이 방안이 현실적으로 어렵다고 판단할 경우, 관련 부처 간 충분한 협의를 통하여 실무적 문제를 해결해나감으로써 단계적으로 추진하거나 또는 새로운 '이주민 집중거주지역 다문화 공간 균형 발전 법안'의 제정을 고려할 수 있다.

5 해외 주요국가의 최근 이민법제[47)]

1) 미 국

(1) 근거법률

미국의 초기 이민정책은 주정부 주도로 이루어졌으나 이후 연방대법원의 판례를 기초로 연방정부에서 이민정책의 형성과 발전을 주도하여왔다. 이민법의 초기 형성과 발전은 연방의회를 주도로 이루어졌지만 세부적인 집행에 대해서는 대통령에게 광범위한 권한이 부여되어 있다. 이민행정기관에는 행정재량이 부여되어 있으며 구체적인 기준

---

47) 김태환 · 권향원 · 최낙혁(2020: 93－103, 124－130, 132－140)과 김태환 · 조성훈 · 이일 · 임다희(2018: 93－105, 124－130, 132－140) 중에서 법제 및 조직체계에 해당하는 부분을 전제, 발췌, 수정하여 수록하였다.

[표 14-3] 이민법 주요 내용: 미국

<table>
<tr><th>구 분</th><th>법 령</th><th>주요 내용</th></tr>
<tr><td rowspan="3">미국 연방 법률
(U.S. Federal Law)</td><td>미국연방법전(U.S. Code)
8번째 표제: “외국인 및 국적”
제12장: “이민 및 국적” 또는 이민 및 국적법(INA)</td><td>• 외국인 입국허용 조건 및 미국인 · 외국인에 대한 여행통제
• 입국 문서 발급
• 조사, 체포, 검사, 제외 및 추방
• 체류자격 변경
• 출생과 집단귀화를 위한 국적 취득
• 귀화를 통한 국적 취득
• 난민 지원
• 외국인테러리스트 추방 절차</td></tr>
<tr><td>미국연방법전
8번째 표제: “외국인 및 국적”
제14장: “외국인대상 복지 및 공공혜택의 제한”</td><td>• 연방 해택 자격
• 주(州) 및 지방 공공혜택 프로그램 자격</td></tr>
<tr><td>미국연방법전
8번째 표제: “외국인 및 국적”
제15장: “국경안보 강화 및 비자입국 개혁”</td><td>• 비자발급
• 외국인 조사 및 입국허용
• 외국인유학생 및 교류 방문자</td></tr>
<tr><td rowspan="4">미국 연방 규정
(U.S. Federal Regulations)</td><td>미국연방규정법전(CFR)
8번째 표제: “외국인 및 국적”
제1장: “국토안보부”</td><td>• 이민규정(입국, 체류자격, 추방 등)
• 국적 규정(귀화요건, 특별귀화대상, 귀화신청 등)</td></tr>
<tr><td>미국연방규정법전
8번째 표제: “외국인 및 국적”
제5장: “법무부 이민심사국”</td><td>• 이민 규정(영주이민신청, 난민 입국허용, 임시보호지위, 추방 명령 집행을 위한 체포 및 감금 등)
• 국적 규정(충성선서)</td></tr>
<tr><td>미국연방규정법전
20번째 표제: “고용인의 혜택”
제5장: “노동부 고용훈련국”</td><td>• 미국에서의 단기 및 영주 취업을 위한 외국인 노동허가 과정(Part 655~656)</td></tr>
<tr><td>미국연방규정법전
22번째 표제: “외교”
제5장: “국무부”</td><td>• 비자(Subchapter E)
• 국적 및 여권(Subchapter F)</td></tr>
</table>

출처: IOM이민정책연구원(2012: 69).

은 법규명령과 행정규칙으로 제정되어 있다.

미국 이민정책의 근간이 되는 법률은 이민 및 국적법(Immigration and Nationality Act)으로 1952년 제정되었으며, 2018년 2월 9일까지 지속적으로 개정되어 왔다(2018년

9월 기준). 이민 및 국적법(Immigration and Nationality Act)은 이민, 국적 및 귀화, 난민 지원, 외국인 테러리스트 추방 등의 내용을 포함하고 있다. 이는 미국연방법전(U.S. Code)의 8번째 표제의 제12항에도 포함되어 있으며, 연방 법률을 근거로 국토안보부, 법무부, 노동부, 국무부 등 실행부서에서 제정한 세부 규정은 미국연방규정법전(Code of Federal Regulations: CFR)에 편제되어 있다.

(2) 담당기관: 국토안보부가 이민행정업무 주관

미국 내 이민행정을 담당하는 부처는 국무부(DS), 국토안보부(DHS), 법무부(DOJ)로 구분된다. 국무부(DS)는 비자발급 업무를 담당하고 있으며, 국토안보부(DHS)는 입국심사와 입국 이후의 체류에 대한 업무, 법무부(DOJ)는 추방대상자의 추방 및 구제에 대한 업무를 담당하고 있다.

이민행정 이의신청에 대한 업무는 법무부 산하기관인 이민심판행정사무소(EOIR)와 국토안보부 산하기관인 이민국(USCIS)에서 담당하고 있다. 법무부 산하 이민심판행정사무소(EOIR)는 강제추방대상자에 대한 추방심판과 결정에 대한 이의신청기구이다. 이민심판행정사무소(EOIR)는 이민항고위원회(Board of Appeals: BIA), 수석이민판사실(Office of Chief Immigration Judge: OCIJ), 이민법원(Immigration Court: IC) 등으로 구성되어 있다. 국토부 산하 이민국(USCIS)에서는 이민자에 대한 각종 혜택(benefit) 업무를 처리하고 조직 내에서 불복제도를 운영하고 있다.

가. 이민심판행정사무소(EOIR)

EOIR 소속 기관으로는 이민항고위원회(Board of Immigration Appeals: BIA), 수석이민판사실(Office of the Chief Immigration Judge: OCIJ), 수석행정심문관실(Office of the Chief Administrative Hearing Officer: OCAHO), 자문관실(Office of the General Counsel: OGC), 행정실(Administration Division: AD), 관리프로그램실(Office of Management Programs: OMP), 기획 · 분석 · 기술실(Office of Planning, Analysis & Technology: OPAT) 등 7개의 하위조직으로 구성되어 있다.

이민심판행정사무소(EOIR) 조직별 기능은 다음과 같다.

이민항고위원회(Board of Immigration Appeals: BIA)는 이민법을 해석하고 적용하는 행정심판 기관이다. 이민법원 판사 및 국토안보부(DHS)의 결정에 대한 이의신청(항고) 사건을 심의한다. 법률심이 원칙이며 서면심의를 실시하고 있다. BIA의 결정은 법무부 장관의 번복이 있지 않는 한 공표되며, 동일한 유형의 이민사건에 대해서는 해당 선례가 전국적으로 적용된다.

수석이민판사실(Office of the Chief Immigration Judge: OCIJ)은 이민법원에 대한 전반적 운영방향, 정책, 절차를 제공하며, 이민법원의 운영을 위한 조절・통제 역할을 하고 있다. 미국 전역에 60개의 이민법원과 약 350명의 이민판사가 있으며 추방심판에 회부된 사건을 심리 및 최종 추방 여부를 결정한다.

수석행정심문관실(Office of the Chief Administrative Hearing Officer: OCAHO)은 행정법 심판관에 대한 전반적인 관리・감독업무를 처리한다. 비허가 노동자의 불법고용 및 취업적격증명 위반, 불공정 이민 관련 고용관행, 민사벌금서류 위조에 대한 고용주 제재에 대한 사건을 심리한다.

자문관실(Office of the General Counsel: OGC)은 법률 조언 등의 업무를 담당하며, 행정실(Administration Division: AD)은 예산 및 재정관리, 계약, 조달, 인사 등의 행정업무를 담당한다. 관리프로그램실(Office of the Management Programs: OMP)은 법제 및 사회동향, 보안, 시설관리 등을 포함한 프로그램 업무를 담당하며, 기획・분석・기술실

[그림 14-1] EOIR(Executive Office for Immigration Review) 조직도

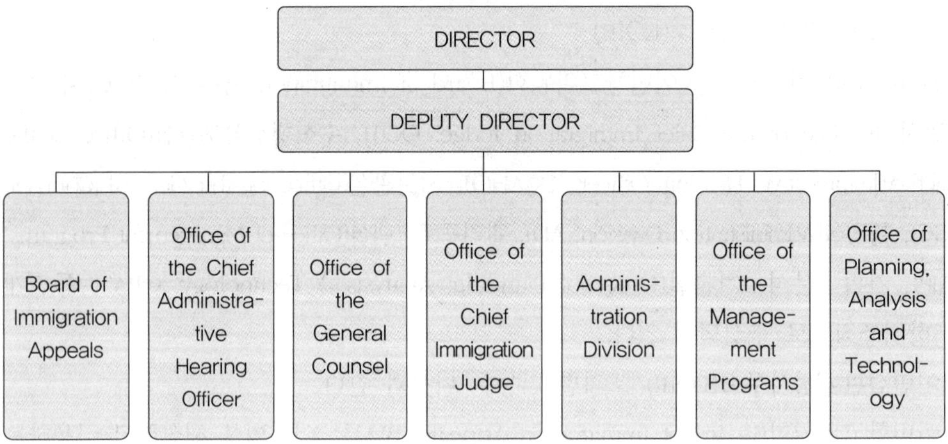

(Office of Planning, Analysis, and Technology: OPAT)은 EOIR의 장기계획 및 전략수립, 연간 업무계획 모니터링 및 운영보고 업무를 담당하고 있다.

나. 국토안보부(DHS)

국토안보부(Department of Homeland Security: DHS)는 2001년 9 · 11 테러 이후 안보 위협에 대처하기 위하여 2002년 11월 의회를 통과한 국토안보법에 따라 2003년 3월 1일 22개의 연방 조직의 전부 또는 일부가 통합되어 만들어진 조직이다. 2003년 3월 1일 이후부터 국토안보법 제정 이후 법무부 소속으로 이민행정과 관련된 업무를 주관하던 이민귀화국(Immigration and Naturalization Service: INS)이 폐지되었으며, 이민행정과 관련된 서비스와 집행기능이 국토안보부(DHS)로 전환 및 대체되었다. 이에 법무부

[그림 14-2] 국토안보부 조직도

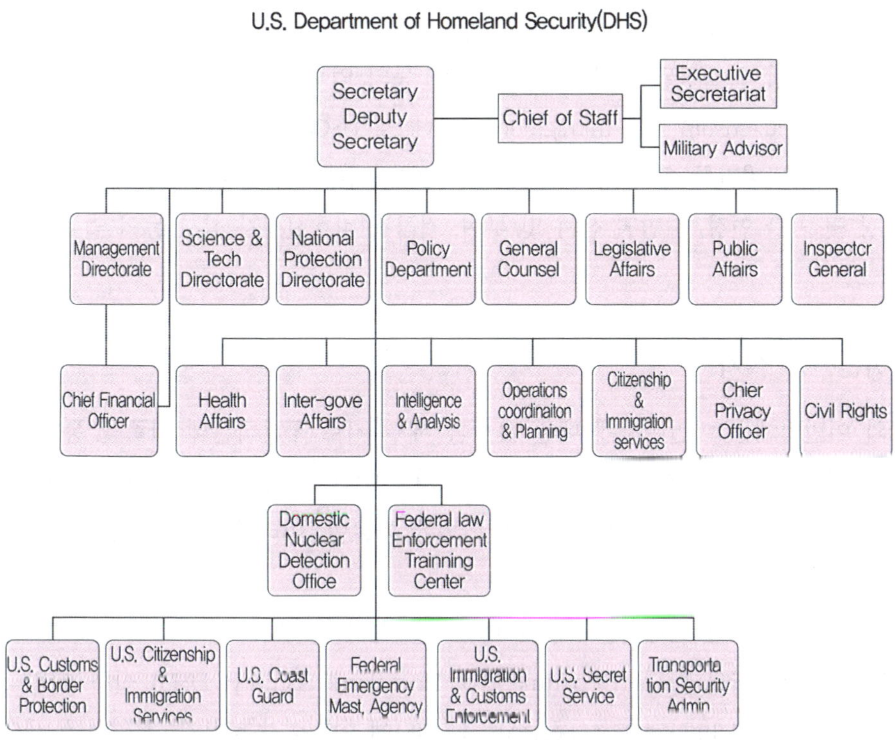

출처: 법무부(2018.8).

소속의 EOIR을 제외하고 국토안보부에서(USCIS, ICE, CBP) 이민행정 관련 업무를 담당하고 있다. 이에 따라 국토안보부(DHS)의 이민행정 서비스와 집행업무가 산하 기관으로 이관되었으며 USCIS에는 이민자에 혜택(benefit) 제공, ICE와 CBP는 이외의 집행 기능을 담당하게 되었다.

국토안보부(DHS)는 CBP, ICE, USCIS, TSA, U.S. Coast Guard 등으로 구성되어 있으며, 이민행정 관련 업무를 수행하는 조직은 CBP, ICE, USCIS이다. 국토안보부(DHS)의 이민행정 담당 조직별 기능은 다음과 같다.

세관국경보호국(Customs and Border Protection: CBP)은 미국을 입국하려는 승객의 입국심사, 국경관리, 테러리스트의 테러 무기 미국 내 반입 차단, 세관 등의 업무를 담당하고 있다.

이민세관단속국(Immigration and Customs Enforcement: ICE)은 미국 내에서 발생하는 이민행정 관련 업무의 집행을 주관하고 있다. 주요 업무로는 이민법 위반자에 대한 수사, 단속, 강제추방대상자의 보호, 추방심판 과정에서 정부측 입장을 대변하는 변호사 역할, 강제추방이 결정된 외국인의 추방집행 등의 업무를 하고 있다.

이민국(U.S. Citizenship and Immigration Services: USCIS)은 이민자를 위한 혜택과 서비스 제공, 이민비자를 받아 입국하려는 외국인에 대한 서류심사, 미국 내에서 체류자격 변경 및 기간 연장, 시민권 심사 및 부여, 적극적 비호신청자 심사 등의 업무를 담당한다.

(3) 이민신청 절차

미국의 이민법에는 이민비자에 대한 유형을 세 가지로 구분하는데 가족을 통한 비자, 취업을 통한 비자, 추첨을 통한 비자이다. 이외에도 영주권자의 재입국비자(SB-1 Visa)와 약혼자 비자(K-1 Visa)도 있다. 이민법에 따르면, 이러한 유형의 비자를 발급받는 자는 미국에 영주할 것으로 간주되고 있다.

이민비자를 발급받기 위해서는 3단계의 절차를 거쳐야 한다.

1단계는 미국의 국토안보부(Department of Homeland Security: DHS) 산하 이민국(U.S. Citizenship and Immigration Services: USCIS)에 이민비자를 위한 청원서를 제출하는 것이다. 2단계는 미 국립비자센터(National Visa Center: NVC) 또는 주한미국대사

[그림 14-3] 미국 이민비자신청 절차

청원	청원서가 승인된 후	미 국립비자센터 (National Visa Center: NVC)에 양식 및 서류 수집 및 제출	면접
청원서 제출	미 국립비자센터 (National visa Center: NVC) 절차 시작	3단계: 비자신청서 제출	면접 준비
	1단계: 대리인 선정	4단계: 재정 관련 서류 수집	지원자 면접
	2단계: 비용지불	5단계: 증거 문서 (Supporting Documents) 수집	면접 이후
		6단계: NVC에 서류 제출	

출처: 주한미국대사관 및 영사관 홈페이지(https://kr.usembassy.gov).

관에서 이민비자 수속을 하는 것이고, 마지막으로 주한미국대사관에서 이민비자에 대한 인터뷰를 실시하게 된다.

이민비자발급을 위한 세부적인 내용은 다음과 같이 이루어진다.

첫째, 영주권 청원서 제출이다. 영주권을 신청하는 자격은 상이하지만 일반적으로 미국 시민인 가족 또는 고용주가 신청인이 된다. 청원서는 영주권을 발급받기 이전 과정으로 미국 이민국이 영주권 비자 청원서를 심사하고 승인해야 영주권 발급의 절차가 진행될 수 있다. 만약 청원서가 거절될 경우 거절된 사유에 대한 통지를 받고 이에 대한 항소가 가능하다.

둘째, 신청서와 증거자료를 심사하는 단계이다. 영주권 청원서가 승인되었다면 영주권을 신청할 수 있다. 신청인이 직접하는 것도 가능하지만 전문성을 지니고 있는 법률대리인을 통한 신청이 불필요한 실수를 줄일 수 있다. 신청서가 미 국무성 비자센터의 처리 시스템에 접수가 되면 승인 전 단계까지 안내받을 수 있으며, 비자센터는 비자신청 비용, 증거문서를 관리하는 대리 기관의 역할을 담당하기도 한다.

셋째, 신청비용과 신청서, 증거자료 제출이다. 비용납부, 신청서 및 증거자료를 모두 제출하고, 신청 결과를 기다리는 단계이다. 제출되는 증거자료에는 미국 내에서 이민자를 부양할 수 있는 능력을 뒷받침하는 재정과 관련된 기록, 이민자 출신 국가의 민원서류 등이 포함된다.

넷째, 신체검사 실시이다. 신체검사는 미국 입국 시 공중위생에 위협되는 신체적인(건강) 문제가 없는지를 확인하기 위한 것이다. 신체검사 결과는 미국 이민국 양식에 따라 작성되며 결과지가 봉인된 상태로 이민국에 제출해야 한다.

상기의 절차를 거쳐 모든 단계에서 승인이 이루어진다면 미국 영주권을 받게 된다.

(4) 난민인정 절차

미국은 1968년 난민의정서에 가입하였으며 난민협약 내용을 준수할 의무를 지니고 있다. 현행 미국법상 난민보호제도는 난민신청자의 물리적 위치에 따라 이루어지는데, 첫째, 미국 영토 밖에 있는 자가 미국에의 재정착을 희망하는 경우의 절차와, 둘째, 미국 영토 내에 도착한 난민이 비호 및 추방유예를 신청하거나 고문방지협약에 근거한 구제를 요청하는 절차로 구분된다.

미국 내 난민 관련 기관은 국토안보부(DHS), 법무부(DOJ), 연방항소법원을 중심으로 다루어지고 있다. 국토안보부(DHS)와 법무부(DOJ)는 난민인정 및 이의심사 절차에 관여하고, 연방항소법원은 행정기관 결정에 대한 사법심사를 담당하며 일반적으로 단심으로 종결된다.

이민국(USCIS)에서 난민 관련 업무를 담당하는 부서는 '난민·비호 및 국제운용(Refugee, Asylum and International Operations: RAIO)이며, 국외에 거주하는 난민의 재정착을 돕는 난민업무부(Refugee Affairs Division)와 국내에 거주하는 난민의 비호절차를 담당하는 비호부(Asylum Division), 대외협력 등의 국제운영을 담당하는 국제운용부(International Operations Division)로 구분되어 있다. 난민에 대한 업무는 주로 이민국을 중심으로 이루어지고 있지만 난민신청에 대한 심사(adjudication)업무는 법무부 산하 기관인 이민심판행정사무소(EOIR)에서 담당하고 있다.

미국의 난민인정 절차는 ① 적극적 비호신청, ② 출입국항 비호신청, ③ 방어적 비호신청으로 구분되어 있다.

첫째, 적극적 비호신청이다. 미국에 입국한 외국인이 마지막 입국날부터 1년 내에 추방 절차 개시 이전 국토안보부 이민국에 직접 난민임을 이유로 비호 및 추방유예신청을 하는 것이다. 이후 이민국을 통한 난민인정 심판을 받게 되고 난민인정을 받지 못할 경우 추방 절차 개시를 위해 이민심판행정사무소 산하 이민법원에 회부된다.

둘째, 출입국항 비호신청이다. 미국 입국에 대한 정당화를 위한 증명서류를 지참하지 않은 채 미국 출입국항에 도착한 난민비호신청자가 대상이다. 이 경우 출입국항에서 국토안보부 세관국경보호국 공무원에게 자국 소환에 대한 두려움을 표하는 것이다. 국토안보부 세관국경보호국 직원은 이러한 난민비호신청자를 구금하고, 난민이 표현한 두려움에 대하여 '신뢰할 만한 박해 또는 고문에 대한 공포'가 있는지에 대한 예비심사(preliminary screening)를 비호심사관에게 받을 수 있도록 회부한다. 심사 결과에 따라 추방 절차가 구분되는데, 신속추방 절차의 대상과 일반적인 추방 절차의 대상으로 구분된다. 신속추방 절차대상의 경우 이민판사에게 심문받지 못한 상태로 추방 절차가 이루어지고, 일반적인 추방 절차대상의 경우 이민판사에게 추방에 대한 항변으로 비호신청이 가능하다.

셋째, 방어적 비호신청이다. 이는 추방 절차대상이 된 외국인이 추방에 대한 항변으로 비호신청을 하는 것을 의미한다. 방어적 비호신청은 세 가지의 유형으로 구분되며 ① 적극적 비호신청의 거절, ② 출입국항 비호신청자 중 일반적인 추방 절차 진행을 위해 이민법원에 회부된 경우, ③ 미국 내 체류를 위한 비자유효기간의 초과로 인해 불법체류하거나 정당한 서류 없이 불법입국한 정황이 드러난 경우 등으로 구분할 수 있다.

2) 프랑스

(1) 근거법률[48]

프랑스 이민행정에 근간을 이루는 법률은 2011년 6월 16일 발효된 개정이민법이라 할 수 있다. 개정이민법에는 외국인 체류 규정, 불법이민자 통제, 강제출국명령, 외국인 구속에 대한 법적 분쟁 발생 문제, 중환자에 대한 입국제한, 거짓 결혼에 대한 처벌, 미등록 외국인 고용주 처벌 등에 대한 내용을 담고 있다.

동 법률은 '선별적 이민정책'을 입법화한 것으로 장기체류를 목적으로 프랑스에 입국

48) IOM이민정책연구원(2012).

[표 14-4] 이민법 주요 내용: 프랑스

구 분	관할 기관
제1장: 일반규정	• 이민법의 일반규정 개관
제2장: 프랑스 입국	• 외국인 출입국관리 원칙
제3장: 프랑스 거주	• 체류증 제도 설명, 체류증 발급 절차
제4장: 가족결합	• 외국인의 가족결합 요건, 가족결합 신청 방법, 동반가족 체류증
제5장: 격리수단	• 국외추방, 기타 프랑스 사회로부터 외국인 격리 규정
제6장: 제재	• 출입국 제한, 불법체류 외국인 관련 사항
제7장: 난민	• 난민에 관한 일반 규정, 난민인정 절차, 난민보호기관
제8장: 기타	• 외국인 유치, 외국인보호소 등에 관한 규정

출처: IOM이민정책연구원(2012: 56) 자료 일부 활용.

하는 외국인에 대해 첫 임시체류증을 발급할 때 '수용동화계약'을 의무적으로 체결해야 함을 규정하였다. 또한 3년 동안 지속적으로 프랑스에 거주한 사실을 입증할 수 있는 외국인에게 부여하는 '10년 거주증' 취득조건을 강화시키기 위하여 프랑스가치(관) 준수 · 서약 및 외국어 구사능력 등이 필수요건으로 추가되었다.[49] 이와 유사한 법률로 이민 및 (이민자)동화에 관한 법률도 있다.

외국인의 입국, 체류 및 망명권 법은 2018년 8월 6일 최종 개정되었다. 동 법률은 프랑스 국적이 없는 모든 외국인(타국 국적 소유자 및 국적이 없는 자)에 대한 프랑스령 입국, 체류, 강제출국, 망명 등에 대한 내용을 규정하고 있다.

난민인정과 관련된 법률은 프랑스 헌법 53-1조에 규정되어 있으며 주요 내용은 다음과 같다.[50]

첫째, 망명, 인권보호, 근본적 자유라는 이념으로 연계된 유럽 국가들과 자국에 제출

---

49) 세계법제정보센터 2018년 9월 검색.

50) Art. 53-1 du Constitution du 4 octobre 1958:

① Le règlement de chaque assemblée détermine les droits desgroupes parlementaires constitués en son sein. Il reconnaît des droitsspécifiques aux groupes d'opposition de l'assemblée intéressée ainsi qu'auxgroupes minoritaires.

② Pour l'exercice des missions de contrôle et d'évaluationdéfinies au premier alinéa de l'article 24, des commissions d'enquête peuventêtre créées au sein de chaque assemblée pour recueillir, dans les conditionsprévues par la loi, des éléments d'information.

된 망명요청을 심사할 수 있는 권한을 정하는 협정을 체결할 수 있다.

둘째, 망명요청이 상기 협정에 따른 자국 권한에 속하지 않을지라도 자유를 위한 활동을 이유로 박해받거나 이외의 다른 이유로 보호를 필요로 하는 모든 외국인에게 망명을 허가할 수 있다.

셋째, 동 법률은 비호에 대한 내용을 포함하고 있다.

(2) 관련 기관: 내무부가 이민행정 총괄 운영

프랑스의 이민행정을 총괄하는 기관은 내무부이며, 이민통합사무소에서 실무를 담당하고 있다. 내무부는 프랑스의 이민행정을 수립하는 전반에 관여하며 이민행정 최상위 기관이다. 내무부 장관 산하에 이민행정업무 총괄팀이 있으며, 이민행정업무와 통합·시민권 업무가 구분되어 프랑스 이민행정이 추진되고 있다. 이민통합사무소는 내무부 산하기관이며, 프랑스 내 합법적 이민자에 대한 업무를 담당하고 있다. 이외에도 난민 및 무국적자 보호사무소도 이민행정과 관련된 업무를 담당하고 있는데, 난민보호를 위한 국제협약을 적용하기 위하여 설립되었다.

난민인정 신청 및 이의제기와 관련하여 단계별 관할 기관은 [표 14-5]와 같다.

[표 14-5] 단계별 관할 기관

구 분	관할 기관
국경에서의 신청	• 난민과 무국적자의 프랑스 보호사무국(OFPRA)
영토 내에서 신청	• 이민통합국(OFII)
더블린(Dublin) 절차	• 지방행정기관인 도청
신속한 절차	• 난민과 무국적자의 프랑스 보호사무국(OFPRA)
난민지위 결정	• 난민과 무국적자의 프랑스 보호사무국(OFPRA)
이의제기 절차 – 첫 번째 이의제기 – 두 번째 이의제기	 • 국가비호법원(CNDA) • 국사원
후속신청	• 난민과 무국적자의 프랑스 보호사무국(OFPRA)

출처: Asylum Information Database(2017) 자료 일부 활용.

(3) 이민신청 절차

프랑스 이민행정은 내무부의 이민행정업무 총괄팀에서 총괄관리를 담당하고 있으며, 실무는 전국에 설치된 이민통합사무소에서 담당하고 있다. 프랑스 내무부는 이민행정의 방향을 제시하는 이민행정 최상위 기관이며, 2012년 5월 내무·해외영토·지방자치·이민부가 내무부로 개편되었다. 이민통합사무소는 2009년 내무부 산하기관으로 설립되었으며, 프랑스 합법이민자에 대한 업무를 담당하고 있다. 더불어 이민통합사무소는 국외 8개국에서 해외사무소를 운영하고 있으며, 이민통합사무소의 주요 업무는 고용주와 취업이민자 연결을 위한 안내서비스, 가족재결합 요청에 대해 신청자의 수입과 주거상태 감독, 가족재결합으로 프랑스에 입국한 가족의 초기 정착을 지원하고 있다.

(4) 난민인정 절차

프랑스는 난민과 무국적자의 프랑스 보호사무국(Office Fran ais de Protection des Refugies et Apatrides: OFPRA), 국가비호법원(Cour Nationale du Droit d'Asile: CNDA), 국사원(Conseil d'Etat)의 기관에서 난민인정과 관련된 업무를 담당하고 있다. 이외에도 지방행정기관(préfecture), 프랑스 이민과 통합국(Office Fran ais de l'immigration et de l'intgration: OFII)에서도 난민에 대한 업무를 담당하고 있다.

난민인정을 위해서는 지방행정기관에 신청서 제출→비호신청 심사 책임 여부 조사→절차 유형(일반 절차 또는 신속 절차) 결정→도청에 신청서 접수 등록→보호사무국의 난민인정에 대한 심사 및 결정→(결정에 대한 불복) 국가비호법원 불복 제기→(국가비호법원의 판결에 불복) 국사원에 파기신청의 절차로 이루어진다.

프랑스는 처음 비호신청을 진행하였던 지방행정기관의 도청에서 비호신청에 대한 최초 판결이 이루어진다. 도청 결정에 대해 이의제기가 필요할 경우 보호사무국, 국가비호법원, 국사원의 순으로 항소를 제기할 수 있다.

[그림 14-4] 난민인정 절차 개요: 프랑스

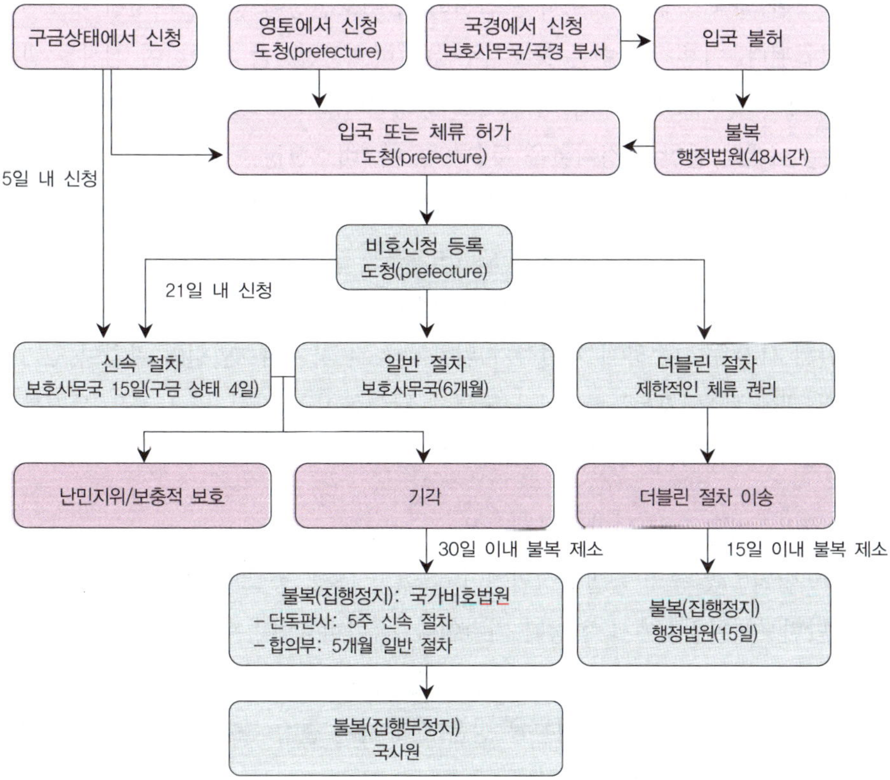

출처: 사법정책연구원(2017: 446); Asylum Information Database(2017) 자료 일부 활용.

가. 보호사무국(OFPRA)의 심사 절차

보호사무국(OFPRA)은 2010년 이후 내무부 소속으로 편입되었으며 기능적으로 독립되어 있는 기관이다. 난민지위에 대한 인정과 보충적 보호 부여와 같은 비호업무를 담당하고 있으며 비호신청은 프랑스 국경과 영토 내에서 신청할 수 있다.

첫째, 프랑스 국경에서 비호신청이 이루어지는 경우 절차는 다음과 같다. 먼저, 외국인의 비호신청이 있을 경우 사전심사가 이루어지고, 비호신청 여부를 결정한다. 이에 따라 입국 여부가 결정되는데 입국이 거부될 경우 행정법원에 불복 청구가 가능하며, 행정법원에서 이루어진 결정에 불복할 경우 고등행정법원으로 항소를 제기할 수 있다.

둘째, 프랑스 영토 내에서 비호신청이 이루어질 경우 절차는 다음과 같다. 먼저, 외국인이 비호신청을 접수하면 관할 행정기관에 서류가 제출된다. 접수를 받은 관할 행정기관은 신청한 외국인에 대한 조사를 실시하고, 비호신청이 받아들여지면 비호신청 증명서가 발급된다. 이후 외국인은 보호사무국에 비호신청서를 제출하여 심사를 받게 되며, 난민인정 심사(비호사사무국)의 절차로 진행된다. 프랑스는 2015년부터 비호신청을 할 수 있는 34개의 관할 행정기관을 두고 있으며, 비호신청을 원하는 외국인은 관련서류를 작성하여 신분증(여행증명서 등)과 같은 서류를 제출해야 한다. 보호사무국의 난민심사는 일반 절차와 신속 절차로 구분되며 일반 절차는 신청일로부터 6개월 동안 비호신청 결정이 이루어지고 최대 9개월까지 연장 가능하다. 신속 절차는 비호신청의 급증으로 인해 사건을 신속하게 처리하기 위한 절차로 국가비호법원의 판결이 있기 전까지 프랑스 내에 체류 가능하다. 심사를 통해 난민불인정 결정이 난 경우 통지를 받은 1개월 내에 국가비호법원에 소를 제기할 수 있다.

나. 국가비호법원(CNDA)의 심사 절차

국가비호법원은 일종의 특별행정법원이며, 이민 통제, 통합과 비호에 관한 법률에 따라 기존 난민구제위원회에서 변경된 기관이다. 국가비호법원은 비호신청의 기각, 수리불가 결정, 난민지위 인정에 대한 거부결정 등 구제청구에 대해 사법적인 심사권한을 가지고 있다. 비호신청에 대한 거부를 받은 신청인은 결정 통지를 받은 1개월 내에 국가비호법원에 소를 제기해야 한다.

국가비호법원은 2015년 개정된 외국인법을 통해 완전심리소송으로 소가 진행된다. 비호신청 당시 처분 위법성 여부에 대해서만 살피는 것이 아니라 판결선고 시점에 신청인의 난민지위가 인정될 수 있는지를 모두 고려한다. 이에 따라 행정처분 취소가 가능하며, 불필요한 절차를 생략할 수 있어 효율적인 권리구제가 가능하다. 심리는 3명의 합의부 구성원, 2명의 직업법관, 2명의 유엔난민기구에서 임명한 위원, 2명의 국사원 부원장이 임명한 위원으로 구성된다.

국가비호법원 결정에 불복할 경우 결정문을 송달 받은 2개월 내에 국사원에 파기신청을 제출할 수 있다.

다. 국사원의 심사 절차

국사원은 파기신청이 허가된 경우만을 대상으로 심리하며, 국가비호법원의 재판 절차에 대한 규정 준수 여부와 같은 법률심으로만 심사가 진행된다. 국가비호법원의 판결이 국사원으로부터 취소될 경우 국가비호법원으로 환송될 수 있으며, 국사원이 난민지위를 인정할 수 있다. 국사원이 재판을 진행하는 동안 집행정지 효력은 없기 때문에 신청자가 소송 중에 출신국으로 송환될 가능성이 존재한다.

3) 독 일

(1) 근거법률

독일은 전체 인구 8,175만 명 가운데 1,896만 명이 이주민으로 유럽 내에서도 이민자 유입에 독보적인 위치에 있는 국가이다. 이로 인해 이민·이주민·외국인 등에 대한 다양한 정책이 존재한다.[51] 독일의 이민행정은 주로 외국인들의 사회통합을 중심으로 전개되고 있다. 이는 이민자의 문제가 대부분 독일 사회에 조화를 이루지 못하는 데에서 발생한 것으로 판단하였기 때문이다.

독일 사회에서 오랫동안 논란이 되었던 법률인 「유럽연합회원국시민과 외국인의 이민에 대한 조절과 제한 및 체류와 통합의 규율에 관한 법률」(이하 이민법)로 2005년 1월 1일부터 발효되었다. 이에 따라 기존 외국인법의 효력은 상실되었고, 「독일연방공화국 영토 내 외국인의 체류, 소득활동 및 통합에 관한 법률」(이하 체류법)에 의해서 외국인의 체류, 취업 등이 규정된다.[52]

이민법은 취업이민, 투자이민, 외국인의 국외추방에 대한 규율을 포함하고 있다.[53]

첫째, 취업이민이다. 독일은 외국인 전문인력을 대상으로 취업체류와 이민 활성화를 위해 노력하고 있다. 이를 위해 고급인력의 취업을 장려하고, 외국인유학생들이 졸업 후 일정기간 취업 기회를 보장받을 수 있도록 법률로 규정하였다.

둘째, 투자이민이다. 독일은 전문인력에 대한 취업이민을 장려하고 있지만 소규모 투자이민에 대해서는 엄격한 조건이 충족되어야 하는 것으로 법률로 규정하고 있다. 투자이민의 경우 독일 경제에 상당한 기여가 있을 것으로 평가되는 외국인을 대상으로 허

---

51) 장선희(2014).
52) 박귀천(2005).
53) 장선희(2014: 40-44).

용하는 것으로 규정하였다.

셋째, 외국인의 국외추방이다. 독일에 테러나 종교원리주의들처럼 범죄를 저지를 가능성이 높다고 판단되는 외국인의 경우 정황증거만으로도 독일로부터 추방당할 수 있음을 규정하였다.

망명 및 난민과 관련된 법률은 독일 기본법에 규정되어 있다. 제16조의 제1항은 정치적으로 추방된 자에게 망명권자로 인정받을 권리가 규정되어 있다. 이를 위해 망명절차법에 근거하여 심사가 이루어지기도 한다. 난민으로의 인정을 위해서는 망명절차법 및 체류허가법에 따라 제네바 난민협정에서 정의하는 난민자격에 따라 이루어진다. 또한, 망명신청자지원법은 망명 절차가 진행 중인 신청자 지원의 법적 근거가 되는 법률이다.[54)]

[표 14-6] 독일 이민 관련 법

구 분	내 용
독일	• 외국인법(1965) • 유럽경제공동체 회원국 국민의 입국 및 체류에 관한 법률(1980) • 망명절차법(1982) • 유럽연합시민과 외국인의 이민 유입통제 · 경계설정과 체류관리 및 통합에 관한 법률(2005) • * (2005년 폐지) 외국인법, 유럽경제공동체 회원국 국민의 입국 및 체류에 관한 법률

출처: 설동훈(2017) 자료 일부 활용.

(2) 담당기관: 연방이민난민청이 이민행정을 총괄하여 운영

독일은 국가의 정책을 결정하는데 연방정부의 권한이 큰 국가이다. 따라서 연방정부에서는 국가의 정책을 결정하고, 주정부는 행정적인 집행을 수행한다. 이민행정도 이러한 측면에서 살펴볼 수 있는데, 연방정부가 종합적인 관점에서 이민행정을 수립하고, 주정부는 연방정부가 수립한 이민행정의 방향에 따라 집행하는 분리된 행정체계를 지니고 있다. 이민행정을 담당하는 기관 역시 연방수상 산하에 위치해 있으며, 연방자문관은 외국인통합정책을 기획, 평가하고 연방이민난민청은 이민행정통합업무의 연계 조

---

54) 김기선(2016: 119-120).

정과 통합프로그램 개발을 담당하고 있다. 이에 따라 각 지방에서는 주정부의 행정프로그램과 지방자치단체의 집행으로 실시되고 있다.

구체적으로 연방정부에서 이민행정을 담당하고 있는 기관은 연방내무부와 연방이민난민청, 연방노동 · 사회부와 연방고용청, 연방가족 · 노인 · 여성 · 청소년부, 연방교육 · 연구부, 연방이민 · 난민 · 통합 특별보좌관 등이 있다.[55] 주정부 차원에서는 연방주내무부, 외국인관광청, 지역고용청 등이 있다.[56]

[그림 14-5] 이주민정책 추진도: 독일

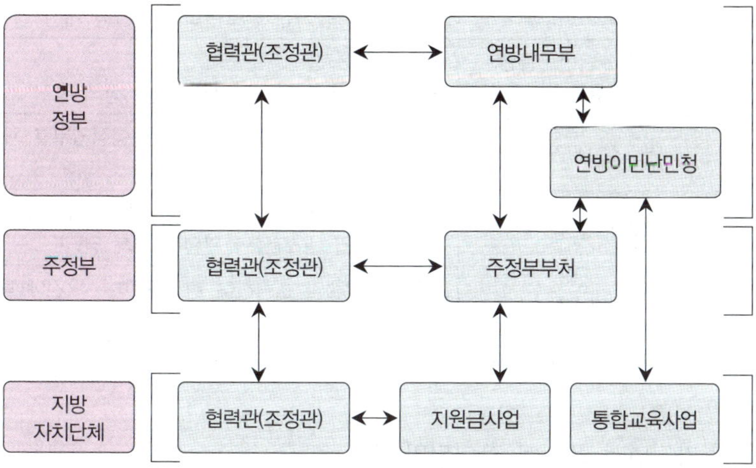

출처: 김환학(2013) 자료 일부 활용.

이민행정을 총괄하는 연방이민난민청은 독일 연방 내무부 산하 연방 상급관청이며, 본청은 바이에른주 뉘른베르크에 위치해 있다. 이외에도 독일 전역의 주요 도시에 지부와 도착센터, 결정센터 등이 설치되어 있다. 본래 1953년 '외국 난민의 인정을 위한 연방 사무소(Bundesdienststelle für die Anerkennung ausländischer Flüchtlinge)'로 설립되었지만 1965년 '외국난민의 인정을 위한 연방청(Bundesamt für die Anerkennung ausländischer Flüchtlinge)'으로 명칭이 변경되었고, 2005년 외국인 통합, 기획조정, 연구개

55) 이외에도 연방귀환재외동포 · 소수민족 정책관, 연방행정청 등이 외국인 관련 정책을 담당하고 있다.
56) 김기선(2016: 137-147).

[표 14-7] 독일 이민정책 담당기관

구 분		내 용
연방정부	연방내무부	• 이민 · 난민정책 및 이민자의 통합정책 담당
	연방이민난민청	• 독일 내 이민 및 이민자통합과 관련된 역할 • 망명신청 처리
	연방노동사회부	• 이민자의 노동시장 통합 관련 업무
	연방고용청	• 독일 내 외국인의 노동시장 진입에 대한 절차적 사항 규율 및 이민자의 노동시장 통합
	연방가족 · 노인 · 여성 · 청소년부	• 차별받는 이민배경을 가진 청년 및 청소년을 위한 활동
	연방교육 · 연구부	• 이민배경을 가진 청소년의 교육환경 개선 정책
	연방이민 · 난민 · 통합 특별보조관	• 연방정부 자문 • 독일 내 거주하는 이민자의 통합정책 촉진
주정부	연방주 내무부	• 지역에 위치하는 외국인에 대한 행정업무를 처리하는 외국인관청 관할
	외국인관청	• 체류허가법 또는 기타 외국인 체류와 관련된 법률 규정에 따른 독일 내 체류와 관련된 문제 담당
	지역고용청	• 외국인관청과 협력하여 취업에 따른 요건에 대한 심사 및 동의 여부 결정

출처: 김기선(2016: 137-147) 자료 일부 활용.

발 기능이 추가되면서 조직이 확대되었다.

연방이민난민청은 집행부와 총 8개국으로 구성되어 있으며, 집행부는 연방이민난민청장 1명과, 부청장 2명으로 구성되어 있다. 집행부는 1명의 연방이민난민청장과 2명의 부청장으로 구성된다. 제1국은 중앙서비스와 인력/조직, 제2국은 국제 업무와 비호 절차의 기초 및 이민, 제3국은 통합과 사회협력, 제4국은 북부지역, 제5국은 중부지역, 제6국은 남부지역, 제7국은 기반시설과 정보기술, 제8국은 집행부에 대한 지원과 정책을 각 담당한다.

이외에도 독일은 연방정부의 주도 하에 2006년 통합회담이 개최되어 연방정부, 주정부, 지방자치단체 대표, 시민사회단체, 이민행정 관련 조직의 대표들이 참여하여 이민자에 대한 통합회담을 실시하기도 한다. 통합회담에서는 부처에서 이민행정과 난민행정 등을 담당하는 각 부처에서 소관 업무와 관련된 주제로 포럼을 구성하고 있다. 또

[표 14-8] 연방이민 · 난민청 조직

구 분	내 용
제1국	• 중앙서비스와 인력/조직
제2국	• 국제업무와 비호 절차의 기초 및 이민
제3국	• 통합과 사회협력
제4국	• 북부지역
제5국	• 중부지역
제6국	• 남부지역
제7국	• 기반시설과 정보기술
제8국	• 집행부에 대한 지원 및 정책

출처: 법무부 자료 일부 활용.

한 연방행정부처, 연방이민 · 난민청의 이민행정과 관련한 정보공유를 위하여 부처 간 이민자통합 공동 업무단을 설립하여 운영하고 있다.[57]

(3) 난민인정 절차[58]

독일의 난민인정 심사 절차는 행정청과 법원에서 구분되어 이루어지는데, 연방이민 난민청이 행정청의 심사 절차[59]를 담당하고 있다. 행정청의 심사결과에 불복하는 경우 법원의 재판으로 넘어가게 된다.

독일 발표에 따르면, 2018년 9월까지 독일로 난민 및 망명신청에 대하여 16,008건을 수락하였으며, 59,738건은 보류 중인 것으로 밝혀졌다. 2018년 1월부터 9월까지 총 142,167명이 독일로 망명신청을 하였으며, 2017년 같은 기간과 비교하였을 때 168,306명에서 15.5% 감소한 비율이다. 이에 독일은 작년보다 345,282명(67.1% 감소) 감소한 169,450명에 대해 인정을 결정하였다.[60]

57) 김기선(2016: 149-150).
58) 사법정책연구원(2017). http://www.bamf.de/DE/Startseite/startseite-node.html
59) 독일의 이민이의신청을 담당하고 있는 기관은 확인이 어려우나 일반적으로 유럽의 국가사례들을 종합하였을 때, 난민과 이민에 대한 심사를 담당하고 있는 기관이 대부분 통합되어 있어서 난민에 대한 이의신청 절차도 이에 준한다고 판단된다.
60) http://www.bamf.de 2018년 10월 검색.

[그림 14-6] 난민인정 절차 개요: 독일

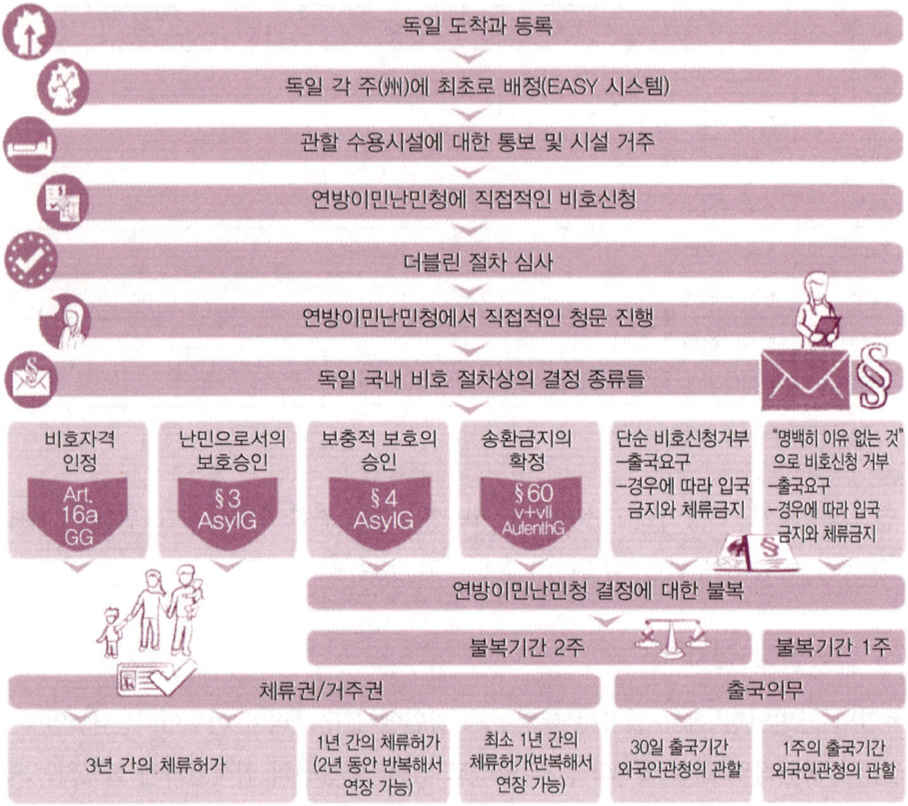

출처: 사법정책연구원(2017: 365); Bundesamt für Migration und Flüchtlinge 홈페이지.

난민인정을 받기 위해서는 비호신청을 해야 하며, 비호신청은 독일 국경이나 독일 내에서 할 수 있다. 독일로 입국하면서 비호를 받고자 하는 경우 국경관리청에 신청해야 하며, 독일 내에서 비호신청은 보안기관, 외국인관청, 수용시설 등에서 신청 가능하다. 비호 절차는 공항 특별 절차와 일반 절차, 신속한 절차로 구분되지만 일반 비호 절차만 살펴보고자 한다.

가. 행정청의 심사 절차

독일 행정청의 심사 절차는 다음과 같다. 신청인의 비호신청 → 신청인 분류 → 비호 심사(면접) → 비호신청에 대한 결정의 순으로 이루어진다.

첫째, 비호신청은 개인이 직접 독일의 각 지부 또는 도착센터에 방문하여 신청하며, 예외적인 경우 서면으로 신청하기도 한다. 비호신청이 이루어지면 연방이민난민청은 심사를 위하여 신청인을 분류하게 되는데, 첫째는 비호인정 비율이 높은 출신국의 경우, 둘째는 비호인정 비율이 낮은 출신국의 경우, 셋째는 사안이 복잡한 경우, 넷째는 더블린 조약이 적용되는 경우로 분류된다.

둘째, 분류된 신청자들에 대해 연방이민난민청 심사관은 면접과 비호신청에 대해 결정하는 심사를 실시한다. 이때 신원확인 절차를 통해 비호신청인의 신원을 확인하기도 한다. 심사관은 신청인에 대한 본격심사 이전에 더블린 절차 여부를 확인하며, 확인 결과 더블린 조약에 의해 비호신청이 다른 회원국에서 이루어져야 한다고 판단되는 경우 해당 신청에 대한 이송을 요청 및 명하는 결정을 한다. 신청인은 이송결정에 대해 법원에 불복청구가 가능하다.

셋째, 상기의 절차가 진행된 이후 심사관은 신청인을 면접하는데, 연방난민이민청은 통역을 제공하기도 한다. 면접 과정은 비공개로 진행되고 미성년자는 후견인이 참석 후 면접이 이루어진다. 면접은 진술의 모순을 확인하는 것에 목적을 두고 있다.

넷째, 연방이민난민청은 면접과 사실조사를 토대로 비호신청에 대해 결정하는데, 비호신청자격 부여, 난민지위 인정, 보충적 보호, 본국으로의 강제송환금지 중 하나의 결정을 내리게 된다. 하지만 이 네 가지 유형에 속하지 않는 비호신청의 경우 기각 결정을 내릴 수도 있다.

다섯째, 외국인이 연방이민난민청의 결정에 불복하는 경우 법원에 불복신청을 할 수 있다.

한편, 일반적 비호 절차와 달리 독일에서 규정하고 있는 조건을 충족하는 경우 신속한 비호 절차가 이루어질 수 있다. 신속 절차를 적용하는 경우 신청일로부터 1주일 이내에 비호신청에 대한 결정이 이루어져야 한다는 점에서 일반적 비호 절차와 큰 차이가 있다.

나. 법원의 심사 절차

비호신청인은 연방이민난민청(행정청)의 비호신청 결과에 대해 불복하는 경우 법원에 불복청구가 가능하다. 불복신청은 비호신청 기각에 대한 불복, 입국 및 체류금지기간 제한 또는 명령에 대한 불복, 재신청 기각 결정에 대한 불복, 더블린 절차 결정에 대한 불복 등에 대해 신청할 수 있다. 즉, 연방이민난민청에서 실시하는 모든 비호 절차에 대해 불복신청이 가능한 것이다.

비호신청인의 불복심사는 출신국을 기준으로 전담 재판부를 설치하여 재판을 진행하고 있으며 사건이 일반적인 상황일 경우 단독판사가 재판을 진행한다. 단독판사는 신청인을 심리하기 위하여 구술변론을 실시하고 사건에 따라 기초자료가 필요하거나 적합하다고 판단되는 모든 자료 증거를 수집할 수 있다. 법관은 비호신청인이 하는 진술에 대한 신빙성 여부를 판단해야 하며, 연방이민난민청의 면접 조서를 기초로 진실 또는 허위사실에 대한 독립적인 판단이 이루어진다. 이를 통해 비호신청 절차에 대한 불복 심사 판결이 내려지게 된다.

법원의 결정에 대해서도 불복하는 경우 항소를 제기할 수 있으며 항소는 사안에 따라 항소 배제, 제한적 항소 허가로 구분된다. 항소 배제에 해당하는 경우 불복이 불가능하며, 제한적 항소 허가는 고등행정법원의 항소 허가가 있는 경우에만 불복이 가능하다.

구체적으로 결정에 대해 불복하는 경우 첫 번째로 행정법원에 구속력을 갖는 조치를 취할 것을 요청한다. 이는 '망명법'에 근거하고 있다. 첫 번째 단계는 결정에 대해 재고할 것을 호소하는 것으로 이의제기 신청 이전 단계라 할 수 있다.

두 번째로 고등행정법원과 행정법원에 신청하는 것이다. 행정법원의 판결에 대한 항소는 고등법원이나 행정법원의 승인을 받은 경우 가능하다. 이때 전제조건이 발생하는데, 사건이 이전에 해결되지 않았거나 일반적으로 중요한 사실 또는 법적 문제를 제기하였을 경우 행정법원이 고등법원의 판례법에서 벗어나 절차상 심각한 오류를 범하였을 경우만 가능하다. 이러한 조건이 성립되었을 때 이의신청이 받아들여진다.

세 번째로 연방행정법원에 이의신청을 하는 것이다. 항소가 고등행정법원이나 행정재판소에 의해 승인되지 않은 경우 두 번째 항소와 마찬가지로 법적으로 요구되는 사유가 존재할 경우 이의신청이 받아들여진다. 연방행정법원의 항소는 법적 검토만 이루어지고, 심사 결과 이의제기 신청이 받아들여지면 고등행정법원이나 행정법원으로 사건이 회부된다.

연방행정법원의 판결이 항소를 할 수 있는 마지막 단계이고, 이의제기 절차가 완료되면 법적 절차가 완료되는 것이다.

4) 일 본

(1) 출입국관리와 난민인정법 및 법무부 설치법(出入国管理および難民認定法と正義のインストール法)에 의거 2019년 "출입국재류관리청" 신설

일본 이민정책의 근거법은 일명 입관법이라고 말하는 '출입국관리와 난민인정법 및 법무부 설치법'이다. 2018년 개정된 이 법률에 따라 일본은 기존의 여러 형태로 존재하던 '입국관리국'을 개편하여 출입국재류관리청을 설치하였다.

다만 일본의 경우, 이민자의 수용이나 포용을 의미하는 이민정책은 부재하다는 평가가 지배적이다. 이는 국가의 정체성을 훼손할 수 있다는 우려 때문에 대규모 이민을 수용하지 않는 정책을 유지하고 있는 것으로도 확인된다. 따라서 이민국가로서의 지향성 및 정체성도 강하지 않다. 이민법제를 살펴보면 국적법과 함께 관리와 통제 및 규제 중심의 출입국관리와 외국인 정책을 수행하기 위해 새로이 "출입국관리 및 난민인정법 및 법무부 설치법"을 기본법으로 제정・운영하고 있다. 이 법은 일명 '입관법'[61]이라고 불리며, 해당 법령을 근거로 출입국관리업무를 집행하고 이민정책을 관리한다.

해당 입관법의 법령은 2018년 11월 2일에 개정되었으며, 국회 제출 당시 기록은 [표 14-9]와 같다.

[표 14-9] 입관법 개정사항

국회 제출일	법률안 이름
2018년 11월 2일	• "출입국관리 및 난민인정법 및 법무부 설치법(出入国管理および難民認定法と正義のインストール法)(입관법)" 일부를 개정하는 법률안 • 통과 날 2018년 12월 8일 • 공포일 2018년 12월 14일(법률 제102호) • 관보 게재일 2018년 12월 14일(호외 제276호) • 시행 일자 일부 규정을 제외하고, 2019년 4월 1일

입관법의 법 구성 다음과 같은 9장의 목차로 확인할 수 있다.[62]

---

61) 법령정보는 다음의 링크에서 확인가능하다. https://elaws.e-gov.go.jp/search/elawsSearch/elaws_search/lsg0500/detail?lawId=326CO0000000319(검색일: 2020년 9월 15일)

62) http://world.moleg.go.kr/web/wli/lgslInfoReadPage.do?A=A&searchType=all&searchPageRowCnt=10&CTS_SEQ=46781&AST_SEQ=157&searchNtnl=JP&searchLgslCode=(검색일: 2020년 10월 3일)

입관법을 구성하고 있는 목차[63)]

[목 차]

최종개정일: 2018.7.6

공포일: 1951.10.4

(2) 외국인의 입국과 상륙

외국인의 입국 및 상륙에 관한 기본원칙은, 입관법 제2장에 규정되어 있다. 제2장 제1절에서는, 외국인이 일본 영역 내에 들어오는 요건, 제2절에서는 '외국인의 상륙'이라 하여, 일본에 상륙할 수 없는 외국인의 유형을 상륙거부 사유로서 정하고 있다.

영토가 육지에 속해 있어 외국과 국경을 접하는 나라에 있어서 입국은 외국인이 국경을 넘어 영토 내에 들어오는 것이다. 따라서 육지에 속해 있는 나라들은 이것과는 별도로 상륙이라는 개념을 설정하지는 않는다. 그러나 주위가 바다에 둘러싸여 있는 일본은 법률 규정으로 외국인이 영해 내에 들어오는 입국과 외국인이 영토에 들어오는 상륙을 구별하여 사용하고 있다.

즉, 일본의 입관법에서 입국과 상륙은 별개의 개념으로 구별되어 있고, 이들 두 개념에 대해 각각 다른 규제를 집행하는 입국관리법제를 채택하고 있다.

---

63) 일본 전자정부 종합창구(방문일: 2018.12.19); 일본법령외국어역데이터베이스시스템(방문일: 2018.6.21).

일본은 외국인이 일본 영해 내에 들어온 단계로부터 관리와 규제의 국경관리 업무를 실시한다. 이때부터 '유효한 여권을 소지해야 할 것'이라는 입국 조건을 정하여, 이 입국 조건에 위반한 외국인은 규제대상이 된다고 하는 내용이 입관법에 규정되어 있다. 또 일본에 상륙하여 체류하려고 하는 외국인에 대하여는 상륙과 함께 일본 영토에 체류한다는 실제적인 거주를 하게 되기 때문에, 그 인정 여부를 놓고 상륙을 위한 심사를 진행한다. 그러나 일본 영해나 영공 내에 들어오더라도 일본에 상륙하는 일 없이 영해나 영공을 통과하는 외국인도 존재하기 때문에, 일반적으로 상륙심사는 외국인으로부터의 상륙신청을 받아서 이를 심사하고 최종 상륙의 허락 여부를 결정하고 있다.

이렇게 일본의 입관법은 '외국인의 입국'과 '외국인의 상륙' 개념을 구별하여, 각각에 대해 필요한 요건을 정하고 있다.

(3) 일본 입관법의 체계

일본 입관법의 기본추진 방침은, 일본 경제성장에 기여하는 고도외국인재 적극 수용, 국제공헌의 관점에서 새로운 기능실습제도 구축, 수용된 외국인과의 공생사회 실현, 신속하고 원활한 출입국 절차로 관광입국 활성화, 불법체류자 등에 대한 대책 강화, 적정하고 신속한 비호 추진 등이다. 이러한 기본추진 방침에 따라 구축된 일본 이민법의 주요 내용은 다음과 같다.[64)]

입관법은 외국인의 출입국, 체류, 난민 관련 사항을 규정하고 있으며, 제1장 총칙, 제2장 입국 및 상륙, 제3장 상륙 수속, 제4장 재류 및 출국, 제5장 강제퇴거 수속, 제5장의2 출국명령, 제6장 선박 등의 장 및 운수업자의 책임, 제6장의2 사실조사, 제7장 일본인의 출국 및 귀국, 제7장의2 난민인정, 제8장 보칙, 제9장 벌칙 및 부칙 등으로 구성되어 있다. 이들 규정들은 체류자격을 중심으로 일본 내 입국 또는 재류하는 외국인 관리 규정, 재류기간 갱신허가, 변경허가, 재류자격의 부여 등에 관한 규정들과 재류자격의 취소 등에 대해서도 규정하고 있다.

재류기간 연장, 재류자격 변경, 자격 외 활동, 영주허가, 특별재류허가 등도 출입국관리의 범주에 해당하는데, 입국관리와 재류관리의 구분이 명확하지 않다는 시선들도 있

---

64) 강동관 외(2017: 237-238)에서 인용.

다. 2012년 7월부터 재입국허가 인정제도 도입으로 유효한 여권 및 재류카드 혹은 특별영주자 증명서를 소지한 외국인에 대하여는 출국 후 1년 이내에 재입국하는 경우에 한하여 재입국허가를 받은 것으로 간주하고 있다.

일본은 1982년 난민지위에 관한 조약 및 난민의 지위에 관한 의정서가 발효됨에 따라 난민인정제도를 정비하였다. 난민은 난민인정 신청을 통하여 법무대신으로부터 난민인정을 받을 수 있으며, 난민인정을 받음으로써 정부의 보호를 받을 수 있다. 인정난민은 일본 국민과 같이 대우되며 국민연금, 아동부양수당, 복지수당 등의 수급자격을 받을 수 있다. 2010년 '난민재정착 제도'가 도입되어 이후 3년 간 연간 30명씩 태국 등 제3국에서 임시로 정주하고 있는 미얀마 난민의 수용 및 재정착을 지원하기도 하였다. 한편, 영주권 취득의 특례조항에 따라 일반 외국인의 경우 영주허가 자격요건을 갖추지 않은 경우에도 법무대신의 재량으로 영주허가를 받을 수 있다.

일본 '국적법'의 주요 내용은 국적 취득, 귀화, 복수국적, 국적 상실 등 국적 취득에 관한 규정들로 구성 및 명시되고 있다. 일본은 국적 취득 인정을 위한 규정에서 나타나고 있듯이 규범이 되는 역사의식으로부터 혈연을 강조하고 있어서 혈통주의가 국적의 근간으로 작동하고 있다. 다만, 부모를 확인할 수 없는 유기된 아동 등에 대해서는 일본 국민으로 추정할 수 있다는 규정을 두어 보충적으로 출생지주의를 채택하고 있다. 이러한 정책기조는 지금까지도 여전히 이어지고 있어서 일본은 국적법 개정 및 복수국적 인정 문제 등에 대하여 보수적인 입장을 가지고 있다. 또 일본은 영주권 전치주의를 도입하였는데, 이는 일본 국적 취득을 희망하는 이주민이 먼저 일정한 자격, 일정한 체류자격을 가져야만 귀화신청 자격을 가질 수 있다는 것을 명문화한 것이다.

한편, 외국인등록법과 '주민기본대장법'의 주요 내용은 다음과 같다.

지방자치단체 주민등록제도에 관한 법률로, 2009년 법 개정 이전까지 각 시·구·정·촌에서 일본인은 주민기본대장법이 적용되고, 외국인은 외국인등록법이 적용되어 별도로 관리되었다. 법 개정 이후, 외국인등록법이 폐지되면서 외국인주민도 일본인과 동일하게 주민기본대장법이 적용되었다.

합법적으로 거주하는 중·장기체류자의 경우, 주민기본대장법상 일본인과 외국인으로 구성된 세대전원의 주민표 발급이 가능하며, 일본인의 외국인 배우자도 세대주가 될 수 있다. 새로운 체류관리제도가 도입됨에 따라 주민기본대장법과 출입국관리 및 난민

일본 이민법제의 연혁

일본 이민정책 관련 실정법의 연혁은 다음과 같다(강동관 외, 2017: 235-236 재인용).

- 1947년: 외국인등록령(外國人登錄令) 시행-1950년: 국적법 제정-1951년: 출입국관리령(出入國管理令) 시행-1952년: 샌프란시스코 강화조약 발효, 조선인 및 대만인의 일본국적 상실, 외국인등록법을 제정하였다.
- 1955년: 외국인등록법상 지문날인제도 시행-1965년: '재일한국인 법적 지위에 관한 한일협정' 체결, '샌프란시스코 강화조약에 따른 일본국적 이탈자에 대한 특례법' 제정에 의해 협정, 영주 체류자격을 신설하였다.
- 1979~1982년: 국제인권규약 비준(1979) 및 난민조약 가입(1982)에 따라 사회보장제도상 일부(생활보호법, 전쟁희생자보상에 관한 법률)를 제외하고, 국적조항 철폐, 강제퇴거 사유에서 나병환자, 정신장애자, 생활보호대상자 항목 삭제 등 재일외국인의 법적 지위를 향상하였다.
- 1981년: '출입국관리 및 난민인정법'(법률 제86호)을 개정하면서 난민인정 절차 등 난민 관련 규정을 추가하였다.
- 1991년: '일본인배우자', '정주자' 체류자격 신설, 닛케이진 유입 증가-1989년: 이민자의 급격한 증가에 대응하여 이민을 통제하기 위해 이민법을 개정하였다. 비숙련 외국인근로자를 받아들일 수 없다는 기본원칙을 확인하면서 전문적이고 숙련된 인력의 이민을 촉진하기 위해 비자 카테고리를 재구성하였고, 고용주의 제재 및 불법고용을 막기 위해 도입하였다.
- 1991년: '일본인배우자', '정주자' 체류자격 신설-1997년: 집단 밀항, 영리 목적의 불법 입국 원조, 불법 입국자 은닉 관련 처벌 항목을 추가하였다.
- 2004년: 재류자격 취소제도, 임시체류 허가제도, 출국명령제도 추가 및 불법 입국 처벌을 강화하였다.
- 2006년: 입국 시 개인 식별 정도 제공 의무화 및 일정 요건을 충족하는 외국인 연구자, 정보처리 기술자의 재류자격을 '특정활동'에 추가하였다.
- 2009년: '출입국관리 및 난민인정법' 개정(2012년 7월 시행), 새로운 체류관리제도를 도입(중·장기 체류 외국인대상 체류카드 발급, 외국인등록법 폐지, 체류자격 개편)하였다.
- 2014년: '고도인재' 재류자격 신설-2016년: '개호' 재류자격 신설 및 위장 체류자 대책 강화를 위한 벌칙과 재류자격 취소사유를 정비하였다.

인정법이 양대 축을 이루면서 외국인의 출입국 및 체류관리 업무가 법무성 관할 하에 일원화되었다

(4) 이민신청 절차

일본은 입국관리국을 통하여 외국인의 체류수속 및 체류자격 변경이 이루어진다. 체류수속은 체류자격 변경, 체류기간 갱신, 체류자격 획득, 영주허가, 재입국허가, 자격외 활동허가, 취업자격 증명서, 체류자격 취소 등을 포함하고 있다.

외국인들이 일본 내 거주하기 위해서는 다음과 같은 일종의 신분증을 발급받게 된

다. 체류카드는 이민자들에게 일본에 입국허가, 체류자격 변경허가, 체류기간 갱신허가 등 체류자격과 과년된 허가 내용을 증명하는 증명서이다. 일본에 중・장기간 체류하는 외국인에게 교부되는 증명서라 할 수 있으며, '증명서'와 '허가증'의 성격을 갖고 있다. 특별영주자 증명서는 특별영주자의 법적 지위 등을 증명하기 위해 교부되는 증명서이다. 증명서에는 개인신상을 확인할 수 있는 각종 개인정보가 명시되어 있다.

일본은 불법적 입국 또는 체류허가의 범위를 넘어서 체재하는 외국인에게 입관법 제24조에서 규정하는 강제퇴거 사유에 해당하는 외국인을 강제적으로 국외로 퇴거시키게 된다. 주요 절차로는 위반조사・출두→수용・면회・차입・가방면→인도・위반심사・구두심사・이의제기・재결・체류 특별허가→강제퇴거 고지서의 집행・송환・자비출국→출국명령의 순으로 이루어진다.

(5) 난민인정 절차

일본의 난민인정은 난민지위에 관한 조약(이하 난민조약) 및 난민의 지위에 관한 의정서(이하 의정서)가 1982년 일본에 대하여 발효되었으며, 난민조약 및 의정서의 제 규정을 일본 내에서 실시하기 위해 난민인정제도가 마련되었다. 이 제도에서는 난민인 외국인은 난민인정 신청을 하여 법무대신으로부터 난민이라는 인정을 받을 수 있으며, 난민조약에 규정되어 있는 난민으로서 보호받을 수 있다.

일본에서 난민의 정의는 난민조약 제1조 또는 의정서 제1조의 규정에 따라 정의되고 있으며, 인종, 종교, 국적, 그리고 특정 사회적 집단의 구성원, 정치적 의견을 이유로 박해받을 우려가 있다고 충분한 이유가 있는 공포를 가지고 있기 때문에 국적국 밖에 있는 사람이며, 그 국적국의 보호를 받을 수 없거나 그것을 원하지 않는 사람으로 규정되어 있다. 이에 난민인정 수속이란 외국인이 난민의 지위에 해당될지를 심사하여 결정하는 수속이다.

난민으로 인정받은 외국인은 영주허가 요건의 일부완화, 난민 여행증명서 교부, 난민조약에 정해지고 있는 각종 권리를 행사할 수 있다.

먼저, 영주허가 요건의 일부완화에 대해서 일본에 체류하는 외국인의 경우 첫째는 소행이 선량해야 하고, 둘째는 독립적 생계를 영위하기에 충분한 자산 또는 기능을 가지고 있어야 한다. 하지만 난민으로 인정받아 체류하는 외국인은 이 중 두 번째의 요건을 갖추지 않은 경우에도 법무대신 재량에 의해 영주허가를 받을 수 있다.

난민인정을 받은 외국인이 외국에 여행하려고 할 때는 난민 여행증명서를 교부받을 수 있으며, 난민 여행증명서를 소지하고 있는 외국인은 유효기간 내 몇 번이라도 일본으로부터 출입국이 자유롭다.

난민인정을 받은 외국인은 원칙적으로 체결국의 국민 또는 일반 외국인과 같이 대우되며, 일본에 있어서는 국민연금 아동부양수당, 복지수당 등의 수급자격을 얻을 수 있고, 일본 국민과 같은 대우를 받을 수 있다.

난민인정을 위해서는 신청자의 주소 또는 현재 거주지를 관할하는 지방 입국관리국, 지국 및 출장소에서 신청을 할 수 있다. 신청은 본인이 하여야 하지만 17세 미만인 경우, 질병 또는 그 이외의 이유로 직접 방문이 어려운 경우 부모, 배우자, 자녀, 친족이 대신 신청할 수 있다.

신청에 필요한 서류는 [표 14-10]과 같다.

[표 14-10] 난민신청 서류

구 분	내 용
1	난민인정신청서
2	신청자가 난민임을 증명하는 서류
3	제출할 날부터 2개월 전 이내에 촬영된 사진

출처: 일본 입국관리국 홈페이지(http://www.immi-moj.go.jp) 2018년 10월 검색.

또한 제시 서류는 [표 14-11]과 같다.

[표 14-11] 난민 제시 서류

구 분	내 용
1	여권 또는 체류자격 증명서
2	외국인등록증명서
3	가상륙허가, 승무원 상륙허가, 긴급상륙허가, 조난에 의한 상륙허가 또는 일시비호를 위한 항륙허가를 받고 있는 외국인은 해당하는 허가서
4	가방면 중의 외국인은 가방면 허가서

출처: 일본 입국관리국 홈페이지(http://www.immi-moj.go.jp) 2018년 10월 검색.

난민인정은 신청자가 제출한 자료에 근거하여 심사가 이루어진다. 따라서 신청인은 난민임을 증명할 수 있는 증거 또는 관계자의 증언에 의해 스스로 난민임을 입증해야 한다. 또한 신청자가 제출한 자료만으로 충분한 입증을 확인할 수 없을 경우 난민조사관이 공무소 등에 조회하는 등 신청자가 제기하는 사실 유무에 대해 조사하여 난민인정이 적정하게 이루어지도록 해야 한다.

법무대신이 난민으로 인정한 외국인에게는 난민인정증명서가 교부된다. 난민으로서 각종 보호조치를 받을 때 난민임을 증명할 요구를 받았을 때에 이 증명서를 제출할 수 있다.

난민으로서 인정된 외국인이 체류자격 미취득 외국인일 경우 해당 외국인이 일본에 체류한 날로부터 6개월 이내에 난민인정 신청을 하거나 난민조약상의 박해를 받을 우려가 있는 영역으로부터 직접 일본에 들어왔을 때와 같이 일정한 요건을 갖추었을 경우 정주자의 체류자격이 일률적으로 부여된다. 외국인이 이러한 요건을 갖추지 않고 있는 경우에도 체류를 특별히 허가해야 할 사정이 있다고 인정되는 경우 체류가 특별히 허가되기도 한다.

5) 중 국

(1) 근거법률

중국의 출입국(경)관리법(中華人民共和國出境入境管理法)은 2012년 6월 제11차 전국인민대표대회 상임위원회 제27차 회의에서 채택, 2012년 6월 중화 인민 공화국 주석 명령 제57호로 공포되어 2013년 7월부터 발효되었다.

동법 제1장 총칙 제4조에서 '공안부와 외교부는 각자의 업무에 따라 출입국 업무를 관리한다(第四條 公安部、外交部按照各自職責負責有關出境入境事務的管理)'고 규정하였다.

동법 제1장 총칙 제7조에서 "공안부와 외교부는 출입국관리의 필요에 따라 출입국 직원의 지문 및 기타 인체 생체 정보의 보존을 위한 규정을 만들 수 있다"고 규정하였다.

구체적인 내용은 다음과 같다.

[중화 인민 공화국 출입국관리법 내용 일부]

제1장 총칙

제4조 공안부와 외교부는 각자의 업무에 따라 출입국 업무를 관리한다.

- 해외에 주둔하는 중화 인민 공화국 대사관 및 영사관 또는 외교부가 위탁한 해외 주재기관(이하 해외 주재 비자기관이라 함)은 외국인의 해외 입국비자발급을 담당한다.
- 출입국 국경 검사기관은 출입국 국경 검사를 시행할 책임을 진다.
  현급 이상 지방 인민 정부의 공안기관과 출입국관리기관이 외국인의 체류 및 거주관리를 담당한다.
- 공안부와 외교부는 각자의 업무 범위 내에서 현급 이상의 지방 인민 정부 공안기관의 출입국관리기관과 현급 이상 지방 인민 정부의 외무 부서에 외국인의 입국·체류·거주 신청을 맡길 수 있다.
- 출입국 업무에 있어서 공안부와 외교부는 의사소통과 협력을 강화하고 국무원 관련 부서와 각자의 책임에 따라 긴밀히 협력하며 법에 따라 권한을 행사하고 책임을 진다.

제7조 국무원의 승인을 받아 공안부와 외교부는 출입국관리의 필요에 따라 출입국 직원의 지문 및 기타 인체 생체 정보의 보존을 위한 규정을 만들 수 있다.

- 외국 정부가 중국 시민을 위한 비자발급 및 출입국관리에 관한 특별 규정이 있는 경우 중국 정부는 상황에 따라 상응하는 상호 조치를 취할 수 있다.

출처: 중국 사법부 웹사이트(2020).

(2) 국가이민관리국 출범: 2018년 차관급 '청'의 지위로 승격

2018년 국가이민관리국직능배치(國家移民管理局職能配置), 내설기구화인원편제규정(內設机构和人員編制規定) 등의 개정으로 이민정책의 정부 집행력을 높이기 위해 조직개편을 단행하였다.

국가이민관리국의 각 조직 및 기능은 내부규정인 국가이민관리국직능배치(國家移民管理局職能配置), 내설기구화인원편제규정(內設机构和人員編制規定)으로 규율한 것으로 판단되나, 세부적인 내용은 비공개하였다.

다만, 인터넷 자료(중국 위키피디아)에 의하면, 본 규정에 국가이민관리국의 주요 책임사항과 기관 구성을 적시한 것으로 판단하였다.

이와 관련한 주요 내용은 나음과 같다.

[국가 출입국관리국의 기능구성, 내부기관 및 인력에 관한 규정 내용]

〈책 임〉

- 국가 이민 관리를 담당
- 이민 및 출입국관리정책 및 계획의 수립·조정, 그 실행의 조정, 관련 법률 및 규정 초안 작성

– 비자 관리 조정 메커니즘 구축 및 개선, 중국에 입국하는 외국인을 위한 비자발급 관리 및 입국허가, 비자 연장 및 갱신을 조직
– 중국 유학 외국인 관리, 업무 관련 관리, 체류 및 영주권 관리, 국적 관리, 난민 관리를 담당
– 출입국 국경 검사, 국경 주민의 교통 관리, 국경지역 경계 관리를 담당
– 사적인 목적으로 중국 시민의 출입국을 관리하고 정착을 위해 본토로 돌아오는 홍콩, 마카오 및 대만 거주자의 심사 및 승인 관리를 담당
– 불법입국, 불법거주, 불법취업 외국인 관리, 불법이민 송환을 조율하고 국경 관리를 방해하는 불법·범죄 행위를 조사·처벌
– 이민 등의 분야에서 국제협력

〈내부조직〉
총무부(국제 출입국 협력부), 정책 및 규제 부서, 외국인 관리과, 시민 출입국관리과, 국경 검사 관리부, 정보 기술과, 간부 및 인사 부서, 물류 부서, 당위원회

〈직계기관〉

베이징 출입국 국경 검사소
천진 출입국 국경 검사소
상하이 출입국 국경 검사종합역
광저우 출입국 국경 검사소
심천 출입국 국경 검사소
주하이 출입국 국경 검사소
샤먼 출입국 국경 검사소
하이커 우 출입국 국경 검사소
충칭 출입국 국경 검사소
허베이 출입국 국경 검사소
산시 출입국 국경 검사소
길림 출입국 국경 검사종합역
랴오닝 출입국 국경 검사종합역
헤이룽장성 출입국 국경 검사종합역
산시 출입국 국경 검사소
간쑤성 공안부 국경 관리단
칭하이 출입국 국경 검사소
산동 출입국 국경 검사소
저장성 출입국 국경 검사소
허난 출입국 국경 검사소
후베이 출입국 국경 검사소
후난 출입국 국경 검사종합역
장시 출입국 국경 검사소
강소 출입국 국경 검사소
안후이 출입국 국경 검사종합역
쓰촨 출입국 국경 검사소
구이 저우 출입국 국경 검사소
윈난 출입국 국경 검사종합역
내몽골 출입국 국경 검사소
신장위구르자치구 공안부 국경관리대
닝샤 출입국 국경 검사종합역
광시 출입국 국경 검사 종합역
티베트 출입국 국경 검사소
출입국관리본부 상설군단
출입국관리사무소 상설군 제2군단

출처: 중국 위키피디아(2020).

(3) 체류민 난민인정

중국은 한국과 달리 단기체류 외국인 관리를 매우 엄격하게 하고 있고, '외국인 출입국관리법 시행세칙(中華人民共和國 外國人出入境管理法 施行細則)' 제30조 규정에 의해 "외국인이 중국 도시의 민가에서 투숙할 경우 도착 24시간 이내에 민박 주인 혹은 투숙인 본인이 투숙인의 여권과 민박 주인의 호적을 소지하고 현지 공안기관에 신고, 임시숙박 등록부에 기재해야 하고, 농촌에서는 72시간 이내에 현지 파출소 혹은 호적사

무실에 신고해야 한다"라고 임시 주숙 등기제도를 운영하였다(법무부, 2019).

실제 법 규정에 따라 엄격하게 집행되고 있지는 않지만, 매우 엄격한 처벌규정을 두고 있어 외국인 관리 중요성이 갈수록 높아졌다.

동 제도는 규제 행위임에도 불구하고 국가적으로 외국인 문제를 통제할 효율적인 제도이다.

(체류외국인 관리) 출입국관리법 총칙 제4조는 "현(縣)[지방행정구역으로 한국의 시(市)에 해당]급 이상 지방정부의 공안기관 및 출입국관리기관이 외국인 체류관리를 담당"한다고 규정하였다(법무부, 2019).

(영주관리) 출입국관리법 제47조는 "외국인의 중국 내 영주권 심사와 관리 방법은 국제이민자의 입국과 출국 시 업무와 대체로 일치, 이민통제에 중점을 두는 이 두 가지는 국제이민 관리의 2단계를 구성한다"고 규정하였다(법무부, 2019).

(난민관리) 출입국관리법 제49조는 "난민지위를 신청한 외국인은 난민지위의 선별기간에 공안기관이 발급한 임시 신분증명서에 의하여 중국 내에 체류할 수 있다"고 규정하면서, "난민으로 인정받은 외국인은 공안기관이 발급한 난민 신분증으로 중국 내에 체류할 수 있다"는 내용도 규율하였다(법무부, 2019).

(귀화외국인 및 그 관리) 중국 국적법 제8조는 "중국 국적을 신청하면 중국 국적을 취득하고, 중국 국적을 허가받은 자는 외국 국적을 더 이상 보유할 수 없다"고 규정하였다(법무부, 2019).

공안국의 '중국 국적 가입 신청 요지' 규정에 따라 국적신청 심사기관을 국내에서 현지 시·현 공안국, 국외에서는 중국 외교대표 기관과 영사관, 중국 국적 취득 신청은 중화 인민 공화국 공안부가 각각 담당하였다.

6) 싱가포르

(1) 근거법률

싱가포르의 이민정책은 이민법을 골간으로 하였다. 이민법은 출입국(제1장), 비시민권자에 대한 비자(제2장), 출입국허가(제3장), 출입국 과정(제4장), 퇴거 및 추방(제5장), 정보제공(제6장) 등 출입국과 관련 일반적인 규정을 포함하고 있다.

이민법은 1959년의 이민조례(M. Ordinance)를 근간으로 하고, 1990년에 제정된 외국인 고용법을 기반으로 발전하였다. 2020년 현재의 이민법 목차는 다음과 같다.

[표 14-12] '이민법'의 목차

Part I.	서언(PRELIMINARY)
Part II.	싱가포르의 입국 및 출국(ENTRY INTO AND DEPARTURE FROM SINGAPORE)
Part II-A.	시민권자를 위한 싱가포르 비자(SINGAPORE VISAS FOR NON-CITIZENS)
Part III.	입국 및 재입국허가(ENTRY AND RE-ENTRY PERMITS)
Part IV.	싱가포르 입국 및 출국 절차(PROCEDURE ON ARRIVAL IN AND DEPARTURE FROM SINGAPORE)
Part V.	싱가포르에서 철거(REMOVAL FROM SINGAPORE)
Part V-A.	식별 정보 또는 승객 정보와 관련된 의무(OBLIGATIONS RELATING TO IDENTIFYING INFORMATION OR PASSENGER INFORMATION)
Part VI.	기타(MISCELLANEOUS)

출처: https://sso.agc.gov.sg/Act/IA1959#legis(검색일: 2020년 9월 15일)

이민법은 다음과 같은 연혁을 배경으로 한다.

1959년 이민조례를 제정(M. Ordinance 12 of 1959 Immigration Ordinance 1959)하였다.

1960년 및 1961년 두 차례 수정하였다.

1963년 이민법을 제정(Immigration Act 1963)하였다.

이후의 수정은 1970년, 1973년, 1977년, 1984년, 1989년, 1993년, 1995년, 1998년, 2003년, 2004년, 2005년, 2007년(3회), 2010년(2회), 2012년, 2016년(3회)에 이루어졌다.

개정은 1970년, 1985년, 1995년, 1997년, 2008년에 이루어졌다.

1990년 외국인 고용법을 제정(Employment to Foreign Manpower Act)하였다.

1991년 개정, 1996년 수정, 1997년 개정, 2001년과 2007년 수정, 2009년 개정 및 2010년, 2012년, 2014년, 2015년 수정을 통해 현재에 이르렀다.

2015년 외국인 고용 숙소법을 제정하였다.

가. 기타 관련 법령

① 국가등록법(National Registration Act, Cap 201)

ICA 집행관(officers)들의 권한에 대한 근거규정이다.

참고하여 2018년부터 필드 근무자들의 법집행 권한이 다소 제한되었다. 강권적인 법집행에 대한 부정적인 여론을 반영한 것이다.

② 외국인 고용법(Employment of Foreign Manpower Act: EFMA)

외국 고용자의 책임과 의무를 규정한 법령으로 다음의 내용을 포괄한다.

EFMA는 인력자원부에서 노동허가증을 발급한 사람을 대상으로 하며, 취업허가(work pass)에는 고용허가(employment pass), S 패스 및 취업허가(work permit)도 포함되어 있다.

EFMA는 신청, 취소, 의료 보험, 고용주부담금(levy), 취소 및 본국 송환 등의 내용이 포함되어 있다.

외국인근로자는 봉급, 근무시간, 초과근무 및 휴식일, 공휴일, 연차 휴가, 병가에 대해서는 고용법의 적용을 받는다. 외국인 가사 노동자(FDW)의 경우, EFMA에 따라 복지 및 복지혜택이 제공되지만 FDW는 고용법의 적용을 받지 않는다.

인력부는 외국인의 유입을 완화하고 외국인력 자원의 질을 높이고자 다양한 조치를 취하고 있다.

2012년부터 시작된 EFMA의 최신 개정안은 정부가 외국 인력을 통합할 수 있도록 하였다. 싱가포르인이 노동인구의 핵심에 남아있을 수 있도록 보장하며, 고용주는 고용한 외국인에게 정당한 비용을 지불할 수 있도록 해주며, 고용주가 법을 준수하는 선에서 평등한 경쟁구조를 갖도록 해준다.

외국 인력의 착취 등과 같은 부당한 대우를 금지하고 있고, 동시에 외국 인력의 수입, 관리, 귀환 등에 있어서 법적 틀을 제공하고 있다.

③ 외국인근로자 기숙자법(Foreign Employee Dormitories Act 2015)

외국인근로자 기숙사를 운영하는 데에 대한 법근거를 제시하고 있고, 제5부 제35조로 구성되어 있다. 주로 외국인근로자 기숙사 운영자에 대한 규제사항을 담고 있다.

제1부는 이 법의 목적과 안내에 관한 도입부이며, 제2부(제7장~제21장)는 '외국인근로자 기숙사의 운영 및 허가'에 관한 것으로 운영면허, 면허의 신청, 교부, 유효기간, 갱신, 조선, 박탈, 양도, 정지 또는 취소, 등록 등에 관한 사항으로 구성되어 있다.

제3부는 '항의'에 관한 것으로 장관에 대한 항소 및 항소 청취자 지정 내용이 포함되

어 있다.

제4부는 '집행 분야'로 집행 목적을 위한 출입국 권한, 체포 권한, 거짓 정보 제공 등의 위반, 법인단체 등의 위반, 범죄구성 등에 관한 내용을 담고 있다.

제5부는 문서 서비스, 개인 책임으로부터의 보호, 일반 면제, 법원의 관할권 등 기타 사항이 포함되어 있다.

(2) 담당기관

① '이민 및 체크포인트 담당국(The Immigration and Checkpoints Authority: ICA)' 2019년에 통합 신설

'이민 및 체크포인트 담당국'(이후 ICA)은 국경관리를 주된 업무로 하는 정부기관으로 2019년 5월에 한국의 과거 내무부와 유사한 'Dept of Home Affairs'의 내부에 개편 신설되었다.

동 조직은 싱가포르의 국경에 바람직하지 않은 사람이나 화물이 진입하는 것을 체크하는 관문으로서의 역할을 담당하고 있다. 추가로 이민과 등록 서비스 수행, 여권과 신분증 발급, 및 사증, 외국인 입국심사 등을 담당하고 있다. 싱가포르는 굉장히 다양한 유형의 여권을 발급하는 것으로 알려져 있는데, 이러한 다양한 여권의 발급사무로 인한 사무부담의 증가 및 싱가포르 방문 및 체류외국인 수의 증대로 인하여, 해당 업무를 전담하는 ICA의 필요성이 대두되었다. ICA는 총괄기관으로 "요람에서 무덤까지 원칙(cradle to grave)"을 바탕으로 등록, 아이디 발급, 사망신고에 이르기까지 모든 서비스를 담당하고 있다.

ICA는 다양한 유관조직들의 거버넌스를 조정하고 연계하여 통솔하는 권한을 부여받은 조직이라고 이해되며, 기본적으로 법과 규제를 엄정하게 집행하는 기관으로서의 권한이 탑재되어 있다. 싱가포르는 엄격한 법집행으로 잘 알려진 국가로서, 기관 근무자들은 제복(정복)을 착용하고, 수사권을 발동하는 등 '경찰'과 유사한 사무를 수행한다. 특히, 싱가포르는 말레이시아와 국경을 인접하고 있고, 상대적으로 부국인 싱가포르로의 불법 입국, 밀수 등이 사회적 문제로 대두되어 있다.

기본적으로 ICA는 모든 이민과 등록 관련 업무를 담당하고 있다. 그러나 '근로자 패스(work passes)'는 예외이다. 인력부(the Ministry of Manpower)가 해당 업무를 담당하

[그림 14-7] '이민 및 체크포인트 담당국(ICA)'의 조직구조

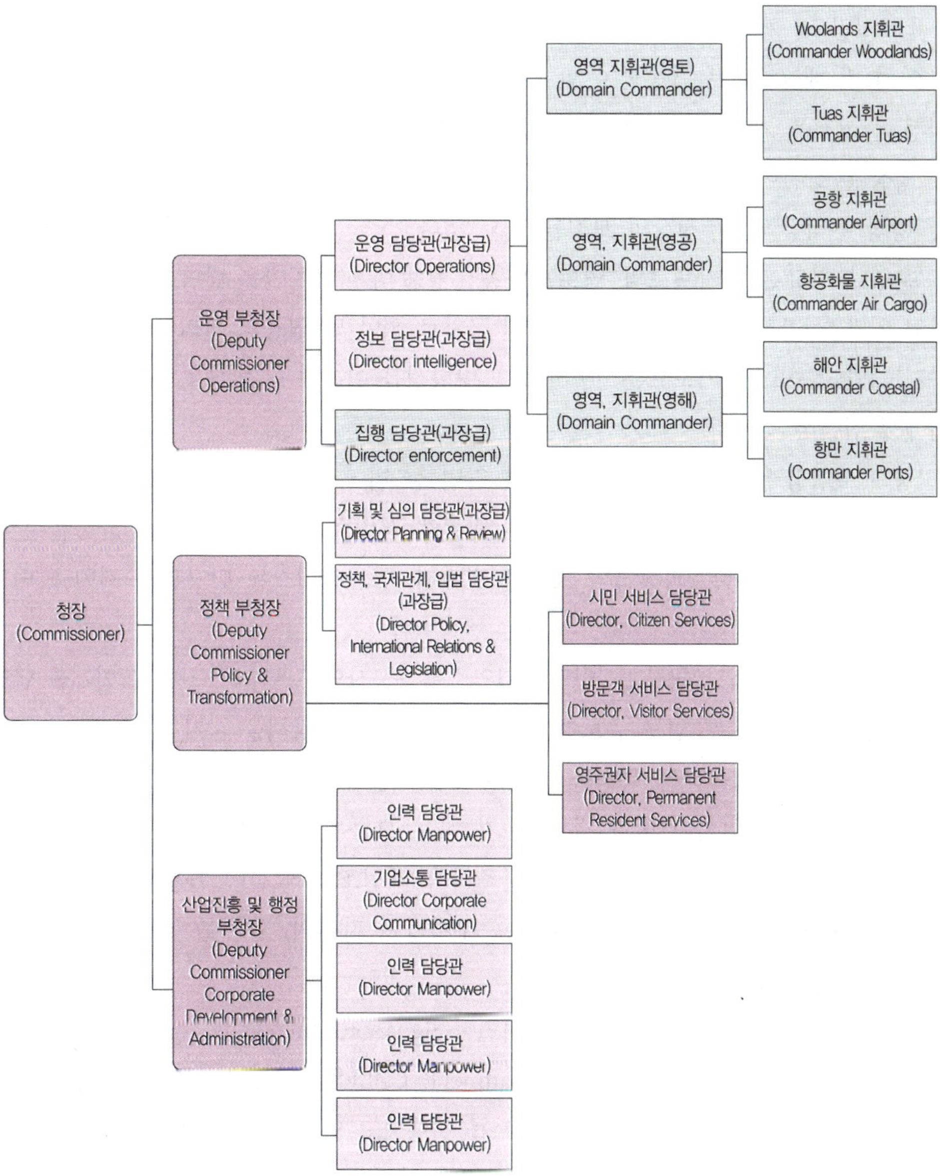

참조: 흐린 회색은 라인유닛(line units), 흐린 붉은색은 스텝유닛(staff units)을 의미함
출처: https://www.ica.gov.sg/(검색일: 2020.9.14)

고 있다.

② '이민 및 체크포인트 담당국(ICA)'[65]의 조직구조

이민 및 체크포인트 담당국(이후 ICA)은 청장(commissioner)을 정점으로 하는 '독립외청'의 성격을 가지고 있으며, 한국의 '경찰청'과 유사한 조직 위상을 가지고 있다.

'청장'은 장관이 임명하는 임명직 공무원이며, '운영 부청장', '정책 부청장', '산업진흥 및 행정 부청장'의 3부청장의 보좌를 받고 있다.

'운영 부청장'은 싱가포르의 '영토', '영공', '영해'의 국경치안을 담당하는 역할을 담당하고 있다. 싱가포르는 섬의 형태를 가진 국가로 해안 및 영공의 관리가 중요한 성격을 가지고 있다. 이에 싱가포르는 이민행정의 방향성을 이러한 국경관리 및 안전관리의 측면에서 접근하고 있다.

'정책 부청장'은 기획, 심의, 국제관계, 입법 등 법·제도 정책권한을 담당하는 동시에 '공공서비스' 관점에서 '시민 서비스', '방문객 서비스', '영주권자 서비스' 등을 관리하고 있다. 정책권한은 과장급의 지원을 받으며, 공공서비스는 담당관의 지원을 받고 있다.

'산업진흥 및 행정 부청장'은 '인력', '기업소통' 등 산업부문과의 소통 및 연계를 담당하고 있다. 싱가포르는 인구 규모가 작은 국가로서, 이민정책을 국가 인적자원관리 및 산업의 관점에서 접근하는 특성을 지닌다. 이에 '산업'과 관련한, '부청장'을 둠으로써 이민정책을 국가산업의 관점과 결부하고자 하는 모습을 보이고 있다.

ICA의 라인조직은 한국 경찰청이나 군조직의 '계선조직'과 같이 위계적인 지휘-명령계통을 따르고 있다. 따라서 '계급'화된 근무자들이 자신의 '임무'를 전담하는 '작전형' 조직의 특성을 가지고 있다.

싱가포르 정부는 2003년 4월 1일 이민국(Signapore Immigration and Registration: SIR)과 관세청(Custom and Exicse Department: CDE)을 통합하여, ICA를 출범하였다. 이후 시민권자와 외국인을 대상으로 업무를 진행하고 있으며, 시민권자의 신분증과 여권 발급, 영주권 신청, 외국인의 출입국관리와 사증발급, 미등록 이주자 관리 등을 주

65) 강동관 외(2017: 253)는 ICA를 '내무부 국경이민청'이라고 번역하고 있다. 그러나 해당 부서의 법적 지위에 대해서는 검토가 필요하다.

업무로 하고 있다.

통합 이전의 싱가포르 이민국(Singapore Immigration and Registration: SIR)은 싱가포르 이민부(Singapore Immigration: SI)와 국가등록부(National Registration Dept: NRD)가 합병한 결과물이었다(1998년 4월 1일).

나가며 POSTFACE

이 책은 이민법제의 현황을 상세히 들여다보고 분석함으로써 이를 범주화하고 향후 이민법제의 새 체계와 방향을 제시하고자 하였다. 이민법이 국가 공동체의 사회통합을 위한 규범을 객관적이고도 일관성 있게 유지할 수 있도록 마련한 준거 규정이라면, 국제협약은 사람의 기본적인 권리가 어느 곳에서라도 합당하게 인정받을 수 있도록 각 국가가 비준 및 서명함으로써 작동하는 규약이다.

대한민국의 이민정책 근거법률은 매우 다양하고, 이에 따라 개별 근거법률에 관한 정책의 주무부처도 역시 다양하다. 관련 법률들의 목적과 용어의 정의, 규정 등으로부터 대한민국의 이민정책 목표·가치 철학이 무엇인지를 가늠할 수 있지만, 국제협약의 규정들과 국가인권위원회법 등을 함께 살펴보면 법 운영의 지향점을 더 명확하게 인지할 수 있다.

다만, 우리나라에서 이민법제를 공식화한 학문체계나 총괄 정부 운영 기관은 존재하지 않기에 이민·문화다양성 사회라는 용어도 사실 일반적으로 사용되고 있는 용어는 아니다.

법제 집행을 위한 정부 구조는 국무총리가 주재하는 외국인정책위원회에서 이민정책 전반에 대한 기본계획을 수립하여 부처 간 업무를 조정하는 형태로 이루어진다. 집행을 위한 주요 소관 법률은 외국인의 입국과 체류를 관리하는 출입국관리법, 고용허가제에 따라 외국인노동자를 관리하는 외국인근로자의 고용 등에 관한 법률, 결혼이주민을 위한 다문화가족지원법, 난민을 위한 난민법, 국적 부여 절차와 기준을 관리하는 국적법 등으로 각각 구성된다.

이민과 이민자, 외국인, 난민, 외국인노동자, 재외동포, 북한이탈주민, 이주배경 아동 등을 대상으로 다루는 법제는 법률전문가, 정책전문가들에게 익숙한 주류 분야가 아니다. 낯선 영역임에도 불구하고 해결해야 할 과제는 점점 더 많아지고 있다.

따라서 먼저, 중앙정부가 관장하는 각 이민법의 현황과 운영 내용을 들여다보고, 다음 단계로 진일보할 수 있도록 해석하는 작업을 더 이상 늦출 수가 없었다. 이것은 기존 저자의 저서 『다문화사회와 한국 이민정책의 이해』에서 약속한 정책 실천의 후속 탐구문제에 이민법제의 현황분석과 통합제도화를 위한 문제 제기와 맥락을 같이한다.

이민법제론의 집필 의도와 목적이 어느 정도 달성되었음에도 불구하고 아쉬운 점도 많다. 정책은 법률로 제정되어 집행을 위한 권위와 강제성을 부여받았을 때 비로소 국민들에게 구체적으로 다가간다. 대한민국의 이민 및 다문화 정책의 운영은 법률에 의해 소관부처가 정해진다. 부처가 정해지면 담당 공무원이 배정되며, 예산이 편성되고 정책이 집행된다. 문제는 지방정부의 법제와 조례인데, 이민정책이 지역에서 작동할 수 있는 기반 근거는 조례이다. 그럼에도 불구하고 이 책에서 지방자치단체의 조례는 더 깊이 있게 연구 분석되지 못하였다.

이민법제는 국경과 지리를 담는 지리학, 인구학, 인권사상과 인권법, 인류학, 경제학, 국제협약 등 학문 분과들과의 공동 연구를 통해 법제의 구조를 체계화시켜야 한다. 이렇게 광범한 분야의 배경 학문과 이론 등을 연계시키면서 선별한 항목들을 법제에 제대로 담고 구현하는 작업은 쉽지 않다. 구현된 법제가 제대로 작동하기 위한 조건도 중요하다. 이민법과 법률이 제대로 작동하려면 정부 운영 조직과 부처 간, 지방자치단체 간 협업체계도 갖추어져 있어야 한다. 법제의 성공적인 작동은 법제 운영체제를 관장하는 중앙정부 조직, 지방정부 조직, 그리고 이를 상위에서 지휘하는 헌법정신의 절대적인 권위를 통해 만들어진다. 앞으로 더 실천적으로 연구분석해야 할 과제들이다.

참고문헌 REFERENCE

[국내 문헌]

국가인권위원회(2019). 『제2차 이주 인권가이드라인』.

______(2019). 『한국사회의 인종차별 실태와 인종차별철폐를 위한 법제화 연구』.

권기철 외(2005). 『동아시아의 이주노동자: 현실과 정책』. 부산대학교 출판부.

김병조(2009). 『한국의 이주노동자와 자본축적』. 경상대학교 박사학위논문.

김연진(1999). 미국 내 한국 이민과 소수 민족적 정체성의 형성. 『미국학논집』, 31(1): 259-302.

김영란(2008). 한국사회에서 이주노동자의 사회문화적 적응에 관한 연구. 『담론201』, 11(2): 103-138.

김태헌 · 전광희 · 이윤석 · 조영태(2006). '인구대사전' 한국인구학회. 통계청.

김태환(2015). 『다문화사회와 한국 이민정책의 이해』. 서울: 집사재.

김태환 · 권향원 · 최낙혁 · 탁성숙(2020). 『주변국가의 이민행정 조직 · 기능 사례연구』. 법무부.

김태환 · 조경훈 · 이일 · 임다희 · 박지연(2018). 『한국형 이민행정 이의신청 개선안 마련 연구』. 법무부.

김현선(2009). 국적과 재일코리안의 정체성: 조선 · 한국적 유지자의 삶과 의식을 중심으로. 『경제와사회』, 제83호.

김혜순(2007). 『한국적 다문화주의의 모색: 세계화시대 이민의 보편성과 한국의 특수성』. 한국사회학회: 동북아시대위원회 용역과제.

노명식(2011). 『자유주의의 역사』. 서울: 책과함께.

라경수(2011). 『1960~1980년대 한국인의 국제이주: '인력수출'이라는 담론 분석을 중심으로』. 이주와 이산의 역사-2011 전국역사학 대회.

마경희 외(2011). 『범부처 다문화사회 정책 예산 분석』. 한국여성정책연구원.

박명선(2007). 독일 이민법과 통합정책의 외국인 차별에 대한 연구. 『한국사회학』, 41(2): 271-303.

박정순(2003). 공동체주의적 사회비판의 가능성: 마이클 왈쩌의 논의를 중심으로. 『범한철학』, 제30집: 211-247.

박종일(2006). 『다문화 시대의 정체성 연구를 위한 '에스니시티(Ethnicity)'의 개념화: 민족, 인종, 종족 그리고 소수민족과 연결하여』. 사회학대회.

박종훈(1998). 공동체주의적 자유주의와 자유주의적 공동체주의. 한국국민윤리학회 『국민윤리연구』, 제40호: 213-241.
박찬운(2012). 『인권법의 신동향』. 파주: 한울아카데미.
배관용(1984). 『동서양 규범문화의 변화, 한국사회와 규범문화』. 정신문화연구원.
백영서(2007). 『제국을 넘어 동아시아 공동체로: 동아시아의 지역질서』. 서울: 창비.
법무부(2010). 『이민자 사회통합프로그램 및 그 운영 등에 관한 규정』.
법무부・외국인정책본부(2012). 『제1차 외국인정책 기본계획(2008-2012): 2012년도 중앙부처 시행계획』. 외국인정책위원회.
법무부 출입국・외국인정책본부(2010). 『출입국관리법 해설』.
______(2019). 『출입국・외국인정책 통계연보』.
______(2021). 『2020년도 출입국・외국인정책 연감』.
보건복지부(2005). 『국제결혼 이주여성 실태조사 및 보건・복지 지원 정책방안』.
______(2010). 『2009년 전국 다문화가족 실태조사 결과』.
손인수(1984). 『한국인의 가치관』. 서울: 문음사.
송재룡(2009). 다문화주의와 인정의 정치학, 그리고 그 너머. 『사회이론』 제35권: 79-105.
스테판 에셀(2011). 『분노하라』. 임희근(역). 서울: 돌베개.
신용하(2006). 민족의 사회학적 설명과 '상상의 공동체론' 비판. 『한국사회학』, 40(1). 32-58.
유길상・이규용(2001). 『외국인근로자의 고용실태와 정책과제』. 한국노동연구원.
유네스코아시아・태평양국제이해교육원(2008). 『다문화사회와 국제이해교육』. 파주: 동녘.
유엔난민기구(2014). 『난민 지위의 인정기준 및 절차 편람과 지침』.
윤건차(1997). 『일본 그 국가, 민족, 국민』. 서울: 일월서각.
윤수종 외(2005). 『우리시대의 소수자 운동』. 서울: 이학사.
윤인진・송영호・김상돈・송주영 (2011). 『한국인의 이주노동자와 다문화 사회에 대한 인식』. 파주: 한국학술정보(주).
윤평중(1999). 『자유주의-공동체주의 논쟁의 한국적 의미』. 철학연구회 춘계연구발표회.
이금연(2003). 『국내국제결혼과 그 이해: 실태와 문제점을 중심으로』. 국제결혼과 여성폭력에 관한 정책제언을 위한 원탁토론회 자료집.
이명진 외(2010). 다문화사회와 외국인에 대한 사회적 거리. 『조사연구』, 11(1): 63-85.
이민정책연구원(2011). 『한국 이민정책의 이해』. 이민정책 연구총서 1.
이식・전원경(2007). 『영국 바꾸지 않아도 행복한 나라』. 서울: 리수.
이정환(2007). 외국인 노동자에 대한 사회학적 연구의 방향. 『다문화 사회 한국 사회과학의 과제』. 성균관대학교 동아시아지역연구소.
이준일(2007). 『차별금지법』. 고려대학교출판부.
이준웅(2000). 프레임, 해석 그리고 커뮤니케이션 효과. 『언론과 사회』, 29: 85 152.

이진영(2010). 『한국의 재외동포 정책』. 이민정책연구원. 워킹 페이퍼 No. 2010-11.
이한숙(2004). 『외국인 노동력 유입의 경제적 효과에 대한 연구』. 부산대학교 박사학위 논문.
이현철 · 김영천 · 김경식(2013). 『통합연구방법론』. 파주: 아카데미프레스.
임동진 · 양재진 · 김태환 · 황민철 · 김회성 · 한설아(2017). 『사회통합프로그램 교육의 사회 · 경제적 효과분석』. 법무부.
임의영(2011). 『형평과 정의』. 파주: 한울아카데미.
임의영 · 김태환(2013). 한국사회에서 이주노동자의 사회적 수용을 위한 정책지향에 관한 연구. 『행정논총』, 51(1): 237-263.
장붕익 · 김용민 · 김일곤 · 송병준 · 이선필(2013). 『유럽연합: 연속성과 정체성』. 서울: 한국외국어대학교 출판부.
장승진(2010). 다문화주의에 대한 한국인들의 태도: 경제적 이해관계와 국가 정체성의 영향을 중심으로. 『한국정치학회보』, 44(3): 97-119.
장영진(2006). 이주 노동자를 대상으로 하는 상업 지역의 성장과 민족 네트워크: 안산시 원곡동 사례로. 『한국지역지리학회지』, 523-539.
전숙자 외(2009). 『다문화사회의 새로운 이해』. 서울: 도서출판 그린.
전영평 외(2010). 『한국의 소수자 정책 담론과 사례』. 서울: 서울대학교출판문화원.
정기선(2012). 『2012년 체류외국인 실태조사: 영주권자와 귀화자를 중심으로』. 법무부.
______(2013). 『2013년 체류외국인 실태조사: 고용허가제와 방문취업제 외국인의 취업 및 사회생활』. 법무부.
정재각(2010). 『이주 정책론』. 고양: 인간사랑.
정정훈(2010). 『외국인 인권 기초 연구』. 이민정책연구원.
정태석(2002). 『사회이론의 구성』. 서울: 한울.
조현미(2009). '일본의 다문화공생, 정책을 통해서 본 사회통합정책의 과제' 『한국지역지리학회지』, 15(4): 449-463.
조효제(2011). 『인권을 찾아서』. 파주: 한울아카데미.
차용호(2015). 『한국 이민법』. 파주: 법문사.
최경애(2007) 한국의 전통적 공동체주의와 신공동체주의의 구성원리 비교. 『사회과학연구』, 46(2): 177-204.
최경옥(2010). 『이주노동자 가족의 권리보호 및 다문화가족지원법의 문제점과 개선방안: 다문화사회를 위한 정책제언』. 한국비교공법학회 · 국가인권위원회.
최무현(2008). 다문화시대의 소수자정책 수단에 관한연구. 『한국행정학보』, 42(3): 51-77.
최병두 · 임석회 · 안영진 · 박배균(2011). 『지구 · 지방화와 다문화 공간』. 서울: 푸른길.
최종열 · 김정규 · 임운택 · 최인영(2008). 『다문화주의의 이론적 패러다임과 국가별 유형비교』. 한국여성정책연구원 · 한국사회학회.

최종열 외(2008). 다민족·다문화사회로의 이행을 위한 정책 패러다임 구축Ⅱ: 다문화주의의 이론적 패러다임과 국가별 유형비교. 한국여성정책연구원.
최혜자·이금연·정귀순 외(2007). 『이주노동자 문화예술교육 프로그램 개발 및 운영에 관한 연구』. 문화관광부.
한경구 외(2012). 『해외 각국의 이민정책 추진체계 연구』. 법무부.
황필규(2009). 『출입국 관련 국내법 현황 및 국제기준의 이해』. 국가인권위원회 대구인권사무소, 공익변호사그룹 '공간' 워크샵.

[국외 문헌]

Berry, J. W.(1980). Acculturation as varieties of adaptation. In A. M. Padilla(ed.). *Acculturation: Theories, Models and Findings*. Boulder, CO: Westview.
Bohning, W. Roger(1972). *The Migration of Workers in the United Kingdom and the European Community*. New York: Oxford University Press.
Bundesregierung(2007). *der Nationale Integrationsplan: Neue Wege*-Neue Chancen. Berlin.
Castle, S. & Miller. M.(2003). *The Age of Migration: International Population Movements in The Modern World*(3rd ed.). New York: Guilford Press.
Dworkin, A. G. & Dworkin, R. J.(1999). *The Minority Report: An Introduction to Racial, Ethnic, and Gender Relations*. Harcourt Brace College Publishers
Elias, Norbert(1990). *Uber den Prozeβ der Zivilisation-soziogentische und Psychogenetishe Untersuchugen*.
European Commitee for Social Cohesion(2004). *Revised Strategy for Social Cohesion*.
Fennema, Meindert(2004). The Concept and Measurement of Ethnic Community. *Journal of Ethnic and Migration Studies*, 30(3).
Florida, R.(2002). *The Rise of the Creative Class*. Basic Books.
Freeman, Gary P.(1995). Modes of Immigration Politics in Liberal Democratic State. *International Migration Review*, 24(4).
Gamson, W. A.(1992). *Talking Politics*. New York: Cambridge University Press.
Gamson, W. A. & Andre, Modigliani(1989). Media Discourse and Public Opinion on Nuclear Power: A Constructivist Approach. *American Journal of Sociology*, 95(1).
Gay, G.(2002). Preparing for Culturally Responsive Teaching. *Journal of Teacher Education*, 53(2).
Gellner, E.(1983). *Nations and Nationalism*. Oxford: Blackwell.
Goffman, Erving(1974). *Frame Analysis: An Essay on the Organization of Experience*(reprinted 1986). Boston: Northeastern University Press.

Gordon, Milton M.(1978). *Human nature, Class, and Ethnicity*. New York: Oxford University Press.

Habermas, J.(1994). Citizenship and National Identity. In B. van Steenbergen(ed.). *The Condition of Citizenship*. Sage Publication.

Holley, E. Hansen & Vicki, L. Hesli(2009). *National Identity: Civic, Ethnic, Hybrid, and Atomised Individuals*. Europe-Asia Studies.

Jean-Christophe Victor, Virginie Raisson, Frank Tétart, & Frédéric Lernoud(2008). 『변화하는 세계의 아틀라스』. 안수연(역). 책과함께. *Le dessous des cartes: Tome 2: Atlas d'un monde qui change*. Tallandier. 2007.

Joppke, C.(1998). *Challenge to the Nation State: Immigration in Western Europe and the United States*. New York: Oxford University Press.

Josepe, May(1999). *Nomadic Identities. The Performance of Citizenship*. Minneapolis & London: University of Minnesota Press.

Kymlicka, Will(1996). *Multicultural Citizenship: A Liberal Theory of Minority Rights*. Oxford: Oxford University Press.

______(2007). *Muicultural Odysseys: Navigating the New International polotocs of Diversity*. Oxford: Oxford University Press.

McCrone, D.(1998). *The Sociology of Nationalism*. London: Routledge.

OECD(2009). *International Migration Outlook Special Focus*.

Offe, C.(1987). *The Utopia of the Zero-option: Modernity and Modernization as Normative Political Criteria*. Praxis International. 1.

Paige, R. M.(2004). Instrumentation in Intercultural Training. In Landis, J. M. Bennet & M. J. Bennet(eds.). *Handbook of intercultural Training*(3rd ed.). Thousand Oaks, CA: Sage.

Paul, R. Brass(1991). *Ethnicity and Nationalism*. Theory and Comparison.

Portes, Alejandro & Rumbaut, R. G.(2001). *Legacies: The Story of the Immigrant Second Generation*, CA: University of California Press.

Portes, Alejandro & John, Walton(1981). *Labor, Class, and the International System*. New York: Academic Press.

Redfeild, R., Linton, R., & Herskovits, M.(1936). *Memorandum on the Study of Acculturation. American Anthropologist*, 38(1).

Rein, Martin & Schon, Donald(1991). Frame Reflective Policy Discourse. In P. Wagner et al. (eds.). *Social Sciences and Modern States: National Experiences and Theoretical Crossroads*. Cambridge: Cambridge University Press.

Sam, D. L. & Berry, J. W.(2006). *Acculturation Psychology*. Cambridge University Press.

Sleeter, C. E. & Grant, C. A.(2006). *Making choice for multicultural education: Five approaches to race, class and gender*(5th ed.). New York: John Wiley & Sons.

Smith, Philip(2001). *Cultural Theory: An Introduction*, Oxford: Blackwell Publishing CO, Ltd.

Strayer, Joseph R.(2001). *On the Medieval Origins of the Modern State*. Princeton University Press.

Tamura, E. H.(1994). *Americanization, Acculturation, and Ethnic Identity*. University of Illinois Press.

Taylor, Michael(1982). *Community, Anarchy & Liberty*. Cambridge University Press.

Tilly, Charles(1975). Reflections on the history of European state-making. In Tilly(ed.). *The Formation of National state in western Europe*. NJ: Princeton University Press.

찾아보기 INDEX

ㄴ

ㄷ

ㅁ

ㅂ

ㅈ

ㅊ

ㅌ

ㅍ

ㅎ

저자 소개

김태환

성균관대학교에서 행정학 석사학위를, 강원대학교에서 행정학 박사학위를 취득하였고, 명지대학교 법무행정학과에 재직 중이다. 2021년 현재 한국이민정책학회 회장, 법무부 외국인정책실무위원회 위원장으로 일하고 있다. 한국정책학회 부회장, 한국행정학회 감사, 민주평통 자문위원, 법무부 면접시험위원을 역임하였다. 최근에 발표한 논문으로는 "주변국가의 이민행정 조직·기능사례연구"(2020), "한국 이민정책의 통합적 작동을 위한 조건탐색"(2017), 저서로는 『다문화사회와 한국 이민정책의 이해』(2015) 등이 있다. 주요 관심 분야는 이민·사회통합정책 및 법제, 정부조직, 소수자와 인권, 다문화주의 등이다.

이민법제론

펴낸날 제1판 제1쇄 2022년 1월 20일
지은이 김태환
펴낸이 임춘환
펴낸곳 도서출판 **대영문화사**
주소 (본사) 사무실: 경기도 고양시 일산서구 주화로 70
우신프라자 307호 (㊐ 10387)
(본사) 물류센터: 경기도 고양시 일산서구 덕산로
107번길 68-50 (㊐ 10205)
등록 1975년 12월 26일 제3-16호
전화 (031) 913-3062, (031) 914-3884~5
팩스 (031) 913-3839
홈페이지 http://www.dymbook.co.kr

ISBN 978-89-7644-784-5
값 28,000원